KB039505

인터넷 플랫폼 중립성 규제론

정찬모

박영사

이 저서는 2016년 정부(교육부)의 재원으로 한국연구재단의 지원을 받아 수행된 연구임
(NRF－2016S1A6A4A01017895)

머리말

대학교수를 하면서 담당 분야의 저서를 내는 것은 개인적으로 자연스러운 욕심이고 사회적으로 가치 있는 기여로 인정된다. 하지만 'IT+법' 이라는 분야에서 사반세기 몸담으며 연구와 강의를 하였음에도 이 분야가 아직 혁명적 변동의 와중에 있기 때문에 저서라는 형태의 성과물은 적합하지 않다는 변명으로 세월을 보냈다. 그런 변명이 아직도 유효하다고 생각하면서도 짧은 논문으로 사고하는 것과 상당한 분량의 책으로 사고하는 것은 또 다른 지평일 것이기에 도전의 가치가 있으며, 이러한 도전을 할 수 있는 기회가 나에게 무한히 주어지는 것이 아니라는 자각이 이 저서의 집필로 이끌었다.

이 연구는 종래 망 중립성에 관한 연구의 연장선상에 있다. 접근의 관점을 합리적 경제규제의 도출에 두고 연구의 물적 대상을 인터넷 네트워크에서 그 상단에 위치하는 포털, SNS 등 다양한 플랫폼으로 확대하였으며 최근 대안 플랫폼으로 부상한 블록체인에 대한 단상도 포함하였다. 이는 본 연구가 다루는 주제가 학술적 의의에 더하여 한국경제의 미래를 좌우할 성장 동력으로서 디지털경제의 성패에 직결된 것임을 보여주고자 함이다. 목표는 원대했으나 결과는 이에 미치지 못하여 천학비재(淺學菲才)를 한탄할 뿐이다.

이 저서는 한국연구재단의 지원과 사계의 동료 연구자를 비롯한 주위 여러분의 가르침과 지지가 있었기에 완성에 이를 수 있었다. 또한 침체된 출판환경에서도 기꺼이 본 학술서를 출간해주신 박영사에 감사드린다.

2019. 1.

정찬모.

차 례

/ 제2장 /

망 중립성 • 31

/ 제6장 /

인터넷 오픈마켓의 규제 • 159

/ 제7장 /

클라우드, SNS, 빅데이터의 규제 • 187

/ 제9장 /

플랫폼 중립성의 일반이론과 특수이론 • 243

/ 제10장 /

블록체인과 플랫폼 혁명 • 295

제 1 장

플랫폼 중립성 논의의 배경

인터넷 플랫폼 중립성에 대한 법적 접근에 앞서 논의의 배경이 되는 인터넷의 구조, 인터넷 구조상 플랫폼의 위치 및 기능과 성격, 그리고 이에 대한 중립성 규제방법의 이론적 출발점이 되는 수평적 규제체계의 이론과 사례를 살핀 후 다양한 플랫폼 규제의 현실이슈 중에서 본 연구의 주안점을 밝힌다.

I. 인터넷 플랫폼의 의의

플랫폼(platform)은 다의적이며[1] 상대적 개념이다. 일반적으로 다른 활동에 기반이 되는 유무형의 설비를 말한다. '인프라'가 하위 계층에 한정됨에 비하여 플랫폼은 상위 계층에도 존재할 수 있다. 인터넷 계층구조에 이 개념을 적용하면 물리 계층은 그 위의 논리/코드 계층에 대한 플랫폼 기능을 하며, 운영체제는 그 상단의 브라우저, 오피스 등 여러 프로그램에 대한 플랫폼 기능을 하고, 또한 응용프로그램 중에서도 포털, 검색엔진, 오픈마켓, SNS 등 일부는 그 자체가 다른 서비스를 위한 플랫폼 역할을 한다.

1) 네이버 국어사전의 플랫폼 정의 1. 역에서 기차를 타고 내리는 곳. 2. 역도에서, 바벨을 드는 사방 4미터의 각재로 만든 대. 3. 다이빙에서, 5~10미터 높이의 준비대를 이르는 말.

플랫폼은 현 시대 경제변혁을 주도하는 비즈니스 모델이다. 구글, 네이버 같은 검색엔진이나 종합 인터넷 서비스 제공자, eBay, 예스24 같은 온라인 쇼핑몰 사업자, 또 새롭게 등장하여 종래의 택시, 숙박업 시장에 파란을 일으키고 있는 Uber, Airbnb 등이 모두 플랫폼 모델을 구현하는 것이다. 본서는 이들 플랫폼의 사업행태를 경제법적으로 어떻게 평가할 수 있으며, 규제의 필요성과 방법에 대해서는 어떤 얘기를 할 수 있을지를 분석하고자 한다. 하지만 그와 같은 목적을 달성하기 위해서는 먼저 플랫폼 비즈니스의 성격을 이해하는 것이 필요하다.

플랫폼이 짧은 시간에 시장의 비즈니스 모델 중 패자(霸者)로 등극할 수 있었던 요인은 정보기술을 이용하여 판매자와 구매자간의 탐색, 거래비용을 획기적으로 줄인 데에서 찾을 수 있다. 즉, 전통적인 시장모델에서 거래되는 상품이나 서비스 자체가 차지하는 가치에 비하여 거래상대방을 발견하고, 그의 신뢰도를 평가하고, 조건을 흥정하는 비용이 과대했을 경우 인터넷 플랫폼을 통하여 이와 같은 탐색, 거래비용을 줄여주는 것은 고객 만족도를 획기적으로 향상시키고, 사업의 성공 요인으로 작용한다.

플랫폼간의 경쟁에 있어서 종종 혁신의 근원은 플랫폼 기업의 내부가 아니라 외부에서 찾을 수 있다. 즉, 플랫폼이 이와 공생하는 다른 기업과 생태계를 어떻게 구성하느냐에 따라 플랫폼의 성과가 크게 달라질 수 있다. 예컨대 온라인마켓 플랫폼이 거래 성사를 위한 만남의 장이라는 역할을 성공적으로 수행하기 위해서는 재래시장과는 비교할 수 없을 정도의 접근편리성, 다량의 매물과 고객 정보, 거래정보를 확보하고 단시간에 거래를 처리할 수 있어야 한다. 과거에는 이것이 불가능하였으나 정보기술의 발전이 이를 가능하게 한 것이다.

플랫폼 혁명은 전 산업분야에 걸쳐서 일어나고 있다. 유통, 게임, 일용인력 서비스, 교육 등도 플랫폼을 통한 혁신적 산업개편의 와중에 있다.[2] 다만

2) 산업 분야별 대표적인 플랫폼 기업.

산업부문	대표 기업
네트워킹	LinkedIn, Facebook, Twitter, Tinder, Instagram, Snapchat, WeChat
교육	Udemy, Skillshare, Coursera, edX, Duolingo
미디어	Medium, Viki, YouTube, Huffington Post, Kindle Publishing, Wikipedia
운영체제	iOS, Android, MacOS, MS Windows

본서는 이들 전 분야를 다루기보다는 IT, 미디어와 전자상거래, 전자금융 분야에 중점을 두고 구체적인 분석을 하고자 한다.

II. 인터넷 플랫폼의 성격

1. 인터넷의 구조

인터넷은 전 세계를 연결하는 분산형 컴퓨터 통신망이다. 물리적으로 인터넷은 광섬유·동축회선과 같은 유선통신망, 기지국·인공위성·안테나 등을 이용한 무선통신망과 이를 연결하는 라우터 및 교환기, 데이터를 주고받는 서버 및 클라이언트 컴퓨터 등으로 구성된다. 하지만 이러한 물리적 설비만 있다고 통신이 이루어지지 않는다. 물리적 설비를 타고 데이터가 목적지까지 도달하도록 방향을 잡아주는 지시체계가 필요하다. 다음 그림에서 링크, 네트워크, 전송, 응용프로토콜 계층을 구성하는 IP, TCP, DNS, HTTP[3] 등의 프로토콜(약속체계)로 구성된 논리망이 그것이다. 그 위에 웹, 이메일, VoIP 등의 응용프로그램 그리고 전자상거래, 전자정부, 온라인 엔터테인먼트 등의 인터넷 서비스가 제공된다. 이와 같이 인터넷은 설계상 계층적(layered structure) 모습을 가지고 있다.

인터넷은 어떤 중앙통제기구의 그랜드 플랜에 의해서 운영되는 것이 아니

농업	John Deere, Intuit Fasal
소비재	Philips, McCormick
에너지	Nest, Tesla Powerwall, EnerNOC
금융	Bitcoin, Lending Club, Kickstarter
의료	Cohealo, SimplyInsured, Kaiser Permanente
게임	Xbox, Nintendo, PlayStation
고용	Upwork, Fiverr, 99designs, Sittercity, LegalZoom
구매	Yelp, Foursquare, Groupon, Angie's List
배송	Munchery, Foodpanda, Haier Group
소매	Amazon, Alibaba, Walgreens, Shopkick
운송	Uber, Waze, BlaBlaCar, GrabTaxi, Ola Cabs
여행	Airbnb, TripAdvisor

Parker G, van Alstyne M. and Choudary S. Platform Revolution, Norton & Company, 2016, p. 13. 등을 참조.

3) 각각 Internet Protocol, Transmission Control Protocol, Domain Name System, HyperText Transfer Protocol의 약자.

라 기술전문가를 중심으로 한 이해관계자들의 필요성에 의한 자발적인 정책수립에 의하여 조정되고 있다. 그나마 행정적인 성격이 있는 인터넷프로토콜(IP) 주소의 할당이나 도메인이름체계(DNS)의 관리는 ICANN[4]에 의해서 조정되고 나머지 표준이나 프로토콜의 개발과 같은 기술적인 사항은 IETF[5]에 의해서 이루어진다. 이들은 데이터의 전송이 원활히 이루어지고 인터넷이 확장성을 발휘하기 위해서는 하위 계층은 상위 계층의 콘텐츠 또는 정보를 분석하지 않으며, 상위 계층 데이터의 종류에 따라 전송 등의 취급에 있어 차별하지 않아야 한다고 생각한다.[6]

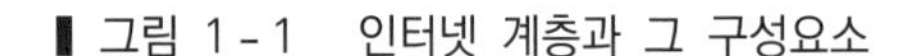

▌그림 1-1 인터넷 계층과 그 구성요소

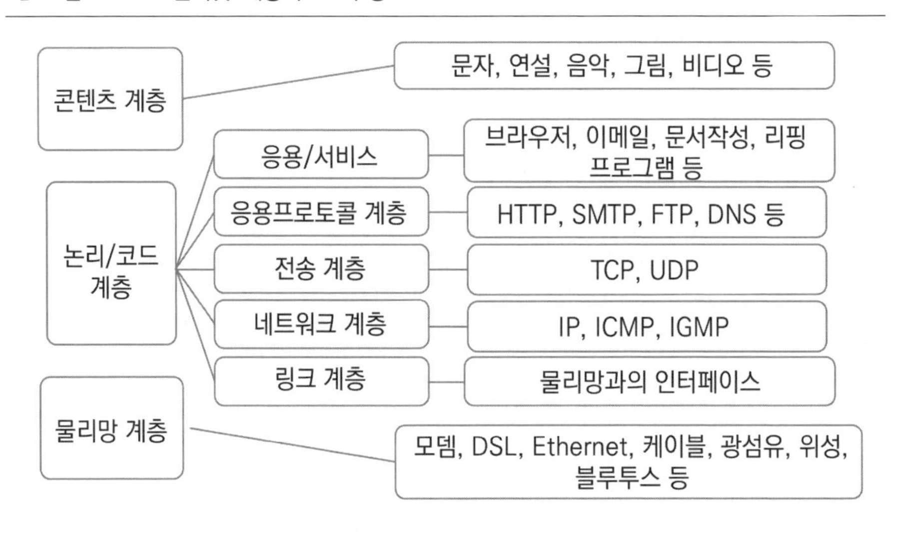

위에서 제시한 인터넷의 구조와 그 구성요소를 고정적인 것으로 볼 필요는 없다. 구성요소 중 콘텐츠나 응용소프트웨어는 상시적인 진입과 퇴출의 와

4) Internet Corporation for Assigned Names and Numbers 도메인 이름 관련 업계, 상표권소유기업, 비상업적 이용자 그룹 등 여러 이해당사자들의 자율적 정책형성을 촉진하는 비영리법인이다.

5) Internet Engineering Task Force 인터넷관련 기술적 문제해결을 위한 자발적 전문가 모임이다.

6) 망은 단말이 하는 일에 관여하지 않고 단말 사이에서 무차별하게 데이터를 전송할 뿐이라는 단대단 원칙(end-to-end principle)이 일찍부터 지켜졌다.

중에 있으며, 그 아래 논리/코드 계층을 이루는 프로토콜도 다양한 기술적 도전에 직면하고, 3G에서 4G, 5G로 전송설비도 진화하고 있다. 나아가 계층 구조 자체가 이러한 기술혁신에 의해 변화하지 않으리라고 단언하기도 어렵다.

2. 인터넷의 구조적 특성을 반영한 규제체계

위와 같은 인터넷의 구조적 특성에 주목한 인터넷 법·정책 전문가들(Solum & Chung(2003),[7] Frieden(2003),[8] Hanrahan(2004),[9] Whitt(2004),[10] Jonathan · Nuechterlein · Weiser(2005),[11] van Schewick(2010)[12]등)이 수평적 규제체계가 인터넷의 창시자들의 의도와 발전의 필요에 부합하기에 인터넷 미디어 및 서비스 규제의 바람직한 진화방향임을 지적한바 있다. 이들은 규제가 계층에 근거하였을 때 규제의 투명성과 예측가능성을 높여주고 혁신비용을 최소화하여 인터넷 경제 성장에 제도적 기반을 제공하는 긍정적 작용을 하고,[13] 반대로 계층을 무시한 규제는 과도한 규제 또는 부적합한 규제가 되기 십상임에 주목했다. 이에 따라 인터넷규제는 가능하면 규제대상이 되는 문제현상이 발생한 계층에서 조치가 이루어져야 하며 불가피하게 다른 계층에서 조치가 취해지는 경우에도 문제발생 계층과의 거리가 최소화되도록 하여야 한다. 규제자는 동일 혹

7) Solum L. B. and M. Chung. "The Layers Principle: Internet Architecture and the Law", *Public Law and Legal Theory Research Paper 55*: University of San Diego School of Law, June 2003.

8) Frieden, Rob. "Adjusting the Horizontal and Vertical in Telecommunications Regulation: A Comparison of the Traditional and a New Layered Approach", *Federal Communications Law Journal* 55(2), 2003.

9) Hanrahan H. E. "Modelling Convergence: Technology Layering for Horizontal Regulation", SATNAC Conference Proceedings, 2004.

10) Whitt, Richard S. "A horizontal leap forward: formulating a new communications public policy framework based on the network layers model", *Federal Communications Law Journal*, May 2004.

11) Nuechterlein, Jonathan E. & Weiser, Philip J. Digital Crossroads: American Telecommunications Policy in the Internet Age, The MIT Press, 2005.

12) van Schewick, B. *Internet Architecture and Innovation*, The MIT Press (2010).

13) 다만 일부 자유주의자들은 계층적 규제체계는 계층이 고정되어 있다고 간주하는 오류를 범하고 있다고 지적하며 일반적 규제완화를 주장한다. New Millennium Research Council, Free Ride: Deficiencies of the MCI 'Layers' Policy Model and the Need for Principles That Encourage Competition in the New IP World, July 2004.

은 더 근접한 계층의 규제조치로 규제목적을 달성할 수 없다는 것을 입증하여야만 다른 계층에서의 규제를 정당화할 수 있다. 이와 같이 수평적 규제체계론은 엄격하게 강제되는 법칙(rule)이라기보다는 융통성이 있는 원칙(principle)으로 이해된다.

국내에서도 법제의 현실이 어떤지는 별론으로 하더라도 수평적 규제체계의 원칙 자체는 일반적으로 지지받고 있다. 수평적 규제체계와 관련한 초기의 제안을 살펴보면, 정찬모(2000)는 정보통신의 계층구조에서 네트워크의 종류별 구분이 옅어지고 상위 계층의 네트워크 계층에 대한 의존성이 줄어들고 있는 추세를 반영하여 정보통신관련법을 네트워크법/사업법/이용법으로 삼분할 것을 제안했다.[14] 이상우 외(2007)는 IPTV법 제정과정에서 불거진 IT법의 계층분리에 대한 논의를 분석하였으며 전송 계층과 응용 서비스 계층에 대해서는 사회문화적 규제를 지양하고 경제적 규제를 마련할 것을 제안했다.[15]

김성곤(2009)은 다음 표와 같이 인터넷 산업을 기능별로 3분류하고 각 계층의 성격에 따라 수평적으로 진흥과 규제책을 제안했다.[16] 하부 계층인 망에 대해서는 투자를 통한 고도화에 중점을 두고 중간 계층인 인터넷 서비스제공자는 전달을 원활히 하는 역할을 하는 것에 불과하므로 콘텐츠에 대한 책임을 면제하여야 한다고 지적했다. 마지막으로 상위 계층에 있는 콘텐츠제작자는 표현의 자유를 누리는 주체이므로 정부규제보다는 자율규제를 우선해야 한다고 주장하였다.

▌표 1-1 김성곤의 수평적 규제체계안

계층	분류	진흥	규제
3	콘텐츠 제작자(CP)	자율심의 및 사전검열 금지	콘텐츠의 질적 자기책임
2	서비스제공자(SP)	면책(safe harbor)	이용자접근보장
1	네트워크제공자(NP)	망투자 및 고급화 지원	자연독점 규제

14) 정찬모, "2000년대 정보화 관련법의 주요 이슈와 전망" 제2회 한국법률가대회 논문집, 2000.10.

15) 이상우 · 황준호 · 김성환 · 정은옥 · 신호철 · 오수민 · 송정석 · 김원식, 「통신방송 융합환경하의 수평적 규제체계 정립방안에 관한 연구」, 정보통신정책연구원 연구보고서 07-06, 2007.12.

16) 김성곤, "인터넷 규제와 서비스 플랫폼의 중립성", 서울대 기술과법센터 워크숍 자료집, 2009.5.

이규정(2009)은 인터넷 서비스를 콘텐츠 서비스와 플랫폼 서비스로 대별하면서도, 그 각각을 기능적 중요성과 사회적 영향력 등을 기준으로 세분화하여 규율원칙을 제시하였다.[17)]

▌표 1 - 2 이규정의 인터넷 규제체계안

<table>
<tr><th>대분류</th><th colspan="2">소분류</th><th>해당 서비스(예)</th><th>규율원칙</th></tr>
<tr><td rowspan="3">콘텐츠 미디어</td><td rowspan="2">공연성</td><td>매스미디어</td><td>IPTV, 인터넷신문, 인터넷광장</td><td>공공성 보장</td></tr>
<tr><td>일반미디어</td><td>전자상거래, 게임, 엔터테인먼트, 공공콘텐츠, 교육, 홈페이지, 블로그, sns, 게시판</td><td>표현의 자유 보장</td></tr>
<tr><td>비공연성</td><td>비공연 콘텐츠</td><td>이메일, 메시징 서비스</td><td>통신비밀보장</td></tr>
<tr><td rowspan="2">플랫폼 서비스</td><td colspan="2">공적 서비스</td><td>전자지불, 인증, ASP/SaaS. 보안관리, 호스팅, 도메인관리, 전자문서보관, 원격의료</td><td>공공성 · 공개성 · 안전성 보장</td></tr>
<tr><td colspan="2">일반 서비스</td><td>전자상거래중개, 콘텐츠송신, 포털, 홈페이지제작/관리, 온라인정보처리</td><td>편의성, 자유로운 정보유통 보장</td></tr>
</table>

3. 플랫폼 경제의 기본원리

(1) 네트워크 효과

상품이나 서비스의 효용이 네트워크의 크기에 의해서 결정되는 시장에서는 선도적 기업이 어느 정도의 이용자를 확보하면 나머지 이용자들도 쏠림 효과에 의하여 이 기업의 제품을 선택하고 그것이 다시 이 제품의 효용을 증대시키는 선순환 효과를 통하여 시장을 석권하게 된다. 이와 같이 내가 어떤 네트워크에 가입하면 나의 효용만 높이는 것이 아니라 다른 가입자의 효용도 자동으로 높이는 네트워크 외부성(network externality)을 야기한다.

일단 시장을 석권하면 이용자들은 이보다 다소 우수한 다른 서비스가 등

17) 이규정, "인터넷 서비스의 활성화를 위한 법적 과제", 한국 인터넷법학회 학술대회 자료집, 2009.3.6.

장하더라도 네트워크의 크기에 따른 효용 때문에 새로운 서비스를 채택하지 않으며, 상당히 우수한 경쟁 서비스가 있더라도 새로운 서비스의 이용에 필요한 전환비용 때문에 열위의 과거 서비스에 고착되는 현상을 보인다. 하지만 이러한 장애를 뛰어넘는 혁신적 서비스를 출시하는 기업의 도전으로 고객을 잃기 시작하면 망하는 것 또한 순식간이다.

(2) 규모의 경제, 특히 수요측면에서

과거 산업사회에서는 공급측면에서의 규모의 경제가 생산의 효율성을 달성하게 하는 기업경쟁력의 주요한 원천이었다. 현재에도 공급측면 규모의 경제는 중요하다. 하지만 네트워크 경제는 수요측면에서도 규모의 경제가 작동할 수 있음을 보여준다. 윈도우, 한컴오피스, 카카오가 절대적으로 우수한 제품이기 때문에 시장 지배적 지위를 유지하는 것이 아니라 대부분의 한국인이 여기에 익숙하여 맘에 안 드는 부분이 있어도 마땅한 대안이 없기에 시장에서 군림하는 것이다.

(3) 양면시장[18)]

공급측면과 수요측면 상호간에도 네트워크 효과가 존재할 수 있다. 고전적인 예이지만 여성회원이 많아야 남성회원도 많아지고 그 반대도 성립하는 중매시장, 가맹점수와 카드 이용자수 상호간에 의존성이 있는 신용카드 시장 등이 양면시장의 예이다. 양면시장이 성립하기 위한 요건을 일반화하자면, 상호연결을 필요로 하면서도 높은 거래비용으로 자발적인 거래가 어려운 둘 이상의 구분되는 고객군이 존재하고, 적어도 한 면의 고객군은 다른 면의 고객군 규모가 클수록 더욱 높은 효용을 얻을 수 있어야 한다. 정보기술은 잠재적으로 이러한 성격을 갖고 있던 시장을 플랫폼을 통해 연결하여 거래비용을 감소시킴으로서 폭발적으로 성장시킨다. 온라인 콘텐츠 광고, 우버(Uber) 등 대부분의 플랫폼 기업은 이와 같은 양면시장의 특성을 구현한 것이다. 양면시장에서는

---

18) 양면시장이론은 Jean-Charles Rochet and Jean Tirole, "Platform Competition in Two-Sided Markets", Journal of the European Economic Association, vol. 1, n. 4, June 2003, pp. 990-1029; David S. Evans, "The Antitrust Economics of Multi-Sided Platform Markets," Yale Journal on Regulation: Vol. 20: Iss. 2, 2003. 이후 산업조직론과 경쟁법 분야에서 활발히 논의되고 있다.

특정 서비스의 가격이 인상될 경우 해당 면 수요의 자체 가격탄력성뿐만 아니라 자신이 제공하는 서비스의 다른 면의 크기와 시장특성이 해당 면 수요자의 반응에 영향을 줄 수 있다.

(4) 롱 테일(long tail)[19]

전통적인 시장에서는 어느 한 종목에서 잘 팔리는 상위 20% 상품이 보통 전체 매출의 80%를 차지한다고 하는 파레토 법칙이 지배하였다. 따라서 한정된 공간과 자원을 가진 매장에서는 잘 팔리는 물건에 보다 집중하여 전시하는 경향이 있다. 일반적인 소매점의 경우 재고 및 상품 진열공간의 제한 문제로 인해 잘 팔리는 물품(머리, head)에만 집중하여 마케팅하고 나머지(꼬리, tail)는 무시하는 경우가 많았다. 그러나 최근의 정보기술의 발달로 재고나 물류에 드는 비용이 종래보다 훨씬 저렴해졌다. 그 결과 개별적으로는 미미한 상품도 모이면 쏠쏠한 틈새시장을 만들 수 있게 되었다. 실제로 아마존과 같은 인터넷 기반 기업에서는 이렇게 활성화된 틈새시장이 매출의 20~30%에 육박하고 있다.[20] 이는 서적에 한정되지 않는다. 음반, 의상, 구두 등 거의 전 분야에서 유행하는 상품이 아니라고 종래에는 판로를 찾기 어려웠던 소수자 취향의 제품들이 IT 기술을 이용한 효과적인 판매와 물류를 통해 적지 않은 이윤을 창출할 수 있다. 결국 틈새시장을 노리는 새로운 비즈니스 모델이 등장하게 되었으며 이를 "롱 테일 현상"이라고 한다. 흩어지면 푼돈이어도 쌓이면 큰돈이다. 이 집적의 툴이 바로 정보기술을 장착한 플랫폼이다.

(5) 유행하는, 하지만 실패하기 쉬운 '무료', '브랜드 전략'

네트워크의 크기를 조기에 키우겠다는 일념으로 쉽게 빠져드는 유혹이 '무료' 전략이다. Paypal이 실제로 돈을 뿌리는 전략을 사용한 것은 유명하다. '무료' 전략은 타면(他面) 시장에서의 유료전략 그리고 다른 고착(lock in) 유인과 결합하지 않고서는 성공하기 어렵다. '무료'에 맛들인 고객을 유료화하는 것은 쉽지 않은 일이다. 브랜드 효과 만에 의해서는 고객을 붙잡아 두기 어렵다.

---

19) Anderson, Chris. *The Long Tail: Why the Future of Business is Selling Less of More*, New York, NY: Hyperion, 2006.

20) "긴 꼬리", 위키백과.

고퍼, 넷스케이프, 야후 등 한때를 풍미했던 브랜드도 혁신 서비스가 나타나는 순간 맥없이 사라졌다.

(6) 안정성과 유연성

응용프로그램은 진화하여야 하지만 기본 플랫폼은 안정적으로 유지되어야 한다. 응용프로그램이 지적재산권으로 보호되지 않는 이상, 유사 경쟁프로그램에게 고객을 빼앗기지 않기 위해서는 고객의 기호에 맞추어 끊임없이 진화하여야 한다. 다만 다양한 고객 수요를 맞추기 위해 기본 플랫폼을 복잡하게 하는 것은 시스템의 구동 속도를 저하시킬 위험이 있다. 다양성은 시스템 계층의 위단, 네트워크의 말단에서 처리토록 하라는 것이 인터넷 계층구조와 단대단(end-to-end) 원칙의 요청이다.

(7) 모듈화

종전의 산업 경제에서 경쟁력의 핵심이 내부의 자본력과 기술력에 있었다면 디지털 플랫폼 경제에서 경쟁력의 핵심은 외부의 자원(수요, 공급)을 네트워크화 하여 생태계를 구성하고 이를 유지, 성장시키는 능력에 있다. 플랫폼 전체를 하나의 통으로 하기 보다는 모듈화 하여 조합 가능하도록 하는 것이 개량과 성장가능성을 높이고 외부 참여자를 끌어들이는 데에도 용이하다.

(8) 플랫폼 성공의 기타 조건

첫째, 네트워크에의 진입을 자유롭게 하라. 가입절차가 번거롭고, 등록이 까다로운 플랫폼은 당연히 성장하기 어렵다. 중앙 통제 시스템은 소규모 네트워크에나 적용 가능한 것이다.

둘째, 양면시장에서는 양 시장이 균형을 이루어야 성장의 시너지를 가져올 수 있다. 한 쪽의 성장이 더딘 경우에는 가격할인, 상품권 등 프로모션 전략이 필요할 수 있다.

셋째, 네트워크가 성장하는 경우 수반될 수 있는 부작용을 적절히 제거할 필요가 있다. 예컨대 사회연결망, 데이트사이트에서 전혀 관심이 없는 무수한 상대방으로부터 끊임없는 콜을 받는 것은 서비스의 질을 저하시키기고 우수 고객을 떠나게 만드는 요인이 된다. 이와 같은 네트워크 관리는 가능하면 참여자간의 자발적인 필터링에 의하는 것이 효과적일 것이나 이와 같은 자발적인 필터링을 위해서도 전체적인 시스템 관리와 적절한 설계가 필요하다. 성공적 플랫폼 운영의 기법이 여기에 있다고 할 것이다.

III. 플랫폼 중립성

1. 개념과 의의

인터넷기반 경제의 비중이 날로 성장하고 있으며 향후 지구촌 경제의 중추를 담당하게 될 것으로 예상된다. 그러나 인터넷기반 경제가 시장참여자간 균형을 이룬 성장을 못하고 소수 사업자의 시장지배력이 강화되면서 이들에 의한 불공정한 행위로 인하여 소규모 경쟁 사업자는 시장에서 퇴출되거나 신규진입에 어려움을 겪는 사례가 증가하고 있다.[21] 이러한 문제를 해결하기 위하여 인터넷 경제에서 플랫폼기능을 행사하고 있는 사업자에게 정보차단금지, 비차별, 투명성 등 의무를 부과하는 정책과 법적 수단의 개발이 현안으로 대두하게 되었으며 이를 통상 중립성 의무라고 한다.[22]

플랫폼 중립성 논의의 기원은 PC시대에 마이크로소프트가 윈도우즈 OS에 자신의 브라우저, 메신저 등 응용프로그램을 끼워 팔아서 문제가 된 사안에서 찾을 수 있다. 하지만 '플랫폼 중립성'이라는 이름으로 문제가 제기되기 시작한 것은 인터넷 생태계를 콘텐츠-플랫폼-네트워크-단말(Contents-Platform-Network-Device, CPND)의 가치사슬로 파악하기 시작하면서부터이다. 인터넷 생태계가 성숙하면서 플랫폼 사업자가 차지하는 중요성이 증대하자 망 중립성의 연장선상에서 플랫폼 중립성 의무를 부과할 필요성에 대한 논의가 대두하게 된 것이다. 포털, 검색 서비스, SNS, 그리고 모바일 OS의 차별적 대우를 받았다고 주장하는 중소 사업자들을 중심으로 플랫폼 중립성이 현존하는 규범 또는 미래

21) "'독재자' 애플, 해도 너무하네…엠넷·소리바다·벅스등 음원 앱 일방적 차단", 매일경제, 2010.5.16.; "[온라인 문어발 재벌 NAVER] [2] 돈 앞에 실종된 기업윤리… 네이버 검색의 비밀" 조선닷컴, 2013.7.12.

22) 윤종수, "ICT 환경의 고도화와 중립성 이슈", 「저스티스」 통권 146-2호, 2015.2.; 김윤정, "새로운 통신환경 하에서 플랫폼 중립성의 함의와 규제방법", 「경제규제와 법」 제6권 제1호, 2013.5.

에 있어야 할 규범으로 논의되고 있다.[23)]

인터넷 정책과 관련한 분야에서 플랫폼 중립성은 종종 망 중립성, 기기중립성과 구별하여 OS, 포털, 검색 서비스, SNS, 오픈마켓, 앱마켓 등과 같이 인터넷 계층구조상 중간 계층에서 다른 활동을 지원하는 소프트웨어기반 서비스의 중립성을 의미한다. 하지만 플랫폼은 다의적/상대적 개념으로 물리망도 가장 하단의 플랫폼으로 파악할 수 있으며 장기간 논의된 망 중립성이 다른 플랫폼 중립성 논의에 많은 시사점을 줄 수 있으므로 이 책에서는 망을 포함한 광의의 플랫폼 개념을 채택한다.

2. 논의의 범위

플랫폼 중립성 의무의 태동과 전개가 아무런 이견 없이 일사천리로 진행된 것은 아니다. 그 타당성에 대하여 법적, 정치적으로 치열한 다툼이 벌어졌으며 그 논란은 아직도 계속되고 있다. 이 책은 먼저 인터넷 플랫폼 중립성 규제의 형성과 전개 과정에서 등장한 다양한 법적 논거와 사례를 분석하여 문제에 대한 포괄적 시각을 제공한다. 그 다음에 여러 종류의 인터넷 플랫폼에 일관되게 적용할 수 있는 일반 법리와 특정 플랫폼에만 적용되는 특수 법리를 제시한다. 이는 입법 정책적으로 각각 플랫폼 일반법과 전문법에 구별되어 반영될 것을 염두에 둔 작업이 될 것이다.

본 저서는 인터넷 서비스 중에서 인터넷 플랫폼의 범주에 들어오는 인터넷접속 서비스 사업자, 인터넷포털, 검색엔진, 운영체제, 종합쇼핑몰, 모바일 OS, 앱마켓 플랫폼 등을 우선 고찰한다. 이들 각 영역에 대해 본서는 인터넷 플랫폼 중립성 이슈에 대한 한국과 미국, EU 등 주요 외국에서의 정책의 형성, 법령의 제정 및 분쟁사례를 분석하고 바람직한 플랫폼 중립성 규제모델을 제시한다. 이어서 주권국가 차원을 넘어서 양자 또는 다자간 통상조약에 중립성 원칙이 스며들고 있는 현상과 국제인권조약 규정과의 상응을 살핀다. 마지막으로 근년 IT업계를 넘어서 장안의 화제가 되고 있는 블록체인 기술이 인터넷 플

---

23) 아마도 2010년 전후부터 " 플랫폼 중립성"이 캐치프레이즈가 되기 시작한 것으로 보인다. 김성곤, "인터넷 규제와 서비스 플랫폼의 중립성: 규제, 플랫폼 신뢰의 추락, 그리고 이용자 이탈의 딜레마", 「Law & Technology」 제5권 제4호, 2009.7.; 조이 이토, "콘텐츠? CC가 지지하는 건 플랫폼 중립성", 2010.6.6. http://www.bloter.net/archives/32412.

랫폼 산업과 이론에 어떤 함의를 줄 수 있는지 분석한다.

과거 인터넷 플랫폼 중립성 연구는 망 중립성, 즉 인터넷접속 서비스 사업자의 의무에 집중하여 이루어져서 다수의 논문[24]과 단행본[25]의 발간이 있었다. 본 저서는 제2장에서 망 중립성에 대한 최근의 법적 발전을 반영한 논의를 종합하여 플랫폼 중립성 논의의 전형으로 제시할 것이다. 지루하게 진행되던 미국에서의 망 중립성에 관한 법적 논란은 오바마(Obama) 행정부 말기에 법원이 연방통신위원회(Federal Communications Commission, FCC)의 손을 들어주면서[26] 일단락되는듯하였으나 도널드 트럼프(Donald Trump)가 대통령으로 들어서고 의회의 상하원을 공화당이 장악하면서 연방통신위원회의 구성이 변화되고 이어 망 중립성 정책을 폐기함에 따라 법적·정치적 논란은 다시 원점으로 되돌아 왔다.

인터넷포털,[27] 검색엔진,[28] 운영체제[29]의 독점화 경향과 그 부작용에 대해서도 간헐적으로 지적되어 왔으며 이에 대한 사전연구가 존재한다.[30] 다만 아직 이론적 심화단계에는 다다르지 못하고 문제점에 대한 인식과 개략적인 대응방안을 제시하는 수준에 머물러 있다. 본 연구는 이들 주제에 대한 이론적

---

24) 무수한 선행연구가 있으나 선도적 논문으로는 Wu, Tim. “Network Neutrality, Broadband Discrimination”, *Journal of Telecommunications and High Technology Law*, Vol. 2, p. 141, 2003; Yoo, Christopher S. “Beyond Network Neutrality”, 19 *Harvard Journal of Law and Technology*, 2005. 근년의 국내연구로는 「경제규제와 법」(서울대학교 공익산업법센터) 제7권 제1호(2014.5.)에서 김용규 등이 한국, 미국, 유럽연합, 영국, 독일, 프랑스, 네덜란드의 망 중립성 정책동향을 고찰하고 있다.

25) 망 중립성 이용자포럼, 「망 중립성을 말한다」, 블로터앤미디어, 2013; 배진한, 「망 중립성」, 커뮤니케이션북스, 2014; Rowman & Littlefield, *Regulating the Web: Network Neutrality and the Fate of the Open Internet*, Lexington Books, 2012; Belli, Luca & De Filippi, Primavera (Eds.), *Net Neutrality Compendium*, Springer, 2015.

26) United States Telecom Association, et al. v. Federal Communications Commission and United States of America, US Court of Appeals (DC Circuit) Case No. 15-1063, June 14, 2016.

27) “공정위, 포털업계 불공정행위 조사 착수”, 뉴스핌, 2013.5.14.

28) “공정위, ‘검색엔진 독점 논란’ 구글코리아 조사”, 노컷뉴스, 2012.5.31.

29) “NHN-다음 ‘구글 OS 불공정 증거 있다’ 공정위 제소”, 이데일리, 2011.4.15.

30) 다수의 국외문헌 중 각 하나씩만 언급하자면, 곽주원·허준석·송용택, 「검색의 중립성이 인터넷 생태계에 미치는 영향」, 정보통신정책연구원(기본연구 13-06), 2013.11.; Grimmelmann James. “Speech Engines”, University of Maryland Francis King Carey School of Law Legal Studies Research Paper No. 2014-11.

으로 심화된 분석을 통하여 일관된 법리를 도출하는 것을 목표로 한다. 포털과 검색엔진에 있어서는 중립성 의무의 내용과 범위를 결정하는데 있어서 경쟁법상 공정경쟁의 법리뿐만 아니라 헌법상 표현의 자유와 언론의 책임이 중요한 역할을 함을 밝힌다.

한편, 알리바바 · 아마존 · 이베이 같은 거대 쇼핑몰, 페이스북(Facebook) 같은 SNS, 클라우드 서비스에도 중립성 의무를 부과할 필요가 있을지 여부와 부과한다면 어떤 방식을 취하게 될지는 신중한 분석이 요구되는 문제이다. 이들을 인터넷 플랫폼 사업자의 범주에 포함시키고 일정한 의무를 부과할 시에는 영업의 자유, 재산권 행사의 자유와 불공정거래행위 방지의 필요성간에 이익의 형량과 균형이 필요할 것이다.

또한, 근년에 모바일 인터넷이 차지하는 비중이 커진 만큼 유선 인터넷뿐만 아니라 모바일 인터넷에서의 중립성 규제도 논의의 필요성이 커지고 있다. 특정 앱 서비스를 사전 탑재하도록 한다든지, 경쟁 앱 서비스의 등록을 거절하는 등의 행위가 불만으로 제기되어왔다.[31] PC기반에서의 유사행위에 대한 규제와 모바일에서의 규제간의 평형을 이루어야 하는지 차별화가 필요하다면 그 정당한 이유가 무엇인지 등이 검토주제로 추가될 것이다.

나아가 국가의 플랫폼 중립성 규제의 수립과 운용이 내외국 서비스에 대하여 비차별을 유지해야 할 의무와 글로벌 인터넷의 플랫폼 중립성을 확보하는 데에 있어 개별국가가 준수해야할 기타 국제적 의무를 검토한다. 종래 인터넷 플랫폼 중립성문제에 대한 접근은 해외에서의 법 · 정책동향에 대한 비교법적 고찰은 있었지만 기본적으로 한 국가의 국내시장을 정책수립 및 분석의 단위로 한다. 하지만 최근 체결되는 자유무역협정(Free Trade Agreement, FTA) 중에는 인터넷 플랫폼 중립성에 관련성을 갖는 규정이 포함되는 경우가 있다. 본서 제8장은 글로벌 인터넷 경제에서 플랫폼 중립성 규제가 가질 수 있는 함의 내지 국제인권법적인 차원에서 플랫폼 중립성 규범을 수립해야할 필요성과 전망에 대해서 분석한다. 일부 선진 국가에서 시작된 인터넷 플랫폼 중립성 정책이지만 인터넷 경제의 글로벌한 성격에 의해 정책논의 또한 글로벌하게 확산

31) 홍대식, "모바일 생태계에서의 플랫폼 중립성 확보를 위한 경쟁규제 방안", 방송통신연구 통권 제81호, 2012년 겨울; 김현수, "인터넷 서비스 플랫폼과 경쟁정책: 애플과 구글의 사례를 중심으로", 「상사법연구」(한국상사법학회), 제32권 제2호 통권 제79호, 2013.

되었으며 각국이 상이한 정책적 우선순위를 갖게 되는 경우 필연적으로 글로벌한 차원에서의 정책충돌을 조정할 필요성이 대두할 것으로 예상되는데 합리적 정책조정을 지도할 수 있는 이론 및 실무적 기준의 개발이 요구된다.

3. 주요국 정책의 개관

국내외에서 플랫폼 중립성은 네트워크 이외에 중립성이 요구되는 다른 인터넷 계층의 의무를 포괄하기 위한 용어로 시작되었다. 이와 같은 협의의 플랫폼 중립성에 대한 정책동향을 조감한다. 한국에서는 포털, 모바일 OS가 중심적인 논의 대상이 되었다. 포털에 대해서는 언론과 정치권에서는 활발한 의견제시가 있었으며 규제당국도 지배적 국내포털에 대해서 적극적으로 개입하였다. 외국계 포털이나 모바일OS에 대해서는 일부 학계, 관련 산업 및 개발자를 중심으로 논의되고 있으나 정부는 대체로 신중한 입장을 취하였다.

유럽에서는 먼저 프랑스 국가디지털위원회의 2014년 보고서 「플랫폼 중립성: 개방적이며 지속가능한 디지털 환경」[32]이 인터넷 플랫폼업체들의 경쟁 및 소비자 이익 저해 행위를 지적하면서 논의가 본격화되었다. 동 위원회의 권고는 다음과 같이 요약된다. 첫째, 디지털시장에서 플랫폼의 점증하는 지배력에 대응하여 관련법(소비자법, 경쟁법, 개인정보보호법 등)을 적극적으로 적용하며, 중립성 수준을 평가하는 기관과 평가척도를 수립하며, 투명성 약속을 받도록 하며, 서비스의 지속성을 보장하도록 한다.[33] 둘째, 개인정보 데이터 처리의 공정성을 확보하기 위하여 데이터 처리의 전 과정을 포괄하는 일반 의무를 도입하며, 정보주체에게 통제권을 부여하며, 데이터의 유통성을 확대하며, 검색정보·트렌드 정보 같은 새로운 데이터의 처리에 관한 법적 기준을 마련하며, 지배적 플랫폼의 지위남용을 방지하기 위한 경쟁법의 유연한 적용이 필요하다.[34] 셋째, 플랫폼 경제에서의 경쟁력을 유지하기 위한 개인, 기업 및 사회 전체의 능력을 향상시킨다.[35] 넷째, 열린 개발모델을 통해 대안 플랫폼간의 경쟁

32) National digital Council(Conseil National du Numérique), "Platform Neutrality: Building an open and sustainable digital environment" Opinion No. 2014-2.

33) 권고 1 내지 4.

34) 권고 5 내지 10.

35) 권고 11, 12.

을 촉진하며 디지털 경제의 국제표준에 문화적, 지역적, 정치적 다양성이란 유럽의 가치가 반영되도록 한다.[36] 이어서 유럽연합 집행위원회는 2015.5.6. 발표한 「디지털 단일시장 전략」(A Digital Single Market Strategy for Europe)에서 인터넷 플랫폼의 반경쟁적 행위에 적극적으로 대응하기 위한 규제체계 수립을 목표로 제시하였다.[37] 이러한 사전 작업을 기반으로 제9장에서 설명하듯이 집행위원회는 2018년 4월 「온라인 플랫폼의 공정성 및 투명성 촉진법(안)」을 제출하게 되었다.[38]

미국에서는 전반적으로 네트워크 상단의 플랫폼 중립성 논의에 대하여 부정적이다. 무엇보다도 지금 글로벌 플랫폼을 지배하고 이는 기업이 대부분 미국 기업이기 때문으로 이해된다. 다만 이를 공식적으로 드러낼 수는 없으므로 이후 세부 챕터에서 보는 바와 같이 협의의 플랫폼과 물리적 네트워크와의 기술적·시장적 차이점을 강조하는 것이 아닌가 한다.

IV. 플랫폼 중립성의 맹아: 수평적 규제체제론[39]

1. 규제체계

종래 국내 미디어관련법은 방송법, 음반·비디오법, 게임법, 종합유선방송법, 전기통신법 등과 같은 개별법이 각각 영업의 범위, 진입조건 등을 규정한 수직적(silo) 규제체계를 이루고 있었다. 종전에는 각 법이 규율하는 서비스가 독특한 개성을 갖는 것으로 인정되어 이와 같은 입법태도가 정당화되었다. 그러나 방송통신기술이 발전하고 정보화 사회로의 진전이 가속화되면서 전통적인 방송과 통신의 경계가 무너지고 있으며, IPTV나 DMB와 같은 새로운 융합

---

36) 권고 13, 14.

37) European Commission, "Communication from the Commission to the European Parliament, the Council, the European Economic and Social Committee and the Committee of the Regions, COM(2015) 192 final, Brussels, 6.5.2015, para. 3.3.1.

38) European Commission, "Proposal for a Regulation of the European Parliament and of the Council on promoting fairness and transparency for business users of online intermediation services", COM(2018)238 final, Brussels, 26.4.2018.

39) 이하 논의는 졸고, "인터넷 규제에 있어 수평적 규제체계론", 통권 제38호(2012.5.)을 기반으로 한 것이다.

서비스가 등장하고 있다.

방송과 통신이 융합되는 새로운 커뮤니케이션 환경에 능동적으로 대응하기 위하여 이명박정부에 들어 정부조직을 개편하면서 방송정책과 통신정책을 종합적으로 수행하는 방송통신위원회가 출범하게 되었다. 그러나 방송통신위원회 소관 법령은 여전히 방송분야와 통신분야로 이원화되어 있어, 방송통신분야를 총괄하는 법률적 기반은 갖추지 못하고 있었다.

이에 융합시대의 도래를 맞이하여 과거 수직적 규제체계를 극복하기 위한 시도가 계속되었는바 그 첫 결실은 2010.3.22. 제정된 「방송통신발전기본법」이다. 이 법은 구체적으로 수평적 규제체계를 언급하지는 않았지만 다음과 같은 '동일 서비스 동일규제' 원칙의 천명은 수평적 규제체계 논의를 배경으로 하고 있는 것으로 이해된다.

> 제5조(방송통신 규제의 원칙) ① 방송통신위원회는 방송통신 서비스의 특성이나 기술 또는 시청자와 이용자의 서비스 수용행태 등을 종합적으로 고려하여 동일한 서비스로 볼 수 있는 경우에는 동일한 규제가 적용되도록 노력하여야 한다.

비록 선언적인 규정이기는 하지만 기술 및 산업현장에서의 융합현실을 반영하겠다는 의지가 표현된 것으로 의의가 있다. 내친김에 「방송통신사업법」을 제정하는 한편 「방송법」과 「전기통신사업법」은 폐지할 것인가? 아니면 방송통신발전기본법의 제정에도 불구하고 방송법과 통신법[40]이 건재하며, 구 「정보화촉진 기본법」이 「국가정보화 기본법」으로 법명을 바꾸어가며 존속하였듯이 기존의 법은 유지한 채, 중복에도 불구하고 새로운 융합 서비스가 나타날 때마다 이에 대응하는 법을 추가로 만들 것인가? 2013.8. 제정된 「정보통신 진흥 및 융합 활성화 등에 관한 특별법」은 기존 방송통신법체계를 뒤흔들지는 않겠지만 출현하는 융합 서비스 마다 새로운 법을 제정하지도 않겠다는 의지의 표현으로 보여 진다. 과기정통부는 이 법에서 기본원칙으로 동일 서비스 동일규제와 함께 신규융합 서비스에 대한 원칙적 허용을 선언하고,[41] 허가 등의 신속

40) 전기통신기본법, 전기통신사업법.

41) 법 제3조 제6항 및 제7항.

"⑥ 국가와 지방자치단체는 정보통신의 특성이나 기술 또는 이용자의 서비스 이용행태 등을 종합적으로 고려하여 동일한 서비스로 볼 수 있는 경우에는 동일한 규제가 적용되도록 노력

처리와 임시허가제를 도입하였지만[42] 다른 관련 부처가 규제 권한을 포기하지 않기에 크게 실효를 거두지 못하고 있다.[43]

2. 국내외 미디어 관련 법제의 수평적 규제체계 요소

(1) 국내법상 수평적 규제

방송법은 망 사업자(NO), 시스템 사업자(SO), 콘텐츠 사업자(PP)의 3 계층 분류를 기본으로 하고 있으며, 방송업계의 융합산업부문에 있어서의 3 계층분류 주장은 이를 기반으로 한다.

통신법은 기본통신 사업자와 부가통신 사업자의 2 계층 분류의 전통을 가지고 있으며, 통신업계에서는 융합산업부문에 있어서도 전송사업과 콘텐츠사업의 2분류를 주장하였다. 이 경우 시스템 내지 플랫폼 부문을 전송 사업자가 수행하는 것이 일반적 경향이므로 전송 계층에 포함시킨다.

「정보통신망 이용촉진 및 정보보호 등에 관한 법률」은 「전산망 보급 확장과 이용촉진에 관한 법률」에서 시작한 연혁이나 법의 조문체계로 보았을 때 과거 망 중심에서 현재는 플랫폼, 정보제공자, 이용자의 행태 규제 중심으로 변화하고 있는 것으로 파악되나 명백한 계층 분류를 하고 있지는 않다.

전자상거래소비자보호법은 통신판매자, 통신판매중개자, 소비자로 주체를 분류하고 있으니 일견 계층(layer)이라기보다는 유통단계(value chain)에 따른 분류로 보이기는 하나 망 사업자, 플랫폼(통신판매중개자), 통신판매자의 3 계층을 전제하는 것으로 해석될 수도 있다.

「인터넷 멀티미디어 방송사업법」(속칭, IPTV법)은 인터넷 멀티미디어 방송제공 사업자와 방송콘텐츠 사업자를 분리하여 일응 3계층 모델에서 출발하였으나 네트워크를 보유한 사업자만 방송제공사업권을 얻음으로서 결과적으로 2계층이 되었다. 2015.3.27. 개정법은 구법 제13조 제1항이 유료방송사업 가입가구의 3분의 1을 초과하여 서비스를 제공할 수 없도록 규정하면서 시장점유

하여야 한다. ⑦ 국가와 지방자치단체는 관계 법령을 위반하지 아니하는 한 신규 정보통신융합 등 기술·서비스를 원칙적으로 허용하고 이의 활성화를 위하여 적극적으로 노력하여야 한다."

42) 법 제37조 및 제37조.

43) "ICT 융합 패스트트랙 시행 후 2년 … 허가 단 3건에 소요기간 133일", 파이낸셜뉴스, 2017.2.1.

율 산정의 기준(분모)이 되는 전체 유료방송사업 가입가구의 수(數)에는 종합유선방송 및 위성방송 가입 가구를 합산하도록 하는 반면, 시장점유율의 산정(분자)에 합산되는 특수관계자의 범위를 인터넷 멀티미디어 방송 제공 사업자만으로 한정하고 종합유선방송 사업자와 위성방송 사업자를 제외하고 있음을 주목하고, 이는 특정 인터넷 멀티미디어 방송 제공 사업자가 특수관계자와 합산하여 유료방송시장의 3분의 1을 초과해 시장을 지배하지 못하도록 한 당초의 입법취지에도 반할 뿐만 아니라, 유료방송시장의 공정 경쟁을 저해하고 특정 인터넷 멀티미디어 방송 제공 사업자의 통신시장 지배력을 방송시장에까지 전이시킴으로써 전체 유료방송시장의 경쟁 구조를 왜곡하는 주된 원인이 될 우려가 있음에 인터넷 멀티미디어 방송 제공 사업자의 시장점유율 제한 규정에 대한 개선이 요구되는바, 시장점유율의 산정에 합산되는 특수관계자의 범위에 종합유선방송 사업자와 위성방송 사업자를 포함하도록 하여 종합유선방송 사업자·위성방송 사업자와 동일한 기준에 따른 수평적 동등 규제를 실현하여 공정경쟁 구조를 마련하였다.[44]

개정 전	개정 후
제13조(시장점유율 제한 등) ① 특정 인터넷 멀티미디어 방송 제공 사업자는 해당 사업자와 특수관계자인 인터넷 멀티미디어 방송 제공 사업자를 합산하여 「방송법」 제12조 제2항에 따라 미래창조과학부장관이 고시한 방송구역별로 인터넷 멀티미디어 방송, 종합유선방송, 위성방송을 포함한 유료방송사업 가입 가구의 3분의 1을 초과하여 서비스를 제공할 수 없다. 다만, 이 법이 시행된 후 1년 이내에는 5분의 1을 초과하여 서비스를 제공할 수 없다. 〈각호 신설〉	제13조(시장점유율 제한 등) ① -- 다음 각 호의 방송 사업자를 합산하여 -- 전체 유료방송사업 가입자 수 ------------. 〈단서 삭제〉 1. 인터넷 멀티미디어 방송 제공 사업자 2. 「방송법」 제2조 제3호 나목에 따른 종합유선방송 사업자 3. 「방송법」 제2조 제3호 다목에 따른 위성방송 사업자

한편, 국내 판례 중에서 수평적 규제체계를 염두에 둔 설시를 하고 있는 것은 2008년 영상물등급에 관한 대법원 판결[45]로서 콘텐츠부문에 대한 수평적

44) 법제처 제공 개정이유.

45) 대법원 2008.3.13. 선고 2006도3558 판결 【정보통신망이용촉진및정보보호등에관한법률위반(음란물유포등)】

규제원칙을 선언하였다고 평할 만하다.

> "비디오물의 내용을 편집·변경함이 없이 그대로 옮겨 제작한 동영상의 경우, 동영상을 정보통신망을 통하여 제공하는 행위가 아동이나 청소년을 유해한 환경에 빠뜨릴 위험성이 상대적으로 크다는 것을 부정할 수는 없지만, 이는 엄격한 성인인증절차를 마련하도록 요구·강제하는 등으로 대처해야 할 문제이지, 그러한 위험성만을 내세워 비디오물과 그 비디오물의 내용을 그대로 옮겨 제작한 동영상의 음란 여부에 대하여 달리 판단하는 것은 적절하지 않다."

이와 같이 '동일 서비스 동일규제 원칙'이 입법부나 사법부에 의해서 미디어법 진화의 지향점으로 인식되고 있기는 하나, 이 원칙 그리고 동반하는 수평적 규제체계가 인터넷 기술을 통해서 구성되는 사이버공간은 현실공간보다 더 자유롭고 평등한 사회가 되어야 한다는 공감을 토대로 하고 있지 못하다. 오프라인에서 발생하는 문제표현과 유사한 표현이 사이버 공간에서 발생했을 경우에 현재 우리 사회에는 완화된 규제 또는 동일 수준의 규제를 외치는 목소리뿐만 아니라 위험의 노출범위에 대한 한정이 어렵고 위험의 전파 속도가 빠르다는 이유로 보다 강화된 규제[46]를 요구하는 목소리도 있는 것이다.

(2) 국제기구의 수평적 규제체계 수용

1) UNCITRAL 전자상거래 모델법/국제전자계약UN협약

한국을 비롯한 전 세계 각국의 전자거래 관련법 제정의 준거가 된 유엔국제무역법위원회(UNCITRAL) 전자상거래 모델법(Model Law on Electronic Commerce)은 수평적 규제체계의 핵심요소인 기술중립성(technological neutrality)과 기능적 등가성(functional equivalence)을 전자거래법제의 기본원칙으로 제안하였다. 그리고 그 경험을 토대로 전자문서를 통한 국제거래에 적용하기 위한 국제전자계약UN협약(United Nations Convention on the Use of Electronic Communications in International Contracts, 2005)[47]이 두 원칙을 재확인 하고 있다.

---

46) 온라인 명예훼손을 오프라인 명예훼손 보다 더 위험한 것으로 보고 가벌성의 범위를 확대하고 가중 처벌하는 것이 그 예이다.

47) 협약전문 제5단락. Being of the opinion that uniform rules should respect the freedom of

기술중립성은 구체적인 기술적 수단을 불문하고 전자적 정보가 생성, 저장, 전달되는 모든 경우에 의사표시 및 계약의 성립에 관한 협정의 규정이 중립적으로 적용된다는 것이다. 동축선을 통해서 정보가 전달되건 광케이블 혹은 무선으로 전달되건 아니면 향후에 개발될 어떤 다른 수단에 의하건 기술적 수단의 차이가 법적 차이를 가져오지 않는다는 것이다. 좀 더 일반화하자면 법률행위의 효력이 그 행위를 하는 매체에 의해 영향 받지 않는다는 매체 중립성(media neutrality)을 지향한다. 때문에 협정문에 사용되는 용어의 선택에 있어서도 특정기술에 한정되지 않도록 주의를 기울이고 있다.

마찬가지로 기능적 등가성은 전통적 매체가 수행하는 동일한 기능을 새로운 매체가 수행하는 경우 같은 법률 효과를 준다는 것이다.

2) WTO 서비스협정

우루과이라운드 후속협상인 WTO기본통신 서비스 협정의 협상과정에서 기술적 중립성이 협상의 기본원칙으로 받아들여졌다.[48] 즉, 달리 명시되지 않는 한에는 일국의 양허는 통신의 공간적 거리의 장단(즉, 지역, 장거리, 국제통화 서비스)이나 통신의 수단(즉, 유무선 혹은 위성으로 이루어지느냐, 자가설비 혹은 임차설비를 이용하느냐)을 불문하고 공히 적용되는 것으로 해석된다. 이는 그 후의 도하라운드협상에서도 통신 및 인터넷관련 서비스 협상의 기본 지침이 되어왔다.[49] US-Gambling 사건에서의 WTO 패널과 상소기구의 판정도 인터넷은 국경을 넘나드는 서비스 제공의 한 수단이므로 양허협상에서 국경간 서비스공급을 인정한 이상 명시적 유보 없이 인터넷을 통한 서비스제공을 제한할 수 없다고 선언하고 있다.[50]

3) OECD 인터넷 경제의 미래에 관한 서울선언

인터넷 경제의 미래에 관한 서울선언(2008.6.18.)에서 인준된 정책가이드라

---

parties to choose appropriate media and technologies, taking account of the principles of technological neutrality and functional equivalence, to the extent that the means chosen by the parties comply with the purpose of the relevant rules of law.

48) Chairman's Note, S/GBT/W/2/Rev. 1 of 16 January 1997.

49) The Council for Trade in Services Interim Report, S/C/8, 31 March 1999.

50) WTO, DS285 United States - Measures Affecting the Cross-Border Supply of Gambling and Betting Services, Panel report 2004, Appellate Body Report 2005.

인 문서인 「인터넷 경제의 미래를 위한 정책형성」에는 디지털 콘텐츠 진흥을 위한 원칙 중 수평적 규제체계와 관련되는 원칙으로서 다음과 같은 내용을 포함하고 있다.51)

- 다양한 그리고 때로는 융합하는 콘텐츠 유통 플랫폼(차세대 네트워크를 포함), 기술적 환경, 그리고 가치사슬에 걸쳐 규제의 형평과 정책일관성을 향상시키는 정책52)
- 디지털 콘텐츠 창작, 배포, 사용, 보존과 관련된 기술적 문제를 해결하기 위하여 기술 중립적 접근, 상호호환성, 개방형 표준개발을 장려하는 정책53)
- 경쟁을 활성화하는 비차별적인 영업 및 정책 프레임워크를 지원하는 정책54)

(3) 외국법의 수평적 규제체계 요소

1) 유럽연합

EU에서 방송통신 부문에 적용되는 수평적 규제체계의 기본 틀은 2002년 제정되고 그 이후 개정, 보충된 전자통신지침 패키지를 중심으로 한 일련의 법제에 나타나 있다. EU의 방송통신 규제체계는 전송규제와 콘텐츠규제의 분리를 기본으로 한다. 전송 계층에 프레임워크지침, 인가지침, 접속지침, 보편 서비스지침, 전자프라이버시지침이 공통적으로 적용된다.55) 2007년에는 모바일

51) OECD, Shaping Policies for the Future of the Internet Economy, Annex E OECD Policy Guidance for Digital Content. http://www.oecd.org/dataoecd/1/28/40821729.pdf.

52) Policies that work to improve regulatory parity and consistent policy treatment across different, and in some cases converging, content delivery platforms(including next-generation networks), technological environments and value chains.

53) Policies that encourage technology neutral approaches, interoperability and open standards development to address technological issues related to digital contents creation, dissemination, use and preservation.

54) Policies supporting non-discriminatory business and policy frameworks that reinforce competition.

55) Directive 2002/21/EC of the European Parliament and of the Council of 7 March 2002 on

로밍 규정이 제정되었다. 반면에 방송프로그램, 금융 서비스, 전자상거래, 게임 등 콘텐츠에 대한 규제는 전자통신지침 패키지의 관여사항이 아니며, 유럽연합과 각 회원국은 콘텐츠에 대하여 미디어다양성, 문화·언어적 다양성을 보장하기 위한 별도의 규제조치를 취하고 있다. 전자상거래를 비롯한 인터넷산업에 관한 기본 규제원칙을 정한 「정보사회 서비스(전자상거래)지침」(Directive 2000/31/EC)[56]과 인터넷뉴미디어의 등장에 따른 방송영역의 규제체계를 개선한 「시청각 미디어 서비스 지침」(Directive 2007/65/EC)[57]이 그것이다.

EU정보사회 서비스지침은 정보사회 서비스법의 구조는 전자상거래의 발달을 방해하지 않고 업계의 경쟁력에 역 효과를 내지 않고 혁신을 방해하는 일이 없도록 단순·명료·예견가능하고 국제적으로 적용될 수 있는 규범과 부합해야 한다고 선언하고 있다.[58] 또한 정보사회 서비스제공업의 시작과 영위는 사전허가제 또는 그와 유사한 효력을 갖는 다른 요건에 기속되지 않는다고 사전허가제 금지원칙을 선언하고 있다.[59]

시청각미디어 서비스 지침은 인터넷 미디어(주문형 미디어)가 소비자에게 선택과 통제권이 넓으며, 방송의 사회적 영향에 텔레비전과는 차이가 있으므로 공중파에 비해 약한 기본적인 규제만 적용하고 있으며 동일성격의 커뮤니케이션에 대해서는 동일 규제가 적용될 수 있도록 가능한 큰 분류로 서비스를 정의

---

a common regulatory framework for electronic communications networks and services ('Framework Directive'); Directive 2002/20/EC on the authorisation of electronic communications networks and services (the 'Authorisation Directive'); Directive 2002/19/EC on access to, and interconnection of, electronic communications networks and associated facilities (the 'Access Directive'); Directive 2002/22/EC on the universal service (the 'Universal Service Directive'); Directive 2002/58/EC on the processing of personal data (the 'Privacy and Electronic Communications Directive').

56) Directive on certain legal aspects of information society services, in particular electronic commerce, in the Internal Market, OJ L 178, 17.7.2000, pp. 1-16.

57) Directive 2007/65/EC of the European Parliament and of the Council of 11 December 2007 amending Council Directive 89/552/EEC on the coordination of certain provisions laid down by law, regulation or administrative action in Member States concerning the pursuit of television broadcasting activities.

58) 전문(60) In order to allow the unhampered development of electronic commerce, the legal framework must be clear and simple, predictable and consistent with the rules applicable at international level so that it does not adversely affect the competitiveness of European industry or impede innovation in that sector.

59) 지침 제4조.

한다(예, 시청각상업방송).[60]

2) 일본

2008년 2월 15일, 총무성 정보통신심의회는 통신·방송의 융합·연계의 진전 등을 토대로 이것에 대응하는 통신·방송의 종합적인 법체계의 방향에 대해 총무대신의 자문을 받아 정보통신정책부회의 산하에 '통신·방송의 종합적인 법체계에 관한 검토위원회'(이하 '위원회'라고 한다)를 설치했다. 위원회는 '통신·방송의 종합적인 법체계에 관한 검토 아젠다'를 2008년 12월 발표했다.[61] 그 중 우리 주제와 밀접한 관련이 있는 법체계와 관련하여 다음과 같은 기본 방향을 설정하였다.

가) 전면적 개편 계획

종래의 통신·방송 서비스는 음성, 데이터, 영상 등 서비스마다 개별적으로 네트워크가 구축되어, 네트워크와 서비스가 일대일로 대응하는 형태를 취했으며, 서비스형태별로 규율 체계를 구축하는 '수직적 규제'를 채택했다.

이제 방송의 디지털화, 네트워크의 광대역화, IP화에 따라 많은 서비스에서 패킷화된 정보가 유무선을 가리지 않고 다양한 네트워크상에서 전송 가능하게 되어, 네트워크와 서비스의 일대일 대응이 무너지고, 서비스별로 네트워크를 구분하는 합리적인 근거가 없어지고 있다(시장의 수평화).

또한 종래에는 회선 교환 네트워크를 통해 음성 전화와 같이 end-to-end 기반으로 하나의 사업자가 자신만의 힘으로 서비스를 제공해 왔으나, 인터넷 전화로 대표되는 것처럼, 단말/전송 서비스/애플리케이션에 있어서 다른 주체가 연계하여 서비스를 제공하는 사업 모델을 구축하는 형태가 증가해 오고 있다(사업자간의 수직적 연계).

① 이처럼 시장환경이 변화하는 중간에서 시장의 수평화에의 대응과 규율의 단순화를 검토한다. 또한 사업자 간의 수직적 연계에 대응하고, 종래의 end-end 기반의 하나의 사업자에 의해 제공되던 서비스에 대해서도 네트워크 설비의 설치자와 해당 설비 상에서 서비스를 제공하는 자들 간에 자유로운 조

60) 제3e조.

61) 日本 総務省 情報通信審議会 情報通信政策部会 通信·放送の総合的な法体系に関する検討委員会, 通信·放送の総合的な法体系に関する検討アジェンダ, 2008.12.

합을 가능하게 하는 법체계를 검토해 나간다.

② 통신/방송의 구분에 얽매이지 않는 새로운 서비스 제공과 사업자에 의하여 더 빠르고 유연한 사업 전개를 촉진하고, 통신/방송의 융합/연계형 서비스에 대해 법체계의 적용 관계를 명확히 하고 동일한 서비스에는 동일한 규율을 적용함에 따라 통일적인 경쟁 조건의 확보 및 이용자 보호를 검토한다.

③ 구체적으로는, 현재의 서비스별 '수직적' 법체계에 대한 검토를 실시하고, 특히, '콘텐츠 서비스', '전송 서비스', '전송 설비' 3개의 계층을 생각한 후 합리성 있는 법체계로 바로 잡고 계층내 또는 계층간 사업 전개의 자유도를 높이고, 신속하고 유연한 사업 전개가 기획될 수 있도록 하고, 계층내/ 계층간의 규율 합리화로 통일적인 경쟁 조건 및 이용자 보호를 모색한다.

④ 각 계층의 규율의 목표를 명확히 함에 있어 '정보의 자유로운 유통의 촉진', '사업자에 의한 유연한 사업운영 촉진', '정보통신의 안전성 신뢰성 확보', '수신자 또는 이용자의 보호'를 실현하는 것을 지향한다.

나) 현실화와 최종입법

위와 같은 위원회의 통신·방송 법체계 개편에 대한 야심찬 기획은 정치적 환경변화와 실천상의 어려움을 당면하여 상당한 현실화의 과정을 겪게 된다. 2009년 8월 최종 검토보고서는[62] 3 계층 분류를 채택하여 콘텐츠 계층은 방송법, 전송 서비스 계층은 전기통신사업법을 중심으로 관련법을 통합하는 안을 제시하고, 인터넷미디어와 관련해서는 규제를 유보하고 있다. 즉, 오픈미디어콘텐츠에 관한 규율과 관련해서 총무성에서 별도로 개최된「인터넷상의 위법·유해정보에의 대응에 관한 검토회」의 최종보고서(평성21년 1월)가 '우선은 자율적인 대처의 진전 및 그 성과를 주시하면서',[63] '각종 법적조치에 관련되는 과제마다 논의를 깊게 해 나가는 것이 2011년「청소년 인터넷 환경 정비법」관련 대처의 평가가 실행될 때까지 몰두할 일'이라고 한 것을 존중하여 향후 몇 년간 시장의 자율규제를 더 보고 법적 규제여부를 결정하기로 하였다.

62) 日本 総務省 情報通信審議会 情報通信政策部会 通信·放送の総合的な法体系に関する検討委員会,「通信·放送の総合的な法体系の在り方」, 2009 http://www.soumu.go.jp/main_content/000026870.pdf.

63) 필터링 서비스, e네트 만들기 선언, 자율등급제, 기술개발지원, 정보윤리교육 등이 대처 방안으로 언급되고 있다.

이 최종보고서에 입각한 법 개정안이 의회를 통과하여 일본의 방송통신관련 8개 법률은 2010년 11월 4개로 통합되었다. 즉, 방송부문에서 유선라디오방송법, 케이블TV방송법, 전기통신역무이용방송법을 폐지하고 이를 방송법으로 통합시켰으며, 통신 부문의 경우 유선방송전화법을 폐지하고 이를 전기통신사업법으로 통합시켰다. 전파법과 유선전기통신법은 일부개정을 통해 존속시켰다. 애초에 수평적 규제체계의 수립을 내세우며 매체간 구별의 철폐를 시사했으나, 결국 방송관련법의 통합이 가장 의의가 있을 뿐 방송과 통신은 여전히 별개의 법제로 규율되게 되었다.[64]

3) 시사점

주요 외국에서 수평적 규제를 규제체계 변화의 기본 방향으로 정하고 방송통신융합에 대응하여 규제의 일관성을 확보하려 하고 있음을 알 수 있다. 그러나 수평적 규제의 법리가 방송법제와 통신법제의 대통합을 가져오기 보다는 방송법, 통신법 내에서의 규제체계 단순화를 가져왔음을 알 수 있다. 또한 방송통신융합을 낳은 인터넷에 기반한 새로운 서비스들은 기존의 방송 또는 통신 서비스로 파악하기보다는 '정보사회 서비스'(EU), '정보 서비스'(미국), '오픈미디어'(일본)로 성격 규정하고 방송통신규제보다 훨씬 낮은 최소한의 규제만 도입한다는 정책을 유지하고 있음을 알 수 있다.

3. 인터넷 규제에 있어 수평적 규제론의 유용성

수평적 규제를 지지하는 자들이 '동일 서비스 동일규제'를 원칙으로 인정하지만 그것이 규제완화나 최소한의 규제를 의미한다는데 모두 동의하는 것 같지는 않다. 근년의 입법동향은 오히려 규제가 없던 상태의 인터넷공간에 방송법, 음반비디오법, 언론법 분야에서 개발된 규제체계가 들어오는 경향을 보이고 있으며 이는 많은 경우 기존규제의 인터넷분야로의 확장으로 볼 수 있다.[65]

나아가 아무나 쉽게 접근할 수 있고 더 빨리 정보가 전파되는 인터넷 공간의 특성 때문에 이 공간에 있어서는 물리적 공간에서 보다 더 큰 위험성이

---

64) 박민성, "일본, '정보통신법(가칭)' 무산 원인과 통신·방송 관련법 주요 개정 내용", 「방송통신정책」(정보통신정책연구원), 2011.2.1. pp. 1-23.

65) 2018년 9월 방송법 개정안(의안번호 2015289)도 수평적 규제체계를 내세우며 OTT 서비스에 방송규제를 적용하려고 하고 있다.

있으므로 더 엄격한 규제가 있어야 된다는 생각과 입법요구도 적지 않다. 수평적 규제원리는 같은 것을 같게, 다른 것을 다르게 다루는 것을 근거로 하고 있다. 그러나 인터넷공동체가 오프라인공동체에 비하여 더 위험한지 반대로 자정능력이 있는지는 아직은 주관적인 판단의 영역에 머무르고 있다. 그렇기 때문에 수평적 규제원리는 과다규제를 억제할 수 있는 장치가 충분치 않으며 새로운 미디어나 서비스에 무비판적으로 과거의 유사미디어·서비스 규제를 적용하는 부작용을 초래할 수 있다.

All IP 시대에는 기존의 오프라인 활동과 통신, 방송 활동이 모두 인터넷상에서 행해짐에 따라 전통적인 인터넷 활동에 적용되던 (무)규제를 모든 분야에 확대하는 것도, 그렇다고 오프라인 등 다른 분야의 규제를 그대로 가져오는 것도 부적절한 결과를 가져오기 쉽다. 결국은 정보화가 진전될수록 규제의 정교화가 불가피할 것이며, 이와 같이 점증하는 규제수요 속에서도 개별 서비스별로 규제의 합리화와 간소화속에서 규제간 형평을 이루는 것이 규제체계의 질적 심화과정의 과제라고 할 것이다. 이 과정에서 수평적 규제원칙은 규제의 효율성, 정당성 등 다른 규제원칙과의 조화속에서 전통적 규제의 합리성을 제고하는 기능을 한다. 즉, 유연성을 갖고 적용되는 원칙이며 절대적으로 관철되어야 하는 경직적인 법칙은 아님이 유념되어야 한다.

문제현상에 대한 규제가 불가피한 경우에는 문제가 발생한 계위 또는 이와 가장 근접한 계위에서 대응조치를 하는 것이 적절하다는 원칙으로부터 추론하자면 콘텐츠 계층에서는 이용자보호를 위한 사회문화적 규제가 서비스의 공중성에 따라 차별화되는 방향으로, 플랫폼 계층에서는 계층내외 사업자간 공정경쟁보장을 중시하고, 네트워크 계층에서는 안정성보장을 주요한 규제논리로 할 것이 제안된다.

수평적 규제체계는 중립성 규제의 이론적 기초를 제공한다. 인터넷산업 규제체계에 대한 수평적 접근에서 2 계층 분류에 입각하여 네트워크 계층이 콘텐츠 계층에서 유통되는 정보의 종류에 따라 전송에 있어서 차이를 두지 않는다는 것이 네트워크 중립성, 즉 망 중립성의 요체이다. 하지만 3 계층 분류에 입각하여 망 계층과 콘텐츠 계층 중간에 플랫폼 계층을 설정하고 플랫폼 중립성을 인정하는 것과 같이 중립성 논의는 더 확대될 수 있다.

계층으로 분리하는 것은 경제규제를 위한 유용한 분석틀을 제공할 수 있다. 네트워크 계층은 전송기술의 지속적 고도화에도 불구하고 산업적 차원에서는 구조가 안정화된 부문이라고 할 것이다. OS 계층은 유선 인터넷의 경우 윈도우즈로 안정화 된지 장기간이 흐르고 있으며, 모바일 인터넷의 경우 안드로이드와 iOS의 양강 체제로 안정화되는 경향을 보이고는 있으나 양 운영체제간 경쟁이 활발할 뿐만 아니라 안드로이드진영 내부에서도 독립 경쟁자의 배출이 잠재적 가능성으로 남아있다. 응용프로그램이나 콘텐츠 서비스의 경우 그 다양성으로 인해 계층론에 입각한 일의적인 언급이 어렵다.

응용프로그램이나 콘텐츠 서비스의 경우에는 시장의 성장주기에 따라 규제기관의 개입필요성을 파악하는 것이 유용할 수 있다. 일반적으로는 이들 계층의 서비스가 대부분 신생 서비스이며 구조적으로 안정화하지 않았기 때문에 경쟁당국의 개입이 자제되어야 할 것이나 이런 일의적 판단보다는 구체적 사안에 따라서 관련시장의 구조와 경쟁저해 행위의 존재여부를 살펴볼 필요가 있을 것이다.

V. 본 연구의 주안점

이 연구는 인터넷 플랫폼이 자신의 행위에 대해서 지는 의무에 주목한다는 점에서 자신의 행위가 아닌 이용자의 저작권 침해물 유통, 명예훼손 등 제3자의 행위에 대한 중개자 책임에 관한 논의인 인터넷 서비스제공자의 책임에 관한 논의와는[66] 구별된다.

인터넷 플랫폼 중립성에 대한 법학적 접근은 그동안 공정거래법,[67] 헌법적[68] 접근이 대세를 이루었다. 본서는 이러한 기존 연구 성과를 바탕으로 하면서도 특정한 접근방법 보다는 인터넷 플랫폼 중립성이 달성하고자 하는 보호가치에 주목한다. 공정경쟁의 활성화, 혁신, 이용자보호, 익명성, 개방성, 미디

---

66) 박준석, 「인터넷 서비스제공자의 책임: 저작권자와 디지털 복제기술공급자의 충돌과 조화」, 박영사, 2006 등 다수의 연구가 있다.

67) 홍대식(2012); 김현수(2013); 조성국 · 이호영(2015); Renda, Andrea. "Antitrust, Regulation and the Neutrality Trap: A plea for a smart, evidence-based internet policy", Center for European Policy Studies Special Report No. 104, April 2015.

68) 허진성, "헌법적 쟁점으로서의 망 중립성", 「언론과 법」 제10권 제2호, 2010; 이윤호, "헌법적 관점에서의 망 중립성 논의", 「세계헌법연구」 제17권 제2호, 2011.

어 다양성 및 표현의 자유와 같은 법적 가치를 보호하는 데에 중립성 의무가 어떻게 기여할 수 있는가, 나아가 이들 가치가 상호 충돌하거나 다른 가치와 충돌하는 경우에 어떻게 조정이 가능할 것인가 하는 점이 이 연구의 화두이다. 경제 규제이론이나 헌법상 기본권 충돌이론이 해결의 실마리를 제공할 것이나 인터넷의 기술적 특성에 대한 고려도 필요할 것이다.

제 2 장

망 중립성

I. 서론

망 중립성은 인터넷 접속 서비스를 제공하는 사업자가 자신의 인터넷 망을 통해서 전송되는 데이터를 그 수·발신인, 접속단말기, 내용 등에 따른 차별 없이 중립적으로 처리하여야 한다는 원칙이다. 이는 인터넷의 기술적 설계원칙인 단대단(end-to-end)원칙에 기반을 두고 일찍부터 인터넷 엔지니어들의 행동원리로 인식되었다. 하지만 데이터 차별의 기술적 가능성과 상업적 필요성이 증대되자 업계에서 이 원칙에 대한 콘센서스가 흔들리게 되었으며, 학계에서도 이 원칙을 규범적으로 확고히 해야 한다는 입장[1]과 이미 타당성을 상실하였으니 폐기되어야 한다는 입장,[2] 중간 접점을 찾아야 한다는 입장[3]이 대립되어

---

1) 대표적으로 Wu, Tim. "Network Neutrality, Broadband Discrimination", *Journal of Telecommunications and High Technology Law*, Vol. 2, p. 141, 2003; van Schewick, B. *Internet Architecture and Innovation*, The MIT Press, 2010.

2) 대표적으로 Yoo, Christopher S. "Beyond Network Neutrality", 19 *Harvard Journal of Law and Technology*, 2005; Hazlett, W. Thomas. *The Fallacy of Net Neutrality*, Encounter Books, 2011.

3) 대표적으로 Shelanski H. "Competing Legal Approaches to Network Neutrality Regulation", *Communications & Convergence Review* 3(1), 2011.

있는 것이 현 상황이다.

우리 정부는 2011.12.26.「망 중립성 및 인터넷 트래픽 관리에 관한 가이드라인」을 제정하여 인터넷 이용자의 자유이용권, 차단금지, 불합리한 차별금지, 인터넷 트래픽관리의 합리성 및 투명성을 기본원칙으로 선언하였다.[4] 동 가이드라인은 당시 발표된 미국의 '오픈 인터넷 규칙'[5]을 대체적으로 수용하되, 미국과는 달리 무선 인터넷부문에도 비차별 원칙을 적용하고 있다는 점에서 망 중립성 이념을 보다 엄격하게 적용하였다고 할 것이다.[6] 미국과 한국 공히 민감한 쟁점인 관리형 서비스의 개념이라든지 합리적 트래픽 관리의 범위 및 판단기준의 결정을 후속 작업으로 미뤄놓았다. 이에 따라 한국 정부는 2012~2013년도에 걸친 정책자문기구 운영을 통하여 2013.12.4.「통신망의 합리적 관리·이용과 트래픽 관리의 투명성에 관한 기준」을 제정하였다.[7] 그러나 이 가이드라인이나 기준의 규범력이 모호하여 실효성에 한계가 있음이 드러나자 국내에서도 일부 시민단체를 통하여 입법운동이 전개되고[8] 의원입법안이 제출되기도 하였지만[9] 대세를 형성하지는 못하였고 정부도 소극적이었다. 미국 트럼프행정부의 망 중립성 폐기로 국내에서도 당분간은 관망세가 지속될 것으로 보인다.

망 중립성에 대한 기존의 국내연구와 정책형성은 경제학자들에 의해서 주도되어 왔다.[10] 법학계에서는 서울대학교 공익산업법 센터가 해외에서의 망 중립성 정책을 조사한 적이 있으며,[11] 최승재(2008), 정영철(2010), 이희정(2011,

---

4) 정보통신정책연구원 편,「2011~2013년 망 중립성 정책방향 수립 논의자료」, 2013.12, pp. 198-200.

5) Preserving the Open Internet, FCC 10-201 Report and Order, December 23, 2010.

6) 후술하듯이 미국도 2015.2. Open Internet Report and Order on Remand, Declaratory Ruling, and Order에서는 무선도 포함하였다.

7) 미래창조과학부 보도자료, "미래부, '통신망의 합리적 트래픽 관리·이용과 트래픽 관리의 투명성에 관한 기준' 마련", 2013.12.5.

8) "경실련, '망 중립성 원칙' 입법 촉구", 스페셜 경제, 2017.12.20.

9) "망 중립성 법안(유승희 의원 대표발의) 발의를 환영한다", http://nnforum.tistory.com/92 「망 중립성 이용자 포럼」, 2015.5.4.

10) 여러 연구 중에서 Telecommunications Review 제22권(2012) 제1호가 특집으로 수록하고 있는 이명호, 김용규, 권남훈, 김성환 등의 일련의 논문이 주목된다.

11) 「경제규제와 법」은 제2권 제2호에 안정민의 "미국 FCC 망 중립성 규제의 허와 실"을 실은데 이어 제3권 제1호에는 Gwang James Han, "Network Neutrality in the Electronic

2012), 김보라미(2012) 등이 주목할 만한 논문을 발표하였음에도 불구하고 그 연구가 정책형성에 제대로 반영되지 못하고 법체계상, 현행법과의 관계상 문제점을 내포한 가이드라인이 제정되게 되었다.

본 장은 제II절에서 망 중립성에 대한 일반이론과 해외 논의동향을 살펴본 후에 제III절에서 망 사업자의 기본권 향유 주체성의 근거와 유형을 고찰한다. 다음 제IV절은 국가가 아닌 망 사업자가 이용자의 기본권 준수의무에 기속되는 근거와 관련되는 기본권의 유형을 살펴본다. 제V절은 망 사업자와 이용자의 기본권이 충돌하여 조화로운 해석이 어려운 경우에 법익형량을 어떻게 할 것인가를 검토한다. 제VI절은 정부가 발표한 망 중립성 가이드라인과 트래픽 관리기준에 기본권제한이론을 적용해보며, 제VII절은 현행 망 중립성 규제를 법체계적 관점에서 평가해본다.

II. 망 중립성 일반이론

1. 주요국의 대응 동향

(1) 미국

1) 망 중립성의 유래

망 중립성 논의의 핵심을 이루는 네트워크 사업자의 콘텐츠 사업자 및 이용자에 대한 비차별, 특정 패킷에 대한 차단금지, 트래픽관리의 투명성 등은 이전에도 주요한 정책적 관심 대상이었으나 '망 중립성'(network neutrality)이라는 이름을 붙여가며 본격적인 논의에 불을 댕긴 것은 미국에서 Tim Wu,

Communications Market: current status and prospects in the US"; Christopher T. Marsden, "Net Neutrality 'Lite': the UK and European responses"; Günter Knieps, "The Net Neutrality Debate and the German Communications and Competition Law"; Joëlle L. Adda, "Instruments juridiques pour la neutralité des réseaux en Europe et en France: des éléments dispersés plutôt qu'un cadre cohérent",을 실었고 제5권 제1호에는 Namir Anani · Stephan Meyer, "Finding Balance: Net Neutrality Policies of Canada"; Wolfgang Spoerr, "Net Neutrality in Germany and Europe"; Shoko Kiyohara, "Overview of the Policy on Network Neutrality in Japan: In Comparison with the Policy Development in the U.S."; Peng Hwa Ang, "Net Neutrality: Its Utility and Limits"; 이희정, "망 중립성: 새로운 사회기반시설, 인터넷에 관한 질서정립의 과제"를 싣고 있다.

Lawrence Lessig[12] 등이 일련의 저작과 강연을 통해서 이 원칙을 법제화 할 것을 주장한 데에서 비롯된다.

Tim Wu는 망 중립성은 인터넷망 사업자가 응용 서비스에 대하여 차별하지 않아야 한다는 것으로 이는 비차별적 망 환경 하에서 응용 서비스간의 공정한 경쟁이 혁신을 촉진하는 가장 좋은 방법이라는 믿음에 근거한다고 설명하고 있다.[13]

망 중립성에 반대하는 대표적인 학자는 Christopher Yoo, Gerald Faulhaber 등이다. Yoo[14]는 '망의 다양성'(network diversity)을 인터넷의 진화방향으로 제시하며 이용자의 수요에 부응하는 다양한 네트워크간의 경쟁과 종량제에 따른 과금을 지지한다.

망 중립성은 학술적 논의의 영역에 머무른 것이 아니라 정치와 정책결정의 현실적 문제로 치열하게 다투어졌다. 미국 민주당은 망 중립성 규제에 찬성하고 공화당은 반대하는 입장이다. 연방통신위원회(FCC)는 2005년 이용자는 합법적 콘텐츠에의 접근권, 응용 서비스 실행권, 단말기 연결권, 경쟁혜택 향유권을 갖는다는 망 중립성 4대원칙을 발표하였으며[15] 2009년에는 여기에 비차별과 투명성을 추가하여 다음과 같은 6대 원칙으로 확대하였다.[16]

① 콘텐트 전송 차단 금지: 초고속 인터넷 서비스 사업자는 모든 이용자들이 인터넷을 통해 선택한 합법적인 콘텐츠를 전송하거나 전송받는 것을 막을 수 없다.

② 응용 서비스 차단 금지: 초고속 인터넷 서비스 사업자는 모든 이용자들이 선택한 합법적인 애플리케이션을 실행하거나 합법적인 서비스를 이용하는 것을 막을 수 없다.

---

12) Lawrence Lessig and Robert W. McChesney (8 June 2006). "No Tolls on The Internet". Columns.

13) "Network Neutrality, Broadband Discrimination", 2 J. on Telecomm. and High Tech. L. 141 (2003). pp. 145-146.

14) "Beyond network neutrality", 19 Harvard Journal of Law and Technology (2005), pp. 1-77.

15) In re Appropriate Framework for Broadband Access to the Internet Over Wireline Facilities, FCC-05-151, Sep 23, 2005.

16) Preserving the Open Internet et al., Notice of Proposed Rulemaking, 24 FCC Rcd 13064 (2009).

③ 단말기 차단 금지: 초고속 인터넷 서비스 사업자는 모든 이용자들이 네트워크에 위해를 가하지 않는 합법적인 기기에 연결하거나 네트워크를 통해 이용하는 것을 막을 수 없다.

④ 경쟁제한 금지: 초고속 인터넷 서비스 사업자는 모든 이용자들이 네트워크 사업자, 애플리케이션 사업자, 서비스 사업자 그리고 콘텐츠 사업자간의 경쟁으로 부여된 혜택을 제한할 수 없다.

⑤ 차별금지: 초고속 인터넷 서비스 사업자는 합법적인 콘텐츠, 애플리케이션, 서비스들을 비차별적인 방식으로 제공하여야 한다.

⑥ 투명성: 초고속 인터넷 서비스 사업자는 합리적인 네트워크 관리와 이용자, 콘텐츠, 애플리케이션, 서비스 사업자들을 보호하기 위해 합리적으로 요구되는 정보를 공개하여야 한다.

2) Comcast 판결과 FCC의 오픈 인터넷 규칙

2010년 4월 미국 연방항소법원(DC순회재판소)은 FCC가 인터넷 서비스 사업자에게 이용자의 차별을 금지하는 명령을 내릴 규제권한이 없다고 판시했다(Comcast 판결).[17] 그 이유는 인터넷 서비스는 통신 서비스가 아니고 정보 서비스로서 미국 통신법상 아주 미약한 규제만이 적용된다는 입장을 FCC 자신과 법원이 견지해왔기 때문이다.

미국 의회는 FCC에 연방통신법 제II절(Section)에서 유선망 전화, 제III절에서 무선 전화와 공중파 텔레비전, 제IV절에서 케이블 서비스를 규제할 권한을 부여하고 있다. 하지만 인터넷 서비스에 대해서는 명시적 언급이 없다. 그런데 과거 FCC는 케이블 서비스에 대한 제IV절이 없을 때에 '위원회는 그 기능을 수행하기 위하여 필요하며 본 절의 규정과 배치되지 않는 모든 조치를 취하고 법령을 제정하며 명령을 내릴 수 있다'는 제I절 제4(i)조에 의거하여 케이블 서비스를 규제하였다. 일반화하자면 신규 정보통신 서비스가 도입되어서 규제의 필요성이 있으나 법상 규제의 근거가 불분명할 때 FCC는 법상 의무 지워진 규제책임을 이행하기에 필요한 부수적인 것으로 합리적으로 인정되는 범위에서는 신규 서비스를 규제할 수 있다는 논리이다. 법원은 이를 FCC의 '보조적 권한'

17) Comcast Corp. v. Federal Communications Commission et al., case number 08-1291, in the U.S. Court of Appeals for the District of Columbia Circuit.

(ancillary authority)이라고 부르며 수차례 인정하였고 American Library Ass'n v. FCC[18]에서 보조적 권한을 위해서 다음과 같은 2단계 조건을 충족할 것을 요구하였다. (1) 통신법 제I절하의 FCC의 일반적 권한이 관련 문제를 포섭하고, (2) 문제의 규제가 FCC의 법적 의무사항을 효과적으로 이행하는 데에 합리적 보조성이 있는 것으로 인정될 것. 인터넷 서비스도 주간 또는 외국과의 커뮤니케이션 서비스이므로 첫 번째 요건의 충족에 대해서는 Comcast도 시인하였다. 문제는 두 번째 요건의 충족여부였다. 두 번째 요건의 충족을 보이기 위해서는 FCC가 법상 규제의무(statutorily mandated responsibility)를 가지고 있으며 이 의무의 수행과 문제의 권한 행사가 합리적 관련성을 갖고 있어야 한다. 그런데 ISP의 인터넷 네트워크 운영관행에 대해서 FCC의 규제권한 행사와 합리적인 관련성을 갖는 법상 규제의무의 존재가 불명확하다. 이런 이유로 법원은 FCC의 Comcast에 대한 명령이 규제권한을 넘어선 것으로 무효 선언하였다.

Comcast 판결이후 FCC는 소위 '제3의 길'을 제안하였는데[19] 이는 인터넷 접속 서비스의 '전송' 부문을 통신 서비스로 성격규정하고, 통신법 제II절의 몇몇 규정[20]을 이에 적용한다. 반면 통신법의 나머지 부분은 적용되지 않으며, 전송부문 이외의 응용 서비스, 콘텐츠 부문은 규제의 대상이 아님을 선언한다는 것이다. FCC는 의회가 입법을 통해서 인터넷분야의 규제권한과 규제수단을 분명히 하는 것에 반대하는 것은 아니지만 당장에 급한 대로 이와 같은 제3의 길을 FCC의 시행세칙개정절차(rule making procedure)를 통해서 분명하게 한다는 것이다. 그러나 의회의 법개정이 아닌 FCC의 시행세칙개정으로 법적 논란이 종식될 지는 일찍부터 의문시 되었다.[21]

이런 과정을 거쳐서 FCC는 망 중립성 원칙에 대한 근거를 가다듬고 금지원칙의 적용범위를 '불합리한' 차단 및 차별행위에 한정하며, 무선 인터넷에 대한 차별금지 규제를 보류하는 수준으로 원칙을 재정비하여 2010년 12월 '오픈

---

18) 406 F.3d 689, 691-92 (D.C. Circuit 2005).

19) Chairman Julius Genachowski, "The Third Way: a Narrowly Tailored Broadband Framework", Federal Communications Commission. May 6, 2010.

20) 제201조, 202조, 208조, 222조, 254조, 255조.

21) 공화당 지명 FCC위원인 McDowell과 Baker는 의장의 '제3의 길' 제안에 반대임을 분명히 했다. Joint Statement of Commissioners Robert M. McDowell and Meredith A. Baker.

인터넷 규칙'이라는 이름으로 채택하였으니 그 개요는 아래와 같다.[22)]

① 투명성: 인터넷접속 사업자는 네트워크 및 트래픽 관리방식, 성능, 거래조건 등에 관한 정보를 공개하여야 한다.

② 차단금지: 합리적인 네트워크 관리[23)]의 범위안에서 합법적인 콘텐츠, 애플리케이션, 서비스 또는 유해하지 않은 단말기에 대한 차단은 금지된다.

③ 불합리한 차별금지: 인터넷접속 사업자는 합법적인 트래픽 전송을 불합리하게[24)] 차별할 수 없다. 유선 인터넷에만 적용한다.

하지만 다시 제기된 소송에서 법원은 FCC 망 중립성 명령의 상위법상 근거가 불분명하다는 다분히 형식적 이유로 FCC 명령을 파기하게 된다.[25)]

오바마대통령은 시민사회 및 인터넷콘텐츠업계의 지지를 받아 이와 같은 상황을 공격적으로 돌파하였다. 주저하던 FCC를 독려하여 2015.2.26. FCC가 새로이 채택한 망 중립성 보고서와 명령("Open Internet Order 2015"로 속칭됨)은 인터넷접속 서비스를 기간통신 서비스로 재분류하면서 망 중립성 의무로서 i) 차단금지, ii) 지연금지, iii) 대가를 매개로한 우선전송금지를 명확하게 규정하였다.[26)] FCC는 동 보고서에서 인터넷접속 서비스 사업자 측이 종전 명령에 대한 법원쟁송과정에서 제기한 헌법적 이의에 대하여 망 중립성 원칙이 헌법상 표현의 자유, 강제된 표현 금지, 재산권보장의 원리와 부합함을 강조하여 설명하고 있다. 2015년 FCC 망 중립성 명령은 폐기된 2010년 명령과 비교했을 때 인터넷접속 서비스의 재분류를 통해 기간통신 사업자의 의무가 적용되는 것을 원칙으로 하였다는 점에 더하여 모바일 인터넷 접속에도 동 명령이 적용되며, 인터넷 상호접속도 관할범위에 포함시킨 점에서 규제의 범위가 확대되고 규제내용도 강화되었다.[27)] 인터넷접속 서비스 사업자들은 즉시 2015년 망 중립성

---

22) Preserving the Open Internet, FCC 10-201 Report and Order, December 23, 2010.

23) 트래픽 관리의 합리적 필요성이 인정되는 경우로 망의 보안 및 통합성, 혼잡해소, 이용자가 원하지 않는 트래픽의 관리 등이 제시되었다.

24) 합리성의 판단기준으로 투명성, 최종 이용자의 통제력, 질적 합리화의 가능성, 표준적인 관행 등이 제시되었다.

25) Verizon v. FCC, 740 F.3d 623 (D.C. Cir. 2014).

26) Federal Communications Commission, Report and Order on Remand, Declaratory Ruling, and Order in the Matter of Protecting and Promoting the Open Internet, FCC 15-24, Adopted Feb. 26, 2015, Released March 12, 2015.

27) 다만, 제로 레이팅과 인터넷상호접속에 있어 차등요율에 대해서는 당연위법으로 하기보다는

명령에 대하여 법원에 무효소송을 제기하였으나[28] 법원은 종전의 형식적 하자가 치유되었다는 이유로 청구를 기각하였다.[29]

트럼프의 대통령 당선으로 공화당 지명위원이 다수를 차지하게 된 FCC는 2017.12.14. 2015년 오픈 인터넷 명령을 부분적으로 폐지하면서 인터넷접속 서비스를 다시 정보 서비스로 취급하는 것으로 원상 복귀시켰다. 이에 반발하여 망 중립성 원칙 지지자들은 다양한 방식의 수단으로 망 중립성을 살리려고 노력하고 있다.

가장 확실한 방법은 연방입법으로 망 중립성을 규정하는 것이다. 연방의회의 양원에서 모두 공화당이 다수를 차지하고 있던 상황에서 2018년 중간선거를 하원에서는 민주당 다수, 상원에서는 공화당 다수의 상황으로 바뀌어서 종전보다는 좋아졌으나 여전히 수성하는 공화당이 유리하다고 하겠다. 망 중립성 옹호단체들은 시민들에게 국회의원들에게 망 중립성 지지 서신을 보낼 것을 독려하지만 그 효과는 제한적이다. 둘째, 주차원에서는 민주당이 다수를 차지한 주의회가 주법으로 망 중립성 원칙을 입법하고 있다. 하지만 망 중립성은 연방 차원의 사안이기에 FCC명령에 반하는 주법은 연방법원에 의해 무효로 선언될 가능성이 높다. 셋째, 민주당이 장악한 주정부가 공공구매에 관한 행정명령으로 망 중립성을 지키는 인터넷 서비스제공자에게만 주정부의 조달을 허용하는 방안이다. 두 번째 방안 보다는 위헌가능성이 낮지만 효과가 의도한 대로 나타날지는 분명하지 않은 한계가 있다. 넷째, 다수의 주정부 검찰총장과 시민단체가 연방법원에 망 중립성을 폐기하는 2017년 FCC명령의 무효화를 구하는 소송을 제기하고 있다. 절차적으로 FCC가 명령채택과정에서 적법절차를 밟지 않았고, 내용적으로 망 중립성이 경제사회적으로 잘 작동하고 있는데도 불구하고 실패하였다고 판단하였으므로 명령의 사실적 근거에 오류가 있으며, 연방과 주의 관할배분 차원에서 주정부의 헌법적 권한을 침해하였다는 것이 주요 주장이다.

사안별 합리성 심사의 대상이 되도록 하였다. Ibid. paras. 152, 202-205.

28) United States Telecom Association, et al. v. Federal Communications Commission and United States of America, US Court of Appeals(DC Circuit) Case No. 15-1063.

29) Decided, June 14, 2016. 판결문은 https://www.cadc.uscourts.gov/internet/opinions.nsf/3F95E49183E6F8AF85257FD200505A3A/$file/15-1063-1619173.pdf.

제3자의 입장에서 보았을 때, 선거 결과에 따라 개폐가 반복되는 정책을 지양하고 연속성을 갖는 정책으로 정착될 필요가 있다. 공화당과 민주당, 통신업계와 인터넷업계가 타협의 묘를 발휘할 것이 요구된다. 망 중립성 원칙은 세우되 통신법상 기간통신 사업자 보다는 낮은 수준의 규제를 받도록 하는 입법이 적절해 보인다.

(2) EU

2015.11. 채택된 EU의 망 중립성 규칙[30]이 2016.4. 시행에 들어갔다. 동 규칙은 인터넷 서비스제공자의 전송차단금지, 전송방해금지, 콘텐츠 및 서비스에 대한 차별금지를 규정하고 있다. 다만 법적 의무준수, 망의 일체성과 안전성 유지, 예외적이고 일시적 상황에서 트래픽 정체의 관리를 위해 필요한 경우는 의무가 면제된다. 고품질 화상 전화나 IPTV 같은 프리미엄 서비스(specialized services)를 제공할 수는 있으나 그것이 일반 서비스의 품질을 저해하여서는 아니 된다. 2016.8.30. 유럽 전자통신 규제기관 연합(BEREC)은 망 중립성 시행 준칙[31]을 발표했다.

EU 망 중립성 규칙의 내용을 좀 더 상세히 살펴보면, 일반 이용자는 자신이나 전송되는 정보 및 콘텐츠의 소재에 관계없이 이들에 접근하고 유통시킬 수 있으며, 응용프로그램과 서비스를 이용 또는 배포할 수 있으며, 선호하는 단말기를 사용할 수 있는 권리를 갖는다.[32]

규칙이 허용하는 합리적 트래픽 관리가 되기 위해서는 투명하며, 비차별적이고 비례성을 준수해야 한다. 또한 서비스의 품질을 위한 객관적인 기술적 요구에 따른 것이어야지 상업적 고려에 기반을 두어서는 아니 된다. 나아가 특

30) Regulation (EU) 2015/2120 of the European Parliament and of the Council of 25 November 2015 laying down measures concerning open internet access and amending Directive 2002/22/EC on universal service and users' rights relating to electronic communications networks and services and Regulation (EU) No 531/2012 on roaming on public mobile communications networks within the Union (Text with EEA relevance), OJ L 310, 26.11.2015, pp. 1-18.

31) Body of European Regulators for Electronic Communications, BEREC Guidelines on the Implementation by National Regulators of European Net Neutrality Rules, BoR (16) 127, August, 2016.

32) 망 중립성 규칙 제3조 제1항.

정 콘텐츠를 감청하거나 필요한 기간을 초과하여 유지할 수 없다.[33]

프리미엄 서비스는 특정한 콘텐츠, 프로그램, 서비스가 요구하는 품질 수준에 맞추어 최적화된 서비스를 말하며 네트워크 용량이 충분해서 일반 인터넷접속 서비스에 영향을 미치지 않을 경우에만 제공할 수 있다.[34]

인터넷 접근의 개방성을 보장하기 위하여 망 중립성 규칙은 서비스제공계약에 최소한 다음 사항을 게시하고 공시할 것을 의무화한다.

① 트래픽 관리가 인터넷접속 서비스의 품질, 이용자의 사생활과 개인정보보호에 미치는 영향. ② 트래픽관리가 콘텐츠, 서비스 등의 이용에 미치는 영향에 관한 상세한 설명. ③ 다운로드 및 업로드의 속도에 관한 상세 설명. ④ 불만처리 방법에 관한 상세 설명.[35]

EU 회원국은 위 의무사항이 지켜질 수 있도록 위반하는 경우에 적용하는 효과적, 비례적, 억제적 효력을 갖는 벌칙을 규정하여야 한다.[36]

이와 같이 EU 망 중립성 규칙과 준칙은 내용에 있어서는 미국의 오픈 인터넷 명령과 유사하지만 형식면에서 미국이 FCC 행정명령의 형태를 취했기 때문에 새로운 행정부가 FCC의 구성을 바꾸는 경우 쉽게 정책이 변경될 수 있음에 비하여 EU는 '규칙'(regulation)이란 상위법의 입법형식을 취했기 때문에 보다 안정적인 규범성을 확보하게 되었다.

(3) 한국

한국의 경우에는 2004년 7월 13일부터 초고속 인터넷 접속업무도 기간통신역무로 분류하고 있다.[37] 따라서 망 중립성 의무를 인터넷접속 사업자에게 부과하는 것이 미국보다 제도적으로 용이함이 분명하다. 그러나 구체적으로 초고속 인터넷 사업자에게 망 중립성 의무를 부과하고 있지는 않았으며 최근에 들어서야 망 중립성 의무에 대한 논의를 본격화하였다.[38] 2011년 12월 26일

---

33) 망 중립성 규칙 제3조 제3항.

34) 망 중립성 규칙 제3조 제5항.

35) 망 중립성 규칙 제4조 제1항.

36) 망 중립성 규칙 제6조.

37) 전기통신사업법 시행령 제7조 제1호.

38) 국내 법률가에 의한 대표적인 논의는 이희정, "네트워크 동등접근에 관한 일고: 도로법제로부터의 시사점", 「경제규제와 법」 제4권 제1호, 2011.5, pp. 58-75; 최승재, "디지털 컨버전

방송통신위원회는 최근의 논의를 수렴하여 ‘망 중립성 및 인터넷 트래픽관리에 관한 가이드라인’을 공표하였으며 2012년 1월 1일부터 시행되었다.[39] 동 가이드라인(본서 부록 1에 전문 수록)은 외국의 망 중립성 논의 중에서 최종 이용자의 선택권과 트래픽 관리의 투명성 원칙을 수용하였으며, 차단금지와 차별금지 원칙과 관련해서는 합리적인 트래픽관리의 가능성을 인정하고, 최선형 인터넷의 품질이 적정 수준이하로 저하되지 않는 범위 내에서 관리형 서비스[40]를 제공할 수 있도록 하는 것을 골자로 하고 있다.[41]

2013년 12월 제정된 ‘통신망의 합리적 관리 이용과 트래픽 관리의 투명성에 관한 기준’(본서 부록 2에 전문 수록)은 트래픽 관리의 합리성이 인정되는 경우로 i) DDoS, 악성코드, 해킹 또는 이와 유사한 수준의 사이버 공격 및 통신장애에 대응하여 망의 보안성 및 안정성 확보를 위해 필요한 경우, ii) 일시적 과부하 등에 따른 망 혼잡으로부터 다수 이용자의 이익을 보호하기 위하여 불가피하게 제한적으로 시행하는 경우, iii) 관련 법령의 집행을 위해 필요하거나 법령이나 이용약관에 근거한 이용자의 요청이 있는 경우를 예시하였다. 여기서 ‘법령이나 이용약관에 근거한 이용자의 요청이 있는 경우’가 음란물 유통, 저작권 침해, 명예훼손 등의 이유로 권리 침해를 주장하면서 그 구제조치로 트래픽의 차단을 요구하는 경우까지 포함할 것인지에 모호함이 있으며, 온라인상 문제행위에 대한 관리책임이 인터넷접속 서비스제공자에게 전가되는 것에 대한 우려도 있는 바,[42] 타법에서 구체적으로 절차를 정하여 차단의 필요성이 확정된 경우에 한정하는 것이 합리적일 것이다.

한국에서 망 중립성이나 트래픽 관리를 규정하고 있는 규범의 형식이 가

스시대의 경쟁법의 제문제: 망 중립성과 플랫폼 중립성”, 「스마트 · 컨버전스를 위한 인터넷 법제 세미나」 자료집, 2011.11; 임영덕, “미국 미디어 규제와 망 중립성에 관한 고찰”, 미국헌법연구 제21권 제3호, 2010.12.

39) 방송통신위원회 보도자료 참고. 나성현, “망 중립성과 인터넷 트래픽 관리에 관한 가이드라인(안)”, 방송통신위원회 「망 중립성 정책방향 마련을 위한 토론회」 자료집, 2011.12.5.

40) 전송품질(QoS) 보장형 서비스를 의미한다.

41) 동 가이드라인은 곧 시험대에 올랐으니 KT가 2012년 2월 10일 다수 인터넷 이용자 보호 및 시장질서 왜곡 방지를 내세우며 스마트TV의 접속을 제한한 것이다. 접속제한 사태는 닷새만에 합의에 의해 해결되었다.

42) 유지혜, “망 중립성의 의미와 인터넷 접속 서비스제공자의 트래픽 관리범위에 관한 소고”, 법학논집(이화여자대학교) 제20권 2호, 2015.12, pp. 76-82.

이드라인이나 기준이다 보니 이를 위반하였을 경우에 취할 수 있는 조치에 한계가 있다. EU의 망 중립성 규칙이 위반행위에 대하여 억지력을 갖기에 충분히 효과적인 벌칙을 부과하도록 한 것과 대조를 이룬다.

2. 망 중립성 논의의 쟁점

(1) 규제의 필요성

망 중립성 규제 도입을 찬성하는 입장에서는 이미 망 사업자의 경쟁 기업에 대한 차별적 행위가 발생하고 있으며 이는 앞으로 더 심해질 것으로 예상되는바 서둘러 망 중립 규제를 도입해야 한다는 주장이다. 반면에 그 도입에 반대하는 입장에서는 현실적으로 망 사업자의 차별적 행위는 가뭄에 콩 나듯이 어쩌다 발생한 것이며 앞으로도 많이 발생할 것으로 예상되지 않기 때문에 굳이 예방적으로 사전적 규제를 도입할 필요는 없으며, 만약에 망 사업자의 차별적 행위가 발생하는 경우 사후적인 경쟁법 적용으로 처리하면 충분하다고 주장한다.

(2) 규제 효과

망 중립성 규제에 찬성하는 입장에서는 인터넷의 발전은 단대단 원칙에 입각하여 네트워크 부문이 중립성을 유지할 때에 단말부문에서 혁신이 활성화된다고 주장한다. 반대하는 입장에서는 혁신은 네트워크 부문에서도 발생하며 망 중립성 규제는 망의 지능화와 고도화에 저해요소가 된다고 주장한다.

(3) 규제형식

망 중립성 원칙이 논란이 되는 이유 중에 하나는 이 원칙을 주장하는 측이 암묵적으로 원칙의 규정 형식을 법령에 의한 사전적 규제를 의미하는 것으로 이해하기 때문이다. 사전적 규제는 행위의 반사회적성격이 분명하며 사후적으로는 피해자에게 충분한 구제를 부여할 수 없는 경우에 적절한 규정형식이라고 할 것이다. 하지만 경제는 유기체와 같이 항상 변동하는 것이기 때문에 경제행위 중에는 사회적 반가치성이 분명하지 않은 것이 많다. 따라서 경제규제는 원칙적으로 사후적 규제가 적합하다. 경쟁법상 규제 중에는 경성카르텔과 같이 사전적으로 형사처벌을 규정하는 경우도 있지만 대부분의 경우에는 경제 효과를 분석하여 반경쟁적인 효과가 경제효율성 증진 효과보다 큰 경우에만 행위의 효력을 부정하거나 과징금을 부과하는 것이 일반적이다.

망 중립성 원칙 중 규제 내용에 이견이 없는 투명성원칙과 관련해서는 경영의사결정의 내용이나 결과에 따라 그 위반 여부를 달리 결정해야 할 이유도 없으므로 사전적 규제가 적합하다고 할 것이다. 한편 전송차단이나 전송차별의 경우 조치의 대상이 된 기업이나 이용자가 당해야 하는 손해가 크고 명백한 경우와 그렇지 않은 경우를 구분할 필요가 있다. 특히, 정보통신환경이 변화하여 상시적 망관리의 필요성이 인정되는 경우 차단조치와 차별 조치를 구분하여 전자에 대해서는 사전적으로 규제기관의 심사를 받도록 하고 후자의 경우에는 사후적 심사를 받도록 하는 것이 적절할 것으로 생각된다.

3. 망 중립성에 대한 경쟁법적 접근

(1) 경쟁법

반독점법, 반트러스트법, 공정거래법 등 다양한 이름으로 불리는 경쟁법은 시장에서의 경쟁제한적 행위의 규제를 통해서 경쟁을 촉진함으로써 국가 경제를 발전시키는 것을 목적으로 하는 법이다. 한국에서는 「독점규제 및 공정거래에 관한 법률」이 그 중심에 있다. 각국의 경쟁법은 일반적으로 시장지배적 지위의 남용과 부당한 공동행위를 공통적인 규제대상인 경제제한 행위로 지목한다. 한국의 공정거래법은 여기에 더하여 과도한 경제력 집중의 방지와 불공정거래행위의 규제를 위한 규정을 포함하고 있다.

경쟁법은 대규모 기업결합과 같은 예외적인 경우에는 공정거래당국의 사전 승인이 요구되지만 그 외의 경우에는 일반적으로 사후규제를 원칙으로 하며 공정거래당국이 '경쟁제한성', '불공정성' 등 법률요건의 존재를 입증하여 해당행위의 시정명령, 과징금 부과, 형사고발 등의 조치를 취한다.

(2) 망 중립성 규제와 경쟁법의 상호작용

앞서 언급한 망 중립성과 관련한 현재 상황 및 규제 효과에 대한 인식차는 달리 말하면 망 중립성 규제가 경쟁법 및 정책에 더하여 긍정적인 기여를 할 수 있는지 아니면 중복, 과다규제일 뿐인지에 대한 입장 차이며 지금까지 이것이 망 중립성 논쟁의 핵심을 이루었다.

망 중립성 원칙을 경쟁법 원칙과는 달리 예방적 사전규제를 행하는 것으로 역할을 규정한다면 망 중립성 규제의 독자성은 확보할 수 있을 것이나 엄격한 규제적합성심사를 받아야 할 것이다. 망 중립성 규제의 필요성조차도 논란이 되고 있는 상황에서 엄격한 규제적합성 심사를 만족시킬 수 있을 지 의문이다.

이와는 달리 망 중립성 원칙을 경쟁법 원칙에 영향을 주고 그와 일체를 이루는 것으로 파악할 수도 있다. 경쟁법의 여러 법칙은 종종 당연위법 원칙(per se illegal)과 합리의 원칙(rule of reason)으로 분리하여 인식된다. 망 중립성의 일부원칙은 당연위법 원칙이 되고 일부는 합리의 원칙에 따라 판단하면 될 것이다. 미국 FCC의 오픈 인터넷원칙 중 차단금지 원칙은 '합리적인 네트워크 관리의 범위 내'라는 것을 망 사업자가 입증하지 못하면 불법이 추정되는 당연위법 원칙의 범주에 속한다고 할 것이다. 반면 차별금지 원칙은 차별의 불합리성을 규제당국이 입증하여야 하는 합리의 원칙의 적용범주에 속한다고 할 것이다. 한편, 투명성의 원칙은 공정경쟁을 위한 필수적 조건에 해당한다고 할 것임에도 불구하고 투명성 원칙을 위반한 그 자체가 경쟁저해 행위라고 하기에는 이론의 여지가 많으며 오히려 일반 이용자 보호 차원에서 가치가 높다.

위에서 보는 바와 같이 차단금지 원칙과 차별금지 원칙은 기존 경쟁법의 적용으로 동일한 규제 효과를 거둘 수 있으므로 별도의 입법필요성에 이견이 있을 수도 있으나 특별법을 통한 강조와 명확화는 수범자에게나 규제기관에게나 도움이 될 것이다. 투명성의 원칙은 경쟁법원칙 만으로는 동일한 효과를 거두기 어려우므로 정보통신 관련 법률에 반영될 필요가 분명하다. 그런데 현행 전기통신사업법 제42조(정보의 제공)는 이미 '전기통신설비에 다른 전기통신 사업자나 이용자가 단말기기나 그 밖의 전기통신설비를 접속하여 사용하는 데에 필요한 기술적 기준, 이용 및 공급 기준, 그 밖에 공정한 경쟁환경을 조성하기 위하여 필요한 기준'의 제공 또는 공시에 대하여 규정하고 있다. 우리나라의 경우 인터넷접속 사업자가 기간통신 사업자로 지정되었으므로 이 규정의 적용을 받는다. 따라서 이미 우리 법제는 망 중립성과 관련한 충분한 규제근거가 있다고 보인다. 다만 규제의 명확성 및 구체성과 관련하여 사업자가 쉽게 이해할 수 있고 법적용의 예측가능성을 높일 수 있도록 관련 부처의 협의 하에 가이드라인을 제정함은 나름 의미가 있다고 할 것이다. 특히 합리적인 트래픽 관리의 범위를 정하는 것은 기술환경의 변화에 따라 변동이 크므로 법령에의 반영보다는 수시로 개정이 가능한 기준에 반영하는 것도 나름 타당성이 있다.

(3) 합리적 트래픽 관리

합리적인 트래픽 관리인지 여부의 판단은 전문성을 요하는 일이나 기본적으로 특정한 이용자를 차별하는 트래픽 관리가 가장 반경쟁성의 우려가 높으며, 사용량에 따라 사전에 정해진 기준에 따라 차별적으로 전송하는 트래픽관리가 가장 반경쟁성이 낮으며, 이용의 유형에 따른 차별적인 트래픽관리의 반경쟁성은 그 중간정도에 위치한다고 할 것이다. 반면에 차별적 전송을 전적으로 금지함은 합리적 가격차별에 의한 시장효율성 증진 기회를 봉쇄할 우려가 있다.

미국의 오픈 인터넷 규칙은 원칙적으로 전송우선권의 대가로 높은 요금을 부과하는 것은 합리적 차별 기준을 만족하기 어려울 것이라고 하면서도 전송혼잡을 해소하기 위한 것과 같은 합법적 목적의 달성을 위해 꼭 필요한 한도에서 중립적인(특정 이용이나 이용자를 타깃으로 하지 않는) 전송우선순위를 정하고 전송품질에 민감한 트래픽에 상대적으로 높은 수준의 서비스를 제공할 수 있는 여지를 남겨놓고 있다.[43]

한국에서는 네트워크 투자를 활성화하고 고속트래픽을 요하는 인터넷응용서비스의 역동성을 유지하기 위하여 차별적 서비스를 제공하기 위한 합법적 범위를 조금 더 넓히면서 그 조건으로 최선형 서비스의 수준을 완만하게라도 향상시킬 것을 요구하는 것이 바람직해 보인다.

(4) 제로 레이팅

인터넷 이용자가 특정 콘텐츠를 업로드 하거나 내려 받을 때 발생하는 데이터 이용 대가를 지불하지 않고 인터넷 콘텐츠 사업자가 대신 내주는 요금제인 제로 레이팅(zero-rating)에 대하여 망 중립성이 금하는 차별금지 원칙에 반하는지를 두고 논란이 많다. 제로 레이팅이 통신사에 의한 자회사 혹은 계열사 밀어주기라면 망 중립성의 차별금지 원칙과 공정거래법 위반이 문제될 것이

---

43) 2010 Open Internet Order, paras. pp. 73-82.

다.[44] 반면, 예외적인 경우라고 할 수 있으나 제로 레이팅 계약을 체결할 수 있는 권한이 모든 콘텐츠 사업자에게 열려있다면, 최선형 서비스의 품질을 저하시키지 않는 한도에서 허용할 수 있을 것이다. 반대하는 측에서는 결국 콘텐츠 서비스 요금에 네트워크 요금이 포함되어 이용자에게 간접 부과되지 않겠느냐고 지적한다. 그럴 수도 있지만 양면시장의 특성을 갖는 플랫폼 서비스라면 그 비용을 이용자에게 전가하기 보다는 타면에서 회복하려고 할 수도 있다. 어떻게 비용을 회복할 것인지는 경영자들의 창의성에 달렸으며 규제자가 이를 미리 예단할 필요는 없을 것으로 생각한다. 따라서 원칙적으로는 금지하면서도 특정 제로 레이팅의 긍정적 효과가 압도적이며 부정적 효과를 억제하기 위한 보장을 하는 경우에는 예외적으로 허용될 수 있을 것이다.[45]

4. 소결

미국을 비롯한 외국에서 망 중립성과 관련하여 그 내용과 더불어 규제권한, 규제형식과 관련해서도 논란이 되고 있으나 우리나라의 경우에는 이미 관련 법률에 망 중립성 규제의 근거를 가지고 있으므로 규제권한과 관련해서는 논란의 여지가 없다고 할 것이다. 규제의 내용과 관련해서는 지난 십여 년간의 망 중립성 논의는 절대적인 트래픽 차별금지나 무제한적인 트래픽 관리의 자유라는 양 극단 보다는 그 중간 지점에서 합리적 트래픽관리의 범위를 획정하는 균형화작업이 필요한 것으로 의견이 수렴되고 있다.[46] 규제의 형식에 대해서는 논의의 여지가 있는 바, 구체적 상황 하에서 차단금지, 차별금지 의무, 합리적 트래픽 관리의 내용과 범위를 정하여 법적용의 예측가능성을 높여주는 가이드라인이라는 형식이 적절하면서도 상위법적 근거를 분명히 해야 할 필요가 있다. 이는 다음 절 이하에서 시도되는 기본권적 고찰에 의해서 더욱 강하게 요구되는 바이다.

---

44) 오픈 넷 논평/보도자료, "'통큰' 미래창조과학부, 제로 레이팅 일괄 면죄부로 인터넷의 미래를 망치지 말기를", 2016.6.9.

45) 보다 상세한 논의는 본서 제9장 IV.3을 참조할 것.

46) Shelanski. H. "Competing legal approaches to network Neutrality regulation", *Communications & Convergence Review* 3(1) 2011, pp. 26-39; 나성현, 전게 자료.

III. 망 중립성에 대한 기본권적 접근[47]

이하에서는 기존의 망 중립성에 대한 법적 측면에서의 연구가 일부의 공법적 접근에도 불구하고 그 대다수는 공정경쟁 확보란 측면에서 접근한 것에 주목하고 헌법적, 특히 기본권적 측면에서의 접근으로 기존의 연구를 보충하고자 한다. 미국의 망 중립성 관련 소송에서는 기본권 제한이 쟁점으로 부각되었으며,[48] 국내에서도 이에 대한 관심이 대두하고 있다.[49]

전통적으로 기본권은 국가권력의 제한이론으로 이해되었기 때문에 먼저 민간 사업자인 인터넷접속 서비스제공 사업자가 어느 범위에서 이용자 또는 경쟁 사업자의 기본권을 준수할 의무를 지는지가 쟁점이 될 것이다. 또한 일부 기본권은 이 논의에서 양면의 칼과 같이 망 사업자[50]가 중립성 의무 부과에 반대하는 무기가 될 수도 있다. 예컨대, 망 사업자에게 중립성 의무를 부과하고 그 이행을 감독한다는 것은 망 사업자의 영업의 자유, 재산권 행사의 자유, 표현의 자유를 제약하지 않는지가 문제될 것이다.

1. 미국에서의 논의

여기서는 해외 동향에 관한 선행연구[51]를 반복하여 기술하기 보다는 기본권적 접근과 관련한 미국에서의 판례와 소송상 쟁점에 한정하여 간단히 요약

47) 이하의 논의는 졸고, "망 중립성 규제의 기본권적 고찰", 「안암법학」 통권 제43호, 2014.1.에 기반을 둔 것이다.

48) Verizon et al. v. Federal Communications Commission, Court of Appeals for the District of Columbia Circuit, No. 11-1355 consolidated with Nos. 11-1356, 11-1403, and 11-1404. 당사자들의 주장과 논박에 불구하고 법원은 2014.1.14. 내려진 판결에서 기본권적 측면에 대한 판단을 회피하였다.

49) 선행연구로 임영덕(2010), 이윤호(2011), 허진성(2011), 이성엽(2012), 노동일 · 정완(2012)이 미국에서의 망 중립성 논의를 소개하고 헌법적 고찰이 의미 있는 작업이 될 것으로 지적하였으며 본격적으로 한국헌법상 각 기본권원리의 망 중립성 논의에의 적용가능성을 탐색한 것으로는 김천수(2012)가 있다.

50) 인터넷접속 서비스 제공 사업자에는 망을 소유하고 동 서비스를 제공하는 기간통신 사업자와 망을 임대하여 동 서비스를 제공하는 별정통신 사업자가 있으나 망 중립성 논의에서 실제 문제가 되는 것은 전자의 경우이므로 일반적으로 '망 사업자'라는 약칭이 혼용된다.

51) 관련연구로는 나성현 외(2012) 등 정보통신정책연구원에서 발간한 일련의 보고서와 위 각주 11)에서 언급한 서울대 공익산업법센터의 발간물을 참조하라.

한다. 2000년 미국연방지방법원은 Comcast v. Broward[52]에서 이용자의 인터넷에의 접근권을 확보하기 위한 접근허락 강제를 인터넷접속 서비스 사업자의 표현의 자유를 구속하는 것으로 파악하였다. 이 판결은 직접적으로 플랫폼 중립성과 기본권과의 충돌을 다룬 첫 번째 사례라고 할 수 있다. 재판부는 콘텐츠 제공과 콘텐츠 전송을 분리하기도 어려울뿐더러 콘텐츠 전송도 언론자유의 본질적 부분이라는 대법원 판결[53]을 인용하며 인터넷접속 서비스를 제공하는 케이블회사도 수정헌법 제1조의 언론의 자유를 누린다고 판시했다. 행여 망 중립성 규제가 콘텐츠를 차별하지 않는 규제인 경우에도 헌법에 합치하기 위해서는 그 규제가 중요한 공공 이익의 실질적 향상에 기여해야 하며, 그 공공 이익이 표현의 자유 억압과 관련돼서는 아니 되며, 필요 이상으로 기본권을 제약해서는 아니 된다는 요건을 만족해야 한다. 재판부는 당시 인터넷접속 서비스 시장이 경쟁적이며 케이블회사가 독과점적 지위를 가질 것으로 예상되지 않는다는 연방통신위원회의 보고서[54]를 인용하며 이 규제에 의해서 촉진되는 공공 목적 자체를 부인했다. 하지만 이 판결에 대해 학자들은 재판부가 다이얼업으로 제공되는 협대역 서비스와 케이블로 제공되는 광대역 서비스를 구별하지 않고 하나의 시장으로 보는 등 시장분석상 중대한 오류를 범하였다고 법원의 사실인정과 법리에 대해서 적지 않은 비판을 가하였다.[55]

2010년 내려진 Comcast 판결[56]에서 정책선언이란 형식을 통한 망 중립성 의무부과가 법상 근거가 박약하다는 지적을 받은 미국연방통신위원회는 행정입법절차를 거쳐 오픈 인터넷 규칙을 채택하였다. 하지만 이 또한 발표되자마자 망 사업자의 도전에 직면하게 된다.[57] 버라이전(Verizon) 등 항소인은 FCC의 망 중립성 규칙이 인터넷접속 서비스를 정보 서비스로 보아 최소한의 공통

52) Comcast Cablevision v. Broward County, 124 F.Supp.2d 685 (2000).

53) Ex Parte Jackson, 96 U.S. 727, 733; City of Lakewood v. Plain Dealer Pub. Co., 486 U.S. 750, 768; Lovell v. City of Griffin, 303 U.S. 444, 452.

54) Advanced Services Report, 14 FCC Rcd 2398 (1999).

55) Wolitz, David. "Open Access and the First Amendment: A Critique of Comcast Cablevision of Broward County", Inc. v. Broward County, 4 *Yale Symp. L. & Tech*. 6, 2001.

56) Comcast Corp. v. FCC, 600 F.3d 642 (2010).

57) Verizon v. FCC, D.C. Circuit, Case No. 11-1355 et al.

규제만을 적용하는 연방통신법에 위반되며, FCC에게 이 규칙을 채택할 권한이 없으며, 규칙의 내용이 헌법상 표현의 자유와 재산권보호 조항을 위반하고 있으며, 자의적이라는 이유로 무효를 청구하였다. 2014.1.14. 항소법원은 FCC에게 투명성의무 부과권한은 긍정하였으나 차단금지나 비차별의무 부과의 권한은 없다고 판시하였으며 헌법적 고찰은 회피하였는바 아래에서 표현의 자유 및 재산권 침해와 관련한 양측의 주장만 간략하게 살펴본다.

먼저 표현의 자유와 관련하여 버라이전은 FCC의 망 중립성 규칙이 망 사업자의 표현의 자유를 제한하고 다른 사업자의 표현을 전달하도록 강제하므로 수정헌법 제1조 위반이라고 주장하였다.[58] FCC는 이에 대해 우선 망 사업자는 단지 표현을 위한 도관에 불과할 뿐 표현의 주체가 아니며 따라서 수정헌법 제1조는 관련이 없다고 주장하고, 가사 수정헌법 제1조의 표현의 자유가 관련된다고 할지라도 망 중립성 규칙은 인터넷 망 투자 확산, 관련 사업자간 공정경쟁 확보, 이용자의 인터넷 접속권 확보라는 중요한 공공이익을 촉진하고자 아주 미미한 정도의 부담을 망 사업자에게 지울 뿐이므로 헌법적으로 정당화될 수 있는 규제라고 주장하였다.[59] 음란물규제와 관련한 통신품위법에서 망 사업자가 제3자의 정보 콘텐츠에 대해 편집자나 화자로 취급되지 않는다고 규정한 것[60]과 이용자의 불법 복제파일 유통에 대한 인터넷 서비스제공자의 책임을 정한 디지털밀레니엄저작권법에서 인터넷접속 서비스제공자는 단순도관으로 면책되었음[61]도 지적되었다.

다음, 재산권 침해와 관련하여 버라이전은 FCC의 망 중립성 규칙이 정당한 보상 없이 망 사업자의 네트워크를 제3자의 이용에 제공할 것을 명하므로 수정헌법 제5조[62]를 위반하는 수용에 해당한다고 주장하였다.[63] 이에 대해 FCC는 버라이전은 일반 이용자로부터 트래픽 전송요금을 징수하므로 정당한 보상을 받고 있다고 주장했다. 나아가 망 중립성 규칙의 차단금지나 차별금지

58) Verizon and MetroPCS (2012), pp. 42-48.

59) FCC (2012), pp. 68-75.

60) Communications Decency Act, 47 U.S.C. 230(c).

61) Digital Millennium Copyright Act, 17 U.S.C. 512(a).

62) "… nor shall private property be taken for public use, without just compensation"

63) Verizon and MetroPCS (2012), p. 49.

가 결코 수정헌법 제5조의 수용이 의미하는 "재산에 대한 항구적 물리적 점유"가 될 수 없다고 지적하였다.[64]

2. 망 사업자의 기본권 주체성

법인은 자연인과 달리 정관으로 정한 목적을 달성하기 위해 필요한 범위 내에서 권리능력을 가진다.[65] 법인의 기본권 주체성 여부도 이런 시각에서 접근될 수 있다. 법인도 정관의 목적 달성을 위해 필요하고 존재형식과 부합하는 한도 내에서 기본권 능력이 있으며 그 성질상 해당 법인이 누릴 수 있는 기본권의 주체가 된다.[66] 따라서 구체적인 상황에서 법인에 대한 기본권 인정여부는 그 법인의 성격과 문제된 기본권의 관련성의 정도에 따라 달리 판단될 것이다. 예컨대, 언론사와 출판사에 '언론·출판의 자유'를, 학교법인에게 '학문·예술 및 교육에 관한 기본권'이 인정되어야 함은 당연하며, 대부분의 법인에게 재산권이 인정될 것이다. 이런 맥락에서 망 사업자에게 재산권행사의 자유, 영업의 자유를 어렵지 않게 인정할 수 있다. 다만 표현의 자유를 인정할지 여부, 인정되는 범위는 논의가 간단치 않다.

한편, 경제적 법인의 기본권은 헌법상 경제규정을 배경으로 해석될 필요가 있다. 우리 헌법은 개인과 기업의 경제상의 자유와 창의를 존중함을 원칙으로 하면서도(제119조 제1항) 국가는 국민 경제의 성장 및 안정, 시장의 지배와 경제력의 남용을 방지하며, 경제주체간의 조화를 통한 경제의 민주화를 위하여 경제에 관한 규제와 조정을 할 수 있다(제119조 제2항). 망 사업자의 영업의 자유와 재산권은 이러한 경제 질서와 불가분의 상호관계에 있다.

덧붙여 사회적 권력으로 변해버린 거대 법인의 경우 기본권 주체성의 문제 못지않게 기본권 보장자로서의 지위가 강조되어야 하며, 법인의 기본권행사가 자연인의 기본권을 제약하는 것을 경계할 필요가 있다.[67] 망 사업자의 구체적 자유권을 논함에 있어서 이와 같은 점이 유념되어야 한다.

---

64) FCC (2012), pp. 76-77.

65) 대법원 1988.1.19. 선고 86다카1384.

66) 헌재 1991.6.3. 선고 90헌마56; 헌재 1995.7.21. 선고 92헌마177; 헌재 1996.3.28. 선고 94헌바42.

67) 김학성, 「기본권의 주체」, 헌법재판소, 2009, p. 161.

3. 망 사업자의 표현의 자유

우리 헌법은 명문으로 "표현의 자유"라는 어구를 사용하고 있지는 않으나 헌법 제21조 제1항[68]이 표현의 자유를 보장한다는 데 이견이 없다.[69] 표현의 자유가 사인 간에도 침해되어서는 안 된다는 것에 대하여 그 헌법상 근거에는 직접적용설,[70] 간접적용설,[71] 성질설[72]과 같이 이견이 있으나 결과적 긍정에는 차이가 없다. 헌법재판소도 언론·출판의 자유는 그 성질상 법인이나 권리능력 없는 사단도 누릴 수 있는 권리임을 분명히 하였다.[73] 하지만, 구체적인 상황에서 망 사업자에게 표현의 자유를 인정할지 여부에 대한 판단은 망 사업자의 설립 근거 법령과 정관상 목적을 달성하기 위하여 표현의 자유를 인정하는 것이 합리적인지를 검토하여야 할 것이다.

망 사업자는 독자적으로 표현행위를 하기보다는 표현의 전파를 보조하는 역할을 주된 기능으로 한다. 즉, 우리 전기통신기본법과 전기통신사업법상 통신 사업자는 자신이 표현하는 자가 아니라 타인의 표현을 매개하는 자이다.[74] 이런 맥락에서 정보 유통을 위한 도관관리자에게 표현의 자유를 인정할 것인가에 의문이 있을 수 있다. 정보를 만들어 내는 것 못지않게 이를 전파하는 것도 여론 형성에 주요함을 부인하기는 어렵다. 다만 전기통신사업법상 망 사업자가 정당한 사유 없이 전파할 정보를 취사선택하여 전송을 차단하거나(제3조 제1항) 공평에 반하여 비합리적으로 차별하는 것은 금지되며(제3조 제2항 및 제3항),[75] 특히 기간통신역무를 제공하는 기간통신 사업자와 별정통신 사업자의 경

68) 제21조 ① 모든 국민은 언론·출판의 자유와 집회·결사의 자유를 가진다.

69) 헌재 2012.8.23. 선고 2010헌마47등

70) 김철수, 「헌법학신론」, 2013, p. 861; 성낙인, 「헌법학」, 2018, p. 1191.

71) 권영성, 「헌법학원론」, 2008, p. 504.

72) 정종섭, 「헌법학원론」, 2018, p. 622.

73) 헌재 1995.7.21. 선고 92헌마177, 199 (병합).

74) 전기통신기본법 제2조 제7, 8호; 전기통신사업법 제2조 제6, 7, 8호.

75) 제3조(역무의 제공 의무 등)

① 전기통신 사업자는 정당한 사유 없이 전기통신역무의 제공을 거부하여서는 아니 된다.

② 전기통신 사업자는 그 업무를 처리할 때 공평하고 신속하며 정확하게 하여야 한다.

③ 전기통신역무의 요금은 전기통신사업이 원활하게 발전할 수 있고 이용자가 편리하고 다양한 전기통신역무를 공평하고 저렴하게 제공받을 수 있도록 합리적으로 결정되어야 한다.

우에는 통신의 내용이나 형태에 변경 없이 송수신하여야 한다(제2조 제11호).[76] 망 사업자 스스로도 시장진입과정에서 비차별적 서비스를 조건으로 하여서 사업수행권을 획득하였다.

따라서 일반적으로는 타인의 의사를 전달하는 것도 언론·출판의 자유에 포함된다고는 할 수 있으나 이 경우에도 스스로 의사를 표현하고 여론을 형성하는 자에 대한 표현의 자유 보호와는 차원을 달리한다. 나아가 망 사업자는 이미 법령의 개념정의상 전송물에 변경을 가할 수 없고 오직 전송의 속도 등에만 제한된 선택의 여지가 있을 뿐임이 감안되어야 한다. 이와 같이 내용물의 형태가 아닌 전송의 방식에 대한 선택은 표현 그 자체에 대한 보호보다는 공공의 이익을 위하여 법률에 의하여 제약되거나 다른 기본권과 충돌하는 경우 제약될 수 있는 여지가 많을 것이다. 그러므로 망 사업자에게 표현의 자유를 원천적으로 부인하지는 못한다고 할지라도 이것이 인터넷접속 서비스를 포함한 전기통신역무 자체의 수행과 관련한 차별을 정당화하는 근거는 될 수 없다. 부연하자면, 망 사업자가 광고표현을 한다든지 사업수행과 관련하여 정부정책에 관하여 공개적으로 의견을 표명한다든지 하는 전기통신역무수행에 부수되는 활동의 일환으로 표현을 하는 경우 이 표현이 헌법적으로 보호받는다. 그러나 전기통신역무 자체를 차별적으로 전달하는 행태는 망 사업자의 다른 기본권에 의해 보호될 여지가 있음은 별론으로 하고 표현의 자유에 의해서 보호될 여지는 많지 않다.[77] 이는 표현의 자유가 법령에 의하여 정해지는 역무의 성격, 대립하는 압도적인 공익을 달성하기 위한 필요성, 일반적 신뢰의 원칙에 의해서 제한되는 경우라고 하겠다.

4. 망 사업자의 재산권

인터넷망 사업자는 자신이 포설한 망에 대하여 유형, 무형의 재산권을 가

---

76) 11. "기간통신역무"란 전화·인터넷접속 등과 같이 음성·데이터·영상 등을 그 내용이나 형태의 변경없이 송신 또는 수신하게 하는 전기통신역무 및 음성·데이터·영상 등의 송신 또는 수신이 가능하도록 전기통신회선설비를 임대하는 전기통신역무를 말한다. (단서 생략)

77) 예외적으로 망 사업자의 차별적 전송이 표현의 자유에 해당하기 위해서는 차별의 기준이 표현과 관련된 것이어야 한다. 예컨대, 정치적 색채, 종교, 오락, 보도 중의 하나를 선택하여 이에 관한 것만 전송한다면 이는 표현이라 할 수 있다. 반면, 일반적 실행과 같이 경제적 이익의 존재 여부나 고저에 따라서 전송여부, 전송품질을 달리한다면 이는 표현이라 할 수 없다.

지며 이러한 재산권은 헌법상 보호된다. 다만 재산권의 인정과 그 행사는 일정한 조건에 의해서 법률에 의하여 제한될 수 있는데 망 중립성 규제가 이러한 요건을 충족할 수 있는 지 고찰의 필요성이 있다. 즉, 망 중립성 의무의 부과는 차별적 요금부과, 거래거절을 어렵게 하는데 이것이 재산권 행사의 자유를 제한하는 것, 나아가서는 수용에 해당하는 것이 아닌지 문제될 수 있다.[78] 따라서 헌법상 재산권 보호의 제한 요건에 합치되는 것인지 검토할 필요가 있다.

우리 헌법은 재산권보장을 천명하면서도 그 내용과 한계를 형성하는 것은 법률에 유보하였으며(제23조 제1항), 재산권의 행사는 공공복리에 적합할 것을 요구하고 있다(동조 제2항). 따라서 사유재산의 본질적 제한이 아닌 이상에는[79] 재산권의 내용과 한계를 정하는 입법형성권이 넓게 인정되며 이것이 망 중립성 의무부과의 근거가 될 수 있다. 헌법재판소는 "재산권의 본질적인 내용을 침해하는 경우라고 하는 것은 그 침해로 사유재산권이 유명무실해지고 사유재산제도가 형해화되어 헌법이 재산권을 보호하는 궁극적인 목적을 달성할 수 없게 되는 지경에 이르는 경우라고 할 것이다. 사유재산제도의 전면적인 부정, 재산권의 무상몰수, 소급입법에 의한 재산권의 박탈 등이 본질적인 침해가 된다."고 판시하였다. 망 중립성 규제를 재산권의 본질적 내용에 대한 침해라고 보기는 어려울 것이다.

5. 망 사업자의 영업의 자유

자본주의 경제질서 하에서 공권력에 의한 자의적인 경영간섭은 금지된다. 우리 헌법재판소도 헌법상 '직업의 자유'의 확대된 형태로서 '영업의 자유'가 인정되며, 이는 다른 기업과의 경쟁에서 국가의 간섭이나 방해를 받지 않고 기업 활동을 할 수 있는 권리라고 설명하였다.[80] 그러나 영업의 자유는 그 발현에 다양한 형태의 법률적 제한이 가해질 수 있다. 영업장소, 영업시간, 영업방법, 영업내용 등과 관련하여 해당 영업이 공동체에 가져올 수 있는 위험의 정도에 따라 합리적 형태와 정도의 제한이 가해질 수 있다. 앞서 살펴본 재산권행

---

78) 직접수용은 아니겠지만 간접수용에 해당한다고 주장될 여지가 있다. 망 중립성 규제가 수용에 해당할 수 있다는 견지의 대표적인 연구로는 Lyons(2011) 참조.

79) 헌재 1989.12.22. 선고 88헌가13.

80) 헌재 1996.12.26. 선고 96헌가18.

사의 경우와 같이 영업의 자유에 대해서도 입법형성권이 폭 넓게 인정된다.[81]

망 중립성 규제는 망 사업자의 트래픽 관리의 적정성을 다루므로 영업의 방법과 내용에 관련한 규제가 대부분이라고 할 수 있으며 그런 차원에서 정당한 목적 달성을 위한 적합한 수단으로 인정될 수 있는 여지는 많다. 다만 규제의 최소침해성 및 법익균형성의 원칙을 충족하는지 여부는 여전히 문제가 될 것이다. 사업자가 수행하는 사회적 기능이 크면 클수록 공적 규제의 정당성이 강화된다는 점[82]과 망 사업자가 사실은 거대 사업자로부터 영세 사업자에 이르기까지 다양하다는 점이 감안되어야 할 것이다.

6. 망 사업자의 평등권

망 사업자중 기간통신 사업자나 별정통신 사업자는 부가통신 사업자에 비하여 무거운 규제를 받아야 하는데 이는 망 사업자의 평등권을 침해하는 것이 아닌지가 문제될 수 있다. 헌법상 평등권은 획일적 평등이 아니라 구체적 여건에 비례한 실질적 평등을 의미한다. 따라서 이 문제는 해당 규제가 자의적이지 않으며 필요최소한의 합리적 규제인지의 평가문제로 귀결된다. 경제적 규제로서의 망 중립성 규제는 엄격심사의 대상이 아니라 합리성 심사의 대상으로 보인다. 그러나 어느 범위의 인터넷접속 서비스 제공 사업자에게 망 중립성 규제를 부과하는 것이 이와 같은 합리성 심사를 충족하는지를 결정하는 것은 쉽지 않은 문제이며 어느 정도 규제기관의 판단재량을 인정하지 않을 수 없는 부분이다. 그럼에도 불구하고 여전히 망 사업자간의 차이를 인식할 필요가 있다. 예컨대, 기간통신 사업자의 경우 진입허가제에 의하여 무한경쟁의 위협으로부터 보호받는 대신에 일정한 공익성 의무를 부담하는바 망 중립성 의무 자체가 평등권을 침해하지는 않는다고 하겠다. 나아가 관련시장에서 지배적 지위를 점하거나 1위 사업자인 경우에는 시장의 자율적 견제에 의해 제약되지 않고 차별적 전송을 행할 유인이 더 크다고 할 것이므로 가중된 규제의 대상이 된다고 하여 부당하다고만 할 수 없다. 반면 기간통신 사업자 중에는 영세한 사업자도 있으며 등록제인 별정통신 사업자는 시장 경쟁으로부터의 보호도 별반 받는 것이 없다고 할 것이므로 이들이 제공하는 인터넷접속 서비스에도 동일한 망

81) 헌재 2002.12.18. 선고 2000헌마764, 기타 다수의 헌재 결정.

82) 헌재 1998.12.24. 선고 89헌마214등.

중립성 의무를 부과하는 것은 획일적 평등의 옷을 입은 불평등이라고 할 여지가 있다.

IV. 망 사업자의 기본권 준수의무

1. 망 사업자는 이용자의 기본권 준수의무를 지는가?

오늘날 국가에 비견되는 거대한 사인으로부터 기본권 침해의 가능성이 많아지므로 사인 간에도 기본권이 적용될 필요성이 증대되고 있다.[83] 외국에서의 기본권의 대사인적 효력을 긍정하는 이론 중에서 우리의 논의와 관련하여 주목되는 것은 미국의 특허부여이론이다. 이는 국가로부터 특별한 권한이 부여되어 그 한도에서 국가의 광범위한 규제를 받아 국가와 밀접한 관계에 있는 사적단체의 행위를 국가행위와 동일시하는 이론이다.[84] 현재 시점에는 국가가 인터넷망이 중립적으로 운영되는 것을 지원하기 위해 민간 사업자에게 부여하는 인센티브는 보잘 것 없으나 과거 통신 서비스가 행정조직, 공기업에 의해 제공되던 시대의 공적투자를 잊을 수 없으며, 현재에도 네트워크의 포설 등과 관련한 특혜[85]를 무시하기 어렵다. 이런 차원에서 전기통신 사업자중 기간통신 사업자는 국가의 진입허가와 운영상 특혜를 받고 있으므로 일견 기본권 적용의 대상이 된다고 할 수 있다.

국내의 관련 판례로는 KBS를 상대로 한 헌법소원[86]에서 헌법재판소 다수의견은 KBS가 사인이라는 이유로 청구를 기각하면서도 사법적 관계에서 발생하는 기본권의 침해문제는 법원에서 다루어질 수 있는 사항임을 인정하였다.[87] 국내의 다수설과 판례인 간접적용설에 따르더라도 인터넷접속 서비스 제공자의 전송차별 등의 행위가 기본권 위반이 될 수 있는 것이다.

---

83) 김철수, 「헌법학신론」, 박영사, 2013, p. 353.

84) Public Utilities Commission v. Pollack, 343 U.S. 451 (1952).

85) 타인토지의 사용과 출입, 장애물 제거요구에 관한 전기통신사업법 제72조 내지 제75조의 규정.

86) 헌재 2006.11.30. 선고 2005헌마655.

87) 소수의견은 KBS의 채용공고를 공권력 행사에 준하는 것으로 보아 헌법소원의 대상이 될 수 있다고 하였다.

기본권의 대사인적 효력에 관하여 헌법학계의 일반적 논의에 의하면[88] 헌법에 대사인적 효력이 명문상으로나 성질상 직접 적용이 긍정 또는 부인되는 경우를 제외하고는 사법의 일반원칙[89]을 해석·적용하는 과정을 통해 간접적으로 적용된다. 표현의 자유(헌법 제21조)는 사인 간에도 직접 적용되는 대표적 기본권으로 인정되며, 평등권(제11조), 사생활의 비밀과 자유(제17조), 통신의 자유(헌법 제18조)도 사인 간에 직간접적으로 적용되는 기본권으로 인식된다. 또한 인터넷의 공공성은 그 소유기반으로부터 나오는 것이 아니라 인터넷 자체가 가지고 있는 사회적·헌법적 가치로부터 나오는 것이므로 인터넷을 구성하는 망의 소유자가 사인이라는 사실이 결정적인 요인은 못된다고 할 것이다.[90]

다만 국가나 공기업에 요구되는 공익성, 공공성 준수의무를 그대로 사기업에 요구할 수 없듯이 정부가 부담하는 기본권보장의무만큼 엄격한 의무를 사법인이 부담한다면 이는 공사법분리체계나 사적자치의 원칙을 무시하는 결과를 가져올 것이므로 기본권 보장의무를 부담할 특별한 지위가 인정되는 경우에 한정한다든지, 국가나 공법인이 부담하는 의무보다는 감경된 정도의 의무를 부담하도록 하는 것이 사법인 자신이 가지고 있는 기본권과의 균형상 요구된다고 할 것이다.

2. 망 사업자가 구속되는 이용자기본권 준수의무의 범위

(1) 이용자의 평등권

평등권은 일견 망 중립성 원칙과 맥락을 같이하고 있다고 생각되나 기본권으로서의 평등권이 결과에 있어서의 평등이 아니라 기회에 있어서의 평등이라는 관점에서 검토될 필요가 있다. 즉, 속도에 민감한 동영상 패킷에 대해서 속도에 민감하지 않은 이메일 패킷보다 신속한 전송을 보장하는 것은 일견 차별대우인 것과 같이 보여도 충분히 합리성이 인정될 수 있다. 반면 데이터 이용량이 적은 이용자에게나 대용량 이용자에게 동일 요금을 부과하는 것은 실질적인 차별이라고 볼 수 있다.

---

88) 김철수(2013), pp. 357-360; 허영(2013), pp. 265-267.

89) 신의성실(민법 제2조), 공서양속(민법 제103조), 불법행위(민법 제750조) 등.

90) 김천수(2012), p. 219.

헌법상 더욱 문제되는 것은 패킷에 대한 차별이 패킷을 송신 또는 수신하는 인에 대한 차별로 이어지는 경우이다. 정보사회에서 정보의 수발신은 개인생활의 필수적 요소이며 기업간 경쟁의 우열을 결정하는 핵심적인 요소이다. 어떤 개인이나 법인이 타인보다 지속적으로 열위의 정보 서비스를 받는다면 생활권을 직접적으로 침해받아 사회적 빈민층이 되기 십상이며 평등권과 자유권의 객관적 조건을 박탈당하는 것이다.

(2) 이용자의 자유권

일반 이용자의 표현의 자유, 통신의 자유와 인터넷 포털, 인터넷 신문 등의 언론·출판의 자유 등이 모두 망 사업자로부터 간섭받지 않을 자유를 보장한다. 물론 이 자유권도 절대적인 것은 아니며 망 사업자가 공익의 수탁자 혹은 독자적인 지위로서 자신의 이익과의 조화를 꾀하는 견지에서 행하는 트래픽 관리행위에 의하여 제약받을 수 있다. 망 사업자가 보장하는 일반 이용자의 자유권과 인터넷응용 서비스 사업자의 자유권 간에는 보호 수준에 차이가 있을 수 있다. 어느 공동체나 그렇듯이 각 공동체 구성원은 자신이 그 공동체에서 차지하는 비중에 비례하여 공동체 공익실현을 위한 협조의무를 진다. 망 사업자가 중립성 의무라는 상대적으로 큰 의무를 부담하듯이 인터넷응용 서비스 사업자는 공동체 이익을 위해 일반 이용자보다 더 역할을 할 것이 기대된다. 이런 차원에서 인터넷트래픽 혼잡 완화를 위한 노력에 동참이 요구되는 한도에서 각 구성원의 자유권이 다소간 제약될 수 있다.

(3) 이용자의 생활권

헌법 제31조 제1항이 선언하는 인간다운 생활을 할 권리는 정보사회에서 인터넷연결망에 접근하고 끊김 없는 소통을 보장받을 권리를 포함한다. 국가에 대한 권리가 아닌 사업자에 대한 권리로서 망 접근권을 주장할 수 있는 지에는 의문의 여지가 있다. 생각건대 사인간에 직접 적용되지는 않으며 신의성실 및 권리남용 금지원칙을 매개로 하여 간접 적용될 수 있다고 하겠다. 즉, 무상 이용권과 같은 적극적 접근권은 인정하기 어려우나 통상의 요금 납부를 전제로 한 접근신청을 거절당하지 아니할 권리와 같은 소극적 의미에서의 접근권을 인정할 수 있다할 것이다. 국가에 대해서는 정보사회 생활권으로서 인터넷 접근권을 보장하는 제도를 수립할 것을 요구할 수 있다. 이는 객관적 공권에 해당할 것이며 주관적인 공권으로는 향후 보편적 서비스의 범주에 인터넷 접근을 포함시키게 되는 경우 이에 근거한 청구권을 생각해 볼 수 있다.[91] 같은 맥락에서 생활권적 기본권은 인터넷접속 서비스 제공 사업자에게 관리형 인터넷 서비스(managed service)를 허용하는 전제로서 최선형 서비스(best effort Internet)의 품질 수준이 하락하여서는 안 된다는 요건을 부과하는 것에 이론적 근거를 제공할 수 있다.

(4) 이용자의 프라이버시권

망 사업자가 콘텐츠의 내용을 식별하여 차별적으로 전송품질을 달리하는 것은 소위 심층 패킷분석(Deep Packet Inspection, DPI)을 수행하는 경우 가능하다. 문제는 심층 패킷분석이 정보 발신인과 수신인의 프라이버시를 침해할 소지가 높다는 데에 있다. 개인정보보호법상 기본원칙으로서 정보주체의 동의원칙이 있으나 인터넷 통신에서는 발신인과 수신인이 경로를 사전에 지정할 수가 없고 경로를 예측하기도 어려우므로 심층 패킷분석과 관련한 사전 동의를 받는 것이 불가능하며 사후 동의의 경우에도 그 처리비용이 과도하며 동의를 받는 것 자체가 정보주체의 프라이버시를 침해할 여지가 높다. 심층 패킷분석이 바이러스 탐지와 같은 정당한 목적을 달성하면서도 프라이버시 침해의 우려를 최소화할 수 있는 세부규범의 정립이 필요하다.

V. 법익형량

앞에서 고찰한 바와 같이 망 사업자와 이용자가 각자 나름 내세울 기본권이 있는 경우 어느 쪽이 우위에 있을 것인가는 소위 기본권 충돌에 따른 법익형량 이론에 의하여 판단될 것이다. 물론 진정한 충돌이 있는가, 권리남용에 해당하지는 않는가, 양립 가능한 권한의 균형점은 발견될 수 있는가 등이 우선 검토되어야 할 것이다.

법익형량에 관한 헌법원칙에는 '인격적 가치 우선의 원칙'과 '자유 우선의

91) 김현귀, "액세스권의 기본권적 의의", 「언론과 법」 제12권 제1호, 2013, pp. 251-252.

원칙'이 있다. 전자는 인격적 가치를 보호하기 위한 기본권은 재산적 가치를 보호하기 위한 기본권보다 우선한다는 원칙이다. 후자는 자유권과 평등권이 상충하는 경우 자유의 가치를 평등의 가치보다 우선시킴으로서 '자유속의 평등', '자유의 평등'을 실현하는 것이 옳다는 원칙이다.

법익형량의 방법으로 기본권간 상충관계를 해결하기 어려운 경우에는 '규범 조화적 해석'이 동원될 수 있다. 규범 조화적 해석의 구체적 방법으로는 첫째, 상충하는 기본권중 어느 하나도 해치지 않는 제3의 대안을 찾는 방법, 둘째, 상충하는 기본권 양자를 조정하되 필요최소한의 제약을 양자 모두에게 균형에 맞게 제약을 가하여 양립시키는 방법이 있다.[92]

이러한 법익형량의 이론에 따를 때 망 사업자의 영업의 자유나 재산권 행사의 자유가 이용자의 표현의 자유 또는 프라이버시권과 충돌하는 한에 있어서는 그 행사가 제약된다. 다만, 망 사업자의 영업의 자유와 이용자의 평등권간의 우열은 속단하기 어렵다. 규범조화적 해석을 시도하는 경우 어느 한쪽의 권리가 타방의 권리를 완전히 무시하는 극단적 결과는 지양되어야 한다는 점을 상기한다면 관련 당사자들이 소위 상생협력의 방안을 도출하기 위해 협력할 필요가 있다.

생각건대 앞서 언급한 바가 있는 전기통신관련 법령상 규정과 함께 망 사업자가 스스로의 정체성을 도관으로 규정하느냐 표현의 매체로 규정하느냐, 자기 정체성 규정에 부합하게 행동하느냐, 이용자의 표현의 자유, 평등권, 프라이버시를 보장하기 위하여 제약되는 망 사업자의 재산권이나 영업의 자유가 필요최소한의 수준이냐 등이 균형점을 찾는 과정에서 고려되어야 할 것이다. 망 중립성 가이드라인이나 트래픽관리준칙의 채택과 관련한 진통은 이와 같은 구체적 균형점을 찾아가는 관련 이해당사자간 합의작업의 어려움을 보여준다. 나아가 가이드라인이나 트래픽 관리기준의 구체적 내용이 법률이나 시행령과 같은 상위 규범을 위반하는 것도 엄격히 통제되어야 한다. 후술하는[93] 기본권제한의 법률유보원칙이 지켜져야 하기 때문이다.

---

92) 허영, 「한국헌법론」, 2018, pp. 287-289.

93) 본장 제VI절 참조.

살피건대 현행법[94]과 시행령[95]상 엄격히 중립성 의무에 기속되며 위반 시 처벌을 받게 되는 시장분야별 1위의 인터넷접속 서비스제공 사업자가 망 중립성 가이드라인을 지켜야 함은 두말할 필요가 없다. 문제는 그 이외의 시장지배적 사업자 및 시장지배력을 가지지 않은 사업자에게도 망 중립성 의무를 부과함이 적절할지 여부이다. 망 사업자의 기본권을 존중한다는 차원에서 이들에게 망 중립성 의무를 강제하지 않는 것이 적절하다고 생각한다. 다만, 이들을 중립성 의무로부터 면제시킬 때에는 다음과 같은 점이 추가로 검토되어야 할 것이다. 첫째, 자신이 "차별적"으로 전송하는 매체임을 명백히 밝히고 차별

---

94) 전기통신사업법 제28조(이용약관의 신고 등)

① 기간통신 사업자는 그가 제공하려는 전기통신 서비스에 관하여 그 서비스별로 요금 및 이용조건(이하 "이용약관"이라 한다)을 정하여 미래창조과학부장관에게 신고(변경신고를 포함한다. 이하 이 조에서 같다)하여야 한다.

② 제1항에도 불구하고 사업규모 및 시장점유율 등이 대통령령으로 정하는 기준에 해당하는 기간통신 사업자의 기간통신 서비스의 경우에는 미래창조과학부장관의 인가(변경인가를 포함한다. 이하 이 조에서 같다)를 받아야 한다. 다만, 이미 인가받은 이용약관에 포함된 서비스별 요금을 인하하는 때에는 미래창조과학부장관에게 신고하여야 한다.

③ 제2항 본문의 경우 미래창조과학부장관은 이용약관이 다음 각 호의 기준에 맞으면 이용약관을 인가하여야 한다.

1. 전기통신 서비스의 요금이 공급비용, 수익, 비용·수익의 서비스별 분류, 서비스 제공방법에 따른 비용 절감, 공정한 경쟁환경에 미치는 영향 등을 합리적으로 고려하여 산정되었을 것
2. 기간통신 사업자와 이용자의 책임에 관한 사항 및 전기통신설비의 설치공사나 그 밖의 공사에 관한 비용 부담의 방법이 이용자에게 부당하게 불리하지 아니할 것
3. 다른 전기통신 사업자 또는 이용자의 전기통신회선설비 이용형태를 부당하게 제한하지 아니할 것
4. 특정인을 부당하게 차별하여 취급하지 아니할 것
5. 제85조에 따른 중요 통신의 확보에 관한 사항이 국가기능의 효율적 수행 등을 배려할 것

④ 제1항 및 제2항에 따라 전기통신 서비스에 관한 이용약관을 신고하거나 인가받으려는 자는 가입비, 기본료, 사용료, 부가 서비스료, 실비 등을 포함한 전기통신 서비스의 요금 산정 근거 자료(변경할 경우에는 신·구내용 대비표를 포함한다)를 미래창조과학부장관에게 제출하여야 한다.

⑤ 제1항부터 제4항까지에서 규정한 사항 외에 신고·인가의 절차 및 범위 등에 관하여 필요한 사항은 대통령령으로 정한다.

95) 시행령 제34조(이용약관의 인가)

① 법 제28조 제2항 본문에 따라 기간통신 사업자가 이용약관의 인가(변경인가를 포함한다)를 받아야 하는 서비스는 다음 각 호의 어느 하나에 해당하는 서비스로 한다.

1. 제38조에 따라 획정된 단위시장에서 전년도 매출액을 기준으로 한 시장점유율이 가장 높은 기간통신 사업자가 제공하는 전기통신역무 중 시장규모, 이용자 수, 경쟁상황 등을 고려하여 미래창조과학부장관이 정하여 고시하는 기간통신 서비스 (2. 이하 생략).

의 기준을 구체적으로 공개하여야 한다. 사업계획서 등을 통하여 중립적 매체임을 선언한 다음에 이를 지키지 않는 것은 사업허가조건을 위반한 것이고 공중의 신뢰를 저버리는 것이다. 둘째, 국가가 공공 서비스의 중립적 제공을 상정하여 망 사업자에게 부여하는 지원과 혜택에 대한 기대를 상당부분 포기하여야 한다.

나아가 망 사업자와 이용자의 기본권중 어느 하나도 해치지 않는 제3의 대안을 찾는 노력이 충분히 경주되어야 할 것이다. 트래픽 혼잡을 해결할 수 있는 획기적인 기술적 수단이 개발된다거나 인터넷망접속점(Internet Exchange Point, IXP)의 확산을 통해 트래픽 병목현상이 해소된다면 지금과 같은 첨예한 대립상황은 한층 누그러질 것이다.

VI. 망 중립성 규제에 기본권제한이론의 적용

일반적으로, 기본권을 제한하는 규제의 합헌성을 판단하는 기준에는 명확성의 원칙, 과잉금지원칙, 신뢰보호의 원칙, 적법절차원칙, 본질적인 내용의 침해금지원칙, 포괄위임입법금지원칙이 있으며, 과잉금지원칙은 다시 '목적의 정당성', '수단의 적합성', '최소침해성', '법익균형성'을 요건으로 한다. 표현의 자유 제한에 적용되는 특별한 판단기준에는 "사전억제금지", "명백하고 현존하는 위험"[96]의 원칙이 있다. 또한 보호되는 기본권의 내용에 따라 구체적인 기본권 제한의 합헌성 판단기준을 달리한다. 이하에서는 인터넷 네트워크에는 어떤 기준을 적용하는 것이 적합하며 이를 적용하였을 때 어떤 결론에 도달할 것인가를 검토한다.

1. 망 사업자의 기본권을 국가가 제한한다는 시각에서의 적용

표현의 자유, 종교의 자유와 같은 정신적 자유권을 제약하는 법률의 경우 엄격심사의 대상으로 삼음에 비하여 계약의 자유, 영업의 자유, 직업선택의 자유, 재산권 행사의 자유 등에 영향을 주는 경제적 규제는 완화된 심사기준을

96) 표현과 해악 발생 사이의 인과 관계가 명백해야 하고, 해악 발생이 표현과 시간적으로 근접해서 위험이 현존할 때에만 그 표현을 규제하는 법률이 합헌이라는 원칙이다.

적용한다는 것이 미국뿐만 아니라[97] 국내에서도 일반적으로 인정되는 원칙이다. 표현의 자유가 문제되는 경우에도 내용중립적 규제에는 엄격심사와 완화된 심사의 중간에 해당하는 심사가 적용된다. 망 중립성 규제는 경제적 규제라는 성격이 지배적이지만 표현의 자유와 같은 정신적 자유와 전혀 무관하다고 할 수만은 없으며, 통상 내용중립적 규제를 지향한다는 차원에서 중간수준심사가 적절해 보인다. 엄격심사가 규제 법률이 '압도적인 국가목적'을 수행하기 위한 '필수적 수단임'을 보여야 한다면 중간수준심사는 규제 법률이 '중요한 국가목적'을 달성하기 위한 수단으로서 '상당한 인과관계'를 갖는 것을 보이는 것으로 족하다. 이는 한국의 위헌심사 기준인 '목적의 정당성', '수단의 적합성', '최소침해성', '법익균형성' 요건을 적용하는 데에도 적용의 엄격성 조절에 참작될 수 있다.

먼저, 망 중립성 가이드라인은 "개방적이고 공정한 인터넷 이용 환경을 조성하고 지속가능한 발전을 도모"하는 국가적 목적을 내세우고 있는바 이는 중요한 국가목적으로서 '목적의 정당성' 요건을 넉넉히 충족한다.

다음, 망 중립성 가이드라인은 인터넷접속 서비스 제공 사업자에게 인터넷 트래픽 관리의 투명성 의무; 합법적인 콘텐츠, 애플리케이션, 서비스 또는 망에 위해가 되지 않는 기기의 차단금지 의무; 불합리한 트래픽 차별금지 의무를 부과하고 있다. 이는 개방적이고 공정한 인터넷 이용 환경을 조성하는 데에 상당한 인과관계를 갖고 있으므로 '수단의 적합성'을 인정할 수 있을 것이다.

망 중립성 가이드라인이 인터넷접속 서비스제공 사업자의 재산권 행사의 자유, 영업의 자유, 평등권을 최소한으로 침해하는지 여부는 가이드라인의 법적 성격과 함께 규제의 구체적 내용에 대한 평가를 요한다. 국내에서도 망 중

97) 망 중립성 규제가 미국에서 수정헌법 제1조를 위반하는지 심사하는 경우에 가장 먼저 결정해야 하는 것은 과연 이것이 내용규제이기 때문에 엄격심사(strict scrutiny)의 대상이 되어야 하는지 내용중립적 규제이기 때문에 완화된 심사(intermediate scrutiny)의 대상이 되어야 하는지 이다. Turner I 사건(Turner Broadcasting System v. FCC, 512 U.S. 622 pp. 661-662)에서 미연방대법원은 케이블 사업자에게 부과한 프로그램 의무전송 규제와 관련하여 5 : 4로 이 규제가 특정 표현을 선호하거나 억압하는 규제가 아니기 때문에 내용규제가 아니며 따라서 완화된 심사가 적용된다고 판시했다. 연방대법원은 당해 의무가 ① 지역공중파방송을 보호하며, ② 다양한 소스를 통해서 정보가 확산되도록 하며, ③ 프로그램시장에서의 경쟁을 촉진한다는 세 가지 관점에서 합목적성을 갖는다고 설시했다.

립성 원칙에 반하는 몇몇의 사건[98]이 발생한 것으로 미루어 보아 표면에 드러나지 않은 차별이 있을 것을 예상하기 어렵지 않은 상황에서 위와 같은 망 중립성 원칙은 일견 필요한 것으로 인정되면서도 인터넷접속 서비스 제공 사업자의 기본권에 대한 제약이 최소 침해수준인지 여부에 대한 주의가 요구된다. 경쟁상황에 따라서는 가격차별 및 서비스 다양화가 사회후생을 증대시키는데 중요한 기여를 할 수 있다는 경제이론 등에 비추어 본다면 망 중립성 규제 중 차단금지나 투명성 의무는 모든 인터넷접속 서비스 제공 사업자를 대상으로 하더라도 비차별의무는 일정한 시장지배력을 갖춘 사업자를 대상으로 하여 적용하는 것이 침해의 최소성 차원이나 법익 균형성 차원에서 적절하다고 할 것이다. 현행 망 중립성 가이드라인과 트래픽 관리기준은 이와 같은 인터넷접속 서비스 제공 사업자간의 시장지위상의 차이를 구분하고 있지 않은바 이 점에 있어서는 침해의 최소성과 법익 균형성 원칙에 배치될 우려가 있다고 할 것이다.

마지막으로, 망 중립성 가이드라인의 규제 형식이 법률, 기타 구속력을 갖는 규칙이 아니라 권고적 성격을 갖는 행정지도에 불과하다는 것이 침해의 최소성과 법익 균형성에 부합하는지 여부를 살피건대 가이드라인의 규범력이 약한 만큼 기본권 침해의 정도도 완화되는 것이 사실이기는 하지만 전통적으로 행정부의 비정형적 행정행위가 실질적인 구속력을 가지면서도 그에 뒤따르는 책임은 지지 않는 수단으로 만연하여온 상황을 감안한다면 가이드라인이란 형식을 긍정적으로만 평가할 수 없으며 더군다나 그 형식 덕분에 침해의 최소성을 충족한다고는 볼 수 없다. 법익균형성이라는 측면에서 살피자면 기존의 국가, 인터넷접속 서비스제공 사업자, 이용자 간 법익 불균형에 가이드라인이라는 형식은 잠재적으로 국가의 접속 서비스제공 사업자에 대한 강제의 정도를 완화한다는 점에서는 긍정적이나 접속 서비스제공 사업자와 응용 서비스제공 사업자를 포함한 이용자와의 관계에서는 자칫 망 중립성 규제가 추구하는 정당한 목적을 효과적으로 달성하지 못할 우려가 있다고 할 것이다.

이상과 같이 한국의 현행 망 중립성 가이드라인 규제체계는 규제대상 사업자의 범위가 최소 필요한 수준에서 한정되지 못한 점에서 과잉규제의 우려

98) 구 하나로IPTV 차단 사건, 삼성 스마트TV 차단 사건, 카카오 VoIP에 대한 전송차별 논란.

가 있으며, 동 규제가 비지배적 인터넷접속 서비스 사업자에게 적용되는 한도에서는 제약받는 이들 사업자의 기본권에 비하여 예상되는 공공이익이 크다고 볼 수 없으므로 법익 균형성 역시 충족하지 못한다고 할 것이다.

2. 이용자의 기본권을 망 사업자가 제한한다는 시각에서의 적용

2013.12.5. 공개된 트래픽 관리 기준은 트래픽 관리의 합리성 판단 기준으로 투명성, 비례성, 비차별성, 기술적 특성을 고려할 것을 제시하고 있으며, 합리적 트래픽 관리의 유형으로는 다음을 들고 있다. ① DDoS, 악성코드, 해킹 또는 이와 유사한 수준의 사이버 공격 및 통신장애에 대응하기 위한 트래픽 관리 등 망의 보안성 및 안전성 확보를 위해 필요한 경우, ② 일시적 과부하 등에 따른 망 혼잡으로부터 다수 이용자의 이익을 보호하고, 전체 이용자의 공평한 인터넷 이용환경을 보장하기 위하여, 불가피하게 제한적으로 트래픽 관리를 시행하는 경우, ③ 관련 법령의 집행을 위해 필요하거나 법령이나 이용약관 등에 근거한 이용자의 요청이 있는 경우.

본 기준에 대한 평가는 대체로 긍정적이나 서비스의 품질 및 용량 등에 비례하여 요금 수준을 다르게 하고 이를 위해 트래픽을 관리하는 경우에 저가 요금에서 mVoIP를 차단하는 것도 '품질'에 비례한 트래픽 관리로 볼 수 있는지 여부,[99] 콘텐츠나 애플리케이션의 유형에 따른 트래픽 차별의 가능성 즉, 표준을 준수하지 않는 애플리케이션, 초다량 이용자, 대용량 서비스를 우선적으로 제한할 수 있는지 여부[100]에 관하여 표현이 불명확하거나 아직 이해관계자간 이견이 해소되지 못하고 있는 것으로 보인다.[101]

트래픽관리의 허용기준을 기본권제한의 합헌성 심사기준인 과잉금지원칙을 구성하는 '목적의 정당성', '수단의 적합성', '최소침해성', '법익균형성' 요건을 적용하여 심사해 본다. 우선 인터넷트래픽관리 일반에 관하여 고찰하건데, 트래픽관리가 네트워크가 먹통이 되는 것과 같은 절대적 장애를 방지하는 것뿐만 아니라 트래픽의 혼잡을 제어하고 경제적 운용을 하고자 하는 것도 전체

99) 기준 제3조 5문의 해석문제.

100) 기준 제4조 제3항 등(동 기준의 예시 3, 4, 5).

101) 비판적인 견해로는, 망 중립성 이용자 포럼, "'통신망의 합리적 관리 · 이용과 트래픽 관리의 투명성에 관한 기준(안)'에 대한 의견서", 2013.10.8. http://www.nnforum.kr/80.

적으로 보았을 때 공공 서비스의 효율적 제공에 기여하므로 목적의 정당성과 수단의 적합성이 인정될 수 있을 것으로 보인다.

그런데 트래픽 혼잡관리를 특정 유형의 콘텐츠를 차단하는 방식으로 행하는 것은 이용자의 자유로운 선택가능성을 제약하는 측면이 있다. 콘텐츠의 유형을 가리지 않고 콘텐츠의 데이터총량에 따른 트래픽 관리는 이와 같은 내용 제약성을 보이지 않으므로 보다 중립적이라고 할 것이다. 이와 같이 보다 덜 침해적인 중립적 침해방식이 존재한다면 특정 유형의 콘텐츠를 차단하는 관리 방식은 최소침해성 요건을 충족하기 어려울 것이다. 다만 트래픽관리의 목적이 단순히 혼잡관리가 아니라 트래픽의 사회 경제적 효용성 극대화에 있으며 그 목적의 관점에서 보았을 때 특정 유형의 콘텐츠는 기여도가 낮아서 우선적 전송속도 지연대상으로 삼는다고 하면 어느 정도 설득력이 없는 것도 아니다. 다만 사회 경제적 효용에의 기여도에 대한 객관적 측정의 문제, 망 사업자의 사익과 공익과의 충돌가능성 등이 여전히 난제로 남는다.

법익균형성은 바로 이와 같이 망 사업자의 법익과 이용자의 법익 및 기타 공공정책적 고려가 균형을 이루고 사회전체적인 이익이 극대화될 수 있도록 어느 극단에 치우치지 않고 비례성을 충족하는 트래픽 관리수단을 동원할 것을 요구한다. 우리 사회가 다양화되어 사회 전체적 이익을 위하여 특정 유형의 콘텐츠를 우선적으로 희생시키는 것에 대한 합의를 이루는 것, 즉 사회적 황금비를 찾는 것이 어렵다면 각 사회 구성원이 개인적 황금비를 찾도록 이용자의 선택에 맡기는 것이 적절하다고 할 것이다. 인터넷요금종량제가 그 대표적 방법이 될 것이다.

다음은 트래픽 관리기준에서 합리적 트래픽 관리로서 구체적으로 예시되거나 허용여부가 논란이 된 관리방안에 대하여 이용자의 기본권제한이라는 견지에서 평가해본다. 첫째, 저가요금에서의 mVoIP 차단과 관련하여 관리기준 발표 이후 그 허용여부와 관련하여 해석상 논란이 일자 미래부는 2013년 12월 5일 보도자료에서 mVoIP요금제는 기본적으로 사업자가 자율적으로 결정할 사항이지만 그 이용을 확대하는 것이 바람직하다는 판단 하에 '14년 말까지는 모든 요금제에서 이용할 수 있도록 할 계획을 밝혔다. 2017년 현재 처음부터 mVoIP가 차단되지는 않지만 저가요금제에서는 데이터가 남아있는 경우에도 mVoIP 이용에 장애가 있는 것이 현실이다. 생각건대 만약 망 혼잡을 해소하는 것에 차단의 목적이 있다면 목적의 정당성은 인정된다고 할지나 mVoIP 서비스가 차지하는 트래픽 비중이 크지 않다면 트래픽 혼잡제어라는 목적을 달성하는 수단으로 mVoIP를 차단하는 것은 수단의 적합성을 위반한 것으로 볼 수 있다. 반면 만약 화상 mVoIP가 트래픽 혼잡을 일으키는 주요한 원인이라면 이에 대한 어느 정도의 관리는 수단의 적합성을 충족할 여지가 훨씬 높다진다고 할 것이다. 하지만 적어도 문자나 음성 서비스는 망 혼잡의 유발요인이 아니라는 것에는 이제 이견이 없게 된 이상 이들 서비스에 대한 차단이나 전송지체는 수단의 선택이 적합하지 않다. 인터넷접속 사업자들은 종종 망 혼잡 해소가 목적이 아니라 음성통신시장의 수익감소를 막는 데에 조치의 목적이 있다는 속내를 드러내고 있다. 시장 경제에서 어떤 사업자도 자신의 수익이 영원히 지속되는 것에 대해서 정당한 기대를 가질 수 없다. 소비자의 새로운 수요를 창출하고 기존 수요를 더 적은 비용으로 충족시키는 경쟁의 승패에 따라 수익의 크기는 유동적으로 변화한다. 그렇다면 문자나 음성통신시장의 수익감소를 막기 위한 인터넷트래픽 차단은 목적의 정당성 자체가 인정되지 않으므로 나머지 기준을 살펴볼 필요도 없다.

둘째, 망의 장애 상황에서 또는 장애가 명백하게 예상되는 상황에서 표준화기구가 이와 관련하여 마련한 표준을 준수하지 않은 애플리케이션을 우선적으로 차단하는 것은 우선 목적의 정당성에는 문제가 없다. 다만 기준의 예시문언은 표준화기구가 마련한 표준을 준수하는 것보다 망 장애를 야기할 소지가 적은 신규 애플리케이션도 우선 제한하는 것이 가능하다는 해석의 우려가 있다. 망 사업자의 입장에서는 망 관리 기술개발비용을 최적화하기 위하여 표준화기술의 반영만을 고려할 수도 있을 것이다. 그렇다면 논란의 여지는 있으나 예시한 트래픽 관리는 수단의 적합성 기준을 충족한다고 할 것이다. 하지만 차단의 수준에 있어서 필요 이상으로 비표준 애플리케이션을 제한하게 되어 최소침해성 원칙에 대한 위반이 될 것이며, 나아가 차단의 수준이 침해를 최소화하는 정도를 넘지 않는다고 하더라도 트래픽관리의 편의성 때문에 장애 발생에 원인을 제공하지 않거나 장애 야기의 정도가 미소한 애플리케이션까지도 단지 비표준이라는 이유로 우선적인 제한의 대상이 되는 것은 법익균형성의 원칙을 위반한 것이 되어 기본권의 과잉제한에 해당할 것이다.

셋째, 과도한 트래픽으로 망 장애가 발생하거나 발생 가능성이 객관적으로 명백할 때, 초다량 이용자에 대한 전송속도를 조절하는 방법과 대용량 서비스의 사용을 일시적으로 제한하는 방법의 합헌성을 살펴본다. 앞선 사례와 마찬가지로 목적 정당성과 수단의 적합성은 무리 없이 충족될 수 있다. 최소침해성과 관련해서도 전송장애의 주요 원인에 한정한다는 차원에서 그 적절성이 인정된다. 다만 법익 균형에 있어서 초다량 이용자가 이용하는 서비스나 대용량 서비스가 전송의 품질에 민감한 서비스이며 동시에 개인적 또는 사회적으로도 중요한 서비스라고 한다면 전송지체 시에 먼저 이들이 제한의 대상이 되는 것이 특별한 경우에는 법익 간 균형 상실을 가져올 수도 있다. 예컨대 원격의료가 활성화되어 원격 수술이 진행되고 있는 와중에 대용량동영상 서비스라고 하여 우선적 지체의 대상이 되면 이용자의 생명권이 침해되는 결과를 가져올 수도 있는 것이다. 만약 요금체계가 종량제로 전환되는 경우에는 초다량 이용자나 대용량 서비스라는 이유만으로 인터넷 서비스의 품질을 낮추는 것이 타당성의 상당부분을 상실한다. 이용자의 집단적 혹은 개별적 선택에 따라서 전송의 우선순위가 정해지는 것이 최소침해성, 법익균형성 등 헌법 원칙에 보다 부합할 것이다. 관련하여, 이용자의 명시적 선택이 없는 경우에는 속도에 민감한 동영상 패킷과 속도에 민감하지 않은 이메일 패킷을 구별하여 처리하는 것은 이용자의 묵시적인 선택으로 추정할 수 있다고 봄이 적절할 것이다.

VII. 망 중립성 규제의 법적 체계

1. 법률유보의 원칙과 적법절차 원칙 준수여부

헌법상 기본권제한의 일반원칙으로서 법률유보원칙에 의하면 기본권 제한은 원칙적으로 국회에서 제정한 형식적 의미의 법률에 의해서만 가능하며, 직접 법률에 의하지 아니하는 예외적인 경우라 하더라도 엄격히 법률에 근거하여야 한다. 법률의 근거나 위임이 없는 명령이나 조례 등에 의해서 기본권을 제한할 수 없다.[102]

그런데 (구)방송통신위원회는 망 중립성 가이드라인을 제정하면서 이 가이

102) 헌재 2000.12.14. 선고 2000헌마659; 헌재 2005.3.31. 선고 2003헌마87.

드라인의 법적 근거가 무엇인지에 대하여 아무런 언급도 하지 않았다. 망 중립성 원칙이 위에서 살펴본 바와 같이 망 사업자와 망 이용자의 기본권에 밀접히 관련될 지언데 그 법적 근거에 대해 아무런 언급이 없는 것은 기본권 제한의 일반원칙인 법률유보원칙의 위반에 해당할 우려가 있다. 만에 하나 정부당국자가 망 중립성 가이드라인이 기본권 제한과는 아무런 관련이 없다는 입장이라고 하더라도 법치행정의 원리에 입각하여 그 행정행위의 법적 근거를 명시하여야 할 것이다. 이런 맥락에서, 명확성의 원칙은 기본권을 제한하는 규제의 내용에 있어서의 명확성뿐만 아니라 법률적 근거에 있어서의 명확성도 요구한다.

그나마 과거 정부의 이와 같은 행태를 방어할 여지가 있는 해명은 망 중립성 가이드라인이 망 사업자나 망 이용자 어느 측에도 새로운 권리나 의무를 부여하지 않고 있으며 헌법, 공정거래법, 전기통신관련법 등 이루 다 언급하기 어려운 여러 법으로 구성되는 현행 법체계하에서 허용되며, 사회적으로 바람직한 것으로 요청되는 망 중립성 원칙의 세부사항을 이해관계자의 편의를 위하여 유권 해석, 설명해 놓은 것이라고 말하는 것이다. 다만, 망 중립성 논의자료에서 보이는 바와 같이 그간의 망 중립성 정책논의가 위에 제시된 가상적 취지와는 달리 다분히 새로운 규범을 형성하는 논의 구조를 따랐다는 점과 이렇게 형성된 가이드라인과 관리기준의 내용이 앞서 설명한 바와 같이 헌법상 기본권 원칙과 상위한 부분이 있으며 후술하는 바와 같이 현행 통신법과 상위한 부분이 있다는 점에서 결국 방어에 성공하지는 못할 것이다.

2. 현행법(전기통신사업법)과의 합치성 여부

언급한 바와 같이 일견 현행법상 망 중립성 가이드라인의 법적 근거가 될 수 있는 것으로 전기통신사업법 제3조[103]와 제28조[104]가 있다. 그런데 제3조는 행정부가 하위 법령을 통해 이를 구체화할 수 있다는 명시적인 위임규정이 없으므로 이를 근거로 기본권을 제한하는 망 중립성 가이드라인을 제정하는 것은 법률유보의 원칙에 반한다. 한편 제28조는 추가적으로 필요한 사항을 대통령령으로 정할 수 있도록 위임하고 있다. 다만 제28조의 이용약관 규제는 모

103) 앞 각주 75) 참조.
104) 앞 각주 94) 참조.

든 전기통신 사업자 또는 모든 기간통신 사업자에게 적용되는 것이 아니다. 제28조 제2항은 기간통신 사업자 중 사업규모 및 시장점유율 등을 고려하여 그 기준을 정하도록 하고 있다. 시행령(제34조)은 "단위시장에서 전년도 매출액을 기준으로 한 시장점유율이 가장 높은 기간통신 사업자가 제공하는 전기통신역무 중 시장규모, 이용자 수, 경쟁상황 등을 고려하여 미래창조과학부장관이 정하여 고시하는 기간통신 서비스"로 구체화하고 있다. 따라서 현행 법률에 의하면 모든 인터넷접속 서비스 사업자에게 망 중립성 의무를 전면적으로 부담시킬 수는 없을 것이다. 그런데 정부에서 발표한 망 중립성 가이드라인이나 트래픽 관리기준은 적용대상이 되는 범위를 한정하지 않고 모든 인터넷접속 서비스제공 사업자를 대상으로 하고 있다. 따라서 현행 망 중립성 가이드라인은 제3조도, 제28조도 정당한 근거가 될 수 없는 것이다.

상상하건데, 이와 같이 법적 근거가 없기에 시행령, 시행규칙, 고시등과 같은 법규의 형태를 띠지 않고 "가이드라인"이라는 행정지도의 형태를 띠었는지도 모른다. 결국 망 중립성 가이드라인은 안 지켜도 아무런 법적 제재가 없다는 이야기이다. 그런데 망 중립성 규제가 외국뿐만 아니라 한국에서도 지난 수년간 관련 당사자 간 뜨거운 논란의 대상이 된 것은 망 중립성 가이드라인이 지켜도 안 지켜도 그만인 것이 아닌 엄중한 사안이라는 사회적 인식을 방증하는 것이다. 이와 같이 망 중립성 가이드라인이 망 사업자와 이용자의 기본권에 중대한 의미를 갖는 것으로 파악한다면 가이드라인의 근거를 분명히 하는 것이 적절하다.

한편, 망 중립성 규제의 형식은 적법절차원칙의 준수란 차원에서도 중요한 의미가 있다. 행정지도에 요구되는 적법절차와 법규의 제정에 요구되는 적법절차의 내용은 당연히 다르다. 망 중립성 규제의 기본권에의 의의를 생각할 때 좀 더 신중하고 광범위한 청문의 기회를 인정하는 법규의 형식을 갖추는 것이 적합할 것이다.

소견으로는 우선은 급한 대로 가이드라인의 서문에 전기통신사업법 제3조와 제28조를 언급하고 가이드라인의 적용범위를 세부원칙별로 분별하여 규정하며, 이 가이드라인이 구체적 사건에 있어서 전기통신사업법 관련 조항의 해석과 적용을 예단하지는 않는다고 부기하는 방향으로 개정하는 것이 방편이 될 것이나, 궁극적으로는 가이드라인을 법규의 형식으로 제정하면서 법률상 근거를 분명히 하는 것이 정보사회에서 망 중립성 규제의 기본권적 중요성에 부합하는 방법일 것이다.

VIII. 결론

영리활동을 목적으로 설립된 망 사업자에게 재산권, 영업의 자유를 인정하는 것은 헌법상 법인의 기본권 주체성에 관한 법리에 부합한다. 다만 국가가 경제주체간의 조화를 통한 경제의 민주화를 위하여 경제에 관한 규제와 조정을 할 수 있도록 한 헌법상 경제질서의 맥락 하에서 보았을 때 헌법 합치적 망 중립성 규제가 가능하다. 가사 망 사업자에게 표현의 자유를 인정하는 경우에도 공공의 이익이나 이용자 등 다른 기본권 주체의 권리와의 충돌하는 경우에는 이를 제한적으로만 행사할 수 있을 것이다. 다만 망 사업자에게 필요이상의 절대적인 중립의무를 부과하는 것은 망 사업자의 기본권을 과잉 제한하는 것이며, 투자 인센티브를 낮추어서 망의 고도화를 제약하는 부작용이 있음을 유념하여야 할 것이다.

기본권의 대사인적 효력에 관한 헌법이론에 의거하여 망 사업자는 이용자의 표현의 자유, 평등권, 사생활의 비밀과 자유, 통신의 자유를 보장하여야할 의무를 진다. 망 중립성 의무는 이와 같은 이용자의 기본권을 신장하는 측면이 있으며 역으로 망 사업자가 중립성 의무를 일탈하여 패킷을 차별하는 경우 이용자의 헌법적 기본권이 침해될 위험성이 높아진다.

망 사업자의 재산권이나 영업의 자유가 이용자의 표현의 자유 또는 프라이버시권과 충돌하는 한에 있어서는 그 행사가 제약된다. 망 사업자에게 표현의 자유와 같은 정신적 기본권을 인정하는 경우에도 이는 내적으로 자기 정체성 규정과 외적으로 관련 법령 및 이용자의 기본권에 의하여 제약된다. 어느 경우에도 일방의 권리만을 절대시 하는 것은 삼가해야하며 양방의 권리를 모두 존중할 수 있는 대안에 대한 탐색이 우선적으로 요구된다.

망 중립성 규제를 망 사업자의 기본권 제한으로 파악하건, 망 이용자의 기본권 제한으로 파악하건 기본권 제한의 합헌성을 판단하는 기준은 망 중립성 원칙의 내용 형성 및 운용에 유용한 지침을 제공한다. 정부에서 발표한 망 중립성 가이드라인은 헌법상 기본권제한원리에 맞추어 법적 근거를 명확히 하고,

적용범위를 재조정할 필요가 있다. 공개된 「통신망의 합리적 관리·이용과 트래픽 관리의 투명성에 관한 기준」은 대체적으로 헌법적 테두리 내에 있다고 할 것이나 일부 표현의 모호함이 위헌적인 운용에 대한 우려를 낳고 있으며 트래픽 혼잡시 관리방법의 선택도 망 사업자의 일방적 판단에 의존하는 문제점이 잔존하는바 이용자의 주도적 선택과 자율의 폭을 확대하는 방향으로 수정할 필요가 있다.

마지막으로, 망 중립성 가이드라인과 트래픽관리 기준을 제정하는 데에서 정부의 역할이 다하는 것이 아니라 그 시행에도 지속적 관심을 가질 필요가 있다. 앞서 가이드라인과 기준의 헌법적 문제점을 지적하였지만 이와 같은 문건의 부존재나 부실한 시행은 더욱 큰 헌법적 문제를 낳는다고 하겠다. 기실, 망 중립성 논의는 인터넷에 새로운 규제를 도입하기 보다는 관련 법규에 이미 존재하는 투명성, 차단금지, 비차별 원칙을 구체화하는 과정으로 이해하여야 할 것이다.

제 3 장

운영체제 중립성

I. 운영체제

운영체제(Operation System, OS)는 컴퓨터 하드웨어와 응용프로그램 사이에서 하드웨어를 통제하면서 응용프로그램에 공통적인 인터페이스(Application Programming Interface, API)를 제공하는 소프트웨어 프로그램을 말한다. 개인용 컴퓨터의 대표적인 운영체제는 마이크로소프트(이하 'MS'로 약칭한다) 윈도우즈, 애플의 맥(Mac) OS가 대표적이며 오픈소스계열에서도 독자적인 OS를 개발하였다.[1] 스마트폰의 대표적인 운영체제는 구글의 안드로이드, 애플의 iOS이다.

운영체제를 제공하는 기업은 기기제조업자가 운영체제를 이용하는 조건으로 일부 응용프로그램을 미리 탑재할 것을 요구하는 경우가 많다. 메모장, 계산기 같은 간단한 기능을 수행하며 이로부터 수익을 창출하지 않는 응용프로그램을 애플과 같은 운영체제 개발기업이나 안드로이드 기기제조사가 사전탑재 형태로 제공하는 것은 별 분쟁거리가 되지 않는다. 그런데 응용프로그램 자체가 중요한 플랫폼으로 성장할 가능성이 있거나 적지 않은 수익을 창출하는 경우에는 이해관계의 충돌이 발생하고 운영체제 제공기업의 자체개발 응용프

1) CentOS와 Ubuntu 등이 있다.

로그램과 경쟁업체개발 응용프로그램간의 공정한 경쟁을 위한 중립성 의무의 존부와 그 준수여부가 논란이 되고 있다.

이하에서는 PC 운영체제와 모바일 운영체제에서의 중립성 정책에 관한 논란을 차례로 고찰한다.

II. PC 운영체제 중립성

1. PC 운영체제

PC 운영체제는 서버(server) 운영체제와 클라이언트(client) 운영체제로 구분할 수 있다. 양자는 수행하는 기능 및 효용의 차이가 매우 뚜렷하고, PC 서버 운영체제는 클라이언트용 PC 운영체제에 비해 3배가 넘는 고가이며, 클라이언트용 PC 운영체제의 수요자가 일반 최종 사용자인데 반하여 PC 서버 운영체제의 수요자는 대부분 인터넷이나 네트워크를 통하여 고객에게 서비스를 제공하는 개인 또는 사업자이다.[2)]

1990년대 초부터 MS의 운영체제시장에서의 독점적 지위의 공고화와 그 지위남용으로서 강제적 거래행위, 약탈적 가격설정, 끼워팔기 등이 문제되었다. 특히 MS는 윈도우즈에 자사의 웹브라우저인 인터넷 익스플로러(Internet Explorer, IE)를 합체하여 공급하였으며 이는 경쟁 운영체제인 Mac OS, 유닉스(Unix) 및 리눅스(Linux) 계열의 운영체제와 경쟁 웹브라우저인 넷스케이프(Netscape) 등에 불리하게 작용하였다. MS는 두 제품의 합체는 기술과 서비스의 혁신에 따른 자연스러운 제품기능의 진화라고 주장했음에 반하여 경쟁업체나 당국은 독립상품의 결합판매로 파악하였다.

1998년 미국 법무부 및 20개 주정부는 MS를 셔먼법(The Sherman Act) 위반으로 제소하였다. 제소내용은 주로 MS가 넷스케이프의 웹 브라우저인 네비게이터(Navigator)와 썬 마이크로시스템즈(Sun Microsystems Inc.)의 자바테크놀로

2) 서버 운영체제는 클라이언트-서버 개념에서 서버쪽 컴퓨터의 운영체제를 말하는 바, 서버 운영체제는 서버용 응용 프로그램이 잘 작동할 수 있도록 플랫폼 역할을 하며, 프린터 제어나 파일 공유 등 네트워크 전체를 감시·제어하거나 메인프레임이나 통신망을 통한 다른 네트워크와의 연결, 데이터 프로그램, 파일 같은 자원이나 모뎀, 팩스, 프린터, 기타 장비 등 하드웨어 자원을 공유하도록 하는 기능을 수행한다.

지(Java Technology)에 대응하여 취한 다양한 행위들에 관한 것이었다.

미연방법원은 MS가 PC 운영체제시장에서 절대적인 지위를 공고화했으며, 이 시장의 진입장벽이 높으며, 소비자에게 윈도우즈 외에 다른 선택의 여지가 없음을 이용하여 끼워팔기 했음을 인정하였다.[3] 이 판결에서 이미 윈도우즈의 플랫폼적 성격과 이에 기반을 둔 응용프로그램 간에 선순환 효과가 작용하여 다른 경쟁 운영체제가 들어오기 어려움이 주목되었다.[4] 이와 같은 문제점을 해결하기 위하여 하급심에서 구조분리가 논의되기도 하였으나 이는 항소되어 파기되었고,[5] 끼워팔기 부분은 결합판매로 인한 효율성 증대 효과가 발생할 수 있으므로 당연위법 원칙이 아닌 합리의 원칙에 의거하여 재심리 할 것을 결정하였다. 종국적으로는 화해에 의한 동의의결이 이루어졌다. 동의의결은 MS가 컴퓨터제조사들이 경쟁소프트웨어를 탑재하는 것을 방해하지 않을 의무와 연동성 확보를 위한 API 공개에 주안점을 두었을 뿐 향후 응용프로그램을 결합하지 말 것을 요구하지는 않았다.[6]

한국은 독자적인 브라우저를 개발한 업체가 국내에 없어서 MS가 윈도우즈에 IE를 끼워팔기한 행위에 대하여 별도의 대응을 하지 않았다. 하지만 후술하는 다른 응용 서비스프로그램과 관련해서는 소비자의 이익뿐만 아니라 국내 경쟁업체의 이익도 영향을 받은바 적극적으로 대응하였다.

2. 운영체제와 미디어 서비스, 미디어플레이어, 메신저 등

(1) 개요

서버 운영체제 사업자인 썬(SUN)은 PC 운영체제 시장에서 독점적 지위에 있는 MS가 썬의 서버 운영체제와 MS의 PC 운영체제가 상호 작동하기 위해 필요한 정보를 자신에게 충분히 제공하지 않고 있는데, 이러한 행위는 EU조약

3) United States of America vs. MicroSoft Corporation, Findings of Facts, US District Court (DC) Civil Action No. 98-1232 (TPJ), November 5, 1999.

4) Ibid, section III. 39-40.

5) United States of America, Appellee v. Microsoft Corporation, Appellant, 253 F.3d 34 (D.C. Cir. 2001).

6) United States of America, Plaintiff, v. Microsoft Corporation, Defendant, Final Judgement, Civil Action No. 98-1232, November 12, 2002.

(The Rome Treaty) 제82조의 시장지배적 지위남용행위에 해당한다고 1998.12. 유럽집행위원회(European Commission, 이하 'EC'라 한다)에 신고하였다. EC는 2000.2.부터 추가로 MS가 윈도우 PC 운영체제에 오디오 및 비디오 재생 소프트웨어인 WMP(Windows Media Player)를 결합하여 판매한 행위에 대하여 직권으로 조사를 시작하였다.

MS의 미디어 서비스 프로그램은 구조적으로 아래와 같이 파악할 수 있다.[7]

▌표 3-1 MS 미디어 서비스의 구조

응용 서비스와 콘텐츠					
윈도우즈 미디어 서비스					
Windows Media Server	Windows Media Player	Windows Media Codecs	Windows Media Encoder	Windows Media DRM	Windows Media SDK
윈도우즈 운영체제					

2004.3. EC는 MS의 위 '서버 운영체제와 관련된 정보공개 거부행위' 및 'WMP 끼워팔기'가 시장지배적 지위남용행위에 해당한다고 판단하여 MS에 대해 통신 프로토콜에 대한 정보를 제공할 것과 WMP를 분리한 윈도우 PC 운영체제 외에도 기존에 공급하던 WMP를 탑재한 윈도우 PC 운영체제를 공급할 것을 명령하고 약 4억 9,700만 유로(6억 1,300만 달러)의 벌금을 부과하였다.

이와 같은 해외 동향을 배경으로 국내에서는 다음커뮤니케이션이 2001.9.5. MS가 윈도우XP에 메신저를 끼워팔기 함으로써 메신저 시장의 경쟁을 제한하고 있다고 공정거래위원회('공정위'로 약칭함)에 신고하였으며, 리얼네트웍스는 2004.10.28. MS가 윈도우 서버 운영체제와 윈도우즈 미디어 서비스(WMS)를 결합판매한 행위와 윈도우 PC 운영체제와 WMP를 결합판매한 행위를 신고하였다.

7) 공정거래위원회, 2002경축0453에 대한 심결, P. 123 그림을 일부변경.

(2) 한국 공정거래위원회 심결

사건번호 2002경촉0453, 2005경촉0375
사 건 명 마이크로소프트 코퍼레이션 및 한국마이크로소프트 유한회사의 시장지배적 지위남용행위 등에 대한 건
의 결 일 2006.2.24

1) 윈도우 서버 운영체제와 WMS의 결합판매

공정위는 피심인들이 윈도우 서버 운영체제에 WMS를 결합하여 판매한 행위는 첫째, 부당하게 PC 서버 운영체제 시장에서의 지배력을 이용하여 별개 제품인 WMS를 거래상대방인 소비자에게 강제로 구입하게 한 것으로서 이는 부당하게 소비자의 미디어 서버 프로그램에 대한 선택권을 침해하고, 미디어 서버 프로그램 시장에서 품질 및 가격에 의한 경쟁을 저해하여 소비자가 우수한 제품을 접할 기회를 현저히 제약하며, 윈도우 서버 운영체제 소비자에게 불필요한 비용을 지불하게 하는 불이익을 초래하는바, 피심인들의 결합판매행위는 불이익한 거래를 강제한 행위에 해당하며, 둘째, 미디어 서버 프로그램 시장에서 WMS가 편재성에 의하여 경쟁상 우월한 지위를 획득하게 하고, WMS에 대한 쏠림현상을 초래하여 경쟁제한 효과를 심화시키는바, 이는 미디어 서버 프로그램 시장에서 경쟁 사업자의 사업활동을 현저히 어렵게 하고, 신규 사업자의 진입을 곤란하게 하여 경쟁 사업자의 사업 활동을 방해하는 행위에 해당한다고[8] 판단하였다.

아래와 같은 국내 인터넷 방송업체들의 디지털 미디어 시스템 채택 변화 추이는 MS가 결합판매를 시작한 2000년 초를 기점으로 WMS를 채택하는 업체들이 폭발적으로 증가한 것을 보여준다.

8) 공정거래법 제3조의2 제1항 제3호, 같은 법 시행령 제5조 제3항 제4호.

▌표 3-2 디지털 미디어 시스템 시장점유율 변화 추이 (단위: %)

시기	리얼 미디어 시스템	WMS	동시사용 또는 기타
1999.9.	90	-	-
2000.5.	51.6	44.1	4.3
2000.11.	19	59	22(동시사용 12)
2004.8.	0	93	7

출처: 공정위 의결서, p. 64.

또한 공정위는 피심인들이 윈도우 서버 운영체제에 WMS를 결합하여 판매한 행위는 PC 서버 운영체제 시장에서의 지배적 지위를 이용하여 종된 상품인 미디어 서버 프로그램 시장의 경쟁을 제한함으로써 소비자의 상품 선택권을 침해하고 미디어 서버 프로그램 시장의 경쟁을 제한하여 소비자 후생을 감소시키며, 기술혁신을 저해하여 사회적 손실을 야기하는 바, 이는 소비자 이익을 현저히 저해할 우려가 있는 행위로서 공정거래법 위반에 해당한다고 판단했다.[9] 이는 다른 경쟁 사업자의 운영체제 제품가격이 지속적으로 하락하였음에 비하여 MS의 운영체제 결합제품 가격은 지속적으로 상승하였으며, 경쟁시장에서의 제품 업데이트 주기와 독점화 이후의 업데이트 주기가 현격한 차이를 보이는 것으로 입증된다.

▌표 3-3 인터넷 브라우저 업데이트 주기

구분	피심인의 독점화 이전 (1995~2000)	피심인의 독점화 (2001~2004)	파이어폭스 등장 이후 (2005~)
넷스케이프	매년 약 2회	-	-
피심인 익스플로러	매년 약 3회	2001.8. v.6 개발 이후 차기 버전 발표 없음	2005.여름 v.7 발표 예정이었으나 발표 없음
Fire Fox			2005.2.15. 발표 이후 수시
합계	매년 약 3회	없음	별 차이 없음

출처: 공정위 의결서, p. 84.

9) 제3조의2(시장지배적 지위의 남용금지) ① 시장지배적 사업자는 다음 각호의 1에 해당하는 행위를 하여서는 아니된다. (1.-4. 생략) 5. 부당하게 경쟁 사업자를 배제하기 위하여 거래하거나 소비자의 이익을 현저히 저해할 우려가 있는 행위.

마지막으로 공정위는 피심인들이 주된 상품인 윈도우 서버 운영체제에 종된 상품인 WMS를 결합하여 판매한 행위는 주된 상품 공급자라는 지위를 이용하여 별개의 독립된 상품인 WMS를 구입하지 않고서는 주된 상품인 윈도우 서버 운영체제를 구입할 수밖에 없는 상황을 만든 것으로서 이는 거래상대방인 소비자들의 상품 선택의 자유를 침해할 뿐만 아니라, 가격과 품질에 의한 경쟁을 저해하는 것이므로 공정거래법[10]과 시행령[11]이 금지하는 불공정 거래행위 중 거래강제의 끼워팔기에 해당한다고 판단하였다.[12]

위와 같은 판단에 근거하여 공정위는 MS에 다음과 같은 시정명령을 내렸다:

(가) 피심인들은 이 시정명령을 송달받은 날부터 180일 이후에는 윈도우 서버 운영체제에 윈도우 미디어 서비스를 결합하여 공급하여서는 아니 된다.

(나) 피심인들은 이 시정명령일부터 180일 이후에는 WMS를 윈도우 서버 운영체제와 독립된 방법으로 판매 · 배포하여야 하며, WMS 판매 · 배포의 독립성을 저해할 우려가 있는 행위를 하여서는 아니된다.[13]

(다) 피심인들은 위 (가)항의 조치사항을 적용한 윈도우 서버 운영체제가 이를 적용하지 않은 제품보다 그 성능이나 안정성 등이 떨어지지 않도록 하여야 하며, 위 (가)항에 의하여 포함되지 아니한 소스코드 및 파일을 다시 윈도

---

10) 제23조(불공정거래행위의 금지)
① 사업자는 다음 각 호의 어느 하나에 해당하는 행위로서 공정한 거래를 저해할 우려가 있는 행위를 하거나, 계열회사 또는 다른 사업자로 하여금 이를 행하도록 하여서는 아니된다. (1.-2. 생략) 3. 부당하게 경쟁자의 고객을 자기와 거래하도록 유인하거나 강제하는 행위 (4.-8. 생략).

11) 시행령 제36조 제1항 관련 〔별표1〕 불공정거래행위 유형 및 기준
제5호 가. 끼워팔기. 거래상대방에 대하여 자기의 상품 또는 용역을 공급하면서 정상적인 거래관행에 비추어 부당하게 다른 상품 또는 용역을 자기 또는 자기가 지정하는 사업자로부터 구입하도록 하는 행위

12) 공정위 의결서, p. 90.

13) (1) 윈도우 서버 운영체제 패키지에 WMS가 포함된 콤팩트디스크(compact disk) 또는 이와 유사한 저장물을 포함하거나, 윈도우 서버 운영체제에 대한 서비스 팩이나 업데이트 등에 WMS를 포함하여 제공하는 행위
(2) 윈도우 서버 운영체제 또는 그에 대한 서비스 팩이나 업데이트 등에서 WMS의 다운로드 링크를 제공하는 행위
(3) 윈도우 서버 운영체제 또는 그에 대한 서비스 팩이나 업데이트 등에서 WMS의 설치 또는 사용을 유도하거나 유도할 우려가 있는 표시 또는 광고를 하는 행위
(4) 사용자(소비자, 제조업체 및 유통업체 등을 포함한다)의 직접 선택에 의하지 않고, 윈도우 서버 운영체제에서 WMS를 기본적 사항으로 지정하는 행위

우 서버 운영체제에 설치할 경우에도 이를 포함하였으면 작동하였을 상태와 동일하게 작동될 수 있도록 하여야 한다.

(라) 피심인들은 서버 제조업체와의 관계에서 WMS만을 공급, 판매, 임대, 판촉, 사용, 설치 또는 지원하는 것을 조건으로 거래하는 행위 또는 그러한 것을 조건으로 대가를 지급하거나 윈도우 서버 운영체제의 가격할인, 유리한 거래조건설정 등 경제적 또는 비 경제적 이익을 제공하거나, 서버 제조업체가 WMS와 경쟁관계에 있는 소프트웨어를 개발·판매·임대·판촉·사용·설치 또는 지원하거나 하려한다는 이유로 경제적 또는 비 경제적 이익의 제공을 축소 또는 중단하거나 기타의 거래조건을 불리하게 하는 등 어떠한 형태로든 보복하거나 보복할 것을 예고하는 행위를 하여서는 아니 된다.

2) 윈도우 PC 운영체제와 윈도우 미디어 플레이어, 윈메신저의 결합판매

윈도우 PC 운영체제와 윈도우 미디어 플레이어(WMP)의 결합판매에 대한 공정위의 판단은 앞에서 살펴본 윈도우 서버 운영체제와 WMS의 결합판매에 대한 판단과 분석의 대상에 약간의 변동이 있으나 서버 운영체제는 PC 운영체제에 영향을 주고 WMS는 WMP에 영향을 주므로 앞서 살펴본 분석의 내용이 약간의 수치만 달리할 뿐 그대로 유지되었다.[14]

지금은 이용자들이 모바일로 이동하여 더 이상 사용되지 않고 있지만 2000년대 초반에 메신저라고 불리는 유선 인터넷 채팅 및 파일공유 서비스가 인기를 끌었다. MS는 윈도우 PC 운영체제와 윈메신저를 결합판매하여 메신저 시장에서의 지배력을 확대하였다. 이에 대해서도 공정위는 동일한 이유에서 소비자의 선택을 저해하고, 경쟁기업의 사업을 방해하는 끼워팔기로서 불공정한 행위이자 시장지배적 지위의 남용행위라고 판단했으며 MS의 효율성 향상 항변을 배척하였다.[15]

공정위는 시정명령으로 PC 운영체제와 미디어플레이어/메신저를 분리하거나 분리하지 않는 경우에는 경쟁제품을 다운로드 받을 수 있는 실질적 기회를 사용자에게 제공할 것을 요구하였다. 즉, 경쟁 사업자의 제품도 자사제품과 동등한 크기와 위치에 아이콘(icon) 표시하여 다운로드받을 수 있도록 하여야

14) 공정위 의결서, pp. 94-172.
15) 공정위 의결서, pp. 173-242.

하며, 다른 포맷으로 작성된 제품도 재생에 무리가 없도록 미리 전환 소프트웨어를 윈도우 PC 운영체제에 등록받거나, 사용자가 해당 미디어 플레이어 사업자의 웹 사이트로 연결되어 재생에 필요한 소프트웨어를 다운로드 받을 수 있도록 하고, 국내의 MS엔 메신저 사용자들이 다른 메신저 사용자들과 상호 통신할 수 있도록 하기 위한 합의에 성실하게 응할 것을 주문했다.[16)]

나아가 공정위는 ① 국내의 PC 제조업체 및 관련 하드웨어 사업자, 소프트웨어 개발자, 인터넷 서비스 제공자, 인터넷 콘텐츠 사업자에게 마이크로소프트 개발자 네트워크를 통하여, WMP와 윈도우 메신저가 윈도우 PC 운영체제와 상호연결 및 작동을 위하여 사용하는 애플리케이션 프로그래밍 인터페이스와 관련 정보문서를 그러한 상호 연결 및 작동의 목적으로 공개할 것을 명령하였으며, ② 이들 PC 제조업체등이 WMP, 피심인들의 미디어 포맷, DRM, 코덱, 피심인 메신저 등만을 공급, 판매, 임대, 판촉, 사용, 설치 또는 지원하는 것을 조건으로 거래하는 행위 또는 그러한 것을 조건으로 대가를 지급하거나 윈도우 PC 운영체제의 가격할인, 유리한 거래조건설정 등 경제적 또는 비 경제적 이익을 제공하는 행위와 경쟁제품을 취급한다는 이유로 경제적 또는 비 경제적 이익의 제공을 축소 또는 중단하거나 기타의 거래조건을 불리하게 하는 등 어떠한 형태로든 보복하거나 보복할 것을 예고하는 행위를 금지하였다.[17)][18)]

3) 소결

공정위는 이 사건 MS의 결합판매로 인하여 국내시장에서 소비자와 PC제조업체는 부상품(미디어 서버, 미디어 플레이어, 메신저)없는 주상품(윈도우 운영체제)을 구입할 선택권을 박탈당하고, 부상품 시장에서 경쟁 사업자가 축출되어 피심인들이 독점력을 확대 또는 고착화시키는 반경쟁적이며 소비자 이익을 저해하는 효과가 발생한 것으로 판단하였다.

특히, 유럽연합 등 다른 나라와 비교할 때 피심인들의 시장 독점화 정도가

---

16) 공정위 의결서, pp. 1-3.

17) 공정위 의결서, pp. 3-10.

18) 공정위는 또한 예방적으로 MS가 마이크로소프트 오피스, 마이크로소프트 워드, 마이크로소프트 파워포인트, 마이크로소프트 엑셀 등 국내시장 점유율이 50%를 넘는 자신의 다른 제품에 WMP 또는 피심인 메신저를 탑재하거나 기타 이에 준하는 행위를 하는 것을 금하였으나, 이 부분 시정명령은 이의신청에 의하여 취소되었다. 공정거래위원회 전원회의, 재결 제2006-027호(사건번호 2006심이1163) 2006.6.16.

높고 초고속 인터넷이 발달하여 미디어 플레이어 등 소프트웨어를 선택한 후 프로그램을 다운로드 받는데 소요되는 시간이 매우 작은 국내 현실에 비추어 볼 때 피심인들의 결합판매는 효율성 증대 효과가 극히 미미한 반면, 경쟁 사업자 배제, 소비자 이익 저해 등의 경쟁제한 효과는 매우 심각하여 적극적인 시정조치가 필요하다고 보았다.

이러한 부작용을 제거하고 장점에 의한 경쟁이 이루어지도록 하기 위하여는 피심인들로 하여금 2가지 버전의 윈도우 PC 운영체제(부상품이 분리된 버전 및 부상품을 탑재하되 경쟁제품에 대한 접근기회가 보장된 버전)를 PC제조업체 및 소비자에게 제공토록 함으로써 이들에게 부상품 없는 주상품을 구입할 선택의 기회를 제공하고, 경쟁제품이 탑재된 버전의 경우 경쟁 사업자가 피심인들 제품과 대등한 수준의 판촉 및 소비자 접근기회를 가질 수 있도록 하여 적정한 소비자 상품 선택권을 제공하도록 하였다. 다만, WMS가 결합된 윈도우서버 운영체제의 경우에는, 경쟁제품이 탑재된 버전을 공급하도록 한다 하더라도 경쟁 사업자의 미디어 서버 제품이 대부분 상당한 가격에 거래되는 등의 이유로 그 실효성이 크지 않다는 점을 감안하여 WMS가 분리된 단일버전 제품만을 출시토록 하였다.[19)]

(3) 법원쟁송

MS는 공정위의 처분에 불복하여 2006.3.27. 공정위를 상대로 하여 이 사건 처분의 취소 등을 구하는 행정소송을 제기하여[20)] 법원에서 약 1년 6개월간의 심리를 거쳐 판결 선고를 앞두고 있었다. 그런데 MS는 2007.10.10. 공정위에 대한 소를 전부 취하하였고, 공정위가 2007.10.17. 소 취하에 동의하여 종결되었다.

한편, 주식회사 다음은 2001.9.5. MS를 공정위에 신고한 후, 2004.4.12. MS의 이 사건 결합판매행위로 인하여 손해를 입었다고 주장하면서 그 손해의 배상을 구하는 소를 제기하였으나,[21)] 2005.11.11. MS와 1,000만 달러 지급, 1,000만 달러 상당의 광고 제공, 1,000만 달러 규모의 사업 협력 기회 제공 등 합계

19) 공정위 의결서, pp. 242-243.

20) 서울고등법원 2006누8077.

21) 서울중앙지방법원 2004가합26626.

약 3,000만 달러에 합의를 하고 소를 취하하였다.

그 이후 한 메신저 회사가 MS를 상대로 제기한 소송에서 서울중앙지법은 다음과 같은 요지의 판결을 하였다.[22] 첫째, 주된 상품에 종된 상품을 포함하여 판매한 행위가 결합판매행위에 해당하는지 여부를 판단함에 있어 주된 상품과 종된 상품이 별개 상품인지 여부는, 종된 상품이 주된 상품의 밀접 불가결한 구성요소인지 아니면 독립하여 거래의 대상이 될 수 있는 상품인지 여부를 종된 상품의 공급 현황이나 종된 상품 업계의 거래 관행을 기준으로 판단하되, 통상적으로 주된 상품과 짝지어 하나의 단위로 판매 또는 사용되지 않는 상품이면 별개의 상품으로 봄이 상당하다.

둘째, 주된 상품과 종된 상품의 결합판매행위가 공정거래법상 다른 사업자의 사업 활동을 부당하게 방해하는 행위에 해당하는지와 관련하여,[23] 공정거래법 및 같은 법 시행령은 시장지배적 지위 남용행위의 성립을 위하여 소비자들이 유상으로 종된 상품을 구입할 것을 요건으로 규정하고 있지 않고, 고시 또한[24] '부당하게 거래 상대방에게 불이익이 되는 거래 또는 행위를 강제하는 행위'를 함으로써 다른 사업자의 사업 활동을 어렵게 하는 경우라고 규정하여 단순히 '거래'라고만 규정하고 있을 뿐 이를 '유상의 거래'만으로 한정하지 않는다. 따라서 종된 상품의 유상성은 시장지배적 지위 남용행위 성립에 필수적인 요건이 아니다. 또한, 강제성이 인정되는지 여부는 거래 상대방에게 주된 상품과 종된 상품을 따로 구입하는 것이 자유로운지를 기준으로 거래상대방인 소비자에게 당해 거래에 대한 독립적인 선택권이 보장되어 있는지 여부에 따라 판단하되, 강제성은 주된 상품에 대한 구매자의 거래처 전환 가능성이 적을수록 크다.

셋째, 반면에 불공정거래행위 중 끼워팔기에 대하여는 '거래상대방에 대하여 자기의 상품 또는 용역을 공급하면서 정상적인 거래관행에 비추어 부당하게 다른 상품 또는 용역을 자기 또는 자기가 지정하는 사업자로부터 구입하도록 하는 행위'라고 규정하고 있고,[25] '구입'은 물건을 사들인다는 뜻으로 유상

22) 서울중앙지법 2009.6.11. 선고 2007가합90505 판결 [손해배상(기)] 항소 〈메신저 결합판매 관련 사건〉 [각공2009하,1113]

23) 법 제3조의2 제1항 제3호.

24) 공정거래위원회 고시 제2002-6호 시장지배적 지위 남용행위 심사기준 Ⅳ. 3. 라. (3).

25) 시행령 제36조 제1항 [별표 1] 제5호 (가)목.

성을 전제로 한다는 점에서 유상성이 요구된다. 다만 형식상 무료인 경우에도 실은 주된 상품가격에 전가된 경우에는 유상성이 인정된다.

넷째, 이와 같이 PC 운영체제 시장에서 독보적인 시장지배적 지위에 있는 사업자가 PC 운영체제에 메신저를 포함하여 판매한 것은 주된 상품인 PC 운영체제와 종된 상품인 메신저라는 별개의 제품을 결합하여 판매한 행위로 유상성과 구매강제성 및 경쟁제한성(부당성)이 인정되므로, 공정거래법상 시장지배적 지위 남용행위 중 다른 사업자의 사업 활동을 부당하게 방해하는 행위 및 부당하게 소비자의 이익을 현저히 저해할 우려가 있는 행위 그리고 불공정거래행위 중 끼워팔기에 해당한다.

다섯째, 공정거래법(2004.12.31. 개정되기 전의 것) 제57조 제1항 단서 규정상 위 법 위반책임과 민법상 불법행위책임의 선택적 청구를 인정하고 있었으며, 현행 공정거래법 제56조 제1항 규정이 고의·과실의 입증책임을 위법행위자에게 전환시킨 점 등을 고려하면, 공정거래법 위반책임은 불법행위책임이다. 또한, 공정거래법 제57조를 적용하여 피해자의 손해액을 산정하기 위해서는 공정거래법 위반행위로 인하여 손해가 발생하였다는 점이 입증되어야 하며, 위 조항의 내용을 위법행위와 손해 사이의 인과관계에 대한 입증책임까지 완화하는 취지로 해석할 수는 없다. 따라서 불법행위책임의 일반원칙에 따라 손해배상청구권을 행사하고자 하는 피해자가 위법행위와 손해 발생 사이의 인과관계를 입증하여야 한다. 그런데, 시장지배적 사업자의 PC 운영체제와 메신저의 결합판매행위로 인하여 자신의 메신저 사업을 청산하는 손해를 입었다고 주장하면서 그 손해의 배상을 구하는 본 사안에서 위 결합판매행위와 손해 발생 사이의 상당인과관계를 인정할 수 없었다. 결국 원고의 입증 불비로 MS가 손해배상을 면하였다.

3. PC 운영체제/브라우저 경쟁의 현주소

2018.7. 현재 MS 윈도우즈의 전세계 OS시장 점유율은 윈도우즈가 82.88%, MacOSX가 12.52%, 리눅스 1.71%, 크롬 OS 0.5%, 기타 2.38%로[26] 10년 전 보다는 줄었지만 여전히 윈도우즈의 아성은 건재하다고 할 것이다. MS는

---

26) Statista, Operating systems market share of desktop PCs 2013-2018, by month, 2018.9.

운영체제를 유료로 판매하고, 브라우저 등을 무료로 배포하는 전략을 사용하였다. 앞서 살펴본 바와 같은 끼워팔기 전략을 통해서 네스케이프와 같은 경쟁 사업자를 제거한 다음에는 브라우저 등 무료 응용소프트웨어의 향상을 위해서 투자할 유인을 가지지 못했다.

경쟁 사업자 입장에서는 거대한 투자가 들어가는 운영체제 시장에서 정면으로 MS와 경쟁하기 보다는 응용소프트웨어이면서도 운영체제의 기능을 대체할 수 있는 서비스를 개발하는 가능성을 엿보았다. 이와 같은 이유에서 MS가 인터넷 익스플로러의 향상을 게을리 하는 사이에 파이어폭스, 크롬, 오페라, 사파리 등의 새로운 브라우저가 도전장을 내밀었으며 그들 중 구글의 크롬과 같은 경우는 단순히 웹페이지를 보여주는 프로그램을 넘어서 클라우드를 이용하여 운영체제를 대체하려는 의도를 분명히 하였다. 크롬OS를 무료 제공하여 시장을 확보한 다음에 클라우드 서비스나 다른 응용 서비스에 대한 과금을 통해서 수익을 창출하는 전략으로 보여 진다. 이와 같은 도전에 직면해서야 MS는 익스플로러의 기능향상을 위한 투자에 성의를 보이기 시작하였다. 하지만 이미 브라우저 시장은 크롬을 통한 상전벽해가 일어나서 구글 천하의 일익으로 재편되고 있다.

2018.8. 현재 이용자기준 세계 PC 웹브라우저 시장 점유율은 크롬이 67.63%, Firefox 10.97%, IE 7.02%, Safari 5.13%, Edge 4.24%, Opera 2.48% 순이다.[27] 2014년 12월 59.11%였던 IE의 점유율이 급속히 하락하여 이제 미미한 존재로 전락한 것이다. 2016.1. 구형 IE 지원을 끊은 것도 타격이 컸다. 이는 IE 후속작인 새 웹브라우저 '엣지'로 이용자를 이동시키기 위한 전략이었지만 결과적으로는 크롬, 사파리 등 경쟁 브라우저로 떠나간 사람이 더 많았다.[28]

MS가 제품의 장점에 의한 경쟁을 하지 않고 지배적 지위의 운영체제에 의지해서 이용자 접근에 있어서 우위를 점하는 전략이 넷스케이프에 대해서는 성공하였지만 구글에 대해서는 성공하지 못한 것이다. 경쟁정책은 이 과정에서 넷스케이프와는 달리 구글의 크롬이 시장에 발붙여서 자신의 우수성을 소비자들에게 입증할 기회를 보장하는 역할을 했다고 평가할 수 있겠다.

PC 검색시장의 경우 2018.8. 현재 구글이 전세계시장의 86.67%를 장악하

---

27) Statcounter, Desktop Browser Market Share Worldwide, 2018.8.

28) "인터넷서 잊혀지는 익스플로러", 중앙일보, 2017.1.16.

며 Bing 6.57%, Yahoo! 3.18%, YANDEX 1%, Baidu 0.83%를 압도적 차이로 따돌리고 있다.[29)]

III. 모바일 운영체제 중립성

1. 모바일 인터넷 생태계

애플의 아이폰이 개척한 스마트폰 대열에 삼성 등 후속주자가 가세하면서 인터넷도 유선에서 무선시대로 이동하고 있다. PC는 가정이나 직장의 데스크에 하나씩 설치되며 비교적 장기간 사용하지만 스마트폰은 초등학생 이상이면 사람마다 하나씩 소유하며 비교적 단기간에 신제품으로 교체하는 경향을 보이고 있다. 태블릿도 착실한 성장을 기록하고 있다.[30)]

애플이 개척한 스마트폰 세상이지만 구글의 안드로이드는 애플이 iOS를 전유한 것과는 달리 모바일 운영체제인 안드로이드의 공유정책을 통하여 애플을 제외한 대다수의 스마트기기 제조업체를 포섭함으로써 애플을 넘어서서 지배적 지위를 강화하고 있다. 한편, 애플의 iOS는 시장점유율은 20%를 하회하지만 이용자 충성도의 공고함을 보여주고 있다.

모바일 브라우저도 2018.8. 현재 구글의 크롬이 56.02%의 점유율로 세계시장을 주도하고 있으며 Safari 18.58%, UC Browser 11.14%, 삼성 인터넷 5.45%, Opera 4.59%가 뒤를 잇고 있다.[31)] 모바일 검색의 경우 구글의 전세계 시장점유율은 93.94%로 압도적 지배력을 보이며 Yahoo! 1.82, Baidu 1.76%, Bing 0.74% 등과는 큰 편차를 보이고 있다.[32)]

애플과 구글은 개발자에게 종래보다 향상된 70%의 수익배분비율을 제시하여 다수의 응용프로그램(앱)개발자를 자신의 앱마켓인 구글 플레이와 애플 앱스토어에 유치하고 있으며 이들의 다양한 서비스는 이용자들의 스마트폰에

29) Statcounter, Desktop Search Engine Market Share Worldwide, 2018.8.

30) 인터넷이 가능한 통신기기 중에서 2019년에는 스마트폰이 77.7%, 태블릿이 10.7%, 노트북이 6.8%, 데스크탑이 4.8%를 차지할 것으로 예상되고 있다. Statistica, Smart connected devices market share from 2012 to 2019, 2018.8.

31) Statcounter, Mobile Browser Market Share Worldwide, 2018.8.

32) Statcounter, Mobile Search Engine Market Share Worldwide, 2018.8.

대한 수요를 증대시키는 선순환 구조를 창출하고 있다. 앱마켓 정책에 있어서도 앱스토어는 애플의 사전심사를 요건으로 하지만 구글 플레이의 경우 심사 없이 등록하도록 되어있다.

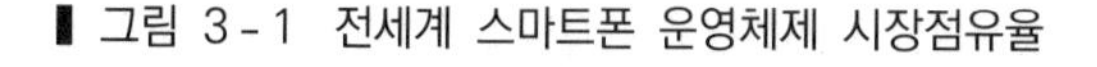
그림 3-1 전세계 스마트폰 운영체제 시장점유율

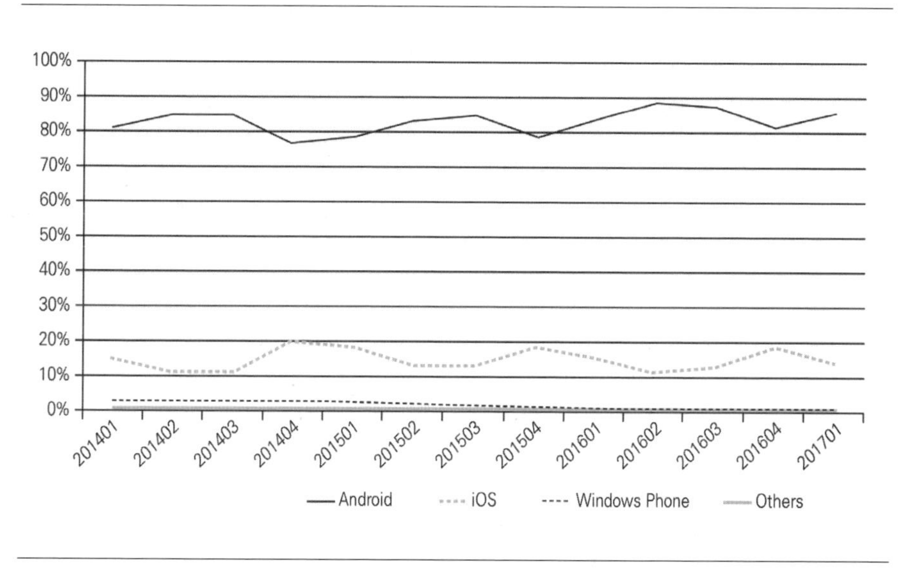

앱스토어는 유료앱 중심이며 구글 플레이는 광고수익과 브랜드 제고 등을 노리는 무료앱 중심이라는 특성을 보이고 있다. 그 결과 등록앱의 개수는 구글 플레이가 많지만 수익은 앱스토어가 두 배에 가깝다. 2017.4. 현재 구글 플레이에는 280만개 앱이 있으며 애플의 앱스토어에는 220만개의 앱이 등록되어있다.

앱 시장도 상당히 성숙되어 가고 있다. 다수의 앱이 다양한 분야에 걸쳐서 제작되고 있다. 앱을 영역별로 나누어보면 비즈니스/생산성, 문제해결 프로그램, 사회연결망, 교육, 오락, 게임, 건강, 음악/사진/비디오, 길 찾기 순으로 높은 비중을 차지하고 있다. 또한, 앱의 수익모델은 주문형 제작, 가입비, 물건판매, 광고, 유료앱, 앱내 구매 등의 순으로 높은 비중을 차지한다.[33]

33) Application Developers Alliance, "Competition in the Mobile App Ecosystem: Global Survey of 673 Mobile App Publishers and Developers", September 2016, p. 5.

▌그림 3-2 전세계 앱의 총수익 변화

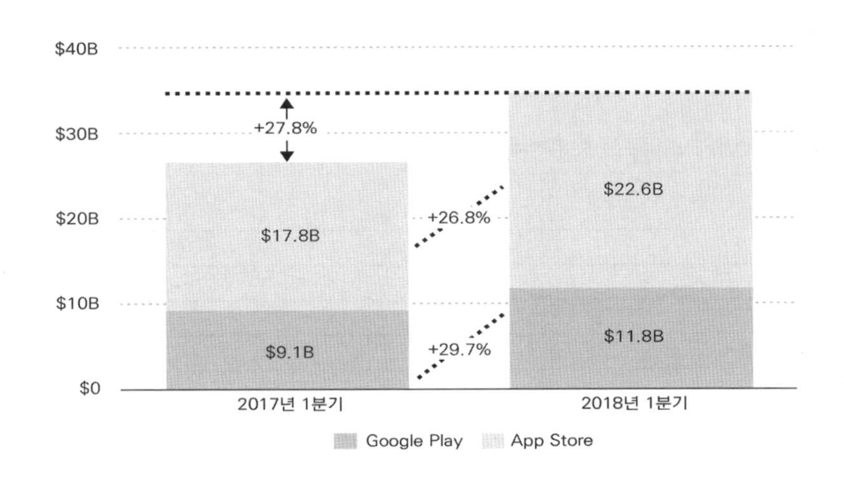

출처: Sensor Tower.

2. 중립성 정책 및 법제

애플은 앱스토어에의 등록을 심사제로 운영하고 있는데 이 심사의 공정성을 놓고 잡음이 끊이지 않고 있다. 우선 앱 거래에 대한 결제를 자사의 결제시스템을 통해서만 행하도록 하고 이를 지키지 않는 경우에는 등록 거절, 삭제하고 있다. 앱스토어 운영에 들어가는 비용을 커버하기 위한 조치라는 설명이지만 카드결제를 기본으로 하는 애플결제시스템은 카드가 없는 청소년들의 구매에 장애를 가져온다. 또한 iTunes와 같이 애플이 자체 개발한 앱과 경쟁이 예상되는 신규 앱에 대해서는 등록을 거절하는 등 심사절차의 중립성도 의심받고 있다.

애플에 비해서는 상대적으로 양호하지만 구글의 정책에 불만이 없는 것도 아니다. 안드로이드 구글 플레이에 앱을 등록하는 것은 무심사이지만 안드로이드 마켓을 독자적으로 운영하기 위해서 필요한 구글 마켓 서비스 라이선스를 대기업에게만 제한적으로 발급해주고 있는 점이 중소기업의 원성을 사고 있다.

한편, 구글이 안드로이드 운영체제에 구글 검색을 사전탑재 하는 데에 대하여 2011년 4월 네이버와 다음이 공정거래위원회에 신고하였다. 공정위는 2013년 7월 한국에서는 유선 인터넷 뿐만 아니라 무선 인터넷에서도 구글 검색의 시장점유율이 크지 않기 때문에 경쟁제한성이 없다는 이유에서 무혐의 처리하였다. 2016년 아래 설명하는 바와 같이 EU경쟁당국이 유사한 사안을 문제 삼자 공정위는 변화한 환경에서 위 행위의 경쟁 효과를 재평가 하겠다는 입장을 보였다.[34]

3. 분쟁사례

(1) 구글의 검색/안드로이드시장 지위 남용

1) EU경쟁당국이 지목한 혐의사실

2016.4. EU위원회 경쟁당국은 먼저 구글이 일반 인터넷검색 서비스시장, 사용허락 가능한 모바일 운영체제시장, 안드로이드 운영체제용 앱스토어 시장에서 지배적 지위를 점하고 있다고 파악하고 그 지위를 다음과 같이 남용한 혐의에 대하여 조사에 착수하였다.[35] 첫째, 구글의 플레이스토어를 사전 탑재하고자 하는 스마트폰제조사들에게 구글 검색(Google Search)과 크롬을 기본으로 탑재할 것을 요구하였다. EU당국은 사전탑재가 이용자에게 미치는 영향이 크기 때문에 어느 앱을 사전 탑재할 것인가에 대해 제조사들의 자유로운 선택이 보장되어야 한다는 입장이다. 구글의 행위는 구글 검색의 지배력을 강화하고 모바일 검색으로 이를 전이하고자 하는 경쟁저해성을 가질 수 있다고 보았다.

둘째, 구글의 안드로이드는 오픈소스로서 사업자들이 자유롭게 발전시킬 수 있다. 하지만 제조사가 구글 플레이스토어나 구글 검색 같은 전유 프로그램을 사전 탑재하고자 할 경우에 구글은 당해 사업자에게 구글 안드로이드와 다르게 진화한 변종 안드로이드(Android forks)[36]를 운영체제로 하는 기기를 판매하지 않을 것을 약속하는 "파편화 금지약정"(Anti-Fragmentation Agreement)에 서명할 것을 요구한다. 당국은 과연 이 약정이 경쟁법상 정당화될 수 있는 제한인지에 의문을 갖고 있다. 이는 구글 안드로이드보다 우수한 변종 안드로이드 그리고 그에 기반을 둔 앱과 응용프로그램이 소비자의 선택을 받을 기회를 갖

34) "정재찬 공정위원장 '구글 앱 선탑재 강제성 재검토'", CBS노컷뉴스, 2016.10.11.

35) European Commission Press release, "Antitrust: Commission sends Statement of Objections to Google on Android operating system and applications", Brussels, 20 April 2016.

36) 예컨대, 아마존의 Fire OS.

지 못하는 중대한 경쟁제한 효과가 우려되는 행위로 보고 있다.

셋째, 구글은 구글 검색만을 사전 탑재할 것을 조건으로 제조사와 이동통신사에 재정적 혜택을 제공하고 있는데 이 조건은 경쟁제한성을 갖는 차별적 조건으로 판단하고 있다.

2) 구글의 항변

2016.11. 구글은 안드로이드와 구글 검색, 구글 플레이를 결합하는 덕분에 안드로이드를 무상으로 스마트단말 제조사에 제공할 수 있는 것이고 그 결과 소비자들이 저렴하고 다양한 스마트기기를 향유할 수 있게 된 것이며, 애플 아이폰과의 치열한 경쟁상황에서 이와 같은 사전탑재를 허용하지 않는다면 안드로이드의 무상제공을 중단할 수밖에 없어서 모두에게 손해가 되는 일이라고 항변하였다.[37] 파편화 금지약정 또한 개발자에게 상호운용성이 보장되는 최소한의 안정적 개발환경을 제공하기 위한 것이며 실제로 탄력적으로 적용되는 결과 다양한 안드로이드 기기가 출시되고 있다고 항변하였다. 마지막으로 아이폰이 애플의 앱만을 사전 탑재하는 것과는 달리 안드로이드는 1/3 정도의 앱만이 구글의 앱이며, 제조사 및 일반 이용자가 애플이나 다른 개발자의 앱을 탑재하는 데에 아무런 지장이 없다는 점을 지적하였다.

구글의 항변은 기본적으로 아이폰과의 치열한 경쟁상황에서 구글 안드로이드가 시장점유율은 높을지 몰라도 시장지배력을 갖고 있지 않다는 논리를 기반으로 하고 있다.

3) EU경쟁당국의 과징금 부과

2017.6. EU경쟁당국은 구글이 검색엔진의 지배적 지위를 이용하여 구글쇼핑에 부당한 이득을 주었다며 약3조1000억 원의 과징금을 부과한데에 이어[38] 2018.7.18. 안드로이드 운영체제의 시장지배력 남용을 이유로 약 5조7100억 원의 과징금을 부과했다.[39] 선탑재를 끼워팔기로 판정한 것이다.[40]

---

37) https://blog.google/topics/google-europe/android-choice-competition-response-europe/

38) https://www.huffingtonpost.kr/2017/06/27/story_n_17304358.html.

39) "EU considers record fine as panel checks Google Android case", Reuters, July 5 2017; European Commission Press Release, "Commission fines Google €4.34 billion for illegal practices regarding Android mobile devices to strengthen dominance of Google's search engine", Brussels, 18 July 2018.

(2) 애플의 음악유통시장에서의 경쟁저해 혐의

애플이 2004년 모바일 음악유통시장에서 경쟁 사업자인 리얼네트웍스(Real-Networks)가 자사가 판권을 가진 음악을 iPod/iTunes에서 실행할 수 있는 기술을 출시한지 닷새 만에 애플은 FairPlay라고 불리는 자사의 저작권보호기술장치(DRM)을 바꾸어서 경쟁사의 음악이 iPod/iTunes에서 실행될 수 없도록 하였다.[41] 2005년 제기된 집단소송에서 원고들은 애플의 행위가 경쟁사를 배제하기 위한 지배적 지위의 남용이라고 주장하였고, 애플은 음악저작권을 보호하기 위한 예정된 DRM 기능향상이라고 주장하였다. 배심원단은 원고가 입증을 다하지 못하였다고 애플의 손을 들어주었다.[42]

국내에서도 애플이 엠넷, 소리바다, 벅스 등의 음악 서비스 앱을 삭제한 것이 논란이 되었다.[43] 애플이 2010.5. 앱스토어에서 이들 음원 애플리케이션을 전격 차단했는데 그 이유는 이통사 소액결제를 이용하는 이들 애플리케이션의 결제방식이 애플이 정하고 있는 결제방식(신용카드를 이용한 결제방식)과 다르기 때문이라는 것이었다. 그런데 같은 소액결제를 채택하고 있는 다른 애플리케이션들, 예스24나 메가박스 애플리케이션은 늦게까지 앱스토어에 남아있었기 때문에 애플이 자사 음악 스트리밍 서비스의 경쟁자들을 우선 타깃으로 삼은 것으로 인식되었다. 이들 음악 서비스업체들은 퇴출된 후 애플이 요구하는 신용카드 결제 방식의 앱을 만들어서 승인을 받는데 2개월여가 걸렸다.[44]

(3) 애플의 모바일결제시장 경쟁저해 혐의

우리나라가 개발해 세계적으로 성공시킨 대표적인 모바일 비즈니스 모델

---

40) "Google could face a massive EU Android competition fine in July", https://www.engadget.com/2018/06/07/; "EU, 구글에 사상최대 5조7000억 원 과징금", 조선일보, 2018.7.19.

41) The APPLE IPOD ITUNES ANTITRUST LITIGATION. No. C 05-00037 JW. United States District Court, N.D. California, San Jose Division. May 19, 2011. 796 F.Supp.2d 1137 (2011).

42) Apple Wins Decade-Old Suit Over iTunes Updates, https://www.nytimes.com/2014/12/17/technology/apple-antitrust-suit-ipod-music.html.

43) "'독재자' 애플, 해도 너무하네 … 엠넷 · 소리바다 · 벅스등 음원 앱 일방적 차단", 매일경제, 2010.5.16.

44) 통상 일주일이면 승인을 받는다고 한다.

인 휴대폰 소액결제 방식이[45] 위와 같은 애플의 폐쇄적이고 일방적인 앱스토어 정책으로 일시적으로 어려움에 처했다.[46] 그러나 여러 과금 체계를 사용자 성향이나 콘텐츠 특징에 맞게 유연하게 채택할 수 있는 휴대폰 결제 방식은 매년 큰 폭의 상승세를 보이면서 2010년 총 디지털 콘텐츠 시장의 약 28%를 차지하고 있던 것이 애플의 조치에도 불구하고 꾸준히 성장하였다. 2015년 휴대폰 소액결제 거래건수는 2억9,158만4,627건으로, 시장 규모는 4.4조원에 달하였다. 각 사별로 매출 규모는 SKT가 약 2.2조원(49.3%), KT가 1.2조원(28.2%), LGU+(22.4%)가 약 1조원을 기록하였다. 결제항목별로는 2011년까지는 게임이 1위를 차지하였으나, 2012년부터는 온라인 쇼핑 등 실물거래가 게임을 앞섰으며, 그 비중이 2015년에는 59%를 차지했다.[47]

애플이 자사의 Apple Pay를 통한 결제만을 고집하며 이를 이용하는 대가로 신용카드사로부터 수수료를 징수하는 데에 반발하여 호주 카드시장의 2/3을 점하는 주요 4개 카드사가 연합하여 애플에 결제연동기술의 공개를 요청하였다. 애플의 거절로 사안이 경쟁당국에 제기되자 호주 경쟁소비자위원회(Australian Competition and Consumer Commission, ACCC)는 이와 같은 집단교섭은 득보다 실이 많다며 불허하고, 애플에게 폐쇄시스템을 포기하고 경쟁사인 구글과 같이 오픈시스템으로 전환하라고 명령하는 것은 신중해야 할 문제라며 회피했다.[48]

4. 검토

애플의 iOS와 구글의 안드로이드가 모바일 OS시장을 99% 차지하고 있는 상황이니 이들의 지배적 지위는 부연을 필요로 하지 않는다. 따라서 이들이 애플 앱스토어나 구글 플레이를 사전탑재 하는 것은 일견 시장지배적 지위의 남용행위로서 끼워팔기에 해당한다고 할 것이다. 그러나 애플은 스마트폰 OS와 앱마켓 모두에 있어서 무에서 유를 창조한 시장 개척자였으며 그러므로 애플

45) 휴대폰 소액결제는 결제금액을 이동통신 요금에 합산시키는 서비스다.

46) 노컷뉴스, "애플쇼크…휴대폰 결제시장 '흔들'", 2010-08-31. http://www.nocutnews.co.kr/news/749531#csidx29d40044e1bcbefa8362fac770b9b2f.

47) "휴대폰 소액결제 시장 5조원대로 성장", 서울경제, 2016.10.14.

48) ACCC Media Release, "ACCC denies authorisation for banks to collectively bargain with Apple and boycott Apple Pay", 31 March 2017.

이전에는 독립 상품으로서 스마트폰 OS, 앱마켓, 앱이 존재하지 않았다는 점에 주목한다면 끼워팔기의 성립을 인정하기 어렵다. 애플의 행위에 문제가 없다면 이를 따라하는 구글을 비난하기도 쉽지 않다.

다른 한편, (애플 아이폰-iOS-애플 앱스토어) vs. (기타 스마트폰-안드로이드OS-구글 플레이와 기타 앱마켓)으로 대비해 볼 수 있는 바와 같이 수직 통합한 독불장군 애플과 구글을 중심으로 한 연합진영간의 싸움이 시장의 큰 그림이라고 할 것이다. 애플과 구글이 야합을 하지 않는 이상에는 큰 그림에는 경쟁법상의 우려가 없어 보인다. 문제는 각 진영 내부에서 건전한 경쟁, 공정한 거래관행의 존재여부이다.

국내에서는 2016년 6월 KT의 올레마켓, SK텔레콤의 T스토어, LG유플러스의 U+ 마켓, 네이버 앱스토어가 연합해 앱마켓 원스토어를 출범시켰다. 안드로이드 모바일 운영체제(OS)를 사용하는 스마트폰에서는 원스토어와 플레이스토어를 사용할 수 있다. 원스토어는 초기 원스토어와 구글 플레이스토어에서 동시 판매중인 매출상위 게임 100개중 원스토어의 매출비중이 33%를 차지하며 장밋빛 미래를 그렸다.[49] 그러나 그 이후 성장은 정체하여 2017.12. 기준 국내 8조 앱마켓 시장의 60.7%를 차지한 구글 플레이가 타의 추종을 불허하며 애플 앱스토어가 24.5%에 그리고 그에 한참 뒤처져서 원스토어는 11.6%를 차지하였다. 이에 원스토어는 2018년 7월부터는 등록수수료를 5%로 내리면서 반전을 시도하고 있다.[50]

지배적 사업자가 순순히 도전자의 성장을 용납할리 만무하다. 품질과 서비스 향상으로 경쟁했으면 좋으련만 거기에 그치지는 않는 것 같다. 우선 아이폰의 애플 앱스토어, 안드로이드폰에 구글 플레이 이외의 앱마켓을 개설하는 것은 쉬운 일이 아니다. 최초 등록시나 이용자의 다운로드 시에 안정성을 해칠 수 있다는 경고메시지를 받기가 일수이며, 주기적인 OS 업데이트 이후에는 정상 작동에 애로를 먹기도 한다.[51]

일반 앱의 경우에는 등록 자체에 장애가 있지는 않다. 하지만 OS 사업자

---

49) "토종 앱마켓 원스토어 점유율 30% 넘어 … 구글 플레이 위협" 서울경제, 2016.12.15.

50) "수수료 내리자 등록상품 30% 증가 … 토종 앱장터 '원스토어' 부활 신호탄", 한국경제, 2018.9.10.

51) 황태희, "모바일 OS 사업자의 제3자 앱마켓 등록 제한행위에 대한 공정거래법 적용방안 연구", 경쟁법연구 제30권, 2014.11, pp. 246-247.

를 비롯한 지배적 사업자의 선 탑재, 경쟁 앱에 대한 심사지연 등과 같이 공정경쟁 저해요인이 상존한다. 2014년 우리나라 이동통신사(SK텔레콤, KT, LG유플러스)와 단말제조사(삼성전자, LG전자, 팬택) 등은 정부와 스마트폰의 앱 선 탑재에 대하여 합의를 했다. 평균 대당 44개의 앱이 선탑재되어 있는 스마트폰에서 고객이 편의에 따라 삭제할 수 있도록 하였다. 당시 시중에 출시된 스마트폰에는 64개에서 78개씩이나 앱이 선 탑재되어 있었다.[52] 일부 선 탑재된 앱은 관리자 경로를 통해서만 삭제 가능하여 전문가가 아니면 삭제도 쉽지 않다. 국내 모바일 검색엔진 시장점유율은 여전히 네이버가 1위이지만 구글이 2014년 2%에서 2016년 말 약 37%로 엄청난 성장을 이루며 다음을 제치고 2위로 올라섰는데 모바일에 있어서는 앱의 선 탑재가 영향을 미쳤을 것으로 판단된다.[53] 근년에는 모바일 통계자료가 없어서 확인하기 어려우나 네이버와의 격차가 더 좁혀졌거나 이미 역전했다고 해도 놀라운 소식이 아니다. 구글의 검색 만족도가 98.3%임에 비하여 네이버는 89.4%에 불과하며[54] 동영상 추세에서 구글이 앞서기 때문이다. 아래 그래프는 한국 안드로이드 앱 사용시간을 분석한 것이다(자료: 와이즈앱). “검색시장 점유율 1위는 구글 2위는 유튜브”라는 말이 외국 얘기가 아니라는 것을 입증하듯 구글진영 앱의 비중이 급속히 증가하고 있다.

▌그림 3-3 안드로이드 주요 앱의 사용시간 추이 (사용시간: 억분)

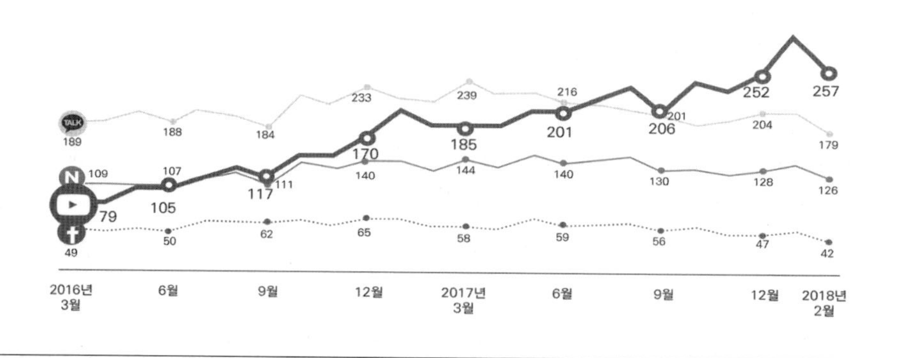

52) 최재홍, “스마트폰 앱의 선탑재에 대한 문제와 대응” KISA리포트, 2016.10.20. http://slownews.kr/59019.

53) Ibid.

54) “검색포털 점유율 1위는 ‘네이버’ … 검색 결과 만족도는?”, 중앙일보, 2018.3.13.

정부는 2014.1.23. 「스마트폰 앱 선탑재에 관한 가이드라인」을 발표하여 선탑재앱을 필수앱과 선택앱으로 구분하고, 선택앱에 대해서는 이용자에게 삭제 권한을 부여하도록 하였다. 가이드라인은 '필수앱'을 선탑재앱 중에서 해당 스마트폰 하드웨어의 고유한 기능과 기술을 구현하는 데 필요하거나 운영체제 소프트웨어의 설치 및 운용에 요구되는 앱으로 정의하였다. 2016년 전기통신사업법시행령도 개정하여 별표4에 금지행위로 "전기통신단말장치의 기능을 구현하는데 필수적이지 않은 소프트웨어의 삭제를 부당하게 제한하거나 다른 소프트웨어의 설치를 부당하게 제한하는 소프트웨어를 설치·운용하거나 이를 제안하는 행위"[55]를 규정하고 있다. 그러나 업계, 특히 구글, 애플 등 해외 사업자에 대한 실효적 집행은 여전히 미지수이다. 예컨대, 구글은 유튜브, 지메일, 구글서치, 크롬 등 위 가이드라인의 정의에 비추어 보면 선택앱인 앱들을 삭제하지 못하도록 하고 있다. 또한 선탑재앱을 삭제하기 보다는 '비활성화 앱'으로 설정하는 방식으로 비필수앱 삭제 조치를 우회하고 있다.[56]

Ⅳ. 생태계내 경쟁과 생태계간 경쟁

구글이 시행하는 안드로이드 파편화 금지약정을 경쟁법적으로 어떻게 평가할 것인가? 생태계내의 지배적 지위 남용인가 생태계간 경쟁을 위한 내부 규율인가? 외부 경쟁이 존재하는 한 내부 상황은 그 생태계 구성원의 자율적 결정에 맡긴다면 복점(duopoly)의 폐해는 어찌할 것인가?

스마트폰 앱마켓의 등록제한과 앱의 등록제한을 달리 살펴볼 필요가 있다. 앱마켓은 앞서 언급한대로 애플의 앱스토어와 구글 플레이가 기기와 수직적으로 통합되어 양자간에는 어느 정도 잠재적인 경쟁이 있지만 진영 내부적으로는 앱스토어는 태생적으로 절대적인 독점이며 안드로이드 진영에서 구글 플레이는 제조사나 통신사의 앱마켓과 같이 일부 경쟁상대가 있기는 하지만 지배적 지위를 점하고 있는 것은 어느 기준으로 보나 명백하다. 이런 상태에서 애플 앱스토어나 구글 플레이가 타사의 앱등록을 차별하거나 운영상 불리한 위치에 처하게 하는 경우 지배적 지위의 남용이 될 수 있다. 경쟁앱에 대한 지

55) 제5조, 사항 3) 목.

56) 김경진 "최신폰 선탑재 앱 51.2개…불공정 심화", zdnet, 2018.7.24.

연 등록뿐만 아니라 사전탑재앱에 비하여 사후탑재앱의 작동속도가 늦다면 이는 공정한 경쟁의 심각한 제약이라고 할 것이다.

구글이 제기하는 항변인 애플에 대항하여 안드로이드 진영의 경쟁력 향상을 위하여 진영내의 일부 행동제약은 불가피하다는 논리는 일부 수긍되는 면이 없지 않다. 결국 전체적인 시장에서의 경쟁상황에 대한 평가와 함께 사안별로 제약의 합리성여부를 판단해야 할 것이다. 실제로 생태계간 경쟁이 활발하게 이루어지는 상황이라면 공정위가 생태계 내에서 선도기업이 다른 참여업체의 행동의 자유를 제한하지만 생태계의 경쟁력 향상에 도움이 되는 행위에 대해서는 이를 주시하고 있다는 시그널을 보내면서도 성급하게 개입하기 보다는 시장의 진화를 지켜보는 것이 시장의 자율과 창의성을 존중한다는 차원에서 잘못됐다고 하기는 어렵다.

V. 소결

운영체제 중립성과 관련해서는 유선시장과 모바일 시장 각각에서의 경쟁상황, 유선과 모바일간의 경쟁, 유선에서 모바일로의 천이(migration)라는 시장현상, 모바일에서 생태계 내외에서의 경쟁 상황이 검토되어야 한다.

포화 상태의 유선시장에서 OS시장은 고착되어 있으나 브라우저시장은 활발한 경쟁이 일어나서 익스플로러의 오랜 기간 아성이 무너지고 크롬이 승자로 등극하고 있다. 무선 인터넷시장에서는 안드로이드 진영과 애플간의 경쟁와 중에서 안드로이드 진영 내부의 경쟁체제가 논란이 되고 있다. 구글은 외부 경쟁에 효과적으로 임하기 위해서는 내부 경쟁의 제한이 불가피하다는 주장이다. 경쟁 사업자들은 유무선 전체를 아울러서 우위를 점하고 있는 구글의 지위남용이 시작된 것으로 우려한다.

생태계(시장)내 경쟁과 생태계간 경쟁의 관계를 실증적, 논리적으로 밝히는 작업은 법학뿐만 아니라 경제학 분야에서도 아직 일천해서 경쟁법 적용의 기준을 제시하지 못하고 있는 상태이다. 그렇다고 재판의 거부를 할 수 없는 상황에서는 문제의 생태계내 경쟁제한이 생태계간 경쟁활성화에 실질적으로 기여하고 달리 그보다 덜 경쟁제한적인 방법이 없는 경우에는 그 경쟁제한에 대하여 책임을 유보할 수 있다는 이론을 구성할 것을 제안한다.

간헐적으로 모바일 OS(이들은 또한 지배적 앱마켓 운영자임)의 지위남용에 대한 사례가 발생하고 있는 것이 사실이다. 하지만 앱 개발자들을 대상으로 한 포괄적인 설문조사에 의하면 선 탑재를 공정경쟁의 첫 번째 장애요소로 지목한 앱 개발자는 5%에 불과하며 68%는 별로 개의치 않는다는 입장이다.[57] 시장 창출자에 대한 기득권이 어느 정도 인정되어야 하며 선 탑재된 앱을 월등하게 능가하지 못할 정도의 앱은 이용자의 선택과 성공을 기대할 자격이 없다는 인식으로 보인다. 마켓운영자가 먼저 개발한 앱이라면 그와 같은 너그러운 인식이 공감을 받을 수 있다. 하지만 독립개발자의 앱을 마켓운영자가 베끼기하고 이를 OS 사업자가 앱마켓 무료이용을 미끼로 선 탑재할 것을 요구하는 것의 불공정성은 명확하다. 행여 그와 같은 경우가 아니고 스스로 개발한 앱일지라도 이를 첫 화면에 선 탑재하게 하여 이용자의 시선을 독점하거나 앱마켓 운영자가 자신의 앱을 검색결과 상단에 위치하게 하는 것은 문제가 있다고 할 것이다.

57) Application Developers Alliance (2016), p. 7.

제 4 장

포털 사업자의 중립성

Ⅰ. 포털: 개념 및 특색

인터넷환경에서 '포털'(portal)은 인터넷으로 들어가는 관문이다. 웹 브라우저를 실행하였을 때 처음 접속하는 홈페이지가 대부분 포털의 역할을 한다. 다른 사이트의 정보를 불러오는 검색기능과 링크를 제공하거나 그 자체가 유용한 정보를 제공한다. '포털'은 또한 특정 기관의 내부 정보망으로 들어가는 관문을 의미하기도 하고, 특정 주제와 관련된 정보를 모아 놓은 사이트를 포털이라고 일컫기도 한다. 대표적으로 네이버, 다음, 구글 등과 같은 인터넷 종합정보 제공 사업자를 말한다.[1] 이들이 제공하는 검색 서비스(Search), 이메일·메신저 등 커뮤니케이션 서비스(Communication), 카페·블로그 등 커뮤니티 서비스(Community), 전자상거래 서비스(Commerce) 및 뉴스·오락·생활·문화·금융·

1) 포털에 대해 대법원은 "통신 서비스 제공자로서, 인터넷 가상공간 내에 있는 각종 정보제공 장소(인터넷 이용자들은 '사이트'라 부른다)들에 게재된 정보에 대한 분야별 분류 및 검색 기능을 비롯하여 인터넷 이용자가 직접 자신의 의견이나 각종 정보를 게시·저장하거나 이를 다른 이용자들과 서로 공유·교환할 수 있는 인터넷 게시공간(중략)을 제공하고, 아울러 전자우편, 게임 이용 서비스를 제공하는 등 인터넷에 관한 종합적인 서비스를 제공하는 자(…그 서비스를 '인터넷 종합정보 서비스'… 그 서비스를 제공하는 사업자를 '인터넷 종합정보 제공 사업자'라고 한다)"라고 설시하였다. 대법원 2009.4.16. 선고 2008다53812 판결.

정보 등 콘텐츠 서비스(Contents) 등을 속칭 1S-4C라고 한다.

한국의 포털사이트는 검색엔진을 비롯한 갖가지 정보를 일목요연하게 정리, 배치하고 있어서 네티즌들이 굳이 특정한 서비스를 위해 다른 사이트를 방문하지 않아도 되도록 구성하고 있다. 반면에 외국의 포털은 첫 페이지에서 검색 서비스와 기타 서비스의 카테고리만 제공하는 것이 일반적이다. 하지만 이러한 구별은 가변적인 것이다. 인터넷 정보검색 서비스만 제공하던 야후 등 일부 외국 포털도 지금은 뉴스, 주식, 스포츠 등 다양한 정보를 제공하고 있는 것은 물론 개인맞춤 서비스, 인터넷 홈쇼핑 등으로 서비스를 확대하고 있는바 본질적인 차이라기보다는 사업 전략의 차이라고 하는 것이 오히려 맞겠으나 일반적으로 한국 포털의 특색을 설명하는 데에는 여전히 유효한 것으로 보인다.

포털사이트는 일반적으로 최대한 많은 네티즌들이 자사 사이트를 접속하여 검색 등을 하며 체류하는 과정에 광고에 노출되도록 해 광고시장을 선점하고 게임에서의 아이템 판매, 전자상거래 중개 서비스에 대한 수수료 등으로 수입을 얻는 사업구조를 취하고 있다. 이는 포털사이트가 최종소비자인 이용자와 콘텐츠 공급업체, 구매자와 판매자 또는 이용자와 광고주 등을 연결해주는 전형적인 양면시장임을 보여준다. 양면시장의 특성에 따라 포털 사업자들은 이용자에게 무료 또는 낮은 가격으로 다양한 서비스를 제공하는 반면, 광고주로부터 높은 광고료를 받는 수익모델을 채택하고 있으며, 콘텐츠 공급업체(Contents Provider, CP)와 이용자들의 거래를 중개하여 일정 수수료를 지급받고 있다.

▌그림 4-1 인터넷 포털에 의한 이용자와 광고주의 연결

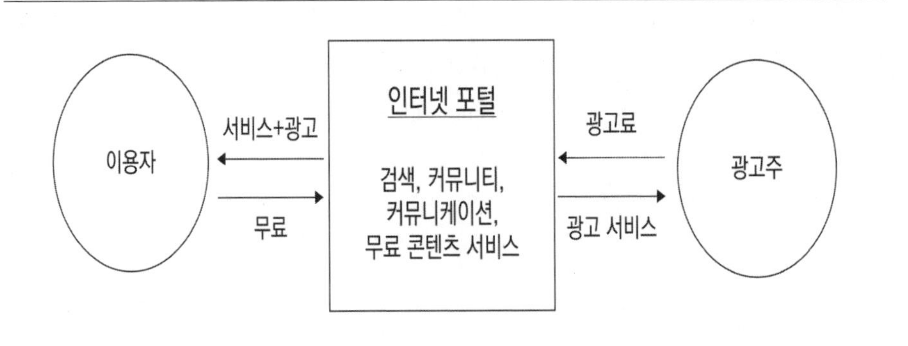

출처: 공정거래위원회(2008).

양면시장에서는 일면에서 전혀 수익을 창출하지 못하는 무료, 염가 전략을 사용하는 것도 이를 통해서 고객기반을 확보한다면 타면에서의 수익을 극대화하기 위한 합리적인 행동이 될 수 있는바 약탈적 가격설정이라고 비난하는 것에는 주의할 필요가 있다.

또한, 인터넷 포털은 네트워크 플랫폼사업이므로 네트워크 산업의 특성상 이용자의 효용 또는 편익이 자신 이외의 다른 이용자들의 네트워크 사용에 의하여 직접적 또는 간접적인 영향을 받게 되는데, 이러한 효과를 네트워크 효과 또는 네트워크 외부성(network externality)이라 한다. 네트워크 외부성이 존재하는 경우 소비자는 그렇지 않은 경우에 비하여 가격에 보다 민감하게 반응하므로 경쟁시장 균형가격은 네트워크 외부성이 없는 경우에 비해 낮게 형성될 가능성이 높다.[2] 이런 이유에서 인터넷 포털사가 제공하는 이메일 서비스, 블로그, 미니홈피, 대부분의 콘텐츠 등은 유지·관리에 상당한 비용이 소요됨에도 불구하고 무료로 제공되고 있다.

포털이 제공하고 있는 다양한 서비스 중 검색 서비스에 대해서는 다음 장에서 별도로 설명하고 이 장에서는 광고와 콘텐츠 유통 서비스를 중심으로 살펴본다.

II. 포털과 지배적 지위 남용

2008년 네이버의 동영상 선광고 금지 사건[3]을 통하여 한국에서 인터넷 포털의 위치 및 공정거래법 적용상의 쟁점에 관하여 고찰한다. 이 사건에서 네이버[4]는 2006.4.부터 2007.3.까지 동영상 콘텐츠 공급업체(CP)인 주식회사 판도라티비 등 수개업체와 동영상 콘텐츠에 대한 색인 데이터베이스 제공 계약을 체결하면서, 네이버의 검색결과로 보여지는 동영상 정보 서비스에 자신과

---

2) 네트워크 외부성이 존재하는 시장에서 두 기업이 가격 경쟁을 하는 경우, 한 기업이 가격을 내리면, 경쟁기업의 네트워크 크기에도 부정적인 영향을 줄 수 있어 네트워크 외부성이 존재하지 않는 경우에 비해 더 많은 수요자를 창출할 수 있다. 이 경우 경쟁기업은 자신의 수요자 이탈을 막기 위해 네트워크 외부성이 없는 경우에 비해 더 낮은 가격으로 대응해야만 한다.

3) 서울고등법원 2009.10.8. 선고 2008누27102 판결.

4) 회사의 공식명칭은 NHN이며 네이버는 NHN이 운영하는 포털 서비스의 명칭이지만 네이버로 통칭되곤 한다.

협의 없이 광고를 게재할 수 없다는 거래조건을 설정하였다. 이와 같은 계약조건에 따라 CP들은 자신들이 제공하는 동영상에 광고를 게재하지 못하였다. 그러나 판도라티비 등 일부 CP가 광고금지 조항을 문제 삼자 네이버는 2007. 6.8. '동영상 아웃링크 가이드'를 통하여 동영상내 광고를 허용하였다. 공정거래위원회는 이 사건 광고제한행위가 공정거래법 제3조의2 제1항 제3호의 '시장지배적 사업자가 다른 사업자의 사업활동을 부당하게 방해하는 행위'에 해당한다고 보아 2008.8.28. 네이버에 대하여 시정명령을 내렸으며[5] 네이버는 이에 불복하여 소송을 제기하였다.

이하에서는 공정위와 법원절차를 거친 이 사건의 경과와 분석틀에 따라서 포털 플랫폼의 지배력 남용 여부를 평가하면서 가능한 자료는 업데이트하여 현재적 관점을 가미하였다.

1. 시장획정

(1) 상품시장 획정

현재 대부분의 인터넷 포털이 1S-4C를 기반으로 하여 유사한 서비스를 제공하고 있으며, 이용자 또한 일반적으로 각 서비스를 개별적으로 이용하기 보다는 필요한 서비스를 한 개의 포털 사이트에서 이용하는 성향을 보이는 것에 주목한다면, 관련 상품시장을 포털에서 제공되는 다양한 서비스들의 묶음으로 보는 것이 타당할 것이다. 그 근거를 상론하자면,

첫째, 인터넷 사용자들이 시작페이지로 포털 사이트를 설정하는 비중이 76%에 달하여 시작페이지 설정에서 포털 사이트가 다른 종류의 웹페이지를 월등하게 추월하고 있으며, 포털 사이트 접속 방법 중 시작 페이지로 설정하는 방법이 53.7%, 즐겨찾기를 이용하는 방법이 20.8%에 달하고 있음을 볼 수 있다.[6] 대다수의 이용자가 시작 페이지로 포털 사이트를 사용한다는 것은 특정 개별 서비스만 이용하기 위해 포털 사이트를 방문한다고 이해되기보다는 그때그때 필요에 따라 불특정 서비스를 이용하기 위해서라고 볼 수 있다.

---

5) 의결 제2008-251호.

6) 공정거래위원회 용역보고서(2007년 11월). 서울고등법원 2009.10.8. 선고 2008누27102 판결 [시정명령등취소]에서 재인용.

둘째, 인터넷 포털사 입장에서도 하나하나의 서비스를 별개로 간주하기보다는 자신들이 제공하는 서비스 전체를 하나로 인식하여 이익 극대화 전략을 구사한다고 볼 수 있다. 인터넷 포털은 직접적 또는 간접적 네트워크 효과를 보유하고 있어 가급적 많은 이용자를 확보하는 것이 광고수입과 직결되어 사업의 성패를 좌우하게 되기 때문이다. 결국, 포털의 서비스 구성은 다양한 서비스를 원하는 이용자와 이윤극대화 전략으로 다양한 서비스를 제공하는 인터넷 포털의 이해관계가 일치하여 형성된 것으로 볼 수 있다.

셋째, 2017년 현재 통계청 표준산업분류[7]에서는 인터넷 포털을 "6312포털 및 기타 인터넷 정보 매개 서비스업"의 하나로 예시하고 있어서 포털 서비스를 기타 인터넷 정보 매개 서비스와는 다른 시장을 구성하는 것을 전제로 하고 있다.

공정위는 관련시장으로 묶이는 상품은 대부분의 인터넷 포털사들이 제공하는 1S-4C는 반드시 포함되어야 하며, 1S-4C를 함께 제공하지 않는 사업자는 포털시장 참여자에서 제외하는 것이 타당한 반면에, 현재에는 없으나 향후 포털 서비스의 진화에 따라 새로 제공되는 서비스도 묶음시장에 포함될 수 있다고 보았다.[8]

(2) 지역시장획정

인터넷 포털시장은 인터넷 접속만 가능하다면 전 세계 어디에서나 포털을 이용 가능하므로 세계시장적 성격을 가지고 있다고 볼 수 있으나, 이용자 입장에서 가장 중요한 요소는 언어이므로 지역시장은 언어, 즉 한글을 기준으로 정하는 것이 타당하다. 한글로 서비스하는 인터넷 포털은 대부분 국내에 본사 또는 지사를 두고 있으며 매출액의 대부분도 국내에서 발생하므로 지역시장을 국내시장으로 획정한다.

(3) 검토

인터넷 포털이 제공하는 서비스의 상당 부분이 무료인 것은 양면시장의 특성을 고려하여 가격전략을 택하기 때문이다. 이러한 이유 때문에 단면시장에

7) 통계청 고시 제2017-13호, 2017.1.13.

8) 공정위 의결 제2008-251호. 후술하듯이 법원은 다른 입장을 보였다.

적용되는 SSNIP테스트[9]를 기계적으로 양면시장에 적용할 경우 시장상황을 제대로 반영하지 못하는 문제가 발생하게 되는데, 일반적으로 양면성을 고려하지 않고 시장분석을 할 경우 관련시장이 좁게 획정될 가능성이 높다.

묶음시장이란 특성 역시 개별시장에 특화되어 성장한 이후에는 서비스확대를 통하여 포털화하는 사업자가 관련 시장에서 배제된다는 측면에서 관련시장을 좁게 보는 왜곡을 야기할 수 있다.

네이버의 동영상 선광고 금지 사건에서 공정위의 시장획정은 일반적인 한국포털의 특성에 대한 이해와는 부합하는 측면이 있으나 구체적인 분쟁사안에서 동영상 광고가 유통되는 경로를 지나치게 좁게 인정한 것으로 후술하는 바와 같이 법원에 의해 파기되었다.[10]

2. 포털의 온라인 광고

온라인 광고는 광고주, 광고대행사, 키워드광고 서비스 사업자, 매체 사업자 등의 각 거래단계를 거쳐 최종 검색화면에 노출된다. 포털은 여기서 매체사업자에 속한다. 온라인 광고는 디스플레이 광고와 검색광고로 구분할 수 있다. 검색광고는 이용자가 특정 키워드를 검색할 경우 검색결과와 함께 검색어와 연관된 광고가 게재되도록 하는 형태이며 아래 그림에서 보듯이 온라인 광고 중 가장 큰 비중을 차지하고 있다. 디스플레이 광고는 광고주가 원하는 온라인상의 특정 화면에 계속적 또는 주기적인 형태로 광고가 노출되는 형태로 배너광고, 동영상광고, 스폰서광고, 위젯광고 등이 그것이다.

키워드 검색광고는 2001년 5월 네이버가 최초로 국내에 도입하였으며, 2002년 이후 오버추어코리아, 구글코리아 등이 키워드 광고 서비스를 제공하면서 그 비중이 증가하였다. 초기에는 제휴계약에 의한 광고 서비스가 주를 이루었으나. 현재에는 국내 사업자들도 자체적인 검색광고 시스템을 개발하여 키워드 광고 상품을 제공하고 있다.

---

9) SSNIP는 'Small but Significant and Non-transitory Increase in Price'의 약자로 미국, EU 등 대부분의 경쟁당국이 시장획정 시 활용하는 방법이다. 이 테스트의 핵심은 가상의 가장 작은 독점기업(the smallest hypothetical monopolist)이 적어도 1년 동안 5%의 가격인상을 하였을 경우 소비자들이 어느 정도 다른 제품으로 소비를 전환하는지 여부를 파악하는 것이다.

10) 서울고등법원 2009.10.8. 선고 2008누27102 판결.

▌그림 4-2 유형별 세계 인터넷 광고비 지출 추이

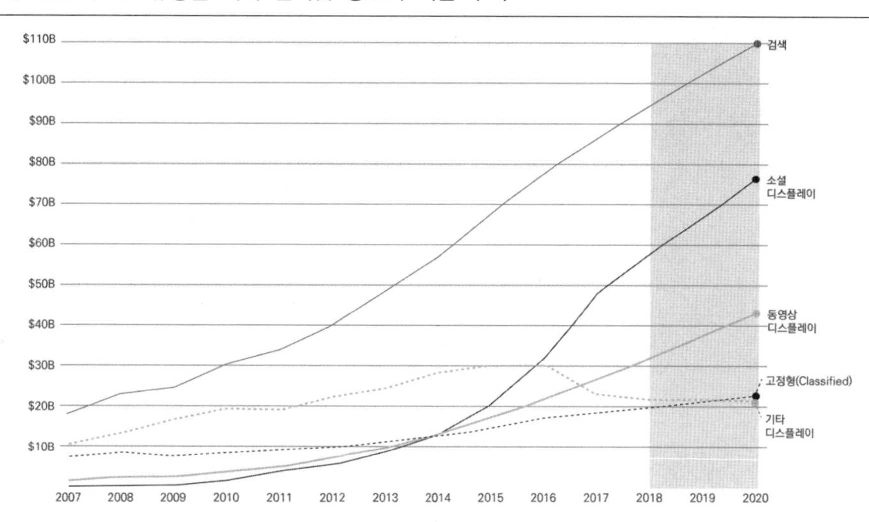

출처: http://www.digitalmarketingkorea.co.kr/2018/04/12/22997/

3. 시장지배력의 평가

(1) 공정위의 판단

1) 매출액을 기준한 추정

공정위는 다음과 같은 사정들을 고려할 때, '인터넷 포털 서비스 이용자시장'에서의 시장점유율은 매출액을 기준으로 산정하는 것이 타당하다고 보았다.

첫째, 공정거래법 시행령 제4조 제2항[11])은 시장점유율을 산정함에 있어 상품 또는 용역의 매출액 산정이 가능한 경우에는 매출액을 우선적으로 고려하도록 하고 있다. 인터넷 포털사는 광고매출 등을 증대시키기 위하여 상당한

11) 제4조(매출액 또는 구매액의 산정방법등)

② 법 제2조(정의)제7호 및 법 제4조(시장지배적 사업자의 추정)에서 "시장점유율"이라 함은 법 제3조의2(시장지배적 지위의 남용금지)의 규정에 위반한 혐의가 있는 행위의 종료일이 속하는 사업연도의 직전 사업연도 1년동안에 국내에서 공급 또는 구매된 상품 또는 용역의 금액중에서 당해 사업자가 국내에서 공급 또는 구매한 상품 또는 용역의 금액이 점하는 비율을 말한다. 다만, 시장점유율을 금액기준으로 산정하기 어려운 경우에는 물량기준 또는 생산능력기준으로 이를 산정할 수 있다.

서비스를 이용자에게 무료로 제공함으로써 이용자를 확보하는 방법으로 이윤 극대화를 추구하고 있기 때문에 이용자로부터 매출이 직접적으로 발생하지는 않는다. 그러나 인터넷 포털 서비스 시장이 이용자 측면과 광고 측면이 상존하는 양면시장이라는 점, 이용자 측면에서 보유한 지배력이 광고매출로 연결된다는 점 등을 감안할 때, 일부 서비스에 있어서 직접적으로 이용자로부터 수입이 발생하지 않는다고 하더라도 매출액이 아닌 다른 지표를 이용하여 시장점유율을 산정해야 할 경우로 보기 어렵다. 따라서 이용자 측면의 지배력을 보유함으로써 궁극적으로 광고매출 등을 증대시킬 수 있다는 점에서 매출은 이용자시장에서 지배력을 평가하는 지표로 볼 수 있다.

둘째, 인터넷 포털사가 시장지배력을 남용하는 대상은 CP이다. 그리고 콘텐츠 유통 사업자로서 CP에 대한 힘은 콘텐츠 유통채널로서의 매력 즉, 많은 이용자 확보이며 이용자를 끌어 모으는 원천은 질 좋고 다양한 콘텐츠 확보와 개발에 있다. 나아가 이러한 힘은 궁극적으로는 인터넷 포털사의 자금력인 매출과 직접적 관계를 가지고 있다.

셋째, 인터넷 조사기관이 집계하는 순방문자수(Unique Visitor, UV)나 평균 체류시간(Average Duration Time, ADT)은 일반적으로 일별·주별·월별로 집계되는데, 집계 시점·기간에 따라 수치가 변하고 집계 방식에 따라 차이가 나는 등 객관적인 기준으로 삼기에는 문제가 있다.

2) 시장 진입장벽의 존재

네트워크 산업에는 네트워크의 외부 효과에 따라 이용자수가 증가할수록 해당 서비스 이용자의 효용이 증가하고 이에 따라 네트워크의 가치도 증가하게 되어, 시장에 먼저 진출하여 선점한 사업자로의 쏠림현상이 나타나게 되므로, 후발 사업자들이 쉽게 시장에 진입하기 곤란한 특성이 있다. 지난 십여 년 동안 독자적으로 인터넷 포털 서비스 시장에 새로이 진입한 기업이 하나도 없다. 이는 네트워크의 크기가 임계점(critical mass)에 도달하기 이전인 산업의 초창기에는 특정 서비스에 대한 차별화로 시장진입이 가능하였으나, 현재는 1S-4C의 모든 서비스를 동시에 공급하여야 하기 때문에 초기 진입비용이 선점기업에 비하여 훨씬 많이 소요되고 이에 따라 진입 후에 진입에 소요된 비용을 회수하는 것이 상대적으로 어려워졌기 때문에 나타난 현상이다.

3) 소결

공정위는 시장점유율, 진입장벽 등을 종합적으로 고려할 때, 네이버가 국내 인터넷 포털 서비스 이용자시장에서 가격·수량·품질·기타의 거래조건을 결정·유지·변경할 수 있는 시장지배적 사업자에 해당한다고 보았다.

(2) 법원의 판단

이 사건에 있어서 공정거래위원회는 관련 상품시장을 인터넷 포털 서비스 이용자시장으로 획정하면서도 인터넷 서비스 사업자 중 1S-4C 서비스 전부를 제공하는 사업자로 한정함으로써, 원고 NHN이 이 사건에서 CP에게 제공한 것과 동일한 인터넷 검색 서비스를 제공하는 인터넷 사업자를 관련 상품시장에서 처음부터 제외하여 시장획정의 일반원칙을 위반하였을 뿐만 아니라, 이는 공정위 심사기준이 정하는 일정한 거래분야의 판단 기준에도 반한다. 즉, 인터넷 포털을 통한 동영상 콘텐츠의 유통을 인터넷 포털 서비스 이용자 측면에서 파악하여 시장을 획정한다고 하더라도, 동영상 콘텐츠의 이용은 1S-4C 서비스를 모두 제공하지 않는 인터넷 사업자의 인터넷 검색 서비스를 통해서도 충분히 가능하고, 그 서비스의 효용이나 성능, 소요되는 비용은 1S-4C 서비스를 제공하는 인터넷 포털사와 별다른 차이가 있을 수 없으며, 이용자들도 NHN이 제공하는 서비스의 기회비용이나 불편이 가중된다면 별다른 비용이나 노력 없이 바로 다른 인터넷 포털사이트 등으로 이동하여 동일한 서비스를 이용할 수 있으므로, 1S-4C 서비스를 제공하지 않는 위와 같은 인터넷 사업자라면 원고와 경쟁관계에 있다 할 것이어서 이들 사업자를 모두 포함하여 관련 상품시장을 획정하였어야 한다.

나아가 피고 공정위가 이 사건 관련 상품시장에서의 시장지배력의 추정 기준을 인터넷 포털사의 전체매출액으로 삼은 것이나 시장진입 장벽의 존재에 관한 피고의 판단은 다음과 같은 이유로 부당하다.

첫째, 공정거래법 시행령 제4조 제2항에서 시장점유율을 산정함에 있어 공급하거나 구매한 상품 또는 용역의 금액을 기준으로 산정하기 어려운 경우에는 물량기준 또는 생산능력기준으로 이를 산정할 수 있다고 규정하고 있으나, 여기서 말하는 매출액이나 물량 또는 생산능력은 일정한 거래분야 즉 관련 상품시장 및 관련 지역시장에서 발생한 매출 등을 의미한다는 점은 앞서 본 규정체계 및 그 규정내용상 당연한 전제로 보아야 할 것인데, 피고는 인터넷 포털 서비스 이용자시장에서 이를 산정하지 않고, 법령상의 근거 없이 인터넷 포털사의 인터넷 광고시장에서의 매출액을 넘어서 전체매출액을 기준으로 산정하였다. 인터넷 포털사가 대부분 무료로 서비스를 제공하여 다수의 이용자를 확보하고 이를 이용하여 광고매출을 올리는 특성이 있는 만큼 인터넷 광고시장에서 매출을 이용자시장에서의 지배력이 그대로 반영되어 나타난 결과로 보아 피고의 주장을 받아들인다 해도 인터넷 포털사의 전체매출액을 시장지배적 사업자를 추정하는 시장점유율과 같은 척도로 평가하기에는 관련 상품시장과의 관련성이 희박해 진다. 나아가 멀티호밍현상이 존재하는 인터넷 포털 서비스 시장에서는 광고매출액을 기준으로 한 시장점유율이 높다고 하여도 시장지배력은 그보다 더 떨어질 수밖에 없다.

둘째, 최근 신규 사업자의 진입은 없었더라도 기존 사업자의 신규 서비스 분야로의 진출과 서비스경쟁은 매우 치열한 양상으로 계속되어왔으며, 과거의 인터넷 포털사들의 성장과정을 보더라도 최근의 매출액만을 기준으로 인터넷 포털 서비스 시장이 원고를 포함한 일부 사업자들의 과점시장으로 고착화되었다고 단정하기는 어렵다. 원고는 이 사건 전까지는 CP들로부터 동영상 콘텐츠에 대한 색인 데이터베이스를 제공받아 검색 서비스를 제공한 적이 없었고, 자신이 제공하는 동영상 콘텐츠에도 선광고를 게재하지 않았다. 즉, 서비스의 형태가 아직 정형화되지도 않은 상태이다.

따라서 인터넷 광고시장에서의 매출만을 기준으로 시장점유율을 추정하는 것이 오히려 피고의 논리에 일관되고, 피고가 객관적인 기준으로 삼기에는 문제가 있다고 본 UV*ADT 집계방식도 공정성이나 객관성을 담보하기 위해 고려하는 것이 타당하다.[12)]

(3) 검토

검색엔진의 성능과 검색광고 타기팅 기술의 우위에 대한 기술 평가가 가능하다면 이들 기술이 얼마나 역동적인지, 상위그룹 사업자들의 기술이 얼마나 우위에 있는지 등을 파악하여 시장의 경쟁상황 평가 시 고려할 것이다. 그러나

12) 서울고등법원 2009.10.8. 선고 2008누27102 판결.

이와 같은 원천적 요인에 대한 객관적 감정이 어려운 경우에는 현상적 결과를 가지고 평가하는 수밖에 없다.

검색의 대상이 되는 콘텐츠 베이스의 크기에 따라서 검색 결과의 우수성이 좌우되는 측면도 있는 바, 특히 한국의 포털은 독점적 콘텐츠 베이스를 구축하려는 경향이 있다. 그래서 지식인 서비스나 커뮤니티, 블로그 사이트의 게시글에 다른 검색엔진의 접근을 막는 정책을 동원한다. 그러나 콘텐츠의 양을 측정하는 것도 어려운 일이며 광고매출액에는 순방문자수와 평균체류시간이 반영될 것이므로 다른 요소를 통한 조정가능성을 열어두더라도 포털의 전체적 시장점유율을 광고매출액을 기준으로 평가하는 것에 크게 문제가 있어 보이지 않는다. 그러나 사안에 따라서 포털의 전체적 지배력을 평가할 필요가 있는 것이 아니고 개별적 서비스에 대한 지배력을 평가할 필요가 있는 경우에는 섣부르게 광고매출액과 같은 대체적 지표에 의존하는 것은 피해야 한다.

네이버의 2018년 1사분기 경영실적보고에 의하면 사업 부문별 영업수익과 비중은 광고 1,331억 원(10%), 비즈니스 플랫폼 5,927억 원(45%), IT 플랫폼 725억 원(6%), 콘텐츠 서비스 296억 원(2%), LINE 및 기타 플랫폼 4,812억 원(37%)이다.[13] 광고매출액을 넘어서 포털사의 전체 매출액을 시장점유율 판단의 대체기준으로 하는 것은 분쟁 사안이 속한 시장과는 무관한 정보를 사용하는 오류를 범할 수 있는 것이 분명하다.

어느 경우에나 포털 서비스는 멀티호밍이 가능하고 전환비용이 크지 않아서 고착현상도 상대적으로 적다는 점이 참작되어야 할 것이다. 아래 통계에서 보는 바와 같이 광고시장은 오프라인에서 온라인으로, PC에서 모바일로 급격하게 이동하고 있다. 이런 시장에서 어떤 사업자가 시장지배력을 가졌다고 판단하는 것은 주의를 요한다.

13) http://sejongdata.co.kr/archives/22467

▌그림 4-3 국내 온라인광고 시장 규모와 매체별 비중

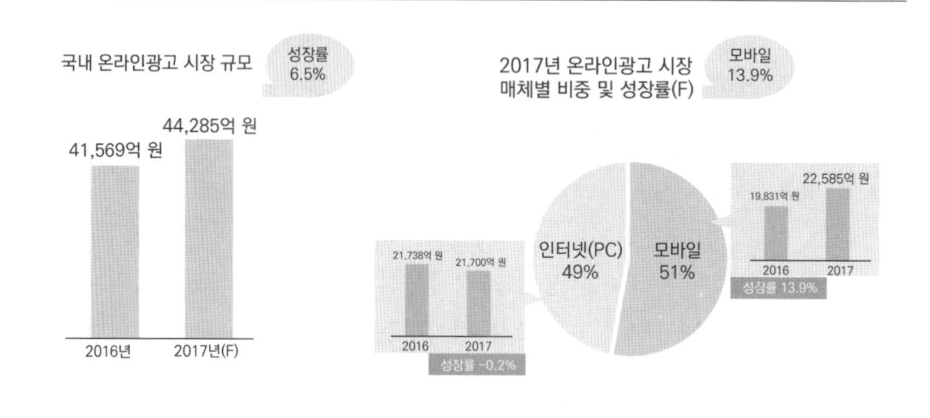

출처: 한국인터넷진흥원 2017 온라인광고 산업동향조사.

4. 시장지배적 지위의 남용

법원은 다음과 같은 이유에서 NHN의 이 사건 광고제한행위가 시장지배적 지위남용행위로서 부당성을 갖는다고 보기 어렵다고 판단했다.

첫째, 공정거래법 제3조의2 제1항 제3호[14]의 시장지배적 사업자의 지위남용행위로서 불이익 강제행위의 부당성은 '독과점 시장에서의 경쟁촉진'이라는 입법목적에 맞추어 해석하여야 할 것이므로, 시장지배적 사업자가 개별 거래의 상대방인 특정 사업자에 대한 부당한 의도나 목적을 가지고 불이익 강제행위를 한 모든 경우 또는 그 불이익 강제행위로 인하여 특정 사업자가 사업활동에 곤란을 겪게 되었다거나 곤란을 겪게 될 우려가 발생하였다는 것과 같이 특정 사업자가 불이익을 입게 되었다는 사정만으로는 그 부당성을 인정하기에 부족하고, 그 중에서도 특히 시장에서의 독점을 유지·강화할 의도나 목적, 즉 시장에서의 자유로운 경쟁을 제한함으로써 인위적으로 시장질서에 영향을 가하려는 의도나 목적을 갖고, 객관적으로도 그러한 경쟁제한의 효과가 생길 만한 우

14) 제3조의2(시장지배적 지위의 남용금지)
① 시장지배적 사업자는 다음 각호의 1에 해당하는 행위(이하 "남용행위"라 한다)를 하여서는 아니된다.
3. 다른 사업자의 사업활동을 부당하게 방해하는 행위

려가 있는 행위로 평가될 수 있는 불이익 강제행위를 하였을 때에 그 부당성이 인정될 수 있다.

둘째, 공정위는 네이버가 인터넷 포털 서비스 이용자시장에서의 시장지배력을 남용하여 CP에게 부당한 불이익을 강제하였다는 것이고, 그와 같이 보는 이유는 인터넷 포털 서비스 이용자시장에서의 시장지배력이 CP에 대한 측면에서의 시장으로 전이되었다는 것이나, 그와 같은 전이가 있었다고 볼 근거가 부족하다. 네이버가 자체 제공하던 동영상 콘텐츠에도 선광고는 게재하지 않아 CP를 특별히 차별한 것도 아니었던 점, 동영상 콘텐츠의 선광고를 무조건 금지한 것이 아니라 사전 협의하도록 약정하였으며, 네이버로서는 이용자에게 불편을 초래할 정도의 광고는 어느 정도 제한할 합리적인 필요성이 있었다고 할 것인 점, CP로서도 다른 인터넷 포털사를 통해 동영상 콘텐츠를 제공하는 방법을 선택할 수 있고, 선광고를 게재하지 않는 불이익을 감수하고라도 이용자의 편익을 고려한 동영상 콘텐츠를 제공함으로써 이용자 유입을 늘려 광고수익을 증대시키는 방안도 선택 가능한 정책으로 보이는 점 등의 사정을 종합하여 보면, 네이버가 시장에서의 자유로운 경쟁을 제한함으로써 인위적으로 시장질서에 영향을 가하려는 의도나 목적을 갖고, 객관적으로도 그러한 경쟁제한의 효과가 생길 만한 우려가 있는 행위로 평가될 수 있는 불이익 강제행위를 했다고 보기도 어렵고, 달리 이를 인정할 증거도 부족하다.[15]

5. 대법원 판시[16]

(1) 시장지배적 지위와 관련시장의 획정

대법원은 원심의 판단이 정당하고 법리오해의 위법이 없다고 판시했다.

(2) 시지남용행위로서 불이익 강제행위의 부당성

대법원은 먼저 독점규제 및 공정거래에 관한 법률 제3조의2 제1항 제3호의 시장지배적 사업자의 지위남용행위로서 불이익 강제행위의 부당성은 '독과점 시장에서의 경쟁촉진'이라는 입법 목적에 맞추어 해석해야 하므로, 시장지

15) 서울고등법원 2009.10.8. 선고 2008누27102 판결.

16) 대법원 2014.11.13. 선고 2009두20366 판결.

배적 사업자가 개별 거래의 상대방인 특정 사업자에 대한 부당한 의도나 목적을 가지고 불이익 강제행위를 한 모든 경우 또는 불이익 강제행위로 특정 사업자가 사업활동에 곤란을 겪게 되었다거나 곤란을 겪게 될 우려가 발생하였다는 것과 같이 특정 사업자가 불이익을 입게 되었다는 사정만으로는 부당성을 인정하기에 부족하고, 그중에서도 특히 시장에서의 독점을 유지·강화할 의도나 목적, 즉 시장에서의 자유로운 경쟁을 제한함으로써 인위적으로 시장질서에 영향을 가하려는 의도나 목적을 갖고, 객관적으로도 그러한 경쟁제한의 효과가 생길 만한 우려가 있는 행위로 평가될 수 있는 불이익 강제행위를 하였을 때에 부당성이 인정될 수 있다. 그러므로 시장지배적 사업자의 불이익 강제행위가 지위남용행위에 해당한다고 주장하는 공정거래위원회로서는 불이익 강제행위의 경위 및 동기, 불이익 강제행위의 태양, 관련시장의 특성, 불이익 강제행위로 인하여 거래상대방이 입은 불이익의 정도, 관련시장에서의 가격 및 산출량의 변화 여부, 혁신 저해 및 다양성 감소 여부 등 여러 사정을 종합적으로 고려하여 불이익 강제행위가 위에서 본 경쟁제한의 효과가 생길 만한 우려가 있는 행위로서 그에 대한 의도나 목적이 있었는지를 판단하여야 한다고 법리를 설시하였다. 이어서 네이버가 자타 서비스간 차별을 한 것도 아니고, 선광고 금지가 일방적 강제라기보다는 사전 협의 약정이었고, 이용자 편의에 기여한다는 점 등을 고려한 원심의 판단은 정당한 것으로 판시하였다.

6. 검토

생각건대, 한국의 인터넷 벤처창업 환경은 수익모델을 수립하기가 쉽지 않다. 무료 서비스에 익숙한 이용자, 남의 서비스 베끼기에 익숙한 기성 기업, 제값 쳐주고 기업을 인수하려는 풍토의 부재, 미약한 벤처캐피털 등이 현실이다. 여기에 규제환경 조차도 우호적이라고 할 수 없다. 규제자에게 규제의 합리성을 설명할 의무가 있다는 원칙론에도 불구하고 현실에서는 규제조치의 정당성은 전제되어 있어서 감히 이의를 제기하지 못하는 것이 현실이다. 네이버가 행사한 선광고 금지는 네이버의 압도적 시장점유율을 감안할 때 사적(私的) 규제라고 할 수 있을 정도이다. 법원은 공정위가 요건사실을 엄격히 입증하지 못하였다는 이유에서 네이버의 손을 들어주었다. 법리적으로는 타당하다고 생각하나 이 시장은 전통적인 시장이 아니고 사업모델을 개발하는 단계임을 감안한다면 엄격한 입증을 요구하여 결과적으로는 공정위의 신속한 시정조치를 어렵게 하고 신생 경쟁사를 기존 우월적 지위에 있는 기업의 전횡에 그대로 노출시키는 것이 아닌지 우려된다. 시장지배적 지위남용행위의 엄격한 법적 요건을 완화하는 것이 불가하다면 후술하는 바와 같이 불공정 거래행위로 온라인에서 우월적 지위에 있는 포털의 부당한 행위를 규율하는 방법을 모색해봄직하다.

III. 포털의 행태와 중립성 규제

박근혜정부가 들어선 직후인 2013년 초 포털에 대한 신문과 지상파 방송의 비판이 몰아쳤다.[17] 일부는 포털을 길들이기 위한 정치적 공세, 오프라인 언론의 쇠락을 재촉하는 뜨는 포털에 대한 언론사의 적대감 표출이란 차원에서 이해할 수 있으나 온라인 공룡으로 성장한 네이버의 체급에 맞지 않는 행태가 일조한 측면이 있는 것 또한 사실이다. 포털의 정보검색 서비스는 공공재의 성격이 있으므로 공정성을 확보하기 위한 조치가 필요하다는 지적도 나왔다.[18] 결국 공정거래위원회의 조사가 이어졌으며 이하에서 보는 바와 같은 동의의결로 종결되었다. ㈜다음에 대해서도 같은 조사와 동의의결이 있었으나[19] 내용이 대동소이하므로 네이버에 대한 것만 살펴보기로 한다.

17) 이하 조선일보, “네이버 ‘작은 기업도 경쟁자’…뜬다 싶으면 베끼고 죽이기”, 2013.7.11.; “광고비 많이 낸 업체가 맨 위에…네이버 검색해 사면 바가지 쓰기 십상”, 2013.7.12.; “트래픽에만 급급 … 음란 카페, 살인청부 광고도 방치”, 2013.7.13.; “네이버, 당장 독과점 사업자로 규제를 … 광고 · 검색도 분리 강제해야”, 2013.7.22.

18) 권순종 소상공인연합회 네이버대책위원장, ‘온라인 포털과 인터넷산업 생태계 상생발전을 위한 대국민 공청회’ 자료집, 새누리당 온라인포털시장 정상화를 위한 TFT (위원장: 전하진), 2013.10.29, p. 12.

19) 공정위 사건번호 2014서감0594, ㈜다음커뮤니케이션의 시장지배적 지위 남용행위 등에 대한 건 관련 동의의결에 대한 건, 의결 2014-104, 2014.5.8.

1. 2014년 공정위 동의의결[20)]

사건번호	2014서감0595, 2014서감0596(병합)
사 건 명	네이버 및 네이버비즈니스 플랫폼(NBP)[21)]의 시장지배적 지위남용행위 등에 대한 건 관련 동의의결에 대한 건

(1) 대상 행위사실

1) 정보검색결과와 전문 서비스를 구분 없이 제공하는 행위

신청인 네이버는 2000년 8월부터 인터넷 포털 이용자에게 통합검색 방식으로 인터넷 검색 서비스를 제공하기 시작하였고, 이후 자사 또는 계열사가 운영하는 지식쇼핑, 부동산, 영화, 책, 뮤직 등의 전문 서비스를 이용자에게 정보검색결과와 구분하지 않고 통합하여 제공하였다. 통합검색 방식은 이용자가 입력한 검색어에 적합한 정보를 여러 분야에서 추출하고, 정보의 특성에 따라 뉴스, 사전, 쇼핑, 이미지, 동영상, 음악, 블로그, 카페, 지식, 지도 등의 유형별 영역(이를 "컬렉션"이라 한다)으로 구분한 뒤, 각 컬렉션을 통합하여 제공하는 방식이다. 이용자가 검색어를 입력하면 신청인 네이버는 각각의 컬렉션별로 색인된 데이터 중에서 검색어와 연관되는 정보가 있는지를 확인하고 연관 정보가 있는 전문 서비스를 정보검색결과와 함께 포털 화면에 노출한다.

2) 키워드 광고와 정보검색결과를 명확히 구분하지 않은 행위

신청인 NBP가 키워드 광고 상품을 네이버 포털 화면에 노출하는 과정은 다음과 같다. 우선, 신청인 NBP는 온라인을 통해 키워드 광고주를 모집하는데, 광고비는 입찰에 의해 결정되며,[22)] 광고노출 순서는 광고주의 입찰가와 검색어에 대한 연관성 등을 고려한 순위지수(ranking index)에 따라 결정된다.[23)] 이어

---

20) 의결 제2014-103호, 2014.5.8.

21) 통합검색결과를 통해 검색 서비스와 키워드 광고를 함께 제공하는 것은 신청인 네이버이지만, 신청인 NBP가 신청인 네이버와 체결한 광고 플랫폼 서비스 제공에 대한 기본계약 및 검색광고 서비스 부속계약에 의하면 키워드 광고영역인 '파워링크', '비즈사이트'에 대한 운영·관리책임은 신청인 NBP에 있다.

22) 신청인 NBP는 광고주가 제출한 입찰가를 그대로 과금하는 것이 아니라 차순위 광고주의 입찰가를 과금액으로 사용하는 'Second Price Auction'방식을 채택하고 있다.

23) 순위지수(Ranking Index)는 '최대 클릭비용(광고주의 입찰가)×품질지수(Quality Index)'로

서 이용자가 네이버 포털 사이트의 검색창에 광고주의 광고와 연관된 검색어를 입력하면, 신청인 NBP는 해당 광고주의 광고를 신청인 네이버에게 제공한다. 마지막으로, 신청인 네이버는 신청인 NBP의 광고영역('파워링크', '비즈사이트')을 통합하여 노출한다.

이와 같이 NBP는 2011.1.1.부터[24] 이용자가 검색어를 입력하면 네이버 포털화면에 신청인 NBP의 키워드 광고 상품을 우선하여 노출하도록 하면서, 해당 키워드 광고 상품이 정보검색결과가 아닌 광고이고, 검색어에 대한 연관성과 광고주의 입찰가에 따라 노출 순위가 결정된다는 사실을 명확하게 표기하지 않았다.[25]

3) 키워드 광고 대행사 간 광고주 이관을 제한하는 행위

NBP는 키워드 광고 시스템인 '클릭 초이스'를 운영하면서, 2011년 1월경부터 자신의 키워드 광고를 판매·관리하는 광고대행사를 대상으로 전분기 매출금액을 기준으로 기존 광고주에 대한 이관한도를 설정하고, 한도를 초과하는 경우 이관을 허가하지 않는 광고대행사 영업정책을 실시하였다.

4) 네트워크 키워드 광고 제휴계약 체결 시 우선협상권 등을 요구한 행위

NBP는 2010.3.15.부터 매체 사업자와 네트워크 키워드 광고 제휴계약을 체결하면서[26] 매체 사업자가 신규 서비스(광고영역)를 제공하는 경우 신청인 N

결정되는데, 품질지수는 키워드와 광고문안의 연관성, 광고주 페이지의 품질, 광고 클릭율 등을 고려하여 결정된다.

24) 2011.1.1. 이전에는 오버추어코리아가 신청인 네이버와의 사이에 키워드 광고 서비스 제공 계약(Overture Master Agreement)을 체결하고, 2009.5.1.부터 2010.12.31.까지 키워드 광고의 핵심영역에 해당하는 '스폰서링크' 영역을 판매·운영하였다. 신청인 NBP는 2011년부터 스폰서링크 영역을 자신의 키워드 광고상품인 '클릭초이스' 플랫폼으로 전환하여 '파워링크', '비즈사이트' 등의 명칭으로 서비스를 제공하고 있다.

25) 신청인 네이버는 2008년 9월부터 '파워링크', '비즈사이트' 등 키워드 광고 명칭의 우측에 광고임을 알리는 표시로서 'AD'를 추가하였으며, 이용자가 'AD'표시 위에 마우스를 가져가면 "아래 검색결과는 광고입니다"라는 문구가 나타나도록 하였다. 2009.5.1. 회사 분할 후에는 신청인 NBP가 해당 표시를 유지하였으며, 2013.10.8. 이후에는 'AD' 대신 한글로 광고임을 알리는 표시를 기재하고 있다.

26) 네트워크 광고는 광고 플랫폼 사업자가 키워드 광고, 디스플레이 광고 등 온라인 광고를 네트워크 광고 제휴 매체 사업자가 관리, 운영하는 온라인 광고매체에 게재하는 것을 말한다. 광고 플랫폼 사업자는 네트워크 광고 제휴 매체 사업자와의 사이에 제휴계약을 체결하고, 광고를 매체 사업자에게 송출하여 게재하도록 한 뒤 해당 광고매체에서 발생한 광고비를 일정 비율로 배분한다.

BP에게 우선협상권 또는 우선이용권을 부여하는 내용으로 계약을 체결하였으며, 해당 계약 내용에 따라 우선협상권 등을 행사하여 신규 광고영역을 확보하였다.

5) 그 밖에 계열사에 대한 인력 지원 행위가 문제되었다.

(2) 시정방안

경쟁질서 회복을 위한 시정방안으로 첫째, 자사 또는 계열사가 운영하는 전문 서비스 명칭에 회사명을 부기하고 자사 또는 계열사의 서비스임을 표기하고 경쟁 사업자의 사이트로 연결되는 외부 링크를 제공하기로 하였다. 둘째, 키워드 광고 구분표시를 위하여 광고영역에 "… 관련 광고"임을 한글로 표기하고 해당 영역을 음영처리 등으로 구분표시하고 광고노출기준에 대한 안내문을 제시하기로 하였다. 셋째, 기존 광고주 이관제한행위를 중지하고, 신규광고영역 우선협상권 요구행위, 계열사 인력파견을 중지하기로 하였다.

그 밖에 공익법인 설립, 중소 사업자 상생지원 등의 명목으로 500억 원을 추가 출연[27] 또는 현물집행하기로 하였다.

2. 그 이후의 행태 및 시장구조 변화

과거에는 "파워링크", "프리미엄 사이트" 등의 카테고리 표시가 광고 후원을 받은 사이트임이 불명확하여 포털이 추천하는 양질의 사이트인 것으로 오해하는 경우가 적지 않았으나 현재에는 "000관련 광고입니다"라는 설명을 병기하여 이러한 오해의 소지를 덜었다. 다만 구글과 비교했을 때는 여전히 양질의 사이트인 것으로 오해하는 이용자가 있을 것으로 생각되며, 첫 화면을 지나치게 많은 광고로 도배하는 것은 여전하다. 포털 사업자를 영리기업으로 인정하고 장사치에게 기대되는 수준의 도덕성을 기대한다고 하면 문제될 것이 없다. 다만, 포털은 고객에게 감동을 주는 사회적 기업이어야 한다고 기대하는 사람들은 기대를 접어야 할 것이다.

포털의 사업영역 확장도 같은 차원에서 보면 원칙적으로 이를 백안시할 것은 없다. 지배적 지위의 남용이나 기타 불공정한 행위만 없다면 헌법상 보장되는 영업의 자유를 행사하는 것일 뿐이다. 하지만 현실적으로 포털의 수직적,

27) 기존에 중소상공인희망재단에 500억 원을 출연할 계획을 확인함.

수평적 사업 확대는 여러 가지 불공정거래의 가능성을 높인다.

네이버쇼핑에서 구매하여 결제할시 자사 결제 서비스인 'N페이'를 우선 노출하는 것은 검색시장에서의 지배적 지위를 쇼핑시장으로 전이한 데 이어 다시 결제 서비스시장으로 전이하려는 것으로 해석할 수 있다.

오프라인에서 보다도 아이디어로 승부하는 온라인에서 대기업이 중소기업의 사업아이템을 베끼는 행위는 더욱 엄중한 책임을 물어야 할 것이다. 또한 원본보다는 불법복제물이 검색되도록 한다든지, 콘텐츠 창작자에 대한 착취행위 등과 같이 입증의 어려움 등으로 불법으로 단언하기는 어렵지만 비난가능성이 있는 행위에 대하여 행정지도가 요구된다. 그렇지 않으면 창업의욕이 쇠퇴하여 경제 전체적 정체를 가져올 것이다. 따라서 온라인에서의 빠른 사업전개에 발맞추어 규제당국의 신속한 대응이 요구된다.[28)]

포털이 운영하는 상생협의체가 입발림이 아니라 관련 산업 전체가 융성하는 토대가 되기를 희망한다. 연전 일간지에 낸 광고에서 중소상공인희망재단은 "세계 최고의 국내 인터넷기반 위에 무임승차한 네이버, 연 1조원 영업이익 나지만 죽어나가는 건 돈 없는 소상공인들 뿐!"이라고 절규했다.[29)] 네이버 입장에서는 다른 스토리를 들려줄 것으로 짐작은 하면서도 현재의 상황이 만족스러운 상태가 아님은 분명한 것으로 보인다. 포털의 동의의결의 이행과 현재의 시장상황에 대하여 공정위의 재점검이 요구된다고 하겠다.

3. 포털의 광고에 대한 대체광고 금지

네이버에 당하는 중소 사업자만 있는 것이 아니라 이에 업혀가려한 과감한 사업자도 있었다. 주식회사 네오콘소프트(이하 '네오콘'이라 한다)가 제공한 프로그램을 설치한 인터넷 사용자들이 네이버를 방문하면 그 화면에 NHN의 광고 대신 같은 크기의 네오콘의 배너광고가 나타나거나(이른바 '대체광고 방식'), 화면의 여백에 네오콘의 배너광고가 나타나거나(이른바 '여백광고 방식'), 검색창에 키워드를 입력하면 검색결과 화면의 최상단에 위치한 검색창과 NHN의 키워드광고 사이에 네오콘의 키워드광고가 나타나는(이른바 '키워드삽입광고 방식') 등으로, 네오콘의 광고가 대체 혹은 삽입된 형태로 나타났다.

28) 김인성·김빛내리, 「두 얼굴의 네이버」, 에코포인트, 2012.
29) 조선일보, 2017.2.6, 1면.

법원은 NHN이 장기간 동안 상당한 노력과 투자에 의하여 정보검색, 커뮤니티, 오락 등의 다양한 서비스를 제공하는 국내 최대의 인터넷 포털사이트인 '네이버'를 구축하여 인터넷 사용자들로 하여금 위 서비스 이용 등을 위하여 네이버를 방문하도록 하고, 이와 같이 확보한 방문객에게 배너광고를 노출시키거나 우선순위 검색결과 노출 서비스를 제공하는 방법 등으로 광고영업을 해 오고 있는바, NHN의 네이버를 통한 이러한 광고영업의 이익은 법률상 보호할 가치가 있는 이익이라고 판단했다.

나아가 네오콘의 전술한 광고행위는 인터넷 사용자들이 네이버에서 제공하는 서비스 등을 이용하기 위하여 네이버를 방문할 때 나타나는 것이므로, 이는 결국 네이버가 가지는 신용과 고객흡인력을 무단으로 이용하는 셈이 되며 그 광고방식도 네이버가 제공하는 광고를 모두 사라지게 하거나(대체광고 방식) 네이버가 제공하는 검색결과의 순위를 뒤로 밀리게 하는(키워드삽입광고 방식) 등의 방법을 사용함으로써 네이버의 영업을 방해하면서 네이버가 얻어야 할 광고영업의 이익을 무단으로 가로채는 것으로 보았다.

그러므로 법원은 네오콘의 위와 같은 광고행위는 인터넷을 이용한 광고영업 분야에서 서로 경쟁자의 관계에 있는 NHN이 상당한 노력과 투자에 의하여 구축한 네이버포탈 서비스를 상도덕이나 공정한 경쟁질서에 반하여 자신의 영업을 위하여 무단으로 이용함으로써, NHN의 노력과 투자에 편승하여 부당하게 이익을 얻는 한편, 법률상 보호할 가치가 있는 이익인 네이버를 통한 NHN의 광고영업 이익을 침해하는 부정한 경쟁행위로서 민법상 불법행위에 해당한다고 판시하였다.[30]

대법원이 이 사건에서 민법상 불법행위라는 일반원칙을 동원한 것은 이 사건 원심에서[31] 부정경쟁방지법법 위반은 부인하면서도 그 행위가 타인의 권리 침해 또는 그에 상응하는 보호할만한 가치 있는 법익의 침해에 해당하거나 또는 상도덕이나 관습에 반하는 정도가 공서양속 위반에까지 이를 정도로 불공정하여 위법성이 인정되고 그로 인한 신청인의 업무방해 및 손해가 인정된다면, 일반법으로서 민법의 불법행위 규정을 적용할 수 있다고 판시한 것을 확인한 것이다. 그리고 이 사건 피신청인이 자신의 대체광고에 "본 콘텐츠는 인

---

30) 대법원 2010.8.25. 선고 2008마1541 결정[가처분이의].

31) 서울고등법원 2008.9.23. 선고 2008라618 결정.

터넷채널이십일에서 제공한 것입니다."라는 문구를 통하여 네이버의 광고가 아님을 표시하여 출처혼동을 방지하고 있는 것과는 달리 이와 유사한 사건이지만 위와 같은 문구가 없어서 출처혼동의 가능성이 더 높은 소위 '레이어 팝업(layer pop-up)' 광고가 문제된 경우에 서울고등법원은 부정경쟁방지법 위반 및 컴퓨터 등 장애 업무방해에 해당하지 않는다고 무죄를 선고하였지만[32] 대법원은 부정경쟁방지법 위반을 인정하였다.[33]

IV. 포털과 미디어 콘텐츠

포털은 뉴스를 직접 생산하지는 않으며 언론사가 제공한 뉴스를 자신의 사이트에 노출시키는 것이 대부분이다. 이런 구조에서 이용자로부터는 뉴스의 신뢰성에 대한 불만이 제기되고, 오프라인의 전통적인 신문·방송으로부터는 기사의 저작권 보호에 대한 요청이 제기되는 상황이다.

1. 포털 뉴스의 신뢰성

2009년 신문법 및 언론중재법 개정으로 '인터넷뉴스 서비스 사업자'라는 명칭으로 포털도 법의 적용범위에 포함되면서 언론매체로서 일정한 책임을 지게 되었다. 뉴스제휴는 검색에만 노출되는 뉴스검색제휴, 언론사가 전재료를 받는 뉴스콘텐츠제휴, 언론사가 직접 편집하는 뉴스스탠드제휴로 분류된다.

포털 뉴스가 자극적인 옐로우 저널리즘의 행태를 보이고 있다는 지적이 이어지면서 이에 대한 대응으로 네이버와 다음카카오는 2015년 뉴스제휴평가위원회를 구성하였으며, 2016년 '뉴스제휴 및 제재 심사규정'을 발표하고 시행에 들어갔다. 취재기사보다 베낀 기사가 상위에 노출되는 문제, 중복/반복기사, 위장광고, 선정성 기사, 금품/협찬/광고비 요구행위 등에 대하여 제재가 가해진다. 뉴스제휴평가위원회는 심사규정 초기 시행의 결과 어뷰징으로 판단되는 중복/반복기사가 95%, 제3자 기사전송이 84%, 동일 URL 기사 전면수정이 96% 줄어든 것으로 발표했다.[34] 기사로 위장된 광고홍보 등 광고기사('애드버토리얼'

---

32) 서울고등법원 2009.10.22. 선고 2009노300 판결.

33) 대법원 2010.9.30. 선고 2009도12238 판결.

34) "네이버·카카오 '뉴스제휴평가위' 가동", 2016.3.1., https://www.bloter.net/archives/251816.

이라고 통칭한다)에 대한 모니터링도 강화하기로 하였다.[35] 뉴스제휴평가위는 2017년 코리아타임스(네이버, 다음)와 민중의소리(네이버) 등의 매체를 포털에서 퇴출한 바 있으며 2018년에는 네이버 검색제휴매체인 강원신문, 농업 경제신문과 다음 검색제휴매체인 뉴스토마토, 이슈와뉴스의 계약을 해지했다.[36]

▌표 4-1 포털의 뉴스 제휴 현황 비교[37]

구분	NAVER	다음 카카오
뉴스 시스템	- 뉴스 스탠드(언론사 직접 편집) - 네이버뉴스(인링크 자체 편집)	- 루빅스 자동 배치(다음뉴스팀 편집에서 2015년 6월부터 변경)
뉴스 검색	- 검색 제휴 - 키워드 검색 아웃링크	- 네이버와 동일
제휴 언론사	- 뉴스 검색 제휴: 326개 - 뉴스 콘텐츠 제휴: 104개 - 뉴스 스탠드 제휴: 149개	- 뉴스 검색 제휴: 1,032개 - 뉴스 콘텐츠 제휴: 141개
외부 자문기구	- 서비스자문위원회(사회 각계 전문가 참여, 포털의 사회적 책임과 역할 논의, 서비스 모니터링)	- 루빅스 자동 배치 시스템 도입 후 별도 편집자문위원회 두지 않음(2015년 6월, 열린 이용자위원회 종료)
제휴 평가	- 업계, 시민단체 등[38]이 추천한 전문가로 구성되는 제휴평가위원회가 뉴스 스탠드, 검색 제휴를 위한 언론 신규선정 및 퇴출 평가.	
문제 제기	- 뉴스는 기업 - 언론사 간 해결, 시스템 부분만 네이버에서 처리 - 네이버 24시간 안내센터 운영(통신 관련 인권 침해 등)	- 기업 - 언론사 간 해결 후 다음에서 뉴스를 직접 수정 - 다음뉴스 24시간 뉴스 센터 운영(통신 관련 인권 침해 등)

출처: 김병희 · 심재철, 「뉴스 어뷰징과 검색알고리즘」, 커뮤니케이션북스, 2016.4.1.

뉴스제휴평가위원회가 활동에 들어가면서 평가위원회의 구성 및 권한 등을 놓고 잡음도 발생하고 있다.[39] 기존 언론사의 이익이 과대하게 반영되고 있

35) "네이버 · 카카오, '광고 기사' 제재 강화한다", 2017.1.8., https://www.bloter.net/archives/270226. 실질적으로 잘 이루어지지 않고 있다는 지적이 있다.

36) 미디어오늘, 2018.2.9.

37) 표 내용 중 제휴평가 항목은 2018년 현재로 업데이트했으며 나머지는 2016.1. 기준이다.

38) 신문협회, 방송협회, 언론진흥재단, 언론학회, 온라인신문협회, 인터넷신문협회, 케이블TV방송협회, 경실련, 대한변협, 기자협회, 언론인권센터, 인터넷신문위원회, 한국소비자연맹, 신문윤리위원회, 한국YWCA연합.

39) "네이버 · 다음 언론사 제휴심사, 이대로는 안 된다", 미디어오늘, 2018.3.14.; "뉴스제휴평가위, 포털 정책 · 제도까지 감놔라 배놔라?", 미디어스, 2018.8.6.

다는 것이 주요 지적이다.

2. 포털의 다른 사이트 콘텐츠 이용

일반인들이 신문·방송 등 뉴스를 포털을 통해서 접하는 비중이 늘면서 기사의 작성 비용은 언론사가 부담하면서 광고수익의 대부분은 포털이 챙기는 구조가 형성되고 있다. 포털이 제휴언론사에 뉴스콘텐츠 사용료를 지급하고는 있으나 언론사가 광고를 삽입하는 것을 거부하고 있다. 오프라인 언론은 포털이 언론이 아니면서도 기사의 취사선택, 노출빈도, 크기, 편집 등을 통해 실질적인 언론행위를 하고 있다고 지적한다.[40)]

유럽에서는 언론사들이 구글을 상대로 법원에 저작권 침해 소송을 제기하거나 입법으로 이를 명시하는 추세에 있다. 구글은 '디지털 뉴스 이니셔티브'(DNI)라는 기금을 조성하여 언론사에 자금을 지원하는 방식의 대안을 제시하고 있다.[41)]

포털이 블로그, 댓글, 이용자후기 등에 작성, 집적되는 이용자제작 콘텐츠에 대하여 타사의 검색에서 배제하는 가두리정책을 펴는 것은 경쟁제한 효과가 있는가? 해당 콘텐츠에 대해 포털이 일정한 이해관계가 있는바 쉽게 그렇다고 인정하기 어렵다. 지금까지 어떠한 경쟁당국도 이를 경쟁제한행위로 인정하지 않았으며, 오히려 접근이 제한된 다른 포털이나 사이트의 콘텐츠를 긁어서 노출시키는 경우 부정경쟁행위, 부당이득 또는 불법행위가 될 가능성마저 있다. 그러나 이러한 이용자 게시물의 상당부분이 또한 불법복제물이거나 저급한 욕설임을 상기할 때 이들을 포털의 자산으로 간주하고 여기에 안주하려고 하는 것은 양질의 콘텐츠 기반을 육성하여 장기적인 성장을 이루지 못하고 우물안 공룡에 머무르는 우를 범하기 쉽다.

3. 뉴스 인링크/아웃링크

2017년 대선당시 드루킹이 댓글조작에 의해서 여론을 호도했다는 것이 드

---

40) 임철수 한국신문협회 기획전략부장, '온라인 포털과 인터넷산업 생태계 상생발전을 위한 대국민 공청회' 자료집, 새누리당 온라인포털시장 정상화를 위한 TFT (위원장: 전하진), 2013. 10.29. pp. 9-11.

41) 박아란, "유럽의 뉴스저작권 보호 동향", 「미디어 이슈」 2권 12호 (한국언론진흥재단), 2016.12.

러나면서 포털책임론이 다시 거세지고 이런 비난으로부터 벗어나려는 포털의 이해도 작용하여 국내포털도 구글과 같이 링크와 간단한 요약만 제공하고 클릭하면 언론사 사이트로 넘어가는 아웃링크제로 전환하는 것이 현실적인 대안으로 논의되고 있다. 그러나 막상 현실적인 대안이 되니 종전에 이를 요구하던 언론사들이 포털로부터 받던 전재료 수입 상실에 대한 우려로 주춤하고,[42] 뉴스의 질이 좋아질 것인지에 대한 예측도 엇갈린다.[43] 구글의 경우에도 최근에 인링크 방식을 일부 도입한 것으로 알려진다.[44] 포털과 언론사의 비즈니스적 판단으로 정할 문제지 법으로 규정할 문제는 아닌 것 같다.

V. 시장의 동태성과 포털 규제

1. 야후의 퇴장과 시장의 동태성

2016년 인터넷 포털의 선구자 야후가 인터넷 사업부문과 보유 부동산을 미국 최대 이동통신사인 버라이전에 매각했다. 매각금액이 48억달러로 2000년에 기록한 야후의 황금기 시가총액의 4%에 불과하다. 한때 인터넷 포털시장에서 최고 강자였던 야후의 퇴장이다.

야후는 1994년 제리 양과 데이비드 파일로가 인터넷 웹사이트를 분류한 디렉토리 서비스를 제공하면서 시작한 기업이다. 당시 일반인이 인터넷을 채 알기도 전에 이들은 이미 검색엔진을 개발할 만큼 선구적이었다. 검색기능을 비롯해 이메일, 뉴스, 인터넷쇼핑 등 폭넓은 서비스를 무료로 제공하면서 2000년대 초반에는 세계 검색 시장 점유율의 절반을 차지하기도 했다.

하지만 야후는 구글 등 더 강력한 검색 기술을 가진 포털이 나오면서 차츰 경쟁력을 잃었다. 시장이 PC에서 모바일로 이동하는 과정에의 대응도 늦었다. 페이스북이 이끈 소셜 네트워크 서비스(SNS) 시장에는 명함도 내지 못했고 스냅챗과 같은 채팅 플랫폼에서도 밀렸다. 3개월이 멀다 하고 새로운 플랫폼과 서비스를 제공해야 하는 인터넷 생태계에서 제대로 변신하지 못했다.

---

42) 아웃링크 방식의 구글은 언론사에 전재료를 지급하지 않음에 비하여 한국 포털은 이를 지급한다.
43) 과거 경험상 언론사들의 선정성 경쟁이 심해질 것이라는 예측도 있다.
44) "구글 '인링크' 병행…포털 뉴스 '아웃링크 법제화' 논란", 중앙일보, 2018.5.27.

한국에서도 현재 포털의 전신이라고 할 수 있는 천리안, 하이텔, 유니텔, 나우누리, 네띠앙, 프리첼, 파란, 야후코리아가 출현했다가 사라졌다. 결국 현재까지 남아있는 업체는 소비자의 수요를 일깨우고 만족시키는 서비스를 제공한 기업이라고 볼 수 있다. 특히, 인터넷 분야에서 소비자 수요는 더 편리하고 더 새로운 것을 찾아서 항상 변화하고 있다. 이 움직이는 타깃을 쫓아서 혁신을 거듭하지 않는 기업은 결국 도태한다는 것을 한국 인터넷의 짧은 역사도 입증하고 있다.

2. 동태성이 약화된 한국 포털시장

국내 인터넷 업계가 '조(兆) 단위 매출' 시대를 열고 있다. 네이버가 국내 인터넷 업계 최초로 연매출 4조원을 달성한 데 이어 대형 게임사들도 연 2조원의 매출을 내다보고 있다. 그러나 상위 기업들의 가파른 성장 속에 '쏠림 현상'에 대한 우려도 제기되고 있다.[45] IT업계 관계자는 모바일 동영상 소비가 많아지면서 포털 플랫폼이 PC-모바일을 일원화 해 향후 시장 판도에 영향을 줄 것으로 예측했다.[46]

이와 같이 한국 포털시장도 성장과 변화의 와중에 있는 것은 사실이지만 글로벌 포털시장에 비하여 상대적으로 고착되어있다. 네이버, 다음카카오의 영업이 포털 이외의 사업으로 확장되고 있지만 막상 포털시장에서는 공격적이라기보다는 수성에 있는 것으로 보인다. 기존 사업자간의 경쟁은 치열하지만 검색대상 한국어 콘텐츠에 대하여 폐쇄적 정책을 유지한 결과 이용자의 멀티호밍 가능성에도 불구하고 실제로는 포털 간 전환이 이루어지는 것이 드문 것이 현실이다. 또한 포털의 개별 서비스 단위에서의 우위나 개인적 취향에 따라 이용자의 이동이 발생하는 경우라든가 특정한 용도에 따라 접속하는 포털이 다른 경우와 같이 이용자의 복수 포탈 서비스 이용이 존재하기는 하지만 이런 개별 서비스의 전환은 체류시간, 방문횟수 등에 주는 변화는 제한적이며, 경우에 따라서는 쌍방향적이어서 각 포털의 전체 이용자수에는 큰 변화가 없게 되며 그 결과 포털의 온라인 광고시장에서의 지배력에 미치는 영향은 작다. 물론 이와 같은 개별 서비스에서의 혼전을 넘어서 전체적으로 어느 포털의 서비스가

---

45) "'兆단위 매출' 포털·게임공룡만 포식", 서울신문, 2017.1.16.

46) "네이버-카카오, 미디어 플랫폼 전쟁 본격화", 한국스포츠경제, 2017.1.14.

앞서거나 뒤진다면 이용자는 초기사이트의 변경과 같은 형태로 주이용 포털을 바꾸게 될 것이다.

3. 규제방법

구글과 페이스북이 전세계적으로 영향력을 미치고 네이버는 국내에서 상당한 지배력을 갖고 있다. 2016년 네이버의 광고매출액(2조9500억)이 지상파3사와 국내 전체신문사의 광고매출액을 모두 합친 것(2조7786억)보다 많다.[47] 광고주가 네이버에 많은 광고비를 주는 것은 그 만큼 네이버가 영향력이 있기 때문이다. 영향력에 비례하는 만큼 그 영향력 행사가 공공의 이익에 부합하도록 하는 것은 정부의 당연한 관심사가 되어야 한다.

포털시장을 한 시점에서 정태적으로 보면 강한 네트워크 효과에 의해서 한 사업자가 시장을 지배하는 모습으로 보이지만 동태적으로 보면 지배적 사업자의 교체가 빈번하다. 한국에서 네이버의 독점이 상당히 장기간 지속되고 있기에 우려되는 바가 없는 것은 아니나 네이버도 다음, 구글 등의 도전에 직면해 있기에 시장점유율이란 숫자로 나타나는 것과는 달리 잠재적 경쟁이 존재하는 시장이라 판단된다. 최근 검색에서 동영상이 차지하는 비중이 증가하면서 구글과 유튜브가 국내시장에서도 약진하는 것은 이와 같은 시장경쟁의 존재를 보여주는 것이다.[48]

여기에 이용자들이 동시에 여러 플랫폼 서비스를 사용하거나 쉽게 옮겨갈 수 있는 멀티호밍도 플랫폼 기업이 현재의 성과에 안주할 수 없도록 하는 요인이다. 진입장벽도 오프라인산업에 비하여 낮은 것이 사실이다. 구글, 아마존 같은 거대 플랫폼이 구축한 빅데이터를 생각하면 이들이 난공불락의 거대한 성채처럼 생각된다. 하지만 경쟁자가 처음부터 이런 빅데이터를 갖추어야만 시장에 진입할 수 있는 것은 아니다. 틈새시장을 찾아서 공략하는 것은 적은 자본과 데이터에 의해서도 가능하다. 이렇게 틈새에 끼어 든 신생기업이 순식간에 거대기업으로 성장할 수 있는 것 또한 정보산업의 특징이다. 이와 같은 이유가 시장점유율이 높음에도 불구하고 시장지배력은 그에 미치지 못하는 현상을 설

---

47) "광고독식 네이버에 정부규제는 늑장", KBS NEWS, 2017.1.16.

48) 2018년 상반기 국내 동영상 광고시장 점유율은 유튜브가 40.7%, 페이스북 32.4%로 네이버의 8.7%를 멀찌감치 따돌리고 있다.

명한다.

이와 같이 인터넷 포털 비즈니스의 여러 특색은 경쟁법 자체의 개정을 요구할 정도는 아니라고 할지라도 법 적용에 있어 고려할 변수를 증대시켜서 예기치 않은 규제 효과를 가져올 여지가 있다. 이에 많은 전문가들이 신중한 법 집행을 권고하고 있다.[49] 그러나 인터넷 기업이 새로운 사업을 일으키는 과정에서 기존의 질서와 일으키는 마찰과 이미 기성 기업이 된 포털이 중소벤처기업과 일으키는 마찰은 경쟁 효과 면에서 명확한 차이가 있으며 그러므로 규제당국의 접근도 달라야 한다.

원론적으로 경쟁시장에서 규제기관의 개입은 자제되어야 할 것이지만 포털시장은 대외적인 생태계간 경쟁과 대내적인 생태계내 경쟁으로 나누어 볼 수 있을 것이다. 지금 경쟁이 활발한 생태계간 경쟁에는 사전규제로 시장을 재단하기 보다는 드러난 병폐를 해소하는 사후적 규제에 한정함이 바람직하다. 다만 우려되는 것은 생태계내 경쟁상황이다. 즉, 포털간의 경쟁에도 불구하고 이에 의존하는 소상인이나 이용자와의 관계에 있어서는 포털 간에 암묵적인 연대가 있지 않느냐는 것이다. 대외적인 어려움을 대내적으로 자신보다 더 약한 사업자에 대한 착취로 해소하려 하지 않을까 하는 우려이다. 불공정성이 문제되는 행위의 유형에 대한 규제당국의 사전조사와 밀착 모니터링이 필요해 보인다.

조금 더 미시적으로 살펴보면 플랫폼의 양면시장이란 성격이 경쟁정책의 시행에 있어 고려해야할 변수를 증대시키는 것을 발견할 수 있다. 한 면에서 기업의 시장 지위나 행태가 그 면에서의 시장환경에 의해서만 평가되는 것이 아니라 다른 면의 시장환경과 그에 미치는 영향에 따라서 달리 평가될 수 있는 것이다. 사안에 따라서, 예컨대 특정 전문검색시장에 미치는 영향을 파악할 필요가 있는 경우에는 포털이 제공하는 서비스 각각이 개별 상품으로 취급되는 것이 적절하고, 포털간 인수합병에 대한 잠재적 경쟁 효과 평가가 필요한 경우에는 포털이 제공하는 전체 서비스를 군집상품으로 분석하는 것이 적절하다.[50] 이와 같이 종전의 일반적 인식이나 분석틀을 관습적으로 이 시장에 적용

49) Alfonso Lamadrid de Pablo, “The double duality of two-sided markets”, [2015] Comp Law, pp. 5-18.

50) 곽주원, “군집상품으로서의 인터넷 포털 시장 획정”, 「정보통신정책연구」 제22권 제3호,

하기 보다는 사안별로 그 적절성에 대한 검토가 필요하다.

중소벤처가 아이디어를 내서 개발한 신사업 분야에 포털이 진출하는 것과 관련한 방어제도의 미비에 주목해야 한다. 네이버나 다음 같은 포털업계의 사업모델 베끼기에 말미암은 벤처환경의 황폐화에 대한 제도적인 교정과 견제가 필요한 시점이다. 미국의 공정거래위원회인 연방거래위원회(Federal Trade Commission, FTC)의 경우 구글이 비즈니스 영역을 하나 추가할 때마다 심층적 검증을 진행한다. FTC는 구글이 검색 권력을 이용해 부동산, 금융 등 서비스에 진출하려는 움직임을 규제한 바 있다. 시장의 자유로운 진화를 방해하는 포털 진출업종 사전제한 보다는 사업모델 베끼기를 불공정거래행위로 명시하는 것이 적합해 보인다.

이와 같이 포털이 신생벤처기업에 대하여 행하는 경쟁행위와 다른 포털에 대하여 행하는 경쟁행위는 구별하여야 한다. 신생벤처에 대해서는 포털의 우월적 지위가 뚜렷하고 경우에 따라서는 포털 간에 암묵적인 합의에 의한 동조행위를 보일 수도 있다. 반면에 다른 포털과의 관계는 비록 시장점유율이 높다고 하여도 그 지위가 확고한 것이 아님을 유념하여야 한다. 따라서 규제당국은 경쟁의 싹에 해당하는 인터넷 벤처에 대한 포털의 횡포에 대해서는 신속하고도 엄중한 조치를 취할 필요가 있는 반면에 포털의 경쟁력을 향상시키기 위한 인수합병이나 제휴 등에 대해서는 개입하지 않는 것이 적절하다.

마지막으로, 포털에 대한 규제는 경제적 규제뿐만 아니라 비경제적 규제에 있어서도 외국기업과의 규제불균형이 발생하지 않도록 유의할 필요가 있다. 양면시장적 측면을 갖고 광고수익에 의존하는 인터넷산업에 있어서는 비경제적 규제가 이용자의 이용편의에 영향을 주고 그것이 다시 이용자 수에 영향을 미친다면 그것이 바로 기업의 수익에 영향을 줄 것이다. 비경제적 규제에 대한 준수비용을 외국계 기업은 부담하지 않는 반면에 국내기업만 부담한다면 이 또한 예기치 않은 경쟁상 불이익을 가져올 수 있는 것이다.

2015.9. pp. 33-50.

제 5 장

검색엔진의 중립성

I. 서론

인터넷은 매스미디어를 통하지 않고도 공간의 장벽을 뛰어넘어서, 모든 화자가 자기가 하고 싶은 말을 전 세계인을 상대로 전파할 수 있는 초국가적 민주성을 상징하는 발명으로 인식되었다. 이는 현재에도 기술적, 이론적으로 타당하다고 말할 수 있을지 모른다. 하지만 이미 오래전부터 인터넷의 병목을 장악하고 있는 몇몇 주체들에 의해서 인터넷의 잠재력이 심하게 제약될 우려가 제기되었다.[1] 이 장은 그 중에서 현실화된 병목인 검색엔진에 대하여 살펴본다. 대다수 네티즌들은 정보의 홍수 속에서 검색엔진이 안내하는 정보에만 노출됨에 따라 검색엔진의 경제·사회·정치적 영향력 증대와 공정성 여부가 세간의 화두가 되었다.[2]

특정 검색엔진의 시장지배력이 높아짐에 따라 각국에서 이들의 불공정행위에 대한 공정거래당국의 개입이 빈번해지고 있다. 국내에서는 2013년 하반

1) Cotter, Thomas F. "Some Observations on the Law and Economics of Intermediaries", 2006 *Michigan State Law Review* 67, 2005.

2) "네이버 검색 조작, 사회적 신뢰 무너뜨린 '공룡 포털'", 동아일보, 2017.9.27.; "EU, 구글 분할 요구에 검색독점 논쟁 재점화 … 한국 네이버 문제는?", ChosunBiz, 2014.12.15.

기부터 네이버 등 포털의 불공정행위가 사회적 문제로 크게 부각되었으며, 전 세계적으로는 이보다 먼저 구글의 검색결과 조작 등에 대하여 미국과 EU 등 각국의 공정거래 당국이 조사에 들어갔다.[3]

2013.1. 미국연방거래위원회(FTC)는 미국 검색시장에서 70%의 시장점유율을 갖는 구글 검색 서비스의 행태에 관한 2년여의 조사를 종료하면서 구글의 검색 서비스 운영방식의 변경이 전체적으로 서비스의 향상에 주안점이 있는 것이고 이로써 이용자들의 만족도가 전반적으로 향상되었음을 인정하고 경쟁사업자가 제기한 결과적 불이익과 같은 문제는 경쟁제한의 의도가 없는 부수적인 제약으로 판단하였다.[4] 이로써 구글은 검색 서비스 검색결과에서 자신의 관련 서비스를 상위에 위치시키는 관행을 인정받는 대신에 경쟁웹사이트의 콘텐츠, 특히 이용자 댓글 등을 자신의 검색결과에 가져다 게시하는 행태와 중소광고주가 다른 검색엔진에 광고하는 것을 막는 배타적 거래협정 체결 관행을 수정할 것을 FTC에 약속했다.[5] 또한 FTC는 검색엔진이 광고후원을 받은 검색결과와 광고 없는 검색결과간의 혼동가능성을 우려하여 2002년 발표했던 검색엔진 가이드라인을 2013.6. 개정하여 검색의 자연적 결과와 후원받은 결과를 구별하기 위한 시각적 방법을 강화하도록 하였다.[6]

구글이 90% 이상의 검색시장점유율을 차지하고 있는 EU에서는 구글의 지배적 지위 남용에 대한 우려가 더 크다. 일각에서는 필수설비 이론의 적용을 주장하기도 하지만[7] 집행위원회는 2014.2. 미국과 유사한 내용을 핵심으로 하는 동의의결을 채택하였다.[8]

각국 공정거래당국의 검색엔진의 영향력에 대한 우려와는 달리 2000년대

3) "구글검색 정말 공정?…잇단 '검색조작' 의혹 불거져", 중앙일보, 2012.7.5.

4) FTC, "Statement of the Federal Trade Commission Regarding Google's Search Practices - In the Matter of Google Inc.", January 3, 2013.

5) 공식적인 동의명령은 아니라는 점에서 실효적 집행이 보장되지 않는다는 지적도 있다.

6) FTC, "FTC Consumer Protection Staff Updates Agency's Guidance to Search Engine Industry on the Need to Distinguish Between Advertisements and Search Results", June 25, 2013.

7) French Digital Council, "Platform Neutrality: Building an open and sustainable digital environment", Opinion no. 2014-2, May 2014.

8) European Commission, "Antitrust: Commission obtains from Google comparable display of specialised search rivals", Press release, Brussels, 5 February 2014.

중반부터 미국에서는 검색엔진의 불공정한 검색결과 제공을 이유로 사인이 제기한 소송에서 법원이 잇따라 검색엔진은 헌법상 권리로서 표현의 자유를 향유하며 그 일환으로 검색결과를 변경할 수 있음을 인정하는 판결을 내어놓았다. 미국과 EU의 공정거래당국이 구글에 대해 과징금을 부과하지 않고 자발적 약속과 동의의결이라는 형식으로 일부 관행의 변경을 약속받는데 그친 것에는 이와 같은 법원의 판결 동향이 잠재적으로 영향을 주었을 것으로 생각된다. 이에 이 장은 먼저 검색엔진의 공정성 의무(속칭, 검색중립성)와 표현의 자유간의 관계를 이에 관한 논의가 활발한 미국의 판례, 이론 및 논평을[9] 중심으로 고찰하고자 한다.[10]

한편, EU집행위원회원회는 종전 입장을 변경하여 2017.6. 구글이 검색엔진의 지배적 지위를 이용하여 구글쇼핑에 부당한 이득을 주었다며 약 3조1000억 원의 과징금을 부과했다.[11] 구글이 불복하여 소송이 진행 중이지만 EU집행위의 논거를 살펴보는 것은 나름 의의가 있을 것이다.

II. 검색엔진과 표현의 자유

1. 미국의 판례

(1) Search King vs. Google[12]

원고 Search King은 구글의 페이지랭크(PageRank)를 기반으로 한 온라인 광고사업을 하던 중 자신이 관리하는 웹사이트의 페이지랭크(순위)가 급전직하하자 이는 구글이 자신의 광고사업과 Search King이 경쟁관계에 있는 것을 인식하고 의도적으로 페이지랭크를 하락시킨 것이며 부당한 영업방해에 해당한다는 이유로 구글을 불법행위(tort)로 제소하였다. 소송에서 쟁점은 페이지랭크

9) 정형화된 입장을 'II.2. 관련 이론'에서 비정형화된 포괄적 분석을 'II.3. 논평'으로 분류해서 다루었다.

10) 관련 부분은 졸고, "미국에서 검색중립성과 표현의 자유에 관한 법적 논쟁", 「IT와 법 연구」, 제10권 제1호, 2015에 기반을 둔 것이다.

11) https://www.huffingtonpost.kr/2017/06/27/story_n_17304358.html.

12) Search King, Inc. v. Google, No. CIV-02-1457-M, 2003 WL 21464568 (W.D. Okla. May 27, 2003).

하락이 의도적인 부당(wrongful)행위로서 달리 정당화 사유가 없는지 여부였다. 구글은 페이지랭크가 수정헌법 제1조에 의해 보호받는 의견(opinion)에 해당하기 때문에 불법이 아니라고 연방법원 Jefferson County[13] 판례를 원용하여 주장하였다. 즉, 제10항소법원은 교육청의 차환사채(refunding bond)를 저평가한 신용평가회사도 수정헌법 제1조의 보호대상이라고 판시하면서 표현한자가 상대에 대해 나쁜 의도를 가지고(motivated by hatred or ill will) 한 표현이더라도 보호된다고 설시했다. 하지만 Search King은 페이지랭크는 개발자의 박사논문과 특허에 근거하여 객관적으로 옳고 그름을 검증할 수 있으며 구글 자신도 그 객관성을 공언하고 있다는 점에서 금융상품에 대한 신용평가와는 구별된다고 주장하였다.

Search King 사건 법원은 페이지랭크 알고리즘을 적용하는 절차와 숫자로 표현되는 결과를 구별하고 절차는 객관적이지만 다양하게 부여되는 가중치에 의존하는 결과는 성질상 주관적이라고 규정한 후 이 사건에서 부당하게 조작되었다는 분쟁의 대상은 바로 주관적인 결과인 페이지랭크라고 설시했다. 법원은 구글이 행한 객관성에 대한 공언이 본질적으로 주관적인 표현을 옳고 그름을 객관적으로 검증 가능한 사실로 성질변환하지 못하며 그러므로 페이지랭크는 완전한 헌법상 보호를 받는다고 판시했다.[14]

한편 이 사건은 민사 사건이므로 주법도 적용되었는데, 해당 오클라호마주 대법원은 헌법상 보호받는 표현은 당연히 적법하며 부당한 영업방해로 인한 소의 대상이 될 수 없다고 판시한 바 있다.[15] 이에 근거하여 Search King 사건 법원은 가사 구글이 나쁜 의도를 가지고 표현을 했더라도 헌법상 보호받는 표현인 이상 부당한 영업방해로 인한 불법행위 소송의 대상이 될 수 없다며 청구를 기각했다.[16]

---

13) Jefferson County School District No. R-1 v. Moody's Investors's Services, Inc., 175 F.3d 848, 852-58 (10th Cir. 1999).

14) Search King, Inc. v. Google, op. cit, pp. 10-12.

15) Gaylord Entertainment Company v. Thompson, 958 P.2d 128, 1998 OK 30 pp. 149-150.

16) Search King, Inc. v. Google, op. cit, p. 13.

(2) KinderStart v. Google[17)]

KinderStart는 아동 관련 전문 디렉터리 및 검색 서비스를 제공하는 웹사이트 www.KinderStart.com을 2000년 이래 운영하는데 이 사이트는 아동을 둔 부모, 아동교육자, 보육종사자 등이 애용하여서 2005년 초에는 월 천만 조회수를 기록하였다. KinderStart는 2003년에 구글의 AdSense에 가입하여 광고를 유치하는 수익모델을 도입하였다. 그런데 2005년 3월 이후 갑자기 70%이상의 조회 수 감소를 겪게 되었다. 원인은 구글의 검색알고리즘 변경에 따라 페이지랭크가 급락했기 때문이었다. KinderStart는 구글을 독점금지법위반, 불공정거래행위, 표현의 자유 침해 등으로 제소하였다.

법원은 원고의 독점금지법 위반 주장을 기본적으로 입증불비(立證不備)로 기각하였다. 관련시장의 획정, 독점화의 의도, 반경쟁 행위, 반경쟁 행위로 인한 피해 등과 같은 청구의 성립요건을 충족하지 못한 것이다. 또한 구글이 간헐적으로 검색결과를 수정하는 것은 전체적으로 비중이 미미할 뿐만 아니라 웹페이지 측의 순위조작에 대응하기 위한 것이라는 항변에 대해 원고가 필요한 반대 입증을 하지 못하였다고 판단했다.

원고의 헌법상 표현의 자유에 근거한 주장과 관련하여 법원은 먼저 사인을 상대로 표현의 자유를 주장하기 위해서는 그 사인의 행위를 국가의 행위로 귀속시킬 수 있어야 함을 지적하였다. 공적 기능을 수행하거나, 국가와 공동으로 행동하였거나, 국가의 강제가 있었거나, 기타 연결성이 인정되어야 한다는 것이다.[18)] 원고는 구글이 전자도서관 프로젝트를 통하여 공공도서관들과 밀접한 협업을 하는 것을 지적하였으나 법원은 이는 검색결과 및 페이지랭킹의 조작과 관련된 본 사안과는 별개의 것으로 판단하였다.

원고는 또한 구글 검색은 구글의 의도적 확산전략을 통해서 사실상 일반인의 표현을 매개하는 공적 포럼(public forum)이 되었다고 주장하였다. 하지만 법원은 구글이 자신의 검색엔진을 공중에게 언론의 장을 제공하기 위한 목적으로 운영하는 것이 아니라 검색에 기반한 광고로 수익을 창출하려는 사적 목

---

17) San Jose District Federal Court, Case No. C 06-2057 RSKinderStart v Google Class Action, March 17, 2006; JF (RS) (N.D. Ca., March 16, 2007).

18) Lugar v. Edmondson Oil Co., 457 U.S. 922, 939 (1982).

적을 추구하는 것이라고 판단했다.[19] 단순히 일반 공중의 출입이 허용된 것으로 사인의 설비가 공적 포럼이 되지는 않으며 전통적 공적 포럼과 기능적 등가성을 갖는지 여부가 검토되어야 할 것인데, 구글이 일반인에게 검색결과나 랭킹을 수정할 권한을 주지 않았으며 모든 웹사이트가 검색결과로 보여질 것을 보장하지도 않았음에 주목하여 법원은 전통적 공적 포럼과의 기능적 등가성을 부인했다. 즉 구글의 검색엔진은 원고들이 그 곳에서 자유롭게 말할 수 있는 공론의 장이 아니므로 표현의 자유 침해가 성립하지 않는다는 것이다.[20]

마지막으로 구글이 페이지랭크를 자의적으로 하향시키는 행위는 불공정하며 KinderStart 웹사이트의 명예를 실추하는 행위라는 원고의 주장에 대하여 법원은 구글이 페이지랭크가 객관적 지표에 의해서만 결정한다고 공언한 증거가 없으며 페이지랭크는 이용자에게 일방적으로 전달되는 것이 아니라 이용자의 요청에 의해 제공되는 '의견'으로 봄이 합당하므로 이의 불공정성이나 이로 인한 명예실추를 논하기 어렵다고 판시했다.[21]

위와 같은 이유로 원고의 청구는 약식으로 기각되었다.

(3) Langdon v. Google[22]

웹사이트 운영자이자 원고인 Langdon은 구글, 야후, MS 등 인터넷 검색서비스 제공자들을 상대로 이들이 자신의 웹사이트에 광고게재를 거절하고, 사기행위를 하였으며, 계약을 위반하고, 기망행위를 하였으며, 공공 서비스 비차별 의무를 위반하였다며 소송을 제기하였다. 원고는 미국 노스캐롤리나 주 공무원의 부정을 고발하는 웹사이트(www.NCJusticeFraud.com)와 중국의 폭정을 고발하는 웹사이트(www.ChinaIsEvil.com)를 운영하였으며 관련된 웹 광고를 게재하고자 하였다. 원고는 피고들이 관련 연방과 주의 법령 및 스스로 공약한 중립적이며 객관적인 기업정책에 반하여 웹사이트의 내용을 검열하며, 웹사이트 순위를 조작하고, 원고 사이트에 광고 게재를 거부하였다고 주장하였다.[23]

---

19) KinderStart v Google, op. cit, pp. 23-24.

20) Ibid, pp. 25-26.

21) Ibid, pp. 27-31.

22) Langdon v. Google, 474 F. Supp. 2d 622 (D. Del. 2007).

23) Ibid, pp. 1-3.

우선 법원은 원고가 자신의 광고 청약에 대해 MS로부터 아무런 답변 없이 무시당했다는 것으로는 소권(訴權)을 성립시키기 위한 사실상의 손해(injury in-fact)를 충족하지 못한다고 판시했다. 나아가 원고는 피고 검색 서비스제공자들이 원고의 웹사이트 광고를 검색결과의 현저한 위치에 배치하고 검색 순위를 "정직하게" 매길 것을 청구하고 있으나 이는 피고들에게 원하지 않는 표현을 할 것을 강제하는 것으로써 수정헌법 제1조에 의해 보장되는 피고들의 편집권과 표현의 자유에 반한다고 판시했다.[24]

미국 통신품위법은 "쌍방향 컴퓨터 서비스 제공자나 이용자는 음란, 저속, 부도덕, 심하게 폭력적이거나 기타 문제성이 있다고 생각되는 게시물이 헌법상 보호받는지 여부를 불문하고 그것에의 접근을 제한하기 위해 선량한 의도로 자발적으로 취한 조치에 대하여 책임을 지지 않는다."[25]고 규정한다. 법원은 이에 근거하여 피고 검색 사업자들의 폭넓은 편집행위에 대해 면책을 부여했다.[26]

법원은 인터넷 검색엔진은 공적 포럼이기에 원고의 표현의 자유를 보호할 의무를 진다는 주장을 배척하였다. 피고들은 사기업이며 이들이 공적 권위를 가지고 문제의 조치를 취했다는 증거가 없다고 판단했다.[27] 원고는 쇼핑센터와 같이 일반에게 공개된 장소는 공적 포럼이라는 전제하에 인터넷도 이와 같다고 주장하였지만 법원은 대법원의 판례가[28] 그 전제(즉, 사적 소유이더라도 일

24) Ibid, p. 5.

25) 47 U.S. Code § 230(c)Protection for "Good Samaritan" blocking and screening of offensive material

(1) Treatment of publisher or speaker: No provider or user of an interactive computer service shall be treated as the publisher or speaker of any information provided by another information content provider.

(2) Civil liability: No provider or user of an interactive computer service shall be held liable on account of-

(A) any action voluntarily taken in good faith to restrict access to or availability of material that the provider or user considers to be obscene, lewd, lascivious, filthy, excessively violent, harassing, or otherwise objectionable, whether or not such material is constitutionally protected; or

(B) any action taken to enable or make available to information content providers or others the technical means to restrict access to material described in [sub]paragraph [(A)].

26) Langdon v. Google, op. cit pp. 6-7.

27) 근거로는 West v. Atkins, 487 U.S. 42 (1988)을 언급함.

28) PruneYaed Shopping Center v. Robins, 447 U.S. 74, 81(1980); Lloyd Corp. Ltd. v.

반적으로 공개된 장소는 공적 포럼이라는 명제)를 부정하고 있다고 판단했다. 또한 법원은 피고들이 유일한 광고 채널이 아니라 우편, 공중파, 케이블, 신문, 잡지, 기타 인터넷 서비스 사업자와 같이 많은 대안이 있음을 상기시켰다.[29)]

마지막으로 법원은 보통법상 공중통신, 교통, 여관 등에 적용되던 공공 서비스제공자의 비차별 의무를 사기업에 적용하는 것은 엄격하게 해석되어 왔음을 주목하고 인터넷 검색 서비스를 공공 서비스라고 주장하는 것은 남소(濫訴)에 가깝다며 배척하였다.[30)]

(4) Jian Zhang v. Baidu[31)]

중국의 민주화를 요구하는 뉴욕거주자들이 중국의 대표적 검색엔진인 바이두를 상대로 바이두가 중국민주화운동과 관련한 정보를 미국에서 검색되지 않도록 차단하는 것은 자신들의 기본권을 침해하는 불법이라며 소송을 제기하였다. 이 사건 쟁점은 인터넷 검색결과가 수정헌법상 표현으로 보호되는지의 문제이며 당 법원은 본 사건에서 이를 긍정적으로 판단하였다. 그 결과 법원은 원고의 소는 본질적으로 바이두의 편집권 행사를 반대하는 것으로서 이는 수정헌법에 위반된다는 이유로 약식으로 기각하였다.

당 법원은 판결의 근거로 언론사의 표현의 자유에 관한 연방대법원의 선례를 원용하였다. 먼저 Miami Herald Publishing Co. v. Tornillo 사건에서[32)] 연방대법원은 비판적인 신문사설에 대한 정치인의 반론게재권을 규정한 플로리다 주법이 수정헌법 위반이라고 판시했다. 반론게재권이 실질적으로 신문사의 편집권 등 언론의 자유를 제약한다는 이유이다. 이 원칙은 이후 Hurley v. Irish-American Gay, Lesbian, and Bisexual Group of Boston[33)]을 거쳐서 신문사뿐만 아니라 모든 화자는 자신이 표현하고자하는 메시지의 내용을 독자적으로 구성할 권리를 갖는다는 원칙으로 일반화되었다. 표현의 자유는 무엇을

Tanner, 407 U.S. 551, 569 (1972).

29) Langdon v. Google, op. cit p. 7.

30) Ibid, p. 10.

31) Jian Zhang et al. v. Baidu.com Inc., USDC Southern District of New York, March 27, 2004.

32) 418 U.S. 241 (1974).

33) 515 U.S. 557 (1995).

말할 것인가 뿐만 아니라 무엇을 말하지 않을 것인가에 대한 선택도 포함한다는 것이다. 경우에 따라 표현이 금지되는 경우는 있어도 표현이 강제되는 것은 정당화될 수 없다. 이러한 원칙에 따를 때 검색엔진도 어떤 정보를 어디에, 어떻게 검색결과 중에 배치시킬 것인가에 대한 편집권을 가진다.[34] 검색정보가 의견뿐만 아니라 사실을 포함한다고 하더라도 동일한 결론이다. 사실이 표현의 출발점이라는 판단이다.[35] 또한, 검색 결과가 알고리즘에 의해 결정된다고 하더라도 알고리즘을 쓰는 것은 사람이므로 이들의 편집권과 표현의 자유에 대한 결론이 달라지지 않는다고 보았다.[36]

한편, 연방대법원은 Turner 사건에서 케이블 사업자의 방송전송 행위가 표현(speech)에 해당함을 인정하면서도 첫째, 케이블이 내용물을 변경없이 가입자에게 전달하는 도관(導管)에 불과하므로 상대적으로 덜 표시적(less expressive)이며 둘째, 케이블 사업자는 사상의 전달시장에서 준 독점적인 지위를 가지고 있으며 셋째, 해당 규제가 내용중립적이라는 이유로 낮은 수준의 보호를 제공하였다.[37] 하지만 이 사건에서 원고가 문제 삼는 것은 바이두가 중국의 민주화운동이란 정치적 주제에 관한 검색결과에 편집권을 행사한다는 것이며 바이두가 웹 게시물을 중립적으로 전달해야 하는 인프라나 플랫폼에 불과하다고는 하지 않고 있는 것에 주목하여 법원은 이와 같은 소송을 허용하는 것은 수정헌법 제1조의 기본원칙에 반하는 것이라고 판시했다.[38]

부연하자면, 알고리즘을 설계하는 검색엔진이 일반적으로 단순 도관인지 여부도 의문이지만 적어도 이 사건에서는 원고들이 스스로 바이두가 소극적 도관이 아니라 적극적으로 민주주의를 옹호하는 내용물을 걸러내는 알고리즘을 운용하고 있다고 주장하고 있으므로 Turner 원칙의 첫 번째 근거를 충족하지 못한다. 또한, 적어도 미국에서는 바이두의 서비스에 만족하지 못하는 경우 구글, 빙, 야후 등 다른 검색엔진을 사용하는 데에 별반 어려움이 없으므로 Turner 원칙의 두 번째 근거도 충족하지 못한다. 마지막으로 바이두의 차별대

34) Jian Zhang v. Baidu, op. cit, p. 7.

35) Sorrell v. IMS Health Inc., 131 S.Ct. 2653, 2667 (2011).

36) Jian Zhang v. Baidu, op. cit, p. 8.

37) Turner Broadcasting System, Inc. v. Federal Communications Commission, 512 U.S. 622, 644.

38) Jian Zhang v. Baidu, op. cit, p. 10.

우는 내용에 기반한 것이므로 Turner 원칙의 세 번째 근거도 충족하지 못한다.[39] 법원은 또한 원고가 바이두의 차별행위는 표현이 아니라고 하나 이는 편집도 표현이라는 Turner의 법리에 반하며,[40] 원고가 국가가 아니라 사인이므로 바이두는 수정헌법 제1조를 원용할 수 없다는 주장을 하지만 사인이 소송으로 표현을 제약하려는 사안에도 수정헌법 제1조가 적용된다는 확고한 법리에 반한다고 설시하였다.[41]

민주주의를 억압하는 바이두 편집자의 결정이 표현의 자유란 민주주의 원칙에 의해서 보호받는 것이 아이러니로 느껴질 수 있지만 당 법원은 사회일반이 부적절하다고 생각하는 사상이나 표현도 보호받아야 한다는 수정헌법 제1조의 기본 원리를 확인하는 것이라고 설시했다.[42]

(5) S. Louis Martin v. Google[43]

원고는 자신의 웹사이트 CoastNews.com이 다른 검색엔진에서는 상위에 게시되는데 구글에서는 하위에 게시되고, 사이트의 내용을 문제 삼아서 구글이 광고 공급을 중단하였다며 제소하였다. 구글은 이 사건은 표현의 자유를 저해하는 남소를 막는 '공중참여 방해소송 금지법'(anti-SLAPP Act)이[44] 적용되는 전형적인 사례라며 항변하였다. 즉 구글의 검색결과와 광고공급 결정은 헌법상 보호되는 표현에 해당하며, 구글의 편집권은 공공의 이익과 관련되는 문제인데 이와 같은 소송을 받아들인다면 검색순위가 자신의 성에 차지 않는 수많은 사람의 소송을 부추겨서 혼란을 야기한다는 것이다. 이와 같은 소송에서는 원고가 승소의 개연성(probability)을 보여야 하는데 원고는 이를 보이지 못하여 약식절차로 청구 기각되었다.[45] 이 과정에서 연방거래위원회의 2013.1. 구글에

---

39) Jian Zhang v. Baidu, op. cit, pp. 11-13.

40) Turner 512 U.S. p. 636.

41) Jian Zhang v. Baidu, op. cit, p. 14 (*Hurley*, 515 U.S. 557 (1995); N.Y. Times v. Sullivan, 376 U.S. 254, pp. 277-278 (1964) 인용).

42) Jian Zhang v. Baidu, op. cit, p. 16.

43) Superior Court of the State of California (County of San Francisco), Case No. CGC-14-539 972, November 13, 2014.

44) anti-SLAPP (strategic lawsuit against public participation) Act, California Code of Civil Procedure Section 425.16.

45) Order Granting Defendant Google to Strike Plaintiff's Complaint Pursuant to Civ. Proc.

대한 경쟁법위반 무혐의결정,[46] 통신품위법상 선량한 관리행위에 대한 면책규정,[47] 약관상의 재량규정이 피고인 구글측 항변[48]의 근거가 되었다.

(6) 소결

위에서 살펴본 대로 검색엔진의 검색결과와 관련한 소송에서 법원은 일관되게 검색엔진의 손을 들어주었다. 명시적이건 묵시적이건 검색엔진의 표현의 자유를 인정하였으며 학설상으로는 후술하는 편집인이론에 근거한 것으로 보인다. 하지만 일반인의 공공정책 형성과 사회적 이슈에의 의견 개진을 촉진하기 위하여 제정된 anti-SLAPP법을[49] 대기업이 중소기업을 상대로 한 소송에서 방어수단으로 성공적으로 사용한 것은 뜻밖이라고 할 것이다.

또한 정부가 내용규제를 목적으로 검색엔진을 규제하는 경우에는 검색엔진이 표현의 자유를 누리느냐에 무관하게 이용자의 표현의 자유를 구속하기 때문에 해당 규제의 합헌성에 대한 엄격한 심사를 받는다. 이는 이용자 표현의 자유에 의한 간접적 효과를 검색엔진이 받는 것이라고 할 것이다. 하지만 앞서 본 Jian Zhang v. Baidu 판결은 이와 같은 이해에 정면으로 반하여 검색엔진 자체에 표현의 자유를 인정하여 정부규제가 간접적으로 정당화되는 결과를 야기하고 있다. 다른 법리에 의해서[50] 해결되었어야 할 사건에 무리하게 표현의 자유를 확대 적용한 사례가 아닌가 한다.

2. 관련 이론

(1) 검색엔진은 도관

도관(conduit)이론은 망 중립성 논의[51]에 있어서 망 사업자는 전달물의 내

Code Section 425.16, Nov. 13, 2014.

46) FTC, supra note 3.

47) Supra note 22.

48) Memorandum of Points and Authorities In Support of Defendant Google to Strike Complaint, August 29, 2014.

49) 김정환, “인터넷상 표현의 자유와 전략적 봉쇄소송(SLAPP)”, 「안암법학」 통권 제43호, 2014.1.

50) 예컨대, 외국국가행위 또는 국가강제에 따른 관할권 부재 내지 사법자제.

51) 본서 제2장 참조.

용에 대한 구별 없이 모두 같은 비트로 보고 차별 없이 전송하여야 한다는 입장이 검색 서비스에 대하여도 연장되어 적용된 것이다. 검색엔진은 웹사이트를 이용자가 잘 찾을 수 있도록 중개, 연결하는 기능을 한다는 점에서 망 사업자와 유사한 기능을 하므로 검색엔진도 중립성 의무를 진다고 주장한다. 검색엔진에 의하여 부당한 대우를 받았다고 주장하는 웹사이트들이 주장의 논거로 즐겨 삼는 이론이다. 대중이 실질적인 표현의 자유를 누리기 위해서는 언론기관에의 접근권이 보장되어야 하며 현대 정보통신시대에서 통신망의 병목설비에 대한 비차별적 접근권 보장을 주요 검색엔진으로 확대하여야 한다는 논리이다.[52)]

검색엔진이 인터넷상에서 저작권 침해 또는 명예훼손 등 불건전한 내용물의 유통과 관련하여 면책을 주장하기 위하여 종종 자신은 도관에 불과하기 때문에 통신품위법 등에서 면책을 부여받고 있다고 말하는 것이 역설적으로 도관에게 기대되는 중립성 의무를 일탈하여 편집된 검색결과에 대해서 책임을 추궁당하는 근거로서 작용하고 있다.

(2) 검색엔진은 편집인

표현은 반드시 글이나 말의 형태로 해야 보호받는 것도 아니며 어떤 글이나 말을 어떻게 독자(시청자)에게 전달할 것인가를 결정하는 신문, 방송의 편집기능이 공론의 형성에 있어 글이나 말 이상의 중요성을 갖기에 표현의 자유의 일부로서 보호된다. 같은 맥락에서 검색엔진은 이 시대의 중심 미디어라고 불릴 정도로 어떤 웹사이트나 콘텐츠에의 링크를 이용자에게 우선적으로 제시하며 경우에 따라서는 보여주지 않을 것인가를 결정하는 일종의 편집권을 행사한다. 검색엔진에게 이와 같이 편집인 유사한 지위를 보장하는 것은 검색엔진간의 차별성을 높여서 이용자의 선택 다양성을 증진시키는 데에도 간접적으로 기여한다. 이 이론에 입각할 때 검색엔진의 검색결과 배열결정은 표현의 자유에 의하여 보호되므로 그 결정에 의해서 불리한 대우를 받았다는 이유로 책임

---

52) Bracha & Pasquale, "Federal Search Commission? Access, Fairness, and Accountability in the Law of Search", 93 *Cornell Law Review* 1149, September 2008; Laidlaw, Emily B. "Private Power, Public Interest: An Examination of Search Engine Accountability", 17 *International Journal of Law and Information Technology*. 113, 2008.

을 추궁당하지 않는다.[53]

검색엔진이 외양상 기계적으로 작동하지만 검색알고리즘을 만드는 과정은 기존 미디어의 편집회의 이상의 숙고를 거치며, 변화하는 환경에 맞추어 지속적으로 개선되는 과정을 거친다. 이와 같은 과정에 공권력이 개입하는 것은 자칫 검색엔진의 진화를 가로막을 우려가 있다고 지적된다.[54] 도관이론이 검색엔진의 중개, 연결 기능에 방점을 두고 검색결과는 객관적이어야 한다고 주장하는 반면에 편집인이론은 검색엔진은 알고리즘을 설계, 개선하는 과정에서 웹사이트를 선택, 순위 배정, 배치 및 배제하는 행위를 통해서 웹사이트에 대한 의견을 표현하는 것이기에 검색결과는 본질적으로 주관적이라고 강조한다.[55] 나아가 근년 주장되고 있는 데이터 자체가 표현이라는 논리에[56] 따르면 검색엔진의 표현의 자유는 더욱 당연시 될 것이다.

(3) 검색엔진은 자문자

도관이론이 웹사이트의 관점에 서 있으며, 편집인이론이 검색엔진의 관점에 서 있다면, 자문자(advisor)이론은 이용자의 관점에 설 것을 주장한다.[57] 이용자 중심에서 파악하자면 검색엔진은 배달을 위한 단순한 도관도 아니지만 무제한의 편집자유를 누리지도 않으며 이용자들이 입력한 검색어에 대하여 어떤 웹사이트 또는 콘텐츠가 가장 관련성이 높은지를 검색결과라는 형태로 성실히 자문할 것을 기대한다. 자문자는 자문을 구하는 이용자의 이익을 자신의 이익보다 앞에 놓아야 한다. 따라서 자문자는 나름의 의견을 가지고 검색결과를 변경, 편집할 수 있지만 이는 원칙에 따른 일관성 있는 편집이어야지 그때

53) Goldman, Eric. "Search Engine Bias and the Demise of Search Engine Utopianism", 8 *Yale J. L. & Technology* 188, 2006; Yoo, Christopher S. "Free Speech and the Myth of the Internet as an Unintermediated Experience", 78 *George Washington Law Review* 697, 2010: Volokh, Eugene & Falk, Donald M. "Google First Amendment Protection for Search Engine Search Results", *UCLA School of Law Research Paper* No. 12-22, 2012.

54) Ammori, Marvin & Pelican, Luke. "Competitors' Proposed Remedies for Search Bias: Search 'Neutrality' and Other Proposals", 15 *Journal of Internet Law* 1, 2012.

55) Goldman, op. cit, pp. 191-195; Volokh & Falk, op. cit pp. 884-885; Ammori & Pelican, op. cit pp. 13-19.

56) Bambauer, Jane. "Is Data Speech?", 66 *Stanford Law Review* 57 (2014).

57) Grimmelmann, James. "Speech Engines", *University of Maryland Francis King Carey School of Law Legal Studies Research Paper* No. 2014-11.

그때 자신의 이해관계에 따라서 자의적으로 편집할 수 없다. 그와 같은 자의적 편집은 이용자의 신뢰에 대한 배신이자 자문자로서의 자기 정체성에 반하는 행위로서 부당하다. 이 이론에 따를 경우에는 검색엔진이 콘텐츠의 내용을 파악하여 이용자의 이익을 우선한다는 전제하에 자신의 편집방향과 맞지 않는 경우에는 검색순위를 하향하거나 아예 순위에서 배제할 수도 있을 것이다.[58]

자문자로서 검색엔진은 이용자의 자발적 판단을 중시하여 가능한 최대한의 웹사이트 접근성을 보장하여야 하며 이용자의 이익에 충실할 의무를 진다. 이용자의 선택이 아닌 정부를 포함한 외부의 부당한 압력에 따라서 특정 웹사이트를 차단하는 것은 해당 웹사이트의 표현의 자유를 제약할 뿐만 아니라 표현의 자유의 전제로서 정보접근성을 제약할 위험이 있다. 또한 금전을 받고 검색순위를 변경한다거나 자신 또는 계열사의 서비스를 상위에 노출시키는 행위는 이용자의 이익을 우선할 충실의무를 저해할 위험이 있다.[59] 무엇이 이용자에게 이익이 되는 행위인지에 대한 검색엔진의 자율적 판단은 존중되지만 검색엔진에 부여되는 사회적 신뢰를 배신하는 행위, 특히 자율적으로 설정한 원칙에 의도적으로 반하는 검색결과 조작행위를 규제하기 위해서는 신용평가기관에 적용되는 것과 같은 외부적 규율이 필요할 수 있다.[60]

(4) 표현의 도구론

검색엔진에 대한 규제가 직접적이지 않아도 간접적으로 표현의 자유와 관련이 될 수 있다. 근년 학자들은 표현을 촉진시키는 도구에 대한 제약이 표현에 대한 제약이 된다는 논리를 전개하고 있다.[61] 종이, 윤전기의 생산과 판매를 금지하면 신문을 통한 표현에 지대한 영향을 주는 것과 같다. 마찬가지로 검색엔진에 특정 유형의 내용물을 걸러낼 의무를 부과하는 것은 표현의 도구에 대한 규제에 의해 표현의 자유에 영향을 미치는 것이다. 즉, 검색엔진 자체가 표현행위를 하는 것이 아니라 표현의 도구로서 기능하는데, 표현 자체에 대

---

58) Ibid, pp. 893-900.

59) Ibid, pp. 901-906.

60) Ibid, pp. 926-932.

61) Balkin, Jack M. "Old-School/New-School Speech Regulation", 127 *Harvard Law Review* 2296 (2014); Post, Robert. "Encryption Source Code and the First Amendment", 15 *Berkeley Technology Law Journal* 713 (2000); Bracha & Pasquale, op. cit, pp. 1199-1201.

한 규제가 아니라 표현의 도구에 대한 규제라도 그로 인해 표현 자체에 영향을 주는 한도에서는 표현의 자유 법리가 적용될 수 있는 것이다. 이와 같은 요건에 해당하여 표현의 자유 적용범위에 들어오는 경우에는 보호의 정도에 관한 문제를 고찰하여야 한다. 검색엔진에 검색중립성 의무를 부과하여 자의적 차별을 막는 것은 검색엔진에 부담이 될 수는 있으나 웹사이트의 표현에 주는 영향은 미미하다고 할 것이므로 검색중립성 의무가 적절한 수준에 한정되어 부과되는 경우 표현의 자유 법리가 그 부과를 막지는 않는 것으로 판단된다.

(5) 소결

미국판례는 검색엔진을 포함한 영리 사업자의 데이터 처리를 표현으로 인정하고 헌법적 보호를 부여하기를 주저하지 않았다. 반면에 학설은 이에 대해 호의적이지만은 않다. 먼저 검색엔진이 단순히 색인기능만 하는 경우에는 검색어에의 관련성에 대한 알고리즘적 판단에도 불구하고 이를 검색엔진의 '표현'이라고 하기 보다는 검색'결과'라고 하듯이 이용자의 사용에 공하는 도구로서 제공되는 객관적 산출물이지 이용자를 설득하기 위하여 검색엔진이 의견을 제시한 것으로는 이해되지 않는다. 다만, 한국의 포털과 같이 스스로의 표현 또는 편집을 적극적으로 하는 경우는 달리 보아야 할 것이며 향후 검색엔진의 고도화, 전문화, 개별화가 진행되면서 표현성이 강화되는 경우 이에 대해서 표현의 자유를 넓게 인정하게 될 여지를 부인하기는 어려울 것이다.[62]

표현이 알고리즘이라는 방식으로 이루어졌다는 것이 표현으로서의 본성에 차이를 가져오지 않는다고는 하나 알고리즘을 통한 표현에 대한 규제는 표현의 개념 범위가 넓어진 만큼 표현에 영향을 주는 규제라고 하여 모두 종전과 같이 규제의 합헌성에 대해 엄격한 사법심사를 하는 것이 적절하지 않다는 자각을 불러오게 되었다.[63] 예컨대 조세와 같이 일반적 성격을 갖는 규제가 간접적으로 표현에 영향을 주는 것, 사기 및 허위표시 금지가 표현의 자유에 영향을 주는 것은 표현의 보호에도 불구하고 정당한 규제로 인정되었다.[64] 검색

62) Wu, Tim. "Machine Speech", 161 *University of Pennsylvania Law Review* 1495 (2013), p. 1530.

63) Benjamin, Stuart M. "Algorithms and Speech", 161 *University of Pennsylvania Law Review*, 1445 (2013).

64) Epstein, Richard. "The Irrelevance of the First Amendment to the Modern Regulation of

엔진이 알고리즘을 이용하여 데이터를 처리하는 경우에는 그 처리에 표현적 인자가 있다고 하여도 미소(微少)하며, 데이터 처리의 기능적 목적을 고려할 때 그 처리의 공정성을 확보하기 위한 규제는 일반적 성격의 규제로 적절한 것이다.

요약컨대, 자문자 이론이 지적하는 대로 검색엔진에 의한 검색결과 조작과 관련하여 적어도 객관적으로 거짓이며 주관적으로도 그 거짓임을 알고 타인을 해할 미필적 고의 이상을 가지고 행한 데이터 조작의 경우에는 표현의 자유에도 불구하고 헌법적 보호를 받지 못하며, 표현의 도구론에 입각한 검색엔진에 대한 절제된 규제는 정당화될 수 있다고 할 것이다.[65)]

3. 논평

(1) 검색결과 조작의 문제성

1) 민주주의와의 관계

검색엔진은 기본적으로 검색인이 클릭해서 들어갔을 때 그의 관심을 만족시킬 수 있을 웹사이트의 링크를 제공하는 것을 목적으로 하며 이를 위해 각 웹사이트를 여러 기준에 따라 평가하여 순위를 부여한다. 검색알고리즘의 향상 또는 조작이 이런 목적에 충실하게 검색인의 이익을 우선하는 경우 민주주의에 부합한다고 할 것이다. 그러나 검색엔진의 영업모델이 검색인으로부터 직접적으로 수익을 창출하는 것이 아니라 광고수익, 검색어 판매 등에 의존함에 따라 결국은 자본의 힘이 발휘하게 되었고 다른 정치, 사회적 권력도 검색엔진에 개입을 시도하고 있다. 오프라인 사회에서의 경제, 정치, 사회적 힘이 민주적으로 형성된 것이라면 이 힘이 온라인에 반영되는 것이 반드시 비민주적이라고 할 수는 없을 것이다. 하지만 이와 같은 오프라인의 힘 또는 검색엔진 자체의 사적 이익이 검색결과에 영향을 미쳤다는 것을 투명하게 공개되지 않는 경우에는 민주주의를 왜곡시킬 것이다. 나아가, 오프라인의 지배세력이 그들의 힘을 온라인에 확장할 수 있는 기회를 제한 없이 제공하는 것은 오프라인 약자의

---

the Internet", *ICARUS*, Fall 2013, 14, p. 27.

65) Grimmelmann, op. cit. pp. 932-934.

실질적 평등과 자유를 박탈할 우려도 있다. 따라서 민주주의 원칙에 의할 때 이용자의 요구에 부응하기 위한 투명한 기준에 따른 검색알고리즘의 변경은 적절한 것이나 특정인이나 세력의 이익을 위한 변경은 이에 반할 것이다.[66]

2) 경제적 효율성과의 관계

정확한 정보를 적기적소에 제공하는 것이 경제적 효율성 증진을 위한 불가결한 조건이며 이는 모든 검색엔진이 적어도 명목적으로 추구하는 바이기도 하다. 검색엔진이 다른 유인에 이끌려서 검색인에게 최적의 정보가 아닌 후순위의 정보를 제공하는 것은 경제적 효율성을 저하시킨다. 검색시장의 구조가 독과점으로 변하는 경우 독과점업자가 검색결과를 자의적으로 변경하는 것이 용이해진다. 또한 검색결과에 자의적 변경가능성이 있는 경우 이를 이용할 수 있는 가능성은 내외부의 지배적 권력을 가진 집단이 전유하게 될 것이다. 따라서 검색결과에 대한 자의적 조작을 허용하는 것은 시장 구조적, 사업자 행태적 측면에 대한 적절한 보장이 없이는 경쟁상황을 후퇴시키며 경제적 효율성을 저하시킨다.[67]

3) 공정성과의 관계

검색엔진이 검색결과를 조작하는 경우 이 과정에서 불이익을 당한 측이 흔히 주장하는 것이 불공정성이다. 이에 대해 검색엔진은 사기업이므로 영업의 자유가 존중되어야 하며 공기업과 같이 공정성이 우선될 수 없다고 주장할 수 있다. 하지만 여전히 19세기 이래 발전해온 사인에 의한 공공 서비스제공이론(common carrier)[68]에 근거하여 사기업도 시장 상황에 의해 다른 대안 서비스를 찾기 어려운 경우에는 공정성 의무가 부여될 수 있다는 반론이 가능하다. 검색엔진에 이와 같은 의무를 부과할 당위성 및 부과방법 등에는 적지 않은 이견이 존재한다.[69]

---

66) Bracha & Pasquale(2008) pp. 1171-1173.

67) Ibid, pp. 1173-1175.

68) 여인숙, 기차, 우편, 통신 사업자 등에 비차별의무를 부과한 이론을 말한다. 당시에는 기차, 우편, 통신 서비스를 민간업자가 제공하였다.

69) Bracha & Pasquale(2008) pp. 1175-1176.

4) 기만적이거나 부당한 표시

각국의 공정거래위원회가 검색엔진에 대하여 취한 조치의 근거는 대부분 검색결과가 검색엔진이 공언한 약속과 일치하지 않는 기만적이며 부당한 측면을 가지는 경우가 있다는 데에 근거한다. 즉, 공언하기는 검색어와의 관련성에만 근거하여 결과를 보여주겠다고 하고서 실제로는 광고액의 다소, 협력관계 여부 등을 순위결정에 있어 중요한 요소로 산입함은 기만적이고 부당한 표시 행위라는 것이다. 검색엔진이 자신의 검색순위 결정요소 중에 광고액, 협력관계여부 등이 포함된다는 것을 분명히 하고 검색결과에도 이와 같은 사항을 시각적으로 보여준다면 기만성은 극복될 수 있을 것이다. 규제당국은 검색엔진에 표시내용의 진실성을 실증할 것을 요구할 수 있다.[70]

5) 소비자주권

검색시장이 독과점인 상황에서 검색엔진의 적극적인 기망행위가 없다고 해서 소비자주권이 지켜질 수 있느냐에 의문이 제기될 수 있다. 소비자주권은 여러 선택지에 대한 충분한 정보를 가지고 합리적 선택을 하는 경우에야 실질적인 것이 될 것이다. 사실상 선택의 대안이 없이 지배적 검색엔진이 보여주는 것을 봐야만 한다면 소비자주권이 존중된다고 할 수 없다. 검색알고리즘이 비밀로 되어 있는 경우 나름 그 비익의 필요성이 인정된다고 하더라도 소비자 주권을 제한하는 요소가 되는 것 또한 사실이다. 실제로 소비자들은 속아도 속는지 모르는 것이 대부분인 것이 현실이다. 행여 속았다는 것을 아는 경우에도 그것이 결정적인 사안이 아니라면 이용하는 검색엔진을 바꾸는 데에까지 나아가지는 않는 게 일반적이다. 소비자주권이 보장되지 않는 시장상황에서 검색엔

70) 표시·광고의 공정화에 관한 법률 제5조(표시·광고 내용의 실증 등)
① 사업자등은 자기가 한 표시·광고 중 사실과 관련한 사항에 대하여는 실증(實證)할 수 있어야 한다.
② 공정거래위원회는 사업자등이 제3조 제1항을 위반할 우려가 있어 제1항에 따른 실증이 필요하다고 인정하는 경우에는 그 내용을 구체적으로 밝혀 해당 사업자등에게 관련 자료를 제출하도록 요청할 수 있다.
③, ④ 생략
⑤ 공정거래위원회는 사업자등이 제2항에 따라 실증자료의 제출을 요구받고도 제3항에 따른 제출기간 내에 이를 제출하지 아니한 채 계속하여 표시·광고를 하는 경우에는 실증자료를 제출할 때까지 그 표시·광고 행위의 중지를 명할 수 있다.

진의 검색결과 조작재량을 넓게 인정하는 것은 소비자의 피해를 야기할 개연성이 높다.[71]

6) 프라이버시의 문제

검색엔진이 고객개별화 서비스를 고도화할수록 검색엔진의 조작적 결정과 이용자의 독자적 결정을 구분하기 어려워진다. 이런 경우 검색알고리즘이 표현의 자유 법리에 의하여 적절한 통제조차 벗어나는 경우 개인의 프라이버시 영역은 갈수록 축소된다.[72]

(2) 시장 및 기술적 대응

1) 시장에 의한 대응

인터넷 부문에의 참여자들은 다른 부문에서보다 시장에 대한 신뢰가 크다. 지금까지의 인터넷 산업발전을 가져온 것이 시장에 자유를 부여한 것에 기인한다는 인식은 검색엔진의 검색결과 조작이란 문제에 대해서도 시장의 수요와 공급에 의하여 해결하는 것을 우선하여야 하고 시장에 의해 해결될 것이라는 입장으로 이어진다. 즉, 검색결과 조작이 이용자의 기대를 저버리는 경우 이용자들이 해당 검색엔진에서 다른 검색엔진으로 옮겨갈 것이며 이와 같은 이전에 드는 비용이 크지 않으므로 검색엔진은 마음대로 검색조작을 하지 못한다는 것이다. 그러나 검색엔진은 생각보다 자본이 많이 드는 업종으로 진화하고 있다. 과거 유력했던 야후, 네이트 등을 이기고 그보다 월등한 검색기능을 갖춘 구글, 네이버 등의 기업이 현재의 자리를 차지하고 있기 때문에 이들도 가까운 시일에 강력한 도전을 받을 것이라고 기대할 수 있을까? 적지 않은 이들이 검색알고리즘 고도화가 한계에 도달했기 때문에 이제는 과거와 같은 급격한 시장변화가 없을 것이라고 한다. 다른 한편 검색 서비스를 제공하는 데에 저작권처리와 같은 각종 비용이 증대하고 있는 데 이도 신규 시장진입자에 장벽으로 작용한다. 시장에 의한 규율을 신뢰하는 측에서는 검색 서비스 이용자의 전환비용이 높지 않은 것을 지적하지만 개별적인 이용자의 입장에서 검

71) Bracha & Pasquale(2008) pp. 1178-1179.

72) Blackman, Josh. "What Happens if Data Is Speech?", 16 *Journal of Constitutional Law Heightened Scrutiny* 25, 28-29, 2014.

색 서비스 전환의 유인이 생기기 위해서는 현재 사용하는 서비스에 심하게 불만족을 느낄 정도로 검색조작에 의하여 서비스의 질이 경쟁 검색 서비스에 비하여 하락하여야 한다. 물론 현 검색 서비스 입장에서도 그와 같은 상황을 초래할 이유가 전혀 없다. 따라서 기존 지배적 업자는 고객이 불편함을 인식하지 못할 정도로 은밀하고, 국부적이며, 때로는 순수한 검색향상을 위한 알고리즘 변환과 구별이 어려울 정도로 결부시켜 검색조작을 하게 된다. 나아가 검색 서비스도 개별 고객의 검색취향에 맞추어 개인화되는 경향에 있는 데 이와 같은 개인화는 기존 검색 서비스에 비하여 신규 검색 서비스의 진입비용을 증대시킨다. 이와 같이 시장에 의한 자율규제가 있다고는 하나 검색시장의 자본집중화 추이와 검색 이용자의 검색결과 조작에 대한 비민감성을 고려할 때 이는 극단적인 경우에나 작동할 수 있을 것이며 은밀한 검색조작에 대응하기에는 불충분하다.[73]

2) 기술에 의한 대응

검색결과조작이란 문제를 기술발전에 따라 자연스럽게 해결될 것으로 보는 견해도 있다. 검색 서비스의 개인화가 진행될수록 검색결과는 개별 이용자의 특성에 따라 달리 배열, 제공될 것이다. 개별고객지향 서비스는 지배적 이용자군 뿐만 아니라 소수 이용자들의 수요도 존중받을 수 있는 가능성을 제시한다.[74] 하지만 검색 서비스 개인화는 역으로 선별적 조작도 가능하게 한다는 점에서 검색결과 조작에 대해서 양면의 칼과 같은 위치에 있으며 문제해결을 이에만 의존하지 못한다.[75]

(3) 표현의 자유에 근거한 규제반대론의 한계

앞서 살펴본 바와 같이 미국의 하급법원은 채권에 대한 금융기관의 신용평가를 표현으로 보호한 연방법원 판례를[76] 확대 적용하여 웹사이트에 대한 검색엔진의 관련성 평가도 표현의 자유로서 보호받기 때문에 모든 책임으로부

---

73) Bracha & Pasquale(2008) pp. 1179-1186.

74) Eric Goldman, "Search Engine Bias and the Demise of Search Engine Utopianism", 8 *Yale J. L. & Tech.* 188, pp. 198-199 (2006)

75) Bracha & Pasquale(2008) pp. 1186-1188.

76) *Jefferson County*, 175 F.3d p. 852.

터 면제받을 수 있는 듯한 인상을 주는 판결을 하였다. 이하 검색결과가 표현의 자유에 의한 보호의 범주에 드는지 여부, 범주에 든다면 보호의 정도는 어떠한 지를 나누어 고찰한다.

사실 우리가 언어적으로 표현이라고 부를 수 있는 것들보다는 헌법상 표현의 자유의 보호대상으로서의 표현의 범위가 훨씬 좁다.[77] 예컨대, 자동차 주차유도 신호와 같이 일정한 변수에 반응하여 자동적으로 소리를 내도록 하는 것을 표현이라고 한다면 이는 표현의 자유의 보호범위에서 벗어나는 표현이다. 검색엔진이 표현의 자유를 주장하는 경우 보호의 객체인 표현은 순위알고리즘, 검색결과가 될 것이다.[78] 경우에 따라서는 검색된 웹사이트의 내용까지도 여기서 관련된 표현이라고 주장될 수 있을 것이지만, 검색엔진은 이의 유통과 관련한 보조적 역할을 한 것에 불과하므로 검색엔진에 대한 정부규제를 표현의 자유 차원에서 제한하는 명분은 약하다. 이 경우의 규제에 적용되는 법리로서 미 연방대법원은 Turner 사건에서 표현의 자유가 사기업이 정보유통망에 대한 통제를 통하여 정보와 사상의 자유유통을 제약하는 것에 대응한 정부조치를 취하지 못하게 하지 않는다고 판시했다.[79] 정보유통의 중간매개자에 대한 정당한 규제의 정도는 중간매개자의 통제력에 비례하게 될 것이다. 인터넷 환경에서의 중간매개자가 케이블방송에서의 중간매개자에 비하여 정보유통을 통제할 수 있는 가능성이 적다면 정부의 규제 정당성도 그만큼 낮아진다. Reno v. ACLU에서 대법원은 이와 같은 인식하에 정부의 인터넷 규제에 대해 엄격한 잣대를 갖다 대었다.[80] 하지만 인터넷 및 그 환경에서의 중간매개자에 대한 인식이 위 사건이 있던 1990년대 중반과 그로부터 20여년이 지난 지금과는 상당히 다르다. 예전의 사이버스페이스 낭만주의는 현실주의에 자리를 내준지 오래다. 또한 인터넷생태계는 비약적으로 성장하여서 한마디로 전체의 성격을 규정하기는 어려우며 구체적 서비스에 맞추어 성격을 분석하고 규범적 판단을 하는 것이 적절하게 되었다. 현 시점에서 검색엔진이 인터넷생태계에서 차지하는

77) 한편, 이 글과는 거리가 있는 주제이므로 상론하지 않으나 비언어적 표현도 표현의 자유의 보호대상이 될 수 있다.

78) *Search King*, op. cit, pp. 11-12.

79) *Turner Broadcasting Sys*, 512 U.S. p. 657 (1994).

80) 521 U.S. 844, 870 (1997).

위치는 웹사이트를 비롯한 인터넷응용 서비스 사업자를 이용자와 연결시키는 결정적 요로를 점하고 있다고 할 것이다. 물론 각국의 환경에 따라 특정 검색엔진의 실질적 시장지배력에는 차이가 있다.

웹사이트의 내용이 표현의 자유의 보호대상이 된다는 데에는 이론이 있을 수 없으나 거기에서 검색엔진의 편집·배열에 대한 어떠한 수준의 규제도 할 수 없다는 결론이 도출되지는 않는다. 검색엔진 자신이 검색결과에 연결된 내용물과 관련된 불만제기에 대응하여 자신은 수동적 도관에 불과하다고 성격 규정한 것은[81] 검색순위와 관련한 분쟁에서 자신은 표현자 내지는 편집인이라고 성격 규정하는 것과는 극렬한 대조를 보인다. 일견 이율배반이며 금반언의 원리에 반하는 이 태도를 합리화하기 위하여 검색엔진 측은 각 경우에서 주장되는 보호의 대상인 표현이 서로 다른 것이므로 양립할 수 있는 논리라고 항변한다. 즉, 웹사이트 콘텐츠에 대해서는 도관이지만 검색결과와 순위 자체에 내포된 정책, 사상과 관련해서는 직접적인 표현자가 된다는 것이다. 페이지랭크를 그에 대해 불법행위 소송을 제기할 수 없는 '의견'으로 보고 채권의 신용등급과 비교한 Search King 재판부도 이러한 차이를 인정한 것으로 보인다.[82]

검색엔진측은 검색중립성 의무를 부과하는 것은 강요된 표현은 금지된다는 헌법 원리에 반한다고 주장한다. 강요된 표현은 표현의 자유에 반한다는 법리가 적용되기 위해서는 먼저 표현이 있어야 한다. 하지만 검색결과와 순위에 내재된 정책, 사상, 표현이라는 것이 표현의 자유 법리가 보호의 대상으로 상정한 표현의 범주에 들어 올 수 있을 정도의 비중인지에 의문을 가질 수 있다. 검색결과나 순위에 어떤 표현적 요소가 있을지 몰라도 그 주된 성격은 표현이라기보다는 이용자와 웹사이트를 매개해주는 기능적인 것이다. 사실 검색결과보다도 훨씬 표현적인 주식에 대한 가치평가, 상거래상 표시광고 등도 증권거래법,[83] 표시·광고의 공정화에 관한 법률[84] 등에서 규제의 대상으로 삼고 있

---

81) 저작권법(DMCA)이나 통신품위법(CDA) 위반행위에 대한 매개자 책임을 추궁당하는 경우 이와 같은 방어법리를 동원한다.

82) *Search King*, op. cit. p. 9.

83) 자본시장과 금융투자업에 관한 법률 제335조의9(독립성·공정성)
신용평가회사 및 그 임직원은 신용평가에 관한 업무를 함에 있어 독립적인 입장에서 공정하고 충실하게 그 업무를 수행하여야 한다.
기타 제335조의11(신용평가회사의 행위규칙), 제335조의12(신용평가서 등의 제출·공시 등),

는데도 표현의 자유가 문제되지 않는다. 법원도 이와 같은 기능적 표현은 표현의 자유의 범위에 들어오지 않는다고 인정한 바 있다.[85] 따라서 사실의 나열, 기능적 표현은 일반적으로 표현의 자유의 보호범위에 들어오지 않으며[86] 검색결과도 일반적으로 그 범위의 밖에 위치한다고 할 것이다.

표현의 자유가 개인의 자율성과 자기실현을 촉진시키는 데에 중요하다는 관점에서 보았을 때[87] 상업적 기능에 부수되는 영리적 표현은 보호의 대상으로 인정할 의의가 미약하다. 또한 공적이슈에 대한 숙의를 위해서 표현의 자유가 중요하다는 입장에서는[88] 조작되지 않은 검색결과를 제공받을 이용자의 권리가 더 중시되어야 할 것이다. 표현의 자유가 진실을 발견하는 데에 기여한다는 입장에서도[89] 검색결과의 배열 자체가 진리적 속성을 갖는 것도 아니며 그 순위의 적절성에 대하여 검증 가능한 논쟁으로 진실에의 접근을 도모하기도 어렵다는 측면에서 보호범위에 포함시킬 필요성이 적다.

제335조의15(신용평가회사에 대한 조치), 제402조(시장감시위원회), 제426조(보고 및 조사) 등 참조.

84) 동법 제3조(부당한 표시·광고 행위의 금지)
① 사업자등은 소비자를 속이거나 소비자로 하여금 잘못 알게 할 우려가 있는 표시·광고 행위로서 공정한 거래질서를 해칠 우려가 있는 다음 각 호의 행위를 하거나 다른 사업자등으로 하여금 하게 하여서는 아니 된다. 이하 생략.
기타 제4조(중요정보의 고시 및 통합공고), 제5조(표시·광고 내용의 실증 등), 제14조(표시·광고의 자율규약) 등 참조.

85) Brocklesby v. United States, 767 F.2d 1288, 1294-95 (9th Cir. 1985); Saloomey v. Jeppensen & Co., 707 F.2d 671, 676-77 (2d Cir. 1983); Aetna Cas. & Sur. Co. v. Jeppesen & Co., 642 F.2d 339, 342-43 (9th Cir. 1981).

86) 절대적 구분이라고 할 수는 없으나 Greenawalt의 구분을 빌린다면 공개적 표현, 공익적 표현, 일반적 표현, 규범적 표현의 경우 표현의 자유의 범위에 들어올 것이나 내밀한 표현, 사익을 위한 표현, 특정적 표현, 정보적 표현은 표현의 자유의 범위에 들어오지 않는다. Kent Greenawalt, "Speech and Crime" *American Bar Foundation Research Journal* 645, 676, 742-56 (1980). 현재 검색결과는 공개적 표현이라는 지표에서만 표현의 자유의 범주에 들어오나 이도 향후 검색 서비스가 이용자 개개인에 맞추어 개인화하는 경우에는 내밀한 표현이 될 것이다.

87) Baker, C. Edwin. *Human Liberty and Freedom of Speech*, 92-122 (1989); Raz, Joseph. "Free Expression and Personal Identification", 11 *Oxford Journal of Legal Studies* 303, 306 (1991).

88) Sunstein, Cass R. *Democracy and the Problem of Free Speech*, 241-52 (1993).

89) Marshall, William P. "In Defence of the Search for Truth as a First Amendment Justification", 30 *Georgia Law Review* 1, 1(1995).

위에서 살펴본 검색엔진관련 사례들에서 법원이 의지하고 있는 판례들은 검색엔진과는 사뭇 성격이 다른 신문사, 신용평가기관 등에 적용한 표현의 자유 법리를 무비판적으로 차용한 것에 불과하다. 연방대법원이 표현의 자유의 적용범위를 요금청구서,[90] 운전번호판,[91] 거리행진[92] 등에까지 확대한 것이 사실이다. 하지만 각 사안을 살펴보면 특정표현을 강제당하는 자와 해당 표현 간에 일정한 관련성이 있었던 반면 검색엔진의 경우에는 적어도 웹사이트의 내용물과는 이런 관련성을 찾을 수 없다. 검색엔진이 해당 내용물을 만들었다거나 승인 내지 묵인하는 것으로 오인할 이용자가 없는 것이다. 이는 요금청구서에 실리는 광고가 요금청구서 발송자에게, 운전번호판에 들어가는 글귀가 운전자에게, 거리행진 참가자의 구호가 행진기획자에게 갖는 관련성과는 확연한 차이를 보인다. 검색엔진의 경우 오히려 인터넷 망 사업자에게 콘텐츠에 대한 책임을 묻지 않는 것에 더 근접하다고 하겠다.

검색결과에 은연중 표현된 것이나 검색순위에 나타나는 검색어와 웹사이트간의 관련성에 대한 평가를 표현이라고 한다면, 이와 같은 표현은 우리 사회의 도처에 너무나 편재되어 있다. 따라서 이에 대한 규제를 표현의 자유의 침해라고 한다면 사회의 정상적 운영에 심각한 장애를 초래할 수 있다. 예컨대 물건판매자가 고객의 상품문의에 대응하여 상품을 복수로 추천하면서 상품 설명을 하는 경우 이에 대한 규제를 표현의 자유 때문에 못하게 하는 것은 현행 표시·광고에 관한 법률의 존재를 망각한 극단적 견해라고 할 것이다.

Search King 판결은 검색순위가 객관적이기보다는 주관적으로 정해진다는 데에 논거를 삼았다. 하지만 검색알고리즘의 구성에 있어 주관적 요소보다는 객관적 요소가 차지하는 비중이 절대적이며, 사실 검색결과는 주관적, 객관적을 떠나서 기능적이다. 검색순위는 의견과 달리 평가, 비판, 지지하는 대상이 되지 않는다. 이용자들이 검색결과에 대해서 만족하거나 불만을 가질 수는 있어도 이에 대해 평가, 비판, 지지를 표할 대상으로 생각하지 않는다. 일부 주관적 판단이 개입되었다고 하더라도 이와 같은 것을 표현의 자유의 보호대상으

90) Pacific Gas & Elec. Co. v. Public Utilities Commission, 475 U.S. 1, 20-21 (1986).

91) Wooley v. Maynard, 430 U.S. 705, 714-17 (1977).

92) Hurley v. Irish-American Gay, Lesbian, and Bisexual Group of Boston, 515 U.S. 557, 559 (1995).

로 삼아서 이에 대한 규율을 못하게 하는 경우 사회 작용의 상당부분이 법의 규율에서 벗어나게 되는 예기치 않은 결과에 도달할 수 있다.[93]

(4) 검색엔진의 영업비밀과 투명성

검색엔진은 보다 고객의 의도에 부합하는 검색결과를 도출하기 위하여 검색알고리즘 개발에 투자를 하고 개발된 알고리즘을 엄격히 비밀로 취급하고 있다. 검색알고리즘 뿐만 아니라, 검색의 계량적 추이, 검색어의 유형에 관한 자료 등을 기업비밀로서 보호하며 정부의 제출요구에도 불응하는 자세를 보이고 있다.[94] 검색알고리즘의 비밀성 유지는 검색엔진의 기업이익을 위한 것일 뿐만 아니라 공익적 차원에서도 필요한 것이라고 주장되고 있다. 외부인들이 검색알고리즘의 구조를 알게 되는 경우 이에 맞추어 자신의 웹사이트 검색순위를 높이기 위한 인위적 전략을 구사하게 될 것이며[95] 이는 검색결과의 이용자만족도를 저하시키는 부작용이 있다.

반면에 검색엔진 사업자의 운영정보를 사업자의 절대적 비밀영역으로 남겨놓는 것은 검색엔진에 의한 기밀성의 남용을 유도할 수 있다. 사실 투명성이 보장된다면 검색중립성 문제에 대하여 훨씬 유연하게 대처할 수 있다. 즉 공언된 검색엔진의 정책에 입각한 공개적 차별의 경우 비밀스런 차별에 비하여 규범적으로나 경제적으로나 큰 문제를 일으키지 않으며 오히려 다양성 확보를 위하여 용인될 필요가 있다. 하지만 앞서 언급한 검색엔진 최적화 등의 문제로 검색알고리즘을 일반에 공개하는 것이 적합하지 않다고 판단하는 경우에는 비공개를 전제로 그 남용을 방지하기 위한 조치가 필요하다. 결국 검색엔진과 이용자 양측의 신뢰를 받는 제3자에 의한 검증이란 방법을 통하여 검색엔진이 부당한 차별행위를 하는지 여부를 필요시 조사할 수 있도록 하는 것이 적절하겠다. 이와 같은 신뢰받는 제3자는 자율규제단체 또는 전문규제기관이 될 수도 있으며 종국적으로는 법원도 검색알고리즘 검증의 권능을 갖는다고 할 것이다.

---

93) Bracha & Pasquale(2008) pp. 1198-1199.

94) Grimmelmann, James. "The Structure of Search Engine Law", 93 *Iowa Law Review* 1, 48 (2007).

95) 이를 속칭 검색엔진최적화(Search Engine Optimization)라고 한다.

(5) 표현의 다양성과 보호의 차별화

우리가 사용하는 '표현'이라는 용어는 광범위한 외연을 가지고 있어서 이에 속한다고 법적으로 동일하게 취급할 수 없다. 비언어적 표현을 논외로 하고 '언어적 표현'(speech)만 보더라도 일반적으로 발화(發話)가 표현의 자유의 외연(外延)을 정한다고 할 것이나 발화의 성격에 따라 보호의 정도가 달라진다. 예컨대, 사실의 진술이냐 의견의 표명이냐, 상업적 표현이냐 비상업적 표현이냐에 따라서 보호의 정도가 다르다.[96] 의견 내지 주장의 경우 고도의 표현의 자유를 누린다. 하지만 발화 중에서 사실의 진술이라는 형태를 띤 경우에는 그보다 낮은 보호를 받는다. 즉, 사실의 진술이 객관적으로 거짓이며 나아가 주관적으로도 거짓인 허위의 진술인 경우에는 합리적 규제의 대상이 되어야 할 것이다. 아니면 말고 하는 무책임한 발언이나 의도적인 허위발언은 공적이슈에 대한 토론을 통한 여론 형성에 기여하는 바가 혹시 있다고 하더라도 미미하며 오히려 부작용이 크다고 할 것이다.[97] 검색엔진의 알고리즘과 검색결과를 발화라고 할 수 있을지도 의문이지만 가사 이를 긍정하더라도 일반적으로 상업적 표현이라 할 것이며, '의견'이라고 할 수는 없다.

사실 미국 연방대법원은 '의견'이라고 해서 모두 명예훼손에 대한 면책을 부여받는 것은 아님을 분명히 했다.[98] 공적인물에 대한 언론사의 의견이더라도 그 의견이 거짓임을 알았거나 알 수 있었을 경우에는 책임을 져야 한다. 공적 관심도가 낮은 사인에 대한 허위보도로 손해가 발생한 경우에는 책임의 주관적 요건이 더 완화된다.[99] 따라서 검색엔진에 엄격한 기준을 적용하더라도 검색엔진이 특정 웹사이트의 이익을 해할 의도를 가지고 사실에 반하여 순위를 조작하는 경우에는 불법행위를 구성한다고 할 것이다.

---

96) 상업광고는 표현의 자유의 보호영역에 속하지만 사상이나 지식에 관한 정치적, 시민적 표현행위와는 차이가 있고, 인격발현과 개성신장에 미치는 효과가 중대한 것은 아니므로, 비례의 원칙 심사에 있어서 피해의 최소성 원칙은 입법목적을 달성하기 위하여 필요한 범위 내의 것인지를 심사하는 정도로 완화된다. 헌법재판소 2005.10.27. 선고 2003헌가3 결정.

97) Gertz v. Robert Welch, Inc., 418 U.S. 323 (1974) p. 340.

98) Milkovich v. Lorain Journal Co., 497 U.S. 1 (1990).

99) Dun & Bradstreet v. Greenmoss, 472 U.S. 749, 760-61 (1985).

(6) 검색중립성과 표현의 자유간의 조화

검색엔진은 정부의 공공사업에서 태동한 것이 아니라 사기업들의 개별적인 노력에 의해서 개발된 시장이다. 동일한 검색어에 대한 검색결과도 검색엔진마다 차이를 보이며 최근에는 이용자, 검색장소 등에 따라 차별화하여 보다 고객의 기대에 부합하는 검색결과를 제공하려는 노력을 기울이고 있다. 하지만 검색결과는 개인적 가치관이나 심미관에 따른 의견과는 달리 객관적 데이터를 기초로 한 사실의 진술이라는 점에서 순수한 주관적 의견에 비하여 약한 수준의 표현적 가치를 가지고, 따라서 표현의 자유의 보호 수준은 상대적으로 낮다.[100]

검색중립성 옹호론자들도 모든 검색엔진이 동일한 검색알고리즘을 통해 동일한 검색결과를 가져와야 한다는 것은 아니다. 검색어와의 관련성과 이용자 만족도 제고를 위해서 스스로 설정한 기준에 반하는 조작을 하지 않을 것을 요구할 뿐이다. 사실 검색알고리즘은 관련성, 이용자만족도 이외에 법령의 준수, 사회도덕, 통합 서비스의 편리성 등을 검색기준으로 포함할 수 있다. 이와 같은 검색알고리즘의 복잡성을 인정한다면 검색엔진이 스스로 설정한 기준에 반하는 행위를 하였는지를 외부인, 특히 개인이 판단하기는 쉽지 않다. 객관성을 담보하는 감독기관에 정기적으로 검색알고리즘 구성에 관한 자료를 제출하도록 하여 검색엔진의 객관성에 의문이 있는 사람들은 감독기관에 검색엔진의 객관성 검증을 요청하고 감독기관은 이러한 요청을 참작하여 객관성 검증대상과 빈도를 결정할 수 있도록 하는 것이 합리적이라고 할 것이다.[101]

검색결과가 검색엔진의 표현에 해당한다는 점을 인정한다고 하더라도 공정거래법이나 불법행위법상의 의무로부터 원천적으로 면제된다고는 할 수 없으며 수단의 적합성과 침해의 최소성이 인정되는 범위에서 책임을 부과할 수 있을 것이다. 인터넷 이용자들이 검색엔진을 쉽게 바꿀 수 있다는 사실에서 검색엔진의 은밀한 차별행위를 정당화하기는 어렵다. 검색엔진의 편집방향이 명백히 공시되었거나 직감적으로 알 수 있는 경우가 아닌 경우에는 이용자는 검색결과가 특정 웹사이트를 배제하지 않고 망라적이며 검색어와의 관련 정도에

---

100) Winter v. G.P. Putnam's Sons, 938 F.2d 1033, 1036 (9th Cir. 1991); Volokh & Falk, op. cit. pp. 16-17.

101) Bracha & Pasquale (2008) pp. 1208-1209.

따른 순위로 배치될 것을 기대한다. 이는 지배적 지위의 검색엔진에만 해당하는 것이 아니라 모든 검색엔진 사업자에게 공통된 것이다. 웹사이트나 광고업자와의 관계에 있어서 검색엔진의 영업행태는 해당 검색엔진이 갖는 시장 지위에 따라 달리 규제될 수 있다. 하지만 이용자와의 관계에 있어서 금지되는 검색엔진의 표시행태가 시장지위에 따라 달라지는 것은 예외적 상황일 것이므로 일반적으로 검색엔진에 투명성, 공정성 의무를 부과할 수 있을 것이다.

경쟁법적 차원에서 검색중립성 의무 부과에 대한 구체적 판단을 유보하더라도[102] 인터넷 사업자로서 검색엔진은 과거 통신이나 케이블 사업자가 누리던 견고한 시장지배력을 누리고 있지 못하는 바 이들에 부과하던 중립성 의무를 그대로 가져와서는 아니 될 것으로 보인다. 검색중립성이 검색엔진의 검색알고리즘 향상을 위한 노력에 제약으로 작용할 우려도 적지 않다. 검색알고리즘에 대한 완전한 투명성의 실현이 가능하지도 않고 바람직하지도 않은 것이 사실이라면 검색엔진에게 자신의 관련 웹사이트를 우선적으로 노출시킬 자유를 일정 한도에서 부여할 수도 있겠다. 이런 경우 다른 웹사이트의 노출순위가 뒤로 밀리는 것은 반사적 불이익에 불과하다. 다만 자사 관련 사이트이기 때문에 우선 노출하거나 광고료를 받고 우선 노출하는 경우에는 그러한 정황을 소비자가 쉽게 인지할 수 있도록 표시하여야 할 것이다. 검색엔진이 타사의 검색순위 강등에 대하여 책임을 지기 위해서는 검색알고리즘 조작이 일반적인 검색결과 향상을 위한 것이 아니라 특정 경쟁 사업자를 해하기 위한 것이며 다른 정당화사유가 없는 경우여야 할 것이다.[103]

III. 검색엔진과 공정거래: EU집행위원회의 구글 제재 사건

1. 배경

2017.6.27. EU집행위원회는 구글이 검색시장의 지배적 지위를 남용하여 자신의 쇼핑가격비교 서비스에 부당한 이득을 주었다며 금지명령과 함께 24억

102) 선행연구로는 곽주원, "검색 중립성에 대한 논의", 「경쟁법연구」 제29권, 2013 참조.

103) Crane, Daniel A. "After Search Neutrality: Drawing a Line between Promotion and Demotion", *I/S: A Journal of Law and Policy for the Information Society* 9(3), 2014, p. 405.

2천만 유로의 과징금을 부과하였다.[104] 구글이 불복하여 법원에 소송을 제기하였기에 확정되기 위해서는 몇 년이 소요될 것으로 예상된다. 다만 집행위가 종전에는 구글의 자사 상품에 대한 우대를 불가피한 현실로 수용하고 투명성만 요구한데에 반하여 이를 불공정한 것으로 규정하고 거액의 과징금을 부과한 것은 입장의 변화를 의미하기에 그 구체적 논거를[105] 이하에서 살핀다.

2. 관련시장과 지배적 지위

이 사건의 관련 상품시장은 일반검색 서비스시장과 비교쇼핑 서비스시장이다. 관련 지역시장은 양자 모두 국가범위이다. 구글의 시장점유율, 진입장벽, 멀티호밍의 희소함, 브랜드 효과, 대응하는 구매력을 가진 자의 부재 등으로 인해 구글은 일반검색부문에서 EU 각국에서 2007년(체코의 경우에는 2011년) 이래 지배적 지위를 갖는 것으로 인정된다. 이는 서비스가 무료인 사실이나 PC 검색과 모바일 검색의 개별시장성 여부를 불문하고 유지되는 결론이다.

3. 지배적 지위 남용

구글이 일반검색 결과에서 자신의 비교쇼핑 서비스를 다른 비교쇼핑 서비스 보다 두드러진 모습으로 상단에 위치시킨 것은 이용자를 자신의 비교쇼핑 서비스로 유도하게 된다. 이용자의 검색행태상 구글 일반검색 이외에 URL창에 직접 도메인이름을 입력하는 등의 다른 경로로 이용자가 유입되는 비중은 미미하다. 구글의 행위는 비교쇼핑 서비스시장에서의 경쟁을 왜곡하고 소비자 선택권을 축소하는 남용행위이다. 구글은 문제행위가 부정적 영향을 압도할 만한 효율성 효과가 있다는 등의 객관적 정당화 사유를 제시하지 못하였다.

4. 영향

경쟁당국과 독점기업은 끊임없는 숨바꼭질을 하고 있다. 구글은 과징금 부과에 대해 불복하는 한편 금지명령의 이행방법으로 비교쇼핑 서비스에 대해

104) http://europa.eu/rapid/press-release_IP-17-1784_en.html.

105) Summary of Commission decision of 27 June 2017 relating to a proceeding under Article 102 of the Treaty on the Functioning of the European Union and Article 54 of the EEA Agreement (Case AT.39740 - Google Search (Shopping)) (notified under document number C(2017) 4444) OJ C 9, 12.1.2018, pp. 11-14.

서 자타를 불문한 경매제를 도입하였다. 형식적 비차별은 확보되었으나 결과는 대부분의 경우 호주머니가 넉넉한 구글의 비교쇼핑 서비스가 여전히 상단에 위치하게 되었다. 경쟁 사업자는 가격 경쟁을 견디지 못하여 물러나고 구글의 비용은 최종소비자에 전가되는 것에 대한 비판이 제기된다.[106)]

IV. 결론

한국 미래창조과학부는 2013.10. 발표한 「인터넷 검색 서비스 발전을 위한 권고안」을 통하여 인터넷 검색 서비스제공 사업자에게 공정하고 투명한 검색 서비스 제공기준으로 검색원칙을 매 회계연도 종료 후 3개월 이내에 공개하되 중요한 변경사항이 발생하면 즉시 공개할 것, 다른 사업자의 서비스를 부당하게 차별하지 말 것, 광고 및 자사 서비스를 이용자가 분명하게 인지할 수 있도록 구분할 것 등을 권고했다.[107)] 투명성 원칙과 관련하여 미국이나 EU보다 더 엄격한 내용의 권고를 한 것을 알 수 있다.

공정거래위원회도 2014.5. 네이버 및 그 자회사인 NPB[108)]와 다음[109)]의 검색 서비스 등에 있어서의 반경쟁적 행위에 대한 조사에 착수하여 동의의결을 받아내었다. 그 주요내용으로 전문 서비스와 키워드 광고를 구분 표시하고, 기존 광고주 이관 제한행위를 중지하고, 신규 광고 영역에서 우선협상권 요구 행위를 중지한 것은 미국의 정책이나 EU의 구글에 대한 과거정책과 동일맥락에 있다고 할 것이나, 계열사 인력파견 행위를 중지하고 수백억 원의 기금을 출연할 것을 약속토록 한 것은 구미보다 더 적극적인 시장규제라고 할 것이다.

이와 같이 국내 규제기관의 실행이 구미보다 더 적극적인 것은 이 장에서 고찰한 바와 같은 검색엔진의 표현의 자유에 관한 논리가 정책결정과정에 반

---

106) Gary Reback, “Google outwits the European Commission once again”, Financial Times, October 27, 2017.

107) 미래창조과학부 보도자료, “미래부, 인터넷 검색 서비스 발전을 위한 권고안 발표”, 2013.10.4.

108) 네이버㈜ 및 네이버비즈니스 플랫폼㈜의 시장지배적 지위남용행위 등에 대한 건 관련 동의의결에 대한 건, 사건번호 2014서감0595, 2014서감0596(병합), 2014.5.8.

109) ㈜다음커뮤니케이션의 시장지배적 지위 남용행위 등에 대한 건 관련 동의의결에 대한 건, 사건번호 2014서감0594, 2014.5.8.

영되지 않은 것도 한 몫 할 것이다. 하지만 미국 하급심이 검색 서비스에 검색 결과에 대한 책임을 부과하라는 청구를 표현의 자유를 이유로 기각한 사례에 대해 미국헌법상 표현의 자유의 제왕적 지위에도 불구하고 검색엔진의 기능적 속성에 대한 충분한 고려 없이 다른 표현물을 기반으로 형성된 법리를 그대로 적용함으로써 표현의 자유를 과도하게 확장하였다는 비판적 입장에 있는 필자로서는 그와 같은 특별한 지위를 표현의 자유에 부여하지 않는 한국헌법 하에서는 인터넷생태계에서 검색엔진의 지위에 맞는 공정성과 투명성 의무를 부과하는 정책기조가 기업의 자율성과 책임성을 조화시키는 적절한 방안으로 생각된다.

사실 한국의 포털은 미국의 검색엔진과 달리 뚜렷한 편집기능을 행사하기 때문에 포괄적으로 표현의 자유를 주장할 수 있는 여지는 더 넓다. 하지만 표현의 자유 신장에의 기여를 인정받아 언론사가 특별한 보호를 받으면서도 사회의 공기(公器)로서 일정한 책임을 부담하는 것과 같이 검색엔진이 제한적으로 검색결과의 표현성을 인정받아 표현의 자유의 보호범위에 들어가는 경우에도 공중의 표현의 도구로서 공정성을 담보할 책임을 부담해야 할 것이다.

나아가 경쟁정책적 차원에서도 구글의 한국시장에서의 지위가 과거와는 달리 현격하게 강화되었다는 점, EU집행위원회와 같은 외국의 경쟁당국이 최근 적극적인 대응에 나섰다는 점, 한번 잃은 디지털시장은 회복하기 어렵다는 점 등이 향후 정책시행에 고려되어야 할 것이다.

제 6 장

인터넷 오픈마켓의 규제

Ⅰ. 서론
Ⅱ. 시장의 특성과 법적 대응 조감
Ⅲ. 오픈마켓 불공정행위 분쟁사례
Ⅳ. 쟁점에 대한 분석
Ⅴ. 인터넷 판매 금지
Ⅵ. 결론

I. 서론

유통시장이 오프라인에서 온라인으로, PC에서 모바일로 이동하고 있다. 국제적으로는 이베이, 아마존, 알리바바 등이 눈부신 성장을 지속하고 있으며, 국내적으로도 온라인 쇼핑의 규모가 매년 20%에 가까운 고성장을 통해 2016년 통계청 추산 65조6천억 원(업계 추산 76조원)에 달해 대형마트, 수퍼마켓, 백화점, 편의점 등을 넘었다.[1] 최근에는 모바일 쇼핑이 PC쇼핑을 추월하고 있다.[2] 대표적인 온라인 유통업의 유형에는 오픈마켓(G마켓, 옥션, 11번가), 소셜커머스(쿠팡, 티몬, 위메프),[3] 종합쇼핑몰(롯데닷컴, 신세계몰 등), 배달앱(배달의 민족, 요기요) 등이 있다. 상품뿐만 아니라 용역의 제공도 온라인으로 중개가 이루어지고 있다. 호텔룸중개사이트, 부동산중개사이트와 같이 전문사이트의 형태

1) "80조원대 온라인쇼핑 시장, 적자생존에 지각변동", 머니투데이, 2017.6.22.

2) 한국온라인쇼핑협회 자료에 의하면 2016년 PC쇼핑액 30조, 모바일 쇼핑액 36조. http://www.klnews.co.kr/news/articleView.html?idxno=115598 <2017.6.22. 접속>

3) 최근에는 소셜커머스 업체들이 오픈마켓으로 전환하는 경향을 보이고 있다. "소셜커머스-오픈마켓 경계 사라진다", ZDNet Korea, 2017.1.8.; "소셜커머스 오픈마켓화는 예정된 수순" 데일리안, 2016.8.11.

가 많지만 종합포털, 소셜커머스에서도 관련 중개 서비스를 강화하고 있다.[4)]

인터넷쇼핑몰은 거래유형에 따라 '단독몰', '입점몰', '오픈마켓', '비교링크 제공몰' 등으로 구분할 수 있으나 본 연구가 중시하는 유형은 판매자와 구매자 이외의 제3의 시장운영자가 개입하지만 그렇다고 이 시장운영자가 물건을 도매로 구매하여 자기 이름으로 소매거래의 직접당사자가 되는 종합쇼핑몰과는 달리 입점업체와 최종 구매자간 거래의 신뢰성과 효율성 제고를 위한 제반 서비스를 제공하는 플랫폼의 형태로 활동하는 오픈마켓이며, 이는 온라인 쇼핑몰의 가장 대표적인 유형이다. 오픈마켓운영을 「전자상거래 등에서의 소비자 보호에 관한 법률」(이하 '전자상거래소비자보호법'이라 한다)에서는 '통신판매중개'로 호칭한다. 국내 오픈마켓 운영시장은 2016기준 G마켓과 옥션을 운영하는 이베이코리아가 14조 매출, 11번가가 6조8천억 매출을 기록하고 있으며, 종합쇼핑몰인 롯데몰은 8조원, 신세계몰은 2조원 대로 추산된다. 전체 시장의 성장에도 불구하고 온라인 쇼핑업체간 경쟁의 심화로 이베이코리아를 제외하고는 영업손실을 보고 있으며 그에 따라 최근 업체 간 인수합병이 예측되고 있다.[5)]

이 장은 이하에서 오픈마켓 운영시장의 특성과 이 시장에서의 불공정행위에 대한 법적 대응체계를 조감한 후(제II절), 구체적으로 공정거래위원회가 인터넷 오픈마켓의 불공정행위에 대응한 규제사례와 법원의 관련 판결을 고찰하고(제III절), 그 실행에 나타난 문제점을 분석하고 개선방안을 제시하며(제IV절), 인터넷판매금지에 관한 최근 유럽연합에서의 법적 논란을 소개하고자 한다(제V절).[6)]

II. 시장의 특성과 법적 대응 조감

오픈마켓이란 인터넷을 통하여 상품의 매매를 할 수 있는 온라인상의 공

---

4) 법학계의 최근 연구로는 문상일, "온·오프라인 융복합시장(O2O) 소비자보호를 위한 법제정비 필요성에 관한 소고: 부동산중개앱 서비스시장을 중심으로", 「경제법연구」 15(1), 2016.4, pp. 153-173; 안수현, "배달앱 서비스산업을 둘러싼 법적 이슈와 과제", 「경제법연구」 15(2), 2016.8, pp. 49-82.

5) "11번가 파트너 찾는 SK … 온라인 쇼핑몰 지각변동 예고", 중앙일보, 2017.6.22.

6) 이 장은 졸고, "오픈마켓의 불공정행위 분쟁사례를 통해본 공정거래법과 전자상거래소비자보호법 적용상의 쟁점", 「외법논집」, 제41권 제3호(2017.8.)에 기반을 둔 것이다.

간으로서, 특별한 선발과정이나 복잡한 절차 없이도 약간의 판매수수료만 지급하면 누구나 오픈마켓에서 판매자가 될 수 있다. 중소제조업체도 큰 투자 없이 소비자에 접근할 수 있는 유통채널이 생겼으며, 소비자는 발품을 팔지 않고도 상품가격 등의 정보를 손쉽게 구하고 비교할 수 있다.[7] 이러한 획기적 유통채널을 제공하는 오픈마켓 운영 사업자의 수익은 '중개수수료'와 '광고수익'으로 구성된다. '중개수수료'는 오픈마켓 운영 사업자가 자신의 사이버몰에서 판매자가 소비자와 직접 거래를 할 수 있도록 상품 소개와 결제 대행 등의 서비스를 제공하고 판매자로부터 받는 수익을, '광고수익'은 자신의 사이버몰 내에서 특정 판매자의 특정 상품을 우선 보여주거나 돋보이게 해주는 대가로 판매자로부터 받는 수익을 의미한다. 오픈마켓에서 발생하는 갈등은 참여 당사자간 이해관계의 차이에서 발생한다. 첫째, 구매자는 오픈마켓에서 판매하는 상품에 대해 오픈마켓운영자가 검증 또는 보증하는 것으로 기대한다. 둘째, 반면에 오픈마켓운영자는 '중개자'라는 본성에 기대어 면책을 기대한다. 셋째, 판매자는 대금의 원활한 정산을 희망하지만 구매자는 상품의 완전성을 보장받고자 한다.[8]

국내 오픈마켓시장은 이베이가 시장 선도적 사업자로서의 지위를 갖는 과점체제에 있다고 할 것이다. 이는 미국기업인 이베이가 2001년 옥션 인수에 이어 2009년 G마켓까지 인수하였기 때문이다. G마켓 인수시 공정거래위원회는 단기적으로는 이 결합으로 시장점유율이 87.5%에 이르는 높은 시장집중도, 판매자의 제한된 거래선 전환가능성 그리고 소비자에 대한 높은 영향력을 바탕으로 결합회사가 수수료를 인상하는 등 경쟁을 실질적으로 제한할 가능성이 있으나 중·장기적으로는 IPTV, 이동전화와 연계한 새로운 서비스의 등장 가능성, 오픈마켓 시장의 높은 동태적 변화가능성 등에 의해 이러한 위험은 크게 줄어들 것으로 판단하고 구조적 시정조치보다는 행태적 시정조치로 오픈마켓 시장에서 수수료인상 제한 등을 3년간 부과하였다.[9]

오픈마켓은 플랫폼에 참여하는 판매자와 구매자의 수가 클수록 영향력이

---

7) European Commission, Final Report on the E-commerce Sector Inquiry, SWD(2017) 154 final, 2017.5.10, pp. 4-6.

8) 정해상, "오픈마켓의 당사자관계와 사업자의 책임", 「법학논총」(단국대), 제39권 제4호, 2015, p. 194.

9) 이베이 케이티에이이(유케이) 리미티드 등의 기업결합제한규정 위반행위에 대한 건, 2009지식1195, 의결 제2009-146호, 2009.6.25.

증대하는 망외부성과 복수의 시장이 플랫폼을 가운데에 두고 영향을 주고받는 양면(다면)시장의 성격을 갖는다.[10] 그렇기 때문에 한쪽 시장에서의 높은 지배력이 다른 쪽 시장에서의 지배력을 높이고 이것이 다시 전자를 강화시키는 환류 효과를 갖는다. 반면에 구매자는 한 오픈마켓에서 다른 오픈마켓, 단독몰이나 오프라인 상점으로 전환에 소요되는 비용이 거의 없기 때문에 소위 멀티호밍이 가능하다. 입점자의 경우에도 어느 정도의 금전적, 시간적 노력을 기울인다면 복수의 쇼핑몰에 입점이 가능하며 실제로 그렇게 하고 있다. 다만 간접적 외부성이란 특성에 따라[11] 다수 고객을 확보한 지배적 쇼핑몰에의 의존도가 높은 것 또한 사실이다. 이와 같이 인터넷 전자상거래 시장 및 오픈마켓의 구조적인 특성이 오픈마켓 플랫폼의 지위남용이나 불공정행위에 입점자가 이용되는 경향을 낳는다. 오픈마켓은 직접 상품을 만들지 않기 때문에 경쟁오픈마켓과 차별화하는 방법은 입점자들의 다양성 및 판매가격의 저렴성을 확보하는 것에 있을 것이며 이를 위해서 가능한 모든 수단을 동원할 것이다. 우량상품 판매 입점자와 배타적 거래계약을 맺을 수가 있다면 최선의 전략일 것이고 그렇지 않더라도 우량상품에 대한 최저가를 보장받을 수 있다면 차선은 될 것이다.

오픈마켓은 또한 법적 책임을 다하고 위험에의 노출을 최소화하기 위하여 다양한 수단으로 입점자를 통제한다. 입점자에 관한 다양한 정보를 요구하며[12] 제공정보가 허위일 경우 계약해지의 근거로 하고 있다. 나아가 사전에 정해진 약관을 수락하도록 요구하여 그 내용에 입점자의 책임있는 사유로 오픈마켓에 손해를 발생하거나 오픈마켓을 통하지 않고 직접거래를 유도하는 경우 계약을 해지할 수 있도록 규정하고 있다.[13] 문제는 오픈마켓의 입점자 통제가 준법확보나 방어적 통제에 제한되지 않는다는 점에 있다. 중소기업중앙회가 2016년

---

10) 이와 같은 인터넷 플랫폼의 특성에 대한 설명으로는, Sebastian Wismer, Christian Bongrad and Arno Rasek, “Multi-Sided Market Economics in Competition Law Enforcement”, *Journal of European Competition Law & Practice*, 2007, Vol. 8, No. 4; Parker G, van Alstyne M. and Choudary S. *Platform Revolution*, Norton & Company, 2016.

11) 망외부성은 같은 상품(서비스)내에서 또는 다른 상품간에 작용하느냐에 따라 후자를 간접적 외부성이라고 하며 양면시장의 성립을 가능케하는 특성이다.

12) 상호명, 대표자 성명, 사업장주소, 전화번호, 전자우편주소, 사업자등록번호, 통신판매업 신고번호 등.

13) 윤주희, “주요 스마트폰 애플리케이션 마켓(모바일 오픈마켓)의 이용약관 현황 및 약관규제법의 해석과 적용”, 「법학연구」(경상대학교 법학연구소), 제21권 제1호, 2013, pp. 361-398.

조사한 바에 의하면 오픈마켓의 입점자들을 상대로 한 불공정행위에 대한 원성이 높다. 과다한 판매수수료 및 광고비 요구, 일방적 정산절차, 3일 이내에 배송이 이루어지지 않는 경우 패널티 부과, 부당한 차별적 취급 등 불공정행위를 한 번 이상 경험한 중소상공인이 소셜커머스의 경우 88.5%, 오픈마켓의 경우 82.7%에 달했다. 이 수치는 백화점(29.8%), 대형마트(15.1%) 등 오프라인업체로부터 불공정행위를 경험한 비율의 수배에 달하는 것이다.[14)]

공정거래위원회도 이와 같은 상황을 파악하고 「독점규제 및 공정거래에 관한 법률」(이하 '공정거래법')에 의해 오픈마켓과 경쟁 사업자, 입점자간의 공정한 시장질서 유지를 위해 노력하였다. 다음 장에서 구체적인 규제사례를 고찰한다. 최근에는 표준거래계약서를 제정하여 인터넷쇼핑몰의 오류로 상품발주가 이루어지지 않아 구매가 취소되는 경우 쇼핑몰이 입점자에게 손해를 배상하도록 했으며, 납품업체가 요청하는 경우 온라인 쇼핑업체가 상품판매대금 정산내역을 제공하도록 하였고, 할인행사시 적용되는 수수료율을 정상수수료율과 별도로 명시하도록 하는 등의 거래기준을 제시했다.[15)]

구매자(소비자)와의 관계에 있어서 오픈마켓은 구매자 만족도를 떨어뜨리지 않고도 광고수익을 극대화할 수 있는 방법을 모색하게 된다. 이를 위해 광고임을 명시적으로 밝히지 않는 은밀한 광고기법에 의존하게 된다. 소비자가 주도면밀하게 상품 및 가격을 비교하지 않는 경우에는 오픈마켓의 광고에 유인되어 오픈마켓에 가장 많은 광고비를 지급한 입점자의 상품을 구매하기 십상이다. 이에 대응하여 전자상거래소비자보호법은 오픈마켓이 기만적인 방법으로 소비자를 유인하는 행위를 금지하였으며(제21조 제1항 제1호) 판매자와 소비자 간의 분쟁에서 소비자의 약한 지위를 보조하기 위하여 고지의무, 정보제공의무, 분쟁해결을 위한 조치의무, 연대책임의무 등을 부과하였다(제20조 내지 제20조의3).

---

14) "온라인 쇼핑몰 입점사 10곳 중 8곳 '불공정거래 경험'", ChosunBiz, 2016.12.27.

15) 그 밖에 선환불, 페널티 제도를 원칙적으로 금지하되 온라인 쇼핑업체가 비용을 전액 부담하여 선환불하는 경우만 예외적으로 허용, 온라인 쇼핑업체는 광고비 산정기준을 사전에 수립하고 납품업체에 제시할 것, 납품업체에 귀책사유가 없는 경우 배송 지연에 따른 불이익 부과 행위를 금지 등을 규정했다. "온라인 쇼핑몰 불공정 거래 개선한다", 공정거래위원회 공정위뉴스, 2017.1.14.

III. 오픈마켓 불공정행위 분쟁사례

1. 공정거래법 적용사례

(1) 인터파크지마켓/ 엠플온라인 사건

1) 공정거래위원회 의결[16)]

피심인 ㈜인터파크지마켓은 2006년 10월 중순경 ㈜엠플온라인이 피심인보다 소비자에게 유리한 방향으로 프로모션을 진행하고 있는 것을 인지한 후, 피심인과 거래하면서 엠플온라인과도 거래하고 있던 누리원 등 7개 사업자들에게 수차례에 걸쳐 피심인 오픈마켓에서의 판매가격을 인하하거나 엠플온라인 오픈마켓에서의 판매가격을 인상할 것, 주로 피심인과 거래하면서 매출을 올려 줄 것, 엠플온라인과의 거래를 중단할 것 등의 요구[17)]를 하였고, 엠플온라인에서의 상품을 안 내리면 피심인의 메인에 노출된 상품을 모두 빼버리겠다고 협박하는 등의 행위를 하였다.

공정위는 해당 사안에 공정거래법상 시장지배적 지위남용 금지규정[18)]을 적용하기 위하여 관련시장, 시장지배력, 부당성의 순서로 법률요건을 분석하였다. 먼저 공정위는 오픈마켓 운영시장은 상품판매를 직접적으로 중개하는 반면, 포털사이트 등은 상품이나 오픈마켓에 대한 광고를 할 뿐이어서 그 기능이 상이할 뿐만 아니라, 오픈마켓 운영시장의 수수료가 상승한다 할지라도 오픈마켓상의 판매자가 포털사이트 등으로 거래선을 변경할 수 없으므로 오픈마켓 운영시장과 포털사이트 등의 광고시장은 경쟁관계에 있지 아니하며, 오픈마켓

16) 2006서경4846, 의결 제2007-555호 2007.12.18.

17) 예컨대 피심인의 직원이 피심인과 거래하는 판매자 중 엠플온라인 오픈마켓에서의 판매액이 많은 판매자에 대해서는 엠플온라인과의 거래를 중단시키라는 명령을 받았다고 하면서 누리원에게 엠플온라인과의 거래를 중단할 것을 요구하였고, 이에 대해 누리원은 피심인의 권한이 막강하고 매출에 미치는 영향이 커서 엠플온라인과의 거래를 중단하였다고 진술하였다.

18) 법 제3조의2(시장지배적 지위의 남용금지)

① 시장지배적 사업자는 다음 각 호의 1에 해당하는 행위(이하, “남용행위”라 한다)를 하여서는 아니 된다.

3. 다른 사업자의 사업활동을 부당하게 방해하는 행위

5. 부당하게 경쟁 사업자를 배제하기 위하여 거래하거나 소비자의 이익을 현저히 저해할 우려가 있는 행위

내 입점자인 판매업자는 거래상대방을 오픈마켓에서 종합쇼핑몰로 교체할 가능성이 없어 양자 사이에는 경쟁관계가 존재하지 않는다고 판단하여 이 사건 관련용역시장을 오픈마켓 운영시장으로 보았다.

또한, 피심인은 국내 오픈마켓 시장에서 2006년 매출액[19] 기준 시장점유율이 39.5%[20]로서 ㈜옥션 51.9%에 이어 2위[21]를 차지하고 있으며, ㈜옥션을 포함한 상위 2사의 시장점유율은 91.4%에 이르고 있으므로, 공정거래법 제4조 제2호[22]의 규정에 의하여 국내 오픈마켓 시장에서 시장지배적 사업자로 추정되며, 3위 사업자의 시장점유율과 현저한 격차, 오픈마켓 시장에 존재하는 사실상의 진입장벽을 함께 고려할 때 시장지배적 사업자에 해당한다고 판단하였다.

이를 근거로 공정위는 피심인이 7개의 우량판매 사업자에게 자신의 경쟁사업자인 엠플온라인과의 거래를 중단하게 한 행위는 '부당하게 거래상대방이 경쟁 사업자와 거래하지 아니할 것을 조건으로 그 거래상대방과 거래하는 경우'로서 공정거래법 제3조의2 제1항 제5호의 '경쟁 사업자를 배제하기 위한 부당한 거래행위'에 해당되는 것으로 결론을 내리고 1억3천5백만 원의 과징금을 부과하였다.

2) 관련 법원판결[23]

위 공정위 의결에 대하여 피심인이 불복하여 제기한 소송에서 원심[24]과

---

19) 판매수수료를 말한다.

20) 피심인과 ㈜인터파크는 계열회사 관계에 있으므로 법 시행령 제4조 제3항에 따라 시장지배적 사업자의추정에 있어 이를 하나의 사업자로 보아 시장점유율[피심인 34.0%, ㈜인터파크 5.5%)을 합산하였다.

21) 거래금액의 규모 기준으로 보면, 오히려 피심인의 점유율이 50.3%[계열사인 ㈜인터파크 5.6% 포함]로서 ㈜옥션 39.0%보다 큰 비중을 차지하고 있다.

22) 제4조(시장지배적 사업자의 추정)
일정한 거래분야에서 시장점유율이 다음 각호의 1에 해당하는 사업자는 제2조(정의) 제7호의 시장지배적 사업자로 추정한다.
1. 1 사업자의 시장점유율이 100분의 50 이상
2. 3이하의 사업자의 시장점유율의 합계가 100분의 75 이상. 다만, 이 경우에 시장점유율이 100분의 10 미만인 자를 제외한다.

23) 대법원 2011.6.10. 선고 2008두16322 판결. 김정중, 오픈마켓(Open Market) 서비스의 관련시장 획정과 시장지배적 지위의 남용행위로서 배타조건부 거래행위의 부당성, 「대법원판례해설」 87호, 2011.

24) 서울고등법원 2008.8.20. 선고 2008누2851 판결.

대법원은 원고가 시장지배적 사업자에 해당하는지와 이 사건 행위가 배타조건부 거래행위에 해당하는지 여부에 관하여 공정위의 입장을 지지하였으나 대법원은 행위의 부당성에 관한 원심의 심리미진을 이유로 파기 환송하였다.[25] 즉, 대법원은 ① 원고의 이 사건 행위로 인하여 7개 사업자들이 엠플온라인과 거래를 중단한 기간은 주로 1, 2개월이고, 짧게는 14일, 길게는 7개월 보름 남짓에 불과한 점, ② 그 기간 국내 오픈마켓 시장의 시장점유율 2위 사업자인 원고가 7개 사업자들로부터 얻은 판매수수료 총액이 약 2,500만 원에 불과하여, 원고보다 시장점유율이 훨씬 낮은 엠플온라인에게는 7개 사업자들과 위 기간 거래중단이 없었으면 얻을 수 있었던 판매수수료가 그보다 더 낮았을 것으로 보이는 점, ③ 이 사건 행위의 상대방은 7개 사업자들로서 G마켓에 입점한 약 23만 개의 판매업체를 기준으로 하더라도 그 비율이 극히 미미하고, 국내 오픈마켓 전체 시장을 기준으로 하면 그 비율은 더 낮았을 것으로 보이는 점, ④ 2006년 기준 7개 사업자가 G마켓을 통하여 상품 등을 판매한 거래금액의 비중은 G마켓의 전체 상품판매 거래금액의 0.24%에 불과하고, 오픈마켓 시장 전체를 기준으로 볼 때에도 이에 크게 벗어나지 않을 것으로 보이는 점 등에 비추어 보면, 과연 엠플온라인이 원고의 이 사건 행위로 인하여 매출 부진을 이기지 못하고 오픈마켓 시장에서 퇴출된 것인지, 나아가 이 사건 행위가 다른 신규 사업자의 시장진입에도 부정적인 영향을 미쳤는지 명백하지 아니함에 주목하였다.

대법원은 오픈마켓 운영시장의 진입장벽이나 시장진입 초기 우량 판매자 확보의 중요도, 상품 구성의 영향 등의 제반 특성과 엠플온라인의 재무구조의 건전성이나 영업전략의 현실성 등을 심리하여 이 사건 행위가 엠플온라인의 전체 사업활동이나 매출에 어떠한 영향을 미쳤는지 등을 우선적으로 살핀 다음, 이를 전제로 엠플온라인이 이 사건 행위로 인하여 매출 부진을 이기지 못하고 오픈마켓 시장에서 퇴출된 것인지 여부와 이 사건 행위로 나타난 신규 사업자의 시장진입을 봉쇄한 정도나 기간 등을 종합적으로 고려하여 이 사건 행위를 객관적으로 오픈마켓 시장에 경쟁제한의 효과가 생길만한 우려가 있는 행위로 평가할 수 있는지 여부 등을 판단할 것을 설시했다.

---

25) 파기환송심에서 원고 승소 확정. 서울고등법원 2012.1.19. 선고 2011누19200 판결.

(2) 이베이지마켓/11번가 사건

1) 공정거래위원회 의결[26)]

이베이지마켓은 국내 오픈마켓 운영시장의 시장지배적 사업자로서[27)] 자신이 운영하는 오픈마켓에 입점한 판매자가 11번가 등 경쟁 사업자와 거래하는 경우, 이를 이유로 자신의 웹페이지 초기화면에 판매자의 상품을 노출시켜주는 프로모션(이른바 "메인노출 프로모션")에서 제외시켰다.

공정위는 피심인이 오픈마켓 시장에서의 시장지배력을 유지하기 위한 의도와 목적에 기초하여 부당하게 경쟁 사업자를 배제하는 행위를 하였으며, 국내 오픈마켓 운영시장에서 경쟁제한의 효과가 생길 우려가 있는 이 사건 행위로 실제로 경쟁 사업자인 11번가는 우량 판매자들과의 거래기회를 상실하여, 상당한 정도로 시장 확대의 기회가 봉쇄되었고, 이로 인해 소비자 후생을 감소시킬 우려가 큰 바, 피심인 이베이지마켓의 행위는 시장지배적 사업자가 부당하게 경쟁 사업자를 배제하기 위하여 거래한 행위이므로 공정거래법 제3조의2(시장지배적 지위의 남용금지) 제1항 제5호 및 법 시행령 제5조 제5항 제2호[28)]에 해당하는 것으로 판단한 후, 일천만 원의 과징금 납부를 명하고 법인 및 관련 임원을 검찰에 고발하였다.

2) 관련 법원판결[29)]

이베이지마켓이 공정위 의결에 불복하여 제기한 소송에서 서울고법은 앞서 설명한 인터파크지마켓/엠플온라인 사건에서[30)] 대법원이 설시한 법리와 사실심리방법을 충실히 반복했다. 즉, 시장지배적 지위 남용행위로서의 배타조건

---

26) 2009서경3168, 의결 제2010-120호 2010.10.22.

27) 앞서 설명한 인터파크지마켓 사건과 대동소이한 관련시장 분석, 시장지배력 심사를 하였다.

28) 법 시행령 제5조(남용행위의 유형 또는 기준)

⑤ 법 제3조의2(시장지배적 지위의 남용금지)제1항 제5호의 규정에 의한 경쟁 사업자를 배제하기 위한 부당한 거래는 다음 각 호의 1에 해당하는 경우로 한다.

1. (생략)
2. 부당하게 거래상대방이 경쟁 사업자와 거래하지 아니할 것을 조건으로 그 거래상대방과 거래하는 경우

29) 서울고등법원 2011.10.12. 선고 2010누40634 판결.

30) 대법원 2011.6.10. 선고 2008두16322 판결.

부 거래행위의 부당성은 그 거래행위의 목적과 태양, 시장지배적 사업자의 시장점유율, 경쟁 사업자의 시장진입 내지 확대 기회의 봉쇄 정도와 비용증가 여부, 거래의 기간, 관련시장에서의 가격 및 산출량 변화 여부, 유사품 및 인접시장의 존재 여부, 혁신 저해 및 다양성 감소 여부 등 여러 사정을 종합적으로 고려하여, 시장에서의 독점을 유지·강화할 목적, 즉 시장에서의 자유로운 경쟁을 제한함으로써 인위적으로 시장질서에 영향을 가하려는 목적을 가지고, 객관적으로도 그러한 경쟁제한의 효과가 생길 만한 우려가 있는 행위로 평가될 수 있을 때에 비로소 인정될 수 있다고 설시하고, 이 사건에서 원고의 전체 사업 중에서 해당 행위가 차지하는 비중이 미미하며,[31] 입점자에게 미친 영향이 크지 않으며,[32] 경쟁 사업자인 11번가에 대한 시장봉쇄 효과나 경쟁제한 효과의 존재에 대한 입증이 없다고 판단했다.

특히 법원은 2009년 당시 국내 오픈마켓 시장에서 원고의 시장점유율은 약 48%(1위)이고, 옥션이 31%(2위), 11번가는 14%(3위) 정도이며 옥션이 원고의 계열회사임에도 이 사건 행위는 원고가 단독으로 행한 것일 뿐, 원고와 옥션이 공동으로 행함으로써 옥션에서 실시하는 메인노출 프로모션의 상품 노출까지 배제한 것은 아니므로 단순히 원고의 계열회사라는 사정만으로 옥션의 시장점유율까지 고려할 수는 없다며 독점적 지위를 인정하지 않았다.

이와 같은 사정에 비추어 법원은 원고의 이 사건 행위가 객관적으로 국내 오픈마켓 시장에서 경쟁제한 효과를 일으킬 만한 우려가 있는 행위에 해당한다고 인정할 충분한 증거가 없으므로 그 행위가 공정거래법 제3조의2 제1항 제5호 소정의 부당한 배타조건부 거래행위에 해당함을 전제로 하는 이 사건 처분은 위법하여 취소되어야 한다며 원고 청구를 인용하였다.

---

31) "11번가에 입점한 전체 판매업자들의 총매출액의 약 0.24% 정도로 아주 미미한 수준이었다. 한편 원고의 입점자를 기준으로 볼 경우에는 11번가와 거래를 중단한 11개 업체는 원고의 총 입점자 595,572개 중 0.002% 정도에 불과하며, 국내 오픈마켓 시장 전체를 기준으로 한다면 그 비율은 훨씬 낮아질 것임이 명백하다". 같은 문헌(민간 법률DB 서비스를 통해서 원문은 획득 가능하나 미공간 판결로 쪽번호 없음).

32) "원고의 이 사건 행위는 11번가와 거래하는 판매자들이 원고의 웹페이지에 상품 등록하는 행위 자체를 금지하는 것이 아니라, 단지 그 판매자의 상품을 메인노출 프로모션에서 제외하는 것뿐이다.…11번가와의 거래를 중단하였던 11개 업체 중 7개 업체는 짧게는 10여일에서 길게는 약 7개월 만에 다시 11번가와 거래를 시작하였다". 같은 문헌.

2. 전자상거래소비자보호법 적용사례

(1) 개관

전자상거래의 성장에 비례하여 소비자피해도 증가하여 한국소비자원의 소비자피해상담건수는 매해 10만 건을 넘어서고 있다. 매년 수십 건에서 수백 건에 이르는 공정거래위원회의 전자상거래소비자보호법위반 시정사례를 분류해 보면 거짓·과장된 사실을 알리거나 기만적인 방법을 사용하여 소비자를 유인·소비자와 거래하거나 소비자의 청약철회권 행사를 방해한 행위가 금지행위를 위반하는 대표적인 유형이다.[33] 오픈마켓도 예외가 아니다.

특정 상품을 세계 또는 한국에서 최고로 저렴하게 판매한다거나 시중가에 비하여 상대적으로 더 저렴하게 판매한다는 허위·과장 광고,[34] 일반상품에 비해 품질이 우수하거나 소비자의 관심이 높은 것처럼 인식되는 'A+ 상품 AD'이라는 용어를 그 의미에 부합하는 객관적인 기준에 따라 선정한 상품이 아닌 광고비를 받은 상품을 게시하는 영역의 명칭으로 사용하는 행위,[35] 일반 인터넷 쇼핑몰에서 판매되는 가격과 동일함에도 '모바일 특가'라는 용어를 사용하는 것과 같이 거짓 또는 과장으로 소비자를 유인하는 행위[36] 등에 대해 법 제21조 제1항 제1호[37] 위반으로 시정명령과 함께 통상 500만 원 내외의 과

---

33) 2014, 2015년에는 신원정보 제공의무 위반 건이 가장 많으나(공정거래위원회, 2016년판 공정거래백서, 2016.10, p. 411) 이는 집중단속에 의한 결과이고 상대적으로 쉽게 개선될 수 있는 것으로 보인다.

34) ㈜이베이지마켓의 부당한 광고행위에 대한 건, 2009서소3051, 2009서소4322, 의결 제2010-78호, 2010.7.6.

35) ㈜이베이코리아의 전자상거래소비자보호법 위반행위에 대한 건, 2013전자2910, 의결(약) 제2014-76호, 2014.4.28.; ㈜이베이옥션의 전자상거래소비자보호법 위반행위에 대한 건, 2011전자3139, 의결 제2011-79호, 2011.6.16.; ㈜이베이지마켓의 전자상거래소비자보호법 위반행위에 대한 건, 2011전자3137, 의결 제2011-078호, 2011.6.16. 이베이는 공정위 의결 제2011-79호에 불복하여 항소하였으나 기각되었다. 서울고등법원 2011.12.8. 선고 2011누24127 판결.

36) ㈜이베이코리아의 전자상거래소비자보호법 위반행위에 대한 건, 2013전자2992, 의결(약) 제2014-48호, 2014.2.17.

37) 제21조(부당한 표시·광고행위의 금지)
① 전자상거래를 하는 사업자 또는 통신판매업자는 다음 각 호의 어느 하나에 해당하는 행위를 하여서는 아니 된다.
1. 거짓 또는 과장된 사실을 알리거나 기만적 방법을 사용하여 소비자를 유인 또는 소비

태료를 부과하였다.[38]

청약철회 방해와 관련해서는 재화 등의 대금을 지불한 소비자의 청약철회 요청이 있는 경우 재화 등의 대금을 환급함에 있어, 당해 결제업자로 하여금 재화 등의 대금의 청구를 정지 또는 취소하도록 요청하지 아니하는 행위, 당해 결제업자로부터 해당 재화 등의 대금을 이미 지급받은 경우 이를 결제업자에게 환급하지 아니하는 행위, 재화 등의 대금을 당해 결제업자에게 환급한 후 그 사실을 소비자에게 통지하지 아니하는 행위 등이 법 제18조 제3항[39] 위반으로 시정명령을 받았다.[40]

(2) 3개 오픈마켓 사업자의 기만적 소비자 유인행위에 대한 건

근년의 오픈마켓 불공정행위 시정조치건을 예시적으로 보다 상세히 살핀다. 2016.3. 공정거래위원회는 G마켓, 옥션을 운영하는 ㈜이베이코리아, 11번가를 운영하는 ㈜SK플래닛, 인터파크를 운영하는 ㈜인터파크에 대하여 오픈마켓 운영에 있어 기만적인 소비자 유인행위를 중지하도록 시정명령하고 총 2,600만 원의 과태료를 부과하였다.[41] 3개의 별개 건이나 내용이 대동소이하므로 인터파크의 행위에 대한 건만 소개한다.

자와 거래하거나 청약철회 등 또는 계약의 해지를 방해하는 행위

38) 2000년대 초중반까지만 해도 표시·광고의 공정화에 관한 법률 제3조 제1항 제1호 위반으로 의율하는 경우가 빈번했다. 9912광고1805 약식2000-078; 2005전보4226 약식2006-238; 2006서소2139 약식2007-059; 2006소정4828 약식2007-098.

39) 제18조(청약철회등의 효과)

③ 통신판매업자는 제1항 및 제2항에 따라 재화등의 대금을 환급할 때 소비자가 「여신전문금융업법」 제2조 제3호에 따른 신용카드나 그 밖에 대통령령으로 정하는 결제수단으로 재화등의 대금을 지급한 경우에는 지체 없이 해당 결제수단을 제공한 사업자(이하 "결제업자"라 한다)에게 재화등의 대금 청구를 정지하거나 취소하도록 요청하여야 한다. 다만, 통신판매업자가 결제업자로부터 해당 재화등의 대금을 이미 받은 때에는 지체 없이 그 대금을 결제업자에게 환급하고, 그 사실을 소비자에게 알려야 한다.

40) ㈜이베이코리아의 전자상거래소비자보호법 위반행위에 대한 건, 2010서소3285, 의결(약) 제2012-30호, 2012.2.20.

41) ㈜이베이코리아의 전자상거래소비자보호법 위반행위에 대한 건, 2015전자1467, 의결제2016-089호; 인터파크의 전자상거래소비자보호법 위반행위에 대한 건, 2015전자1466, 의결제2016-090호; 에스케이플래닛㈜의 전자상거래소비자보호법 위반행위에 대한 건, 2015전자1465, 의결 제2016-91호, 2016.4.7.

[행위사실]

피심인 ㈜인터파크는 2015.4.7.부터 소비자가 모바일 쇼핑몰 상단의 검색창에 특정 핵심어를 입력하여 검색할 경우 전시광고에 해당하는 'TOP'을 구입한 판매자의 상품을 'TOP' 제목 아래에 최대 2개까지 '추천상품순 상품정렬점수'와 상관없이 소비자에게 우선 보여주면서, 'TOP' 제목 우측 상단에 'AD'라고 표기만 하였다. 피심인은 또한 2014.12.10.부터 소비자가 모바일 쇼핑몰의 카테고리 상품검색[42]을 할 경우 부가 서비스에 해당하는 '초이스UP'을 구입한 판매자의 상품을 우선 보여주고, 그 다음 '초이스'를 구입한 판매자의 상품을 보여주면서, 이러한 사실을 소비자에게 알리지 않았다.

피심인은 또한 2009.8.4.부터 자신의 PC용 온라인 쇼핑몰에서 '셀러강력추천' 등 19개 영역[43]을 운영하면서, 피심인에게 광고비를 지불한, 즉 전시광고에 해당하는 '셀러강력추천' 등을 구입한 판매자의 상품만을 소비자에게 보여주면서도 소비자에게 어떠한 표기도 설명도 없었으며, 2014.8.1.부터는 '셀러강력추천' 등 제목 우측에 'AD'라고만 표기했다.

[판단]

오픈마켓 운영 사업자는 중개수수료 수입 외에 판매자로부터 광고 수익을 얻을 수 있는 수익구조의 특성상 자신의 수익을 극대화하기 위해 광고비가 지불된 상품을 우선 정렬하는 비즈니스 모델을 가지고 있다.[44] 문제는, 상품이 우선 노출된 이유가 해당 판매자가 오픈마켓 운영 사업자에게 광고비를 지불하였기 때문이라는 사실을 명확하게 고지하지 않으며 결국, 그 과정에서 소비자의 오인과 권익침해의 우려가 높은 것이다. 이와 같이 오픈마켓의 상품정렬에 관한 의사결정의 특성상 소비자의 권익이 외면될 소지가 크기 때문에 전자상거래소비자보호법은 오픈마켓 운영 사업자로 하여금 광고비가 지불된 상품에 대한 정보를 소비자에게 충분히 알리도록 요구하고 있다. 피심인의 행위는 소비자의 구매선택에 중요한 영향을 미치는 상품에 대한 정보를 소비자에게 충분히 알리지 않거나 축소·은폐하는 기만적인 방법 등으로 소비자를 속이거나 소비자로 하여금 잘못 알게 할 우려가 있는 행위로, 동법 제

---

42) 소비자가 카테고리 상품검색을 할 경우 '추천상품순'은 '판매건수점수', '조회수점수', '이용후기점수', '신상품점수(가산점)'의 합으로 결정된다.

43) 기타, 날개추천상품, 추천상품쇼룸, 스페셜리스트, TODAY'S HOT 대분류, 프리미엄 초이스, TODAY'S HOT 패션, 강력추천, 셀러추천상품, 초이스플러스, 랭킹! 추천상품, 등.

44) 오픈마켓은 브랜드 가치, 품질의 차이가 그리 크지 않은 상품을 파는 수많은 판매자들이 존재하는 곳이기 때문에, 오픈마켓 운영 사업자는 '중개수수료'보다는 '광고수익'에 더 집중할 수 있다. 만일 상품정렬에 따라 '중개수수료'의 변동 혹은 급락이 가능하다면 오픈마켓 운영 사업자는 단순히 '광고수익'에만 집중하여 상품정렬을 임의로 할 수 없을 것이다.

21조 제1항 제1호에 해당되어 위법하다.

[처분]
공정위는 온라인 쇼핑몰이 광고비를 기준으로 상품정렬을 할 때에는 소비자가 이러한 사실을 사전에 충분히 알 수 있도록 해야 하며 이러한 사실을 알리는 방법과 내용, 표기문구, 크기 및 색상 등 구체적인 사항에 대해 공정위와의 사전 협의를 요구하고, 피심인에 8백만 원의 과태료를 부과하였다.

IV. 쟁점에 대한 분석

1. 관련시장: 오픈마켓과 종합쇼핑몰

인터파크지마켓과 이베이지마켓의 시지남용 사건에서 공정거래위원회는 오픈마켓 입점자가 종합쇼핑몰로 옮겨가지 않는다는 이유로 양자를 별개의 시장으로 구분하였다. 그러나 현실에서는 오픈마켓과 종합쇼핑몰이 개념처럼 명쾌하게 구분되지 않는다. 포털에서 '종합쇼핑몰'을 입력하면 온통 오픈마켓이 검색된다. '쇼핑몰 입점'을 입력하면 오픈마켓뿐만 아니라 일부 종합쇼핑몰 입점 정보도 나온다. 물론 종합쇼핑몰에의 입점은 오픈마켓에의 입점만큼 쉽지는 않다. 하지만 현대몰이나 신세계몰도 입점자를 받는 오픈마켓 방식에 접근하고 있으며, G마켓, 11번가, 옥션 모두 통신판매업자로 신고했다. 통신판매중개자에 대한 별도의 신고 제도가 없다는 입법적 미비가 직접적 원인이라고 생각되나 이들 간의 구분이 유동적인 점도 영향을 주었을 것이다. 즉, 이들이 자신은 "000은 통신판매중개자이며 통신판매의 당사자가 아닙니다. 따라서 000은 상품·거래정보 및 거래에 대하여 책임을 지지 않습니다."라고 고지하고 있기는 하나 이들의 판매에의 관여도는 날로 증가하고 있는 것이 현실이다. 요컨대 종합쇼핑몰과 오픈마켓은 과거에 해당업체가 오프라인 쇼핑몰 기반을 갖고 있는지와 그에 영향 받은 현재의 영업형태에 따른 상대적 차이일 뿐 미래의 영업형태에 대한 의미 있는 구분이 아니다. 이 사건 당시에는 지금보다 오픈마켓과 종합쇼핑몰간 구분이 뚜렷하였다고는 하나 당시에도 구매자인 일반소비자의 멀티호밍뿐만 아니라 이 사건에서 문제된 우량판매자인 경우에는 오픈마켓과 종합쇼핑몰 간에 쉽게 이전할 수 있었다. 실제로 문제된 판매자들은 대부분 오픈마켓뿐만 아니라 종합쇼핑몰에도 동시에 입점하여 있었다. 따라서 대법원의 기준에 따른다고 하더라도 오픈마켓 운영시장과 종합쇼핑몰 시장 사이에 존재하는 거래형태, 입점조건과 관련한 일부 차이는 결정적이라 할 수 없으며,[45] 구매자의 인식과 시장유형의 선택 등에서 차별성은 미미하므로 양자 모두가 관련시장에 포함되는 것으로 획정하였어야 했다.[46] 또한 포털사이트 자체를 오픈마켓이라 할 수는 없지만 포털이 운영하는 쇼핑몰을 오픈마켓과 같은 관련 시장에 포함시킬지 여부와 관련해서는 위 사건 당시에는 포털 쇼핑몰의 비중이 크지 않고 대부분 가격비교의 영업형태에 불과하였으므로 포함시키지 않은 판단은 타당한 것이었다. 다만 네이버의 스토어팜이 모바일 오픈마켓에서 업계 3위로 등극했다는 뉴스는[47] 만약 현재 시점에 시장획정을 한다면 달리 판단될 수 있음을 시사한다.

2. 시장점유율: 계열회사 점유율의 포함기준

이베이지마켓/11번가 사건 고등법원은 계열회사의 경우에도 공동으로 당해 행위를 행한 것이 아니라 단독으로 행한 경우에는 시장지배력을 추산하는 데에 있어 계열회사의 관련시장 시장점유율까지 고려할 수는 없다는 판시를 하였다. 그러나 공정거래법시행령 제4조 제3항은 법 제2조 제7호(시장지배적 사업자의 정의) 및 제4조(시장지배적 사업자의 추정)를 적용함에 있어서 당해 사업자와 그 계열회사는 이를 하나의 사업자로 본다고 규정하고 있다. 추정조항이 아니라 간주규정으로 반증을 허용하지 아니하며 공동으로 당해행위를 행할 것을 간주의 요건으로 하고 있지도 않다는 점에서 법원의 판시는 시행령 문언의 일반적 의미와 배치되는 것으로 보인다. 만약 시행령에 동 규정을 둔 취지가 공동행위를 한 경우의 시장지배력을 산정하기 위한 것이었다면 명시적으로 그렇게 규정하였을 것이다. 그게 아니라 계열회사 중 중심회사의 단독행위인 경우에도 다른 계열회사에서 이를 적극적으로 경쟁의 기회로 삼으려는 적대적 대

---

45) 준(準)관련시장 개념도입의 유용성이나 구체적인 적용방법은 미래의 연구과제로 남긴다.

46) 동지, 주진열, “이베이지마켓(온라인 거래중개 서비스 사업자)의 배타조건부거래 사건에 대한 비판적 고찰”, 「법 경제학연구」 제13권 제3호, 2016, pp. 489-493; 나영숙, “인터넷쇼핑몰 사업자의 배타조건부 거래행위에 대한 경쟁법적 평가”, 「법률신문」, 2012.5.21.

47) “35조원 모바일쇼핑: 오픈마켓 선전, 소셜커머스 주춤, 네이버 부상”, ChosunBiz.com, 2017.4.10.

응을 하지 않을 것이라는 점을 고려한 것이라면 단독행위라고 하여 계열회사의 관련시장 시장점유율을 합산하지 못할 바 아니다. 당 고등법원의 설시는 법문언과 취지를 모두 도외시한 것으로 판단된다. 다만 시행령 해당 규정의 모법상 근거가 불분명한 점이 공정위가 상고를 포기한 이유 중 하나로 보인다. 입법적으로 모법에 분명한 근거를 둘 필요가 있어 보인다.

3. 적용법조

필자는 전자상거래 관련 사건에서 공정거래위원회가 시장지배적 지위남용금지규정(제3조의2) 보다는 불공정거래행위금지규정(제23조)[48]의 적용을 활성화하는 것이 현시점에서는 적절하다는 입장이다. 시장지배적 지위남용규정을 적용하는 경우에도 동조 제5호(부당하게 경쟁 사업자를 배제하기 위하여 거래하 … 는 행위) 보다는 제3호(다른 사업자의 사업활동을 부당하게 방해하는 행위)를 적용하였어야 하는 것이 아닌가 한다. 공정위는 엠플온라인이 오픈마켓 사업을 접은 사실에 주목하여 제5호의 법률요건인 배제의 의도, 경쟁제한성, 인과관계 등에 대한 충분한 입증 없이 결정하였다. 대법원은 당해 행위가 배타조건부 거래임을 인정하면서도 경쟁제한성 및 인과관계에 대한 입증불비로 부당성을 인정하지 않았다. 11번가를 경쟁사로 하는 사건에서는 엠플온라인과는 달리 이베이지마켓의 행위에 의해 11번가가 시장에서 퇴출될 가능성은 전혀 없고 성장세를 누르는 정도의 시장 효과를 인정할 수 있음에도 이전 사건에서와 같이 동일

48) 제23조(불공정거래행위의 금지)

① 사업자는 다음 각 호의 어느 하나에 해당하는 행위로서 공정한 거래를 저해할 우려가 있는 행위(이하 "不公正去來行爲"라 한다)를 하거나, 계열회사 또는 다른 사업자로 하여금 이를 행하도록 하여서는 아니된다.

1. 부당하게 거래를 거절하거나 거래의 상대방을 차별하여 취급하는 행위
2. 부당하게 경쟁자를 배제하는 행위
3. 부당하게 경쟁자의 고객을 자기와 거래하도록 유인하거나 강제하는 행위
4. 자기의 거래상의 지위를 부당하게 이용하여 상대방과 거래하는 행위
5. 거래의 상대방의 사업활동을 부당하게 구속하는 조건으로 거래하거나 다른 사업자의 사업활동을 방해하는 행위
6. 삭제
7. 부당하게 다음 각 목의 어느 하나에 해당하는 행위를 통하여 특수관계인 또는 다른 회사를 지원하는 행위(각 목 생략)
8. 제1호 내지 제7호이외의 행위로서 공정한 거래를 저해할 우려가 있는 행위(이하 생략)

하게 제5호를 적용한 것은 이전 심결례를 무심코 답습했다는 이외에는 설명이 불가하다. 양보하여 제5호가 배제의 성공이 아니라 배제의 실질적 위험이면 충분하다는 이유로 (이 사건이 그 기준마저 충족할 수 있을지도 의문이지만) 제5호를 결정의 주위적 근거로 하는 것을 수긍하는 경우에도 병렬적 내지 예비적으로 제3호를 같이 근거로 삼을 수도 있었다. 제3호이든 5호이든 만약 법원이 경쟁저해성에 대한 동일하게 엄격한 입증을 요구한다면 결과에 있어서는 큰 차이는 없었을 수도 있지만 각호의 문언상 차이를 고려하여 달리 판단하였을 가능성 또한 무시하기 어렵다.

4. 선별적 불공정행위의 경쟁저해성

불공정행위가 모든 또는 상당한 수의 거래상대방에 대하여 행하여진 경우에만 경쟁봉쇄 효과가 실효적으로 발생한다는 논리는 산술적으로는 타당하지만 시장 현실을 도외시한 안이한 견해이다. 거래상대방이 다수인 경우에 우월한 지위의 사업자가 시장에 경쟁 사업자와 거래하지 말라는 신호를 전달하기 위하여 굳이 모든 거래상대방에게 개별적으로 의사를 표명할 필요는 없다. 시장을 주도하는 몇몇 거래상대방에게 본보기를 보이면 나머지는 따라오기 마련이다. 만약 법집행기관이 위와 같은 산술적 계산으로 봉쇄 효과를 측정한다면 대상에 있어 선별적이며, 행위지속에 있어 단기간인 불공정행위는 소기의 배제 효과는 거두면서도 법적 규제에서 벗어날 수 있는 효과적인 전략이 될 것이다. 이와 같은 오류를 피하기 위해서는 단지 배타적 거래를 요구한 거래상대방의 숫자만 고려할 것이 아니라 소규모 행위라도 누적적 또는 계획적으로 발생하거나 일련의 전체적 행위의 일부로서 자행되었는지, 실제로 시장에서 다른 사업자들이 어떻게 반응하였는지를 더 중시하여야 할 것이다. 당연히 공정위도 이 부분에 대해 입증할 것이 요청된다.[49]

5. 경쟁자 보호 없는 경쟁보호의 허구성

경쟁저해성을 판단함에 있어서 경쟁 사업자의 사업위축을 시장에서의 경쟁저해와 동일시해서는 아니 됨은 물론이다. 사업위축은 시장의 수요변화에 대

49) 동지, 이 황, “포스코 판결 이후 시장지배적 지위 남용행위 판결에서 ‘부당성’ 판단의 경향과 전망”, 「행정판례연구」 17(2), 2012, pp. 354-356.

응하지 않고 현실에 안주하는 기업이 감수해야 하는 경쟁 활성화의 합당한 결과일 수 있기 때문이다. 그러나 경쟁자보호 없는 경쟁보호 또한 허구에 불과할 수 있다.[50] 불공정한 행위로 인해 권익을 침해당하는 사업자에 대한 구제는 경쟁보호의 제 일보이다. 불공정거래행위 금지의 보호객체가 시장경쟁에 한정되지 않고 경쟁자와 거래상대방, 소비자의 권익으로 확대하여 이에 대한 침해위험성이 있는 행위, 특히 거래상 지위남용으로부터 보호하는 규정(제23조 제1항 제4호)을 둔 것은 바로 이와 같은 인식에 기반을 둔 것이다.[51] 만약 시장지배적 사업자가 공적 질서인 시장경쟁을 저해한다면 개별적 사적권익에 대한 침해를 넘어서 대규모의 구조적 법익침해가 있는 상황이기에 보다 엄중한 책임을 묻는다. 다만 그것이 공정거래법이 이와 같은 대규모이며 구조적인 법익침해가 발생하는 경우에만 개입하고 기타의 소규모 법익침해와 공정한 거래질서 저해행위에 오불관언해야 한다는 것은 아니다. 간헐적이며 비구조적인 법익침해의 경우에도 단순한 사익침해를 넘어서 사회적인 거래질서를 어지럽힐 위험이 있는 행위에는 공정거래법이 적극적으로 대응해야 한다는 것이 불공정거래행위 규정의 취지이다. 시장지배적 지위남용에 대한 규제와 불공정거래행위에 대한 규제는 각각의 역할이 다를 뿐이지 모두 한국 공정거래법의 중요한 구성축이다.

6. 불공정행위금지규정 활용확대

인터파크지마켓과 이베이지마켓의 시지남용 사건에서의 관련시장을 앞서 필자가 논한 대로 넓게 파악하였더라면 공정거래위원회는 당연히 시정조치의 근거를 불공정거래행위의 금지에서 찾았을 것이다. 전자상거래분야는 시장의 변화가 심하고 시장분석에 대한 이견이 상존하는 분야이다. 시장점유율이 높은 경우에도 전자상거래시장의 역동성과 낮은 진입장벽으로 시장지배력은 부인될 여지도 있다. 때문에 공정거래위원회가 시장지배적 지위의 남용금지 규정을 적용하는 경우에는 전통적인 시장에서보다 시장분석에 더 어려움을 겪게 된다. 공정거래위원회로서는 시장지배적 지위를 가진 사업자에게 더 엄한 책임을 묻

---

50) 강수진, “경쟁 보호와 경쟁자 보호”, 「법률신문」, 오피니언, 2009.8.20.

51) 동지, 이봉의, “불공정거래행위의 위법성”, 권오승 편, 「공정거래와 법치」, 법문사, 2004, p. 676.

는 규정을 우선적으로 적용하는 것이 정도라고 생각하기 쉽다.[52] 실무도 「불공정거래행위 심사지침」에서 법 제23조(불공정거래행위의 금지)보다 법 제3조의2(시장지배적 지위의 남용금지)를 우선적으로 적용함을 원칙으로 하고 있다.[53] 하지만 이러한 고정관념이 가져온 결과는 위의 사례에서 보는 바와 같이 긍정적이지 못하다. 공정위는 많은 자원을 투여하고도 패소의 오명을 썼으며 시장의 집중완화와 경쟁활성화에 결과적으로 큰 기여를 하지 못하였다. 만약에 공정거래위원회가 시장지배적 지위의 남용이 아닌 불공정거래행위금지 규정을 적용하였다면 더 적은 자원을 투여하여, 신속하게 대응할 수 있었을 것이며 법원쟁송에서도 더 수월하게 방어할 수 있었을 것이다. 전자상거래시장에서의 부당한 행위에 대해서 공정거래위원회는 무거운 쇠몽둥이를 휘두르기보다 가벼운 나무막대기로 민첩하게 제어하는 것이 시장에게나 공정위 자신을 위해서나 더 적절해 보인다.[54] 위 심사지침 규정이 '원칙'상 그렇다는 것이지 제반 사정을 고려한 신축적 적용법조의 선택재량을 원천적으로 부인하는 것은 아님에도 불구하고 실제로는 적용법조의 선택에 있어서 법 제3조의2 이외에는 배제한다는 오해를 야기하고 심사관이 스스로 재량적 선택을 포기하는 행태를 결과한다면 이를 수정함이 바람직하다.

나아가 일반불공정행위의 유형 또는 기준을 특정분야 또는 특정행위에 적용하기 위해 제정한 세부기준인 특수 불공정행위의 유형 및 기준 중에는 '대규모소매업에 있어서의 특정불공정거래행위의 유형 및 기준 지정고시'가 있다. 개념상으로 이미 인터넷쇼핑몰업자도 무점포소매업자로서 이 고시의 적용범위 안에 들어오며[55] 대규모소매업자는 납품업자 등과의 거래를 자기에게만 한정하거나 납품업자 등에게 배타적 거래를 강요함으로써 납품업자 등의 자율적 판단을 제한하여 다른 사업자와의 거래를 부당하게 방해하는 행위를 하여서는

52) 학자들도 일반적으로 이런 입장에 있는 것 같다. 이봉의(2004) pp. 663-664; 권오승, 「경제법」(제6판), 2008, p. 283.

53) 동 심사지침 (개정 2015.12.31.공정거래위원회 예규 제241호), II.3.

54) 공정거래법의 연원이라 볼 수 있는 미국의 경우에도 연방거래위원회는 불공정거래행위유형에 해당하는 경우에는 이를 먼저 적용하고 그 유형에 해당하지 않는 경우에 시장지배적 지위남용 규정의 적용을 검토하는 식으로 제도를 운영하고 있다. 김차동, "단독거래거절에 의한 불공정거래행위의 규제원리", 권오승 편, 「공정거래와 법치」, 법문사, 2004, p. 687.

55) 동 고시 제2조 제2항.

아니 된다고 규정하고 있으므로[56] 이 고시를 적극 활용할 것이 요청되며 필요하다면 이견이 없도록 '입점자'의 개념을 도입하거나 '납품업자'의 개념 확대가 검토되어야 할 것이다.

7. 불공정거래행위의 위법성 판단

배타조건부 거래에 대한 공정거래법상 시장지배적 지위남용금지(제3조의2 제1항 제5호)의 적용에 있어서 위법성내지 부당성의 근거를 경쟁저해성에서 찾는 것과는 달리 불공정거래행위금지규정의 적용에 있어서 그 근거를 경쟁저해성뿐만 아니라 경쟁수단 또는 거래내용의 불공정정성에도 찾을 수 있다. 구체적으로 우월적 지위의 남용을 통한 불이익 강요행위, 거래상대방의 자유로운 의사결정 저해행위 등이 이에 속할 것이다.[57] 차별적 거래에 있어서 몇몇 거래상대방을 선별하여 경쟁사와의 거래에 대하여 본보기성 불이익 조치를 취하는 것은 수치로 나타나는 것보다 더 큰 경쟁저해성을 가질 수 있다. 그런 차원에서 불공정거래행위의 부당성 근거를 넓게 인정하는 입장은 개별사안에 있어 구체적 타당성을 가지는 결론 도출을 용이하게 한다. 법원이 결정의 근거로 삼은 '거래상대방 선택의 자유'도[58] 시장 경제의 기본적 가치로서 공권력 및 사권력에 의한 그 침해를 가볍게 다룰 일이 아니다. 일부에서 제기되고 있는 시장지배적 지위남용행위의 부당성 기준과 불공정거래행위의 부당성 기준이 경쟁제한성으로 통일될 필요가 있다는 주장은[59] 확립된 판례와 학설에 반한다.[60] 우리 대법원은 종래에도 불공정성 내지 부당성의 유무는 당해 행위의 의도와 목적, 남용성의 정도, 반복가능성, 당해 시장의 상황, 행위자의 시장에서의 지위, 경쟁 사업자에 대한 영향 등을 종합적으로 고려하여 판단한다고 설시

56) 동 고시 제10조(사업활동방해 등의 금지) 제1항.

57) 공정거래위원회, 불공정거래행위 심사지침, III.1(2).

58) 서울고등법원 2010.10.21. 선고 2009누6059 판결; 대법원 2013.4.25. 선고 2010두25909 판결.

59) 서 정, "배타조건부거래의 위법성 판단에 관한 검토 -최근의 판례를 중심으로-", 「경쟁법연구」 제30권 2014, pp. 29-43.

60) 시행령에서조차 시장지배적 지위남용으로서의 배타조건부거래와 불공정거래행위로서의 배타조건부거래를 유사하게 규정하고 있음이 이러한 혼동을 강화하고 있음에 주목하여 시행령 개정으로 불공정거래행위로서의 배타조건부 거래의 위법성은 거래상대방 선택의 자유 침해에 있음을 분명히 하자는 견해로는, 황태희, "배타조건부 거래의 위법성 판단기준 - 오픈마켓을 중심으로", 「IT와 법 연구」 제5집, 2011.2, p. 250.

하였을 뿐만 아니라,[61] 대법원 전원합의체 판결로 다시 불공정행위금지 규정의 독자성을 분명히 하였다.[62] 나아가 이런 주장은 법령이 의도적으로 분별하여 규정한 것에는 구별에 의미를 부여해야 한다는 법령해석의 일반원칙을 거스르는 것이라고 할 것이다.

불공정행위의 대상이 몇몇 중소기업에 한정되어 시장 전체적으로 보았을 경우에는 경쟁제한 효과가 크지 않다고 할지라도 당해 중소기업에게는 생존의 문제가 될 수 있다. 사실 앞서 우리가 고찰한 사건에서 관련시장을 문제의 입점기업이 판매하는 개별 상품의 온라인유통시장이라고 획정한다면 경쟁저해성이 더욱 분명하게 드러난다.[63] 경쟁기관이 이와 같은 불공정행위를 과도하게 넓게 획정한 전체 시장에서 차지하는 비중이 작다는 이유로 눈감아 버린다면 곧 이와 같은 불공정행위가 만연하게 될 것이다. 공정거래법이 시장지배적 지위의 남용금지와는 별도로 불공정거래행위금지 규정을 둔 취지는 여기에 있다고 할 것이며 그 취지를 몰각한 법해석은 지양되어야 할 것이다. 불공정거래행위의 금지는 경쟁 그 자체뿐만 아니라 경쟁자의 보호, 소비자보호까지 그 직접적인 목적으로 하는바 공정거래저해성은 경쟁저해성에 한정되지 않고 그보다 더 넓게 거래의 내용이나 조건이 부당하거나 거래를 위한 교섭에 있어 상대방의 합리적인 선택을 방해하는 행위까지 포함한다.[64] 불공정거래행위가 경쟁저해행위 이외의 여러 법익침해 유형을 포함한다는 것은 외국에서도 학설과 판례로 인정된 사항이다.[65]

8. 공정거래법과 전자상거래소비자보호법 적용

앞서 설명한 인터파크의 전자상거래소비자보호법 위반에 관한 건은 2014

---

61) 대법원 2001.6.12. 선고 99다4686.

62) 대법원 2007.11.22. 선고 2002두8626(포스코 사건).

63) 시지남용의 경우 경쟁저해성과 불공정거래행위의 경우 경쟁저해성을 판단하기 위한 시장획정이 동일해야 할지의 문제는 추가적인 연구를 요하지만 일단 필자는 후자의 경우 더 좁게 잡는 것이 적절하다는 입장이다.

64) 이봉의(2004), pp. 658-682; 권오승(2008), pp. 277-279; 정호열, 「경제법」(제4판), 2012, pp. 398-400.

65) 독일은 불공정거래행위를 경쟁제한을 통한 시장교란 이외에 고객유인, 사업방해, 표절 및 편승, 법규위반의 5가지 기본유형으로 나누고 있으며, 미국 연방대법원도 FTC v. Gratz, 253 US 421, (1920)에서 이를 확인하고 있다. 정호열(2012), pp. 389, 399.

년 공정거래위원회가 네이버와 다음이 검색 서비스의 운영과정에서 자연적 검색결과와 전문 서비스, 키워드 광고를 명확히 구분하지 않는 등의 행위를 한 점에 대하여 시장지배적 지위의 남용을 이유로 조사에 착수하여 동의의결에 이른 사건과 유사하다.[66] 전자상거래소비자보호법이 전자적 수단을 이용한 상품이나 용역의 B2C(소비자)거래에 한정하여 적용되기 때문에 검색 서비스나 상인간의 광고거래를 포섭하는 데에는 부적합하다.[67] 이에 비하여 공정거래법은 일부 예외를 제외하고는 모든 사업자의 경쟁제한·공정거래저해 행위에 적용되고 그 자체가 협의의 거래행위일 것을 요구하지 않기 때문에 적용범위가 훨씬 넓다. 그런 이유에서 전자상거래소비자보호법은 공정거래법의 특별법이라고 할 수 있을 것이다. 전자상거래소비자보호법도 제4조 제1문에서 다른 법률과 경합하는 경우에는 이 법을 우선 적용함을 규정하고 있다.

그러나 일반법과 특별법의 관계는 절대적인 것이 아니라 상대적이다. 법률 차원에서 일반적 적용범위와 조문 차원에서의 적용요건은 다를 수가 있다. 또한 특별법이 일반법에 대해 그 적용을 배제하는 예외법의 관계에 있지 않고 보충적, 선택적 관계에 있는 경우도 있다. 실제로 전자상거래소비자보호법 제4조 제2문은 "다른 법률을 적용하는 것이 소비자에게 유리한 경우에는 그 법을 적용"하도록 하고 있다. 공정거래법과 전자상거래소비자보호법간의 관계가 그와 같아야 함을 인식한 규정이라고 할 것이다. 그럼에도 불구하고 공정거래위원회가 오픈마켓 관련 사안에 공정거래법을 적용한 것은 앞서 소개한 인터파크지마켓과 이베이지마켓이 유이한 사례이다. 이 사건에서 패소한 공정거래위원회가 형식적인 특별법 우선론에 기대어 너무나도 쉽게 전자상거래소비자보호법을 적용하는데에 안주하고 있다는 느낌을 지워버릴 수 없다. 시장지배적 지위남용금지 규정 이외에 불공정거래행위금지 규정이 공정거래법에 있으며 그 규정의 적용이 소비자에게 유리할 수 있다는 사실은 애써 외면하는 것이 아닌가 한다.

---

66) 네이버 사건번호 2014서감0595, 2014서감0596(병합) 의결 제2014-103호, 2014.5.8; 다음 사건번호 2014서감0594, 의결 2014-104, 2014.5.8.

67) 법명과는 달리 통신판매에 대한 규제가 중심 내용을 이루고 있는 점, 수범주체의 복잡성, 과도한 규제, 다양한 거래 플랫폼을 포섭하지 못하는 점 등 여러 문제점이 지적되고 있다. 오병철, "전자상거래법상의 거래 플랫폼 규제와 개선방안", 외법논집 제41권 제4호, 2017.11, pp. 164-172.

전자상거래에서 소비자의 권익보호를 위해 통신판매중개자의 책임을 강화하는 전자상거래소비자보호법 개정이 지속적으로 이루어졌다.[68] 그렇지만 오픈마켓만 아니라 전자상거래 전반에 걸쳐서[69] 과장광고와 기만성 고객유인행위가 만연하고 있는 현실에서 법집행의 강화는 여전히 필요해 보인다. 공정거래위원회에 의해서 한해에 수십 건 이상 인터넷쇼핑몰에 시정명령이 내려지고 있으나,[70] 현재의 과태료부과 관행을 넘어서 반복적 위반 사업자에게는 적극적으로 법 제34조에 의거한 과징금 부과를 검토할 필요가 있다. 연매출 수조원대의 오픈마켓에 5백 내지 1천만 원의 과태료부과는 억지력을 갖기 어렵다. 그런데 제34조에 의하면 위반행위에 시정명령을 내릴 수 있으나 위반행위 자체에 대한 과징금 규정은 없으며, 시정명령에 불응하여 영업정지명령을 받았을 경우, 영업 정지에 갈음하는 과징금 부과만을 인정하고 있다. 이 규정이 융통성 있게 운용되지 않는다면 대규모 오픈마켓에 대해서 전자거래소비자보호법보다 공정거래법을 적용하여 위반행위에 직접 과징금을 부과하는 것이 소비자보호에 더 유리할 것이다.

9. 오픈마켓의 중립성 의무

비차별과 투명성을 요체로 하는 중립성 의무는 엄격한 경쟁 효과 분석을 전제로 하지 않는다는 점에서 거래상대방 선택의 자유 침해 등을 부당성의 독자적 근거로 인정하는 것과 유사하다. 인터넷쇼핑몰의 중립성 위반은 거래상대방에 대한 차별행위로서 경쟁저해성이 인정되는 경우가 많을 것이며, 공정거래법의 시장지배적 지위남용금지 및 불공정거래행위금지, 전자상거래소비자보호법상 표시·광고에 대한 규정 등에 의해서 대부분 커버 가능한 것으로 보인다. 광고 서비스 구입에 따라 노출순위에 차이를 두는 것이 중립성 의무와 합치할

68) 2016.3.29. 개정으로 소비자에게 통신판매중개를 의뢰한 사업자의 신원정보를 제공해야 하는 의무의 주체를 모든 통신판매중개업자로 확대하고, 통신판매중개업자가 청약의 접수를 받거나 재화 등의 대금을 지급받는 경우에는 통신판매업자가 청약확인, 전자적 대금지급의 신뢰확보 등의 의무를 이행하지 않는 경우에는 통신판매중개업자가 이행할 것을 명시하였다(제20조 제2항, 제20조의3 신설). 상세내용은, 최나진, “개정 전자상거래소비자보호법상의 통신판매중개자의 지위와 책임”, 「외법논집」, 제40권 제3호, 2016.8.

69) 근년의 1건만 예시하자면 온라인외국어강의 사업자인, ㈜에스티유니타스의 전자상거래소비자보호법 위반행위에 대한 건, 2015전자2422, 의결 제2017-27호, 2017.1.18.

70) 공정거래위원회, 2016년판「공정거래백서」, 2016.10, pp. 411-413.

수 있는가에 원천적인 의문을 제기할 수도 있지만 이미 사업모델로 정착된 점, 공적 포럼이 아니고 상업적 쇼핑몰인 점을 고려한다면 특별히 기만적 요소가 있지 않는 한 그 자체를 문제 삼기는 어렵다. 같은 맥락에서 비차별의무의 적용방식에 있어서 공정거래법은 망 중립성과 같은 일반적 중립성 의무가 상정하는 것보다 적용요건이나 절차적으로 엄격하여 규제당국이 개입에 더욱 신중한 입장을 취하고 있지만 이는 인터넷 전자상거래시장의 신규, 역동성에 따른 규제실패 우려를 고려한다면 반드시 비난할 일은 아니다. 전자상거래시장이 안정화되고 공정거래위원회의 이 분야에서의 법집행 경험이 쌓이면 사후약방문식 시정조치란 문제는 완화될 수 있을 것이다. 그렇다면, 현 상황에서 관련 시장에서의 지위와 무관하게 배타적 거래를 비롯한 차별행위를 당연위법시하는 중립성 의무를 인터넷상거래 분야의 특별규범으로 도입하는 것은 필요성이 증명되지 않은 일로 보인다. 현행법의 적용 결과를 보다 예측가능하게 하기 위한 해설서를 마련하는 정도가 적절해 보인다.

V. 인터넷 판매 금지

오픈마켓은 항상 갑의 지위에 있을까? 그렇지 않은 경우도 있다. 인기 제품 생산자와의 관계에서는 을의 지위에 설 수도 있다. 소위 명품업체의 경우에는 온라인으로 유통하는 경우 짝퉁과 정품의 구별이 어려워서 상품의 브랜드 가치를 저하시킨다는 이유로 온라인 유통을 금지하는 것이 흔한 일이다. 일반 상품의 경우에도 생산업체가 재판매가격을 유지하고자 하는 경우나 가맹점주가 유통질서를 유지하고자 하는 등의 이유로 인터넷판매를 제한하는 일이 발생하고 있다.

국내에서는 아웃도어 제품을 생산, 판매하는 ㈜골드윈코리아가 자사제품의 독립판매점과의 유통계약에서 온라인상 판매를 금지한데 대하여 공정거래위원회가 재판매가격 유지를 목적으로 하는 불공정한 구속조건부 거래행위로 보고 이를 금지하였으며[71] 법원도 이를 지지하였다.[72] 또한 소형가전제품을 수입, 판매하는 ㈜필립스전자가 일부 인기 제품에 대하여 대리점들이 인터넷

71) 공정위 2012.8.22. 2012-175.

72) 서울고등법원 2013.8.22. 선고 2012누28867 판결.

오픈마켓을 통해 판매하는 것을 금지한데 대하여 공정위는 브랜드 내 경쟁제한 효과는 큰 데 비하여 브랜드 간 경쟁 촉진 효과는 거의 없으며 가격경쟁을 통한 소비자 이익을 크게 저해하는 부당한 구속조건부 거래로 판단하고 이를 금지하며 과징금을 부과하였다. 대법원도 이를 지지하였다.[73] 이와 같이 국내에서는 다단계판매와 같이 일부 예외적인 경우를 제외하고는 생산업체가 유통업자의 온라인을 통한 유통을 제한하는 조건을 일반적으로 부당한 구속조건부 거래로 보고 금지하였다. 이는 외국의 공정거래 당국과 법원의 태도와 크게 다르지 않은 것으로 인식되었다. 그런 중에 아래 소개하는 2017년 12월 유럽사법법원의 Coty 판결은 사계에 신선한 충격을 던져주고 있다.[74]

유럽연합 경쟁법은 수직적 경쟁제한과 관련 일정한 요건을 갖춘 경우에는 책임을 면제해주고 있는 데 그중의 하나가 질적-선택적 유통시스템이다. 이와 관련하여 유럽사법법원은 1977년 Metro 사건에서 다음 네 가지 요건을 충족하는 경우 구속적 거래제한이 허용될 수 있다고 설시하였다.[75] 첫째, 유통업자의 선택이 객관적인 기준에 따라 이루어지고, 둘째, 그 기준이 판매가능성이 있는

---

73) 대법원 2017.6.19. 선고 2013두17435 판결. 원심은 원고가 2011.3.18.부터 2012.5.18.까지 그 거래하는 대리점에 대하여 비교적 고가인 센소터치 전기면도기 등 4개 품목을 인터넷 오픈마켓에 공급하는 것을 금지하고 이를 위반한 대리점에 대하여 출고정지·공급가격 인상 등의 제재를 한 사실(이하 '이 사건 제2행위')을 인정하고 ① 원고가 상대적으로 고가인 위 제품들이 인터넷 오픈마켓에서 가격 경쟁으로 저렴하게 판매됨에 따라 다른 유통채널에서도 판매가격이 인하되는 것을 막기 위하여 이 사건 제2행위를 한 것으로 보이는 점, ② 위 각 제품에 관한 국내 판매시장에서 상당한 시장점유율을 가진 원고가 이 사건 제2행위를 함으로써 인터넷 오픈마켓에서의 상표 내 경쟁을 근본적으로 차단하였을 뿐만 아니라, 그에 따라 오픈마켓과 오프라인, 인터넷 종합쇼핑몰 등 다른 유통채널과의 가격경쟁도 제한되었으므로, 이 사건 제2행위로 인한 경쟁제한 및 소비자 후생 저해 효과가 큰 점, ③ 소형가전 제품은 그 특성상 사용법 설명이나 시연의 필요성이 크지 않고, 온라인 동영상 등을 통해서도 충분히 사용법을 설명할 수 있다고 보이며, 원고가 오픈마켓과 마찬가지로 사용법 설명의 제약 및 무임승차의 우려가 존재하는 온라인 종합쇼핑몰에 제품을 공급하는 것은 허용한 점 등에 비추어, 이 사건 제2행위가 신규 제품의 원활한 시장 진입이나 무임승차 방지를 위한 합리적인 유통채널 선별전략이라고 인정하기 어렵다는 이유를 들어, 이는 공정한 거래를 저해할 우려가 있는 행위라고 판단하였다. 대법원도 원심이 이 사건 제2행위가 '공정한 거래를 저해할 우려가 있는 행위'에 해당한다고 판단한 것을 지지했다.

74) Judgment of the Court (First Chamber) of 6 December 2017 (request for a preliminary ruling from the Oberlandesgericht Frankfurt am Main - Germany) - Coty Germany GmbH v Parfümerie Akzente GmbH, C-230/16.

75) Judgment of the Court of 25 October 1977. Metro SB-Großmärkte GmbH & Co. KG v Commission of the European Communities. Case 26-76.

모든 유통업자에게 차별 없이 통일적으로 적용되며, 셋째, 판매대상 제품의 성질상 질적-선택적 유통시스템이 품질의 유지와 적정한 사용의 보장을 위하여 필요하며, 넷째, 이러한 질적 기준이 필요한 한도에서 벗어나지 않아야 한다. 이를 인터넷판매에 적용함에 있어서 종전의 Pierre Fabre 사건에서는 약사가 있는 물리적 공간에서 제품이 판매될 것을 요구하여 원천적으로 인터넷 판매를 금지한 것을 반경쟁적 거래조건으로 판시하였음에 비하여[76] 이번 Coty 사건에서는 질적으로 선별된 유통업체가 자신의 인터넷 사이트를 통해 판매하는 것은 허용하지만 Coty가 허가하지 않은 제3의 사업자, 예컨대 이베이 같은 오픈마켓을 통한 온라인 판매는 금지한 거래조건이 합리적인 것으로 인정되었다. 이 판결의 함의를 놓고 명품 브랜드 보호에만 적용되는지 또는 일반적으로 적용될 수 있는지, 전면적 온라인 판매금지는 허용되지 않지만 질적 기준에 따른 제한적인 금지는 허용된다는 것인지, 그리고 자가몰, 종합쇼핑몰과 오픈마켓을 달리 취급하여 전자는 허용하고 후자를 통한 유통은 금지하는 데에 합리성이 있는지 등이 논란이 되고 있다. 온라인 유통도 질적 기준에 따라 제한될 수 있다는 취지로 보이며 자가몰에 대한 허용은 수긍하기 쉬우나 종합쇼핑몰과 오픈마켓을 구분하는 것은 합리화가 더 어려울 것이다.

VI. 결론

인터넷 오픈마켓이 유통시장의 중추로 자리매김하면서 그곳에서의 공정한 거래질서를 확립하는 것이 정부의 주요한 업무가 되었다. 현재까지 오픈마켓에 공정거래법과 전자상거래소비자보호법을 적용한 사례를 분석한 결과는 다음과 같이 요약될 수 있다. 먼저, 기존 오픈마켓의 입점자에 대한 정책이 신규 경쟁사업자의 시장 안착을 방해하는 전략에서 행해지는 데에 대하여 공정거래위원회는 가장 중한 법위반 형태인 시장지배적 지위를 남용한 부당한 배타적 거래로 파악하고 접근하였으나 이는 당해 법조항의 부당성 요건을 충족하지 못한

76) Judgment of the Court (Third Chamber) of 13 October 2011. Pierre Fabre Dermo-Cosmétique SAS v Président de l'Autorité de la concurrence and Ministre de l'Économie, de l'Industrie et de l'Emploi. Reference for a preliminary ruling: Cour d'appel de Paris - France. Case C-439/09.

다는 법원의 판단을 받아 좌절되었다. 구체적 사안에 따라 다르겠으나 오픈마켓 운영시장에 대한 경제적 분석이 성숙하기 전까지는 향후 유사한 사건이 발생하는 경우 불공정거래행위금지규정이나 시장지배적 지위남용 중 다른 사업자의 사업활동 방해행위 금지규정을 적용하는 것을 대안으로 제시한다. 둘째, 오픈마켓이 화면상에 입점자들의 상품을 배열, 노출하는 순서는 광고비 수수의 과다에 의해 실질적으로 결정되고 있음에도 이를 구매자에게 제대로 고지하지 않는 행태는 전자상거래소비자보호법상의 부당한 표시 금지규정 등이 적용되어왔으나 제재의 강도가 미약하여 시장의 관행을 시정하지 못하였는바 과징금 부과를 비롯한 시정조치의 강화가 필요하다. 셋째, 공정거래위원회가 관련 시정명령취소 사건에서 패소하기는 하였으나 전체적으로 오픈마켓의 문제행위를 공정거래법과 전자상거래소비자보호법의 개정을 통해서 규율하는 데에 법체계상 부족함은 드러나지 않고 있다.

제 7 장

클라우드, SNS, 빅데이터의 규제

Ⅰ. 서론

이 장은 새롭게 떠오르는 플랫폼으로서 클라우드와 소셜 네트워크 서비스의 공정경쟁 저해 가능성이 있는 영업행태, 그리고 인터넷 기업의 빅데이터 구축에 따른 우려사항을 검토할 것이다. 아마존이나 페이스북을 위시한 인터넷 업체들은 규모의 경제와 네트워크 효과의 결과 독과점의 경향을 보이고 있다. 여기에 더하여 플랫폼 기업이 다른 응용 서비스를 겸하여 제공하거나 생태계내의 일부 업체와만 거래관계를 맺는 경우 중립성을 위반할 소지가 높아질 것으로 예상되는 바 공정경쟁을 위한 제도적 장치가 모색되어야 할 것이다.

많은 경우 플랫폼의 업무는 데이터의 처리와 관련된다. 클라우드는 데이터의 저장공간을 제공함이 주된 업무 중 하나이고, 소셜 네트워크 서비스 등 다수의 인터넷 서비스는 광고기반 수익모델을 가지기 때문에 광고의 효율성을 높이기 위하여 서비스 이용자의 개인정보를 축적, 분석한다. 이 장은 인터넷응용 플랫폼 시장에서의 공정경쟁 및 중립성 의무와 관련하여 다음과 같은 화두를 가지고 탐구하고자 한다. 데이터 처리를 경쟁력의 기반으로 하는 영업에서의 업체간 경쟁은 종래의 제조업이나 서비스업에서의 경쟁과 어떤 차이를 보일까? 광고를 수익의 원천으로 삼고 있는 업체들이 수익기반 확대를 위하여 고객 개인정보를 비롯한 데이터를 전방위적으로 축적하는 전략에 대하여 시장의 성장을 촉진하면서도 공정한 경쟁을 보장하고 이용자의 권리보호를 위한 규제기관의 적절한 대응은 무엇인가?

시장에 안착한 응용 플랫폼의 영업은 다양한 경제 효과를 추구하고 있다. 전통적인 규모의 경제에 의한 생산효율의 증대에 그치는 것이 아니라 소비측면에서 네트워크의 규모증대에 따른 소비자효용의 증대가 나타난다. 이를 네트워크 효과라 한다. 네트워크 효과는 다시 동일면에서 나타나는 효용의 증대인 직접 네트워크 효과[1)]와 다른 면에서 나타나는 간접 네트워크 효과[2)]로 구분해 볼 수 있다. 나아가, 큰 네트워크를 가진 사업자들이 소위 시행착오를 통한 학습과 사물간 정보교환(machine-to-machine)을 통한 학습에 의해서 더 빨리 향상된 서비스를 산출할 가능성이 많으며 이는 다시 더 많은 이용자를 끌어 들여 네트워크의 크기가 커지는 선순환 효과를 보인다. 일반적으로 서비스를 먼저 개발한 사업체가 이와 같은 효과를 누리기 쉬우나 단지 서비스 개시 시점의 선후보다는 상호 왕성하게 활동하는 이용자규모가 임계점(critical mass)을 달성하는 것이 플랫폼사업 안정화의 관건이 된다고 할 것이다. 인터넷 기업들은 이와 같은 임계점을 달성하기 위해서 그리고 그 이후에도 네트워크 효과의 제고를 위해서 적극적으로 인수합병이나 전략적 제휴를 추구하고 있다.

II. 클라우드 서비스

1. 개념과 산업구조

클라우드 서비스는 고객이 정보자원을 직접 소유, 관리하기 보다는 필요한 때, 필요한 만큼만 빌려 쓸 수 있도록 일종의 임대 서비스를 제공하는 것이다. 소프트웨어, 플랫폼, 인프라스트럭처를 빌리는 경우를 구분하여 각각 SaaS(Software as a Service), PaaS(Platform as a Service), IaaS(Infrastructure as a Service)라고도 불린다. 여기서 플랫폼(P)은 소프트웨어프로그램을 개발, 운영할 수 있

1) 전화가입자의 전체 숫자가 많아질수록 각 가입자의 효용이 증대한다.

2) 결혼정보회사의 남성고객 숫자와 여성고객 숫자는 서로 다른 면에서의 효용에 영향을 준다. 쇼핑몰의 입점자수와 고객숫자, SNS에 대한 광고주와 이용자수의 관계도 이와 같다.

는 저작툴과 환경을 제공한다. 인프라스트럭처(I)에는 데이터를 처리, 저장하고 전송하는 모든 설비가 포함된다. 클라우드를 구성하는 제공자의 정보자원은 여러 곳에 분산되어 위치할 수도 있으며 이용자의 데이터도 큰 용량의 경우 분할되어 다수의 데이터 센터에 분산 저장될 수 있다.

클라우드 서비스는 소위 가상화(virtualization)기술을 사용하여 이용자가 자신의 활동에 직접적으로 관련된 업무에만 집중할 수 있도록 하고 그 하단의 업무로부터 해방시킨다. 또한 같은 정보설비나 자원의 경우에도 어느 이용자가 사용하지 않는 기간에는 이를 다른 이용자가 사용할 수 있도록 하여 설비의 가동율을 높인다. 이와 같이 클라우드 서비스는 제공자는 규모의 경제에 의하여 설비운용에 따른 단위 비용의 절감을 달성하고 이용자는 관리의 부담에서 벗어나는 장점이 있다. 클라우드는 일반적으로 개방형으로 스스로 정보자원을 보유, 운영하기에 부담이 되는 중소 사업자가 이용하는 경우가 많지만 대기업의 경우에는 폐쇄형 클라우드를 채택하여 보안에 관한 우려를 해소하면서도 효율성을 제고하는 방법을 채택하기도 한다. 이하에서는 개방형 클라우드를 전제로 하여 논의를 전개한다.

클라우드 서비스의 장점을 인지하는 서비스제공자나 이용자는 이 개념을 단 하나의 계층에 한정하여 적용하기 보다는 자연스럽게 여러 계층에 확장하여 적용할 수 있는 가능성을 타진한다. 즉, SaaS를 제공하는 사업자가 익히 PaaS와 IaaS를 알고 있기 때문에 스스로가 플랫폼이나 인프라설비를 구축하기 보다는 다른 사업자의 PaaS, IaaS 서비스를 빌려 쓰는 것이 더 낫다는 계산을 할 수 있다. 물론 일부는 스스로 구축하고 일부는 빌려 쓰는 하이브리드도 가능할 것이다.[3] 이와 같이 서비스가 최종소비자에게 도달하기 위해서는 수직적

3) 클라우드 서비스의 다양한 유형과 대표 서비스.

IaaS만 제공	Amazon Web Services, RackSpace, GoGrid, Google Computer Engine
PaaS만 제공	Google App Engine, Microsoft Windows Azure
IaaS위에서 PaaS를 제공	Amazon IaaS를 이용하는 dotCloud, Engine Yard, Heroku
SaaS만 제공	Facebook, Flickr, Gmail
IaaS위에서 SaaS를 제공	Dropbox, Mozy, Foursquare
PaaS위에서 SaaS를 제공	App Engine, Azure 등 위에서 제공되는 다양한 SaaS
IaaS-PaaS-SaaS로 제공	dotCloud, Heroku 위에서 제공되는 다양한 SaaS

Hon, W. K. and Christopher Millard. "Cloud Technologies and Services", in Christopher Millard (ed.), *Cloud Computing Law*, Oxford University Press, 2013, pp. 15-16.

으로 연결된 복수의 서비스시장이 관련되며 이들 사업자들은 스스로의 이익을 극대화하기 위하여 가능한 모든 수단을 구사할 것이다. 클라우드 서비스 제공자의 시장지배력이 강화되는 경우 이에 의존하는 중소 사업자의 경쟁이익이 저해되거나 이용자의 개인정보가 제대로 보호받지 못할 우려가 있다. 제공 사업자와 고객 사업자간 그리고 사업자와 일반 이용자간 경쟁과 이해조정의 공정성에 대한 요구가 등장하는 것이다.

▌그림 7 - 1 클라우드 시장 손익규모추이 (단위: 10억불)

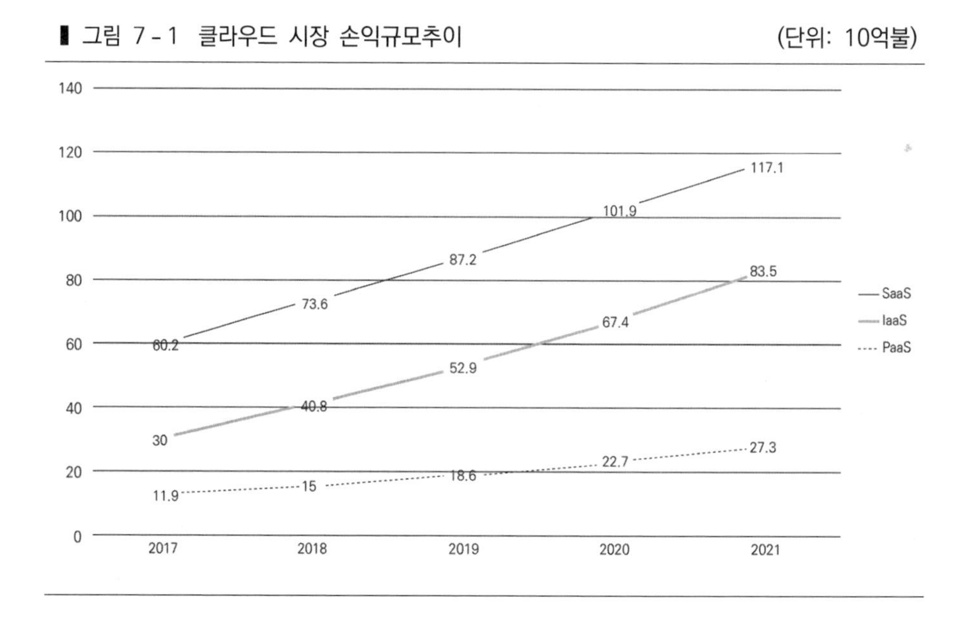

위 그래프에서 보듯이 클라우드 시장은 매년 30% 내외의 성장을 거듭하고 있다(자료: 가트너).[4] 대표적인 외국의 클라우드 사업자로는 Amazon Web Services, Microsoft Azure, Google Cloud Platform, IBM Cloud 등이 있다. 2018년 1사분기 현재 아마존이 전 세계 클라우드 시장에서 33%의 시장점유율을 보이며 시장을 선도하고 있고, 마이크로소프트가 13% 내외 시장점유율로 멀찌감치 뒤의 경쟁 사업자들을 데리고 이를 추격하는 형세이다. 아시아지역에서는 Alibaba의 약진이 두드러진다.

4) Cameron Coles, "Cloud Market in 2018 and Predictions for 2021" https://www.skyhighnetworks.com/cloud-security-blog/, July 30, 2018.

2017년 1조5천억 원 규모인 국내 클라우드 시장도 빠르게 성장하여 2018년은 1조9천억 원의 수익이 예상된다. 국내시장에서도 AWS등 해외업체가 강세를 보이고 있으며 국내기업으로는 KT, 네이버 비즈니스 플랫폼(NBP), 더존 등 선발시업에 더하여 삼성SDS, LG CNS, SK C&C가 시장공략을 준비하고 있다.[5]

2. 클라우드의 공정경쟁 저해 가능성

클라우드가 지배적 지위를 가진 사업자인 경우에는 배타적 거래, 끼워팔기 등의 행위를 통해 시장경쟁을 저해할 우려가 있다.[6] 현재는 성장하는 클라우드 시장에서 경쟁이 활발하여 어떤 업체를 지배적 지위를 가진 사업자로 인정하는 것이 다소 성급하므로 공정거래당국은 관망하는 자세를 취하고 있는 것으로 보인다. 다만 지배적 지위까지는 아닐지라도 전환비용 등의 이유로 특정 클라우드에 고착(lock-in)되어 있는 고객에 대해서 우월적 지위를 가질 수 있으며 이와 같은 우월한 지위에서 또는 일정한 지위 여부와는 관계없이 거래상대방에 대한 불공정한 행위를 하는 것은 공정거래당국의 규제대상이 될 수 있다. 이와 같은 고착 효과는 클라우드의 계층, 즉 IaaS, PaaS, SaaS중 어디에 속하느냐에 무관하게 공통적으로 우려되는 문제이다. 클라우드간에 상호연동성(interoperability)과 데이터 이동성(data portability)이 보장된다면 고착 효과를 완화하여 클라우드 사업자간 그리고 사업자와 고객간의 힘의 불균형을 완화하는데 기여하고 따라서 클라우드 사업자의 지위남용이나 불공정행위 가능성을 감소시킬 것이다. 하지만 공정거래법령에서 바로 이와 같은 의무를 도출하는 것은 논란이 될 수 있다.

향후 클라우드 시장이 성장함에 따라 대두할 수 있는 문제중의 하나는 네트워크 서비스제공자와 클라우드 사업자간에 해당 클라우드의 정보전송에 대

---

5) "국내 클라우드 시장 놓고 '짝짓기' 마무리", ZDNet Korea, 2017.7.25.; "외국계가 장악한 클라우드 시장…韓 기업들 싸고 편한 서비스 내세워 맞불:, 조선비즈, 2018.5.22.

6) Hoffman, Sára Gabriella. *Regulation of Cloud Services under US and EU Antitrust, Competition and Privacy Laws*, Peter Lang, 2016; Song, Sylvia. "Competition law and interoperability in cloud computing", *Computer Law & Security Review*, 2017.5.; Andrea Renda, "Competition, Neutrality and Diversity in the Cloud", *Digiworld Economic Journal*, no. 83, 2012.

하여 전송의 품질을 보장하는 소위 프리미엄 서비스계약을 체결하는 것이다. 앞에서 논했듯이 이는 클라우드 시장에 새로 진출하려는 자에게 진입비용을 증대시키며 일반 서비스를 이용하는 자를 차별하는 것으로 망 중립성의 비차별원칙에의 저촉이 문제된다.

클라우드 사업자와 이용자 간의 관계에서 경쟁법이나 중립성 의무 위반의 성립에 대한 판단에 있어서 종국적인 쟁점은 종종 클라우드 사업자가 해당 조치를 취하는 것이 불가피한 객관적 정당화사유가 존재하는지 여부일 것이다. 예컨대 컴퓨터바이러스에 대항하기 위한 특정 수준 이상의 보안프로그램이나 방화벽 설치가 강제되는 것은 일견 차별성이 인정되는 경우에도 객관적 정당화 사유가 될 것이다. '서비스의 성능향상'이라는 목적을 달성하기 위하여 특정 상품하고만 같이 사용하여야 한다는 효율성 제고 주장은 정당화하기가 쉽지 않을 것이다.

인터넷 자체가 국경의 의미를 퇴색시키고 국가주권에 근거한 법령의 집행에 도전을 제기하는데 클라우드 서비스는 이와 같은 탈국경성을 최대한으로 확장하는 사업이다. 글로벌 클라우드 사업자가 자신이 서비스를 제공하는 모든 국가에 데이터 센터를 구축하는 것은 클라우드 사업의 기본 개념에 모순된다. 당연 지리적, 경제사회, 환경적으로 데이터를 집적시키기에 가장 적합한 몇몇 곳에 데이터 센터를 설치할 것이다. 데이터 센터가 소재하지 않는 국가에서 클라우드 사업자에 의해 행해지는 경쟁저해행위에 공정거래법을 적용하는 것이 국내 사업자에 대한 법적용에 비해 어려움이 있을 것은 분명하다. 그렇지만 이미 글로벌 경제시대에 접어든 사회에서 역외 사업자에 대한 공정거래법의 적용 또한 일상사가 되었다고 할 수 있다. 법집행을 담보하기 위한 수단으로 국내 고객을 대상으로 서비스를 제공하기 위해서는 국내에 데이터 센터를 두어야 한다는 소위 '데이터설비 현지화'(data facility localization)를 요구하는 것은 국가권력에 의한 과잉대응이며 클라우드 서비스의 제공과 향유에 근본적인 제약을 가하는 것이다. 최근 체결되는 자유무역협정은 이를 금지행위로서 규정하고 있다.[7] 특정국가에 의도적으로 서비스를 제공한 것이 그 서비스제공자에 대한 해당 국가법 적용의 근거가 된다는 것이 일반적으로 수용된 국제관할에

7) Comprehensive and Progressive Agreement for Trans-Pacific Partnership 제14.13조.

관한 법리이다. 이런 법리로 공정거래법이나 개인정보보호법 등 자국의 법령을 역외적용하면 충분하며 데이터설비 현지화를 요구하는 것은 득보다 실이 클 것으로 보인다.[8)]

3. 클라우드 중립성

(1) 연동성

망 중립성은 네트워크 인프라 이용과 관련되므로 IaaS 클라우드 중립성에 대응한다. 그렇다면 중립성을 소프트웨어(SaaS), 플랫폼(PaaS) 등에도 적용할 수 있지 않을까? 클라우드간의 상호 연동성 확보와 클라우드 사업자의 이용자에 대한 불공정행위 방지의 중요성은 쉽게 부인하기 어려운 바 클라우드 중립성 논의의 배경이 된다. 클라우드업체 입장에서도 클라우드 서비스에 대한 고객의 신뢰 확보가 사업의 성장에 필수적이며 신뢰성 제고에 클라우드의 중립성 표방이 기여한다고 발상을 전환할 수도 있다. 역으로 유력한 소프트웨어 서비스 업체들이 자발적 혹은 의무적으로 객관적 자격을 갖춘 클라우드에는 모두 자신의 제품을 선보이거나 고객이 언제라도 정보를 다른 클라우드로 옮길 수 있도록 인터페이스 연동성과 데이터 이동성을 보장하도록 하는 것도 클라우드 산업의 발전을 위해서 고려할 가치가 있다.[9)] 즉 클라우드 서비스를 구성하는 핵심시장이 쌍방독점의 모습을 띠고 있다면 일방적 중립성이 아니라 상호 중립성의 약속이 필요할 수 있다.

지배적 지위를 차지한 클라우드 사업자가 수직적 또는 수평적으로 주변 시장으로 영향력을 확대하려 한다면 경쟁당국의 주목을 받을 것이다. 연동성확보를 위해서는 관련기술의 표준화가 필요한 경우가 많은데 클라우드 표준 결정과정에서 자신이 소유하고 있는 특허를 공개하지 않고 표준으로 선정받는 것도 공정성이 문제될 수 있다. 일반적으로 표준특허소유자는 타인에 의한 이용에 대하여 공정, 합리적이며 비차별인 수준의 사용료 이상을 추구하지 않을

8) Chung, Chan-Mo. “Data Localization: The Causes, Evolving International Regimes and Korean Practices”, *Journal of World Trade* 52:2, April 2018.

9) “The march toward cloud neutrality”, Intronics, March 9, 2017. http://blog.intronis.com/the-march-toward-cloud-neutrality.

것이 요청된다.[10] 나아가 연동성을 위하여 필수적인 기술인 경우 무료 또는 염가로 제공될 것이 요구될 수도 있다. 보안상의 이유로 다른 기술에 기반한 클라우드와 연동하지 못한다는 항변의 가능성이 있으나 지배적 사업자의 이와 같은 항변은 엄격하게 심사되어야 할 것이다.

기능적 연동성이나 데이터 이동성을 경쟁법과 정책에 근거해서 요구하기 위해서는 그 위반행위의 경쟁저해성과 아울러 구조적 재발가능성을 입증하여야 할 것이다. 신생기업의 생존이 일각에 달린 시점에서 공정위가 매번 이와 같은 것을 입증하기 위해 시간을 지체하는 것은 바람직하지 않다. 이런 차원에서 연동성이나 데이터 이동성을 위반하는 경우 경쟁저해성은 추정되는 것으로 하거나 기능적 연동성과 데이터 이동성을 플랫폼 중립성 원칙의 구체화로 인정하는 것을 검토할 가치가 있지만,[11] 법원은 예외적인 경우를 제외하고는 사업자의 지적재산권, 영업비밀, 사유재산권 존중 등의 차원에서 이를 인정하기를 주저하고 있다.[12]

2) 연동성에 대한 판례 재검토: 멜론DRM 사건[13]

이동통신 서비스 업체인 SK텔레콤 주식회사(이하 SKT)가 자신의 MP3폰과 자신이 운영하는 온라인 음악사이트인 멜론의 음악파일에 자체 개발한 DRM (Digital Rights Management)을 탑재하여 SKT의 MP3폰을 사용하는 소비자로 하여금 위 멜론에서 구매한 음악파일만 재생할 수 있도록 하고, 다른 사이트에서 구매한 음악은 멜론에 회원으로 가입한 후에 별도의 컨버팅 과정 등을 거치도록 한 행위에 대하여, 독점규제 및 공정거래에 관한 법률 제3조의2 제1항 제3호에서 정한 '다른 사업자의 사업활동을 부당하게 방해하는 행위'에 해당한다며 공정거래위원회가 시정명령 및 과징금 납부명령을 내린 사안에서, 대법원은

10) 소위 FRAND(Fair, Reasonable, And Non-Discriminatory) 원칙이다.

11) Walden, Ian & Laise Da Correggio Luciano. "Ensuring Competition in the Clouds: The Role of Competition Law?", 2011.7, pp. 24-25.

12) 1970년대에 IBM을 상대로, 2000년대에 Microsoft를 상대로 유럽경쟁당국이 인터페이스정보의 공개를 요구하였으며 법원판결 이전에 합리적 조건하에 공개하는 동의의결로 마무리되었다. IBM을 상대로 한 미국 법무부의 독금법 소송은 기각되었으며, Microsoft와는 동의의결에 도달하였다.

13) 대법원 2011.10.13. 선고 2008두1832 판결[시정명령등취소].

SKT 자신의 MP3폰과 음악파일에 DRM을 탑재한 것은 인터넷 음악 서비스 사업자들의 수익과 저작권 보호 및 불법 다운로드 방지를 위한 것으로서 정당한 이유가 있다고 보이는 점, 소비자가 SKT MP3폰으로 음악을 듣기 위해서 겪어야 하는 불편은 MP3파일 다운로드 서비스 사업자들에게 DRM을 표준화할 법적 의무가 있지 않은 이상 부득이한 것으로 현저한 이익 침해가 되거나 부당하여 불법한 것으로 보이지 않는 점, 위 행위로 인해 현실적으로 경쟁제한 효과가 일정 정도 나타났지만 DRM의 특성과 필요성 및 개발경위 등에 비추어 SKT의 행위에 경쟁제한 효과의 의도나 목적이 있었다고 단정하기 어려운 점 등을 종합할 때, SKT의 행위가 '다른 사업자의 사업활동을 방해하는 행위'에 해당하더라도 그 부당성을 인정할 수 없다는 이유로 위 공정위 처분이 위법하다고 본 원심판단을 수긍하였다.

대법원은 또한 원심이 소비자가 다른 음악사이트에서 이미 유료로 음악파일을 구입한 경우에 SKT의 MP3폰에서 작동이 안 되거나 매우 어렵기 때문에 동일한 음악파일을 보유한 소비자라도 SKT의 MP3폰으로 음악을 듣기 위해서는 추가로 멜론사이트에서 음악파일을 다운로드받고 비용을 지출하게 되는 이중부담을 진다고 볼 여지는 있으나, 일반적으로 음악사이트에 새로 가입하거나 가입사이트를 변경하는 소비자의 경우는 그 이익 침해의 현저성이 문제가 되지 아니하고, 또한 컨버팅 과정을 거치는 경우에도 이는 단지 불편할 뿐이지 현저한 침해가 된다고 보기는 어렵다고 판단한 것을 수긍하였다.

공정거래법 제3조의2 제1항 제5호 후단은 '부당하게 소비자의 이익을 현저히 저해할 우려가 있는 행위'를 시장지배적 사업자의 지위남용행위의 한 유형으로 규정하고 있는바, 이때 소비자의 이익을 '현저히' 저해할 우려가 있는지 여부는 당해 상품이나 용역의 특성, 당해 행위가 이루어진 기간·횟수·시기, 이익이 저해되는 소비자의 범위 등을 살펴, 당해 행위로 인하여 변경된 거래조건을 유사 시장에 있는 다른 사업자의 거래조건과 비교하거나 당해 행위로 인한 가격상승의 효과를 당해 행위를 전후한 시장지배적 사업자의 비용 변동의 정도와 비교하는 등의 방법으로 구체적·개별적으로 판단하여야 한다.[14] 이 사건 당시 SKT MP3폰의 압도적 시장지배력과 SKT의 이 사건 행위를 전후하여

14) 대법원 2010.2.11. 선고 2008두16407 판결, 대법원 2010.5.27. 선고 2009두1983 판결 등 참조.

모바일음악시장 1위 사업자의 시장점유율이 급전직하하여 시장에서 사라지게 된 구체적 정황에도 법원이 "단지 불편할 뿐이지 현저한 침해가 된다고 보기는 어렵다"고 판단한 것에 동의하기 어렵다. 이 사건에서 SKT의 MP3폰을 지배적 플랫폼으로 파악할 수 있지만 법원이 플랫폼 중립성 원칙에 기반한 주장을 해석론으로는 쉽게 받아들이지 않을 것을 예고한다.

법원의 위와 같은 판단은 외국에서도 애플에 대한 DRM 개방의무를 부과한 예가 없다는 상황에 의해서도 영향 받은 것으로 보인다. 위 한국의 사건과 거의 동일하게 iPod와 iTunes를 배타적으로 묶는 DRM 기술인 FairPlay를 이용허락하라는 온라인음악제공 사업자 VirginMega의 강제허락 신청을 프랑스의 경쟁당국은 거절한바 있다.[15] 그러나 iPod와 iTunes는 새로운 시장을 창출한 기기와 서비스의 결합임에 비하여 대상 사건은 다른 사업자가 개척한 분야에서 기기/이통 서비스독점력을 음원유통 서비스로 이전하여 선도 기업을 희생시킨 것이기에 전혀 상황이 다르다고 할 것이다. 그런 차원에서 문제된 SKT의 DRM이 저작권 보호에 있어 다른 DRM에 비하여 별반 수준의 차이를 보이지 않는다면 이 배타적 DRM의 필수성은 부인되며 이 DRM의 실질적 목적은 지배력전이를 위한 연결고리 이외의 아무것도 아닐 것이다. DRM을 표준화할 의무는 없지만 위와 같이 지배적 내지 우월적 지위에 있는 사업자의 경우 연동성을 확보할 수 있는 정도의 인터페이스정보는 개발자에게 공개하여야 할 것이다. 공개와 비공개를 "all or nothing"으로 보는 인식도 극복되어야 한다. 공개의 대상정보도 연동성 확보에 꼭 필요에 것으로 한정하고, 정보가 제공되는 대상도 필요하다면 비밀준수를 약속하는 개발자에게만 한정할 수도 있을 것이다. 마지막으로 정보의 제공이 무료사용을 전제하는 것은 아니며 공정, 합리, 비차별에 따른 보상액에 자발적으로 합의하거나 강제 조정할 수 있을 것이다.

(3) 망 중립성과 클라우드 중립성의 차이

망 중립성의 경우 비트의 전송속도라는 서비스 수준에 대한 단일한 객관적인 측정지표가 있었다. SaaS와 PaaS의 경우에도 이에 대응하는 단일한 서비스 측정지표를 고안해내는 경우 중립성 위반여부에 대한 객관적인 판단이 가

15) Conseil de la Concurrence, Decision No. 04-D-54 du 9 Novembre 2004.

능할 것인데 소프트웨어와 플랫폼 서비스의 경우에는 이것이 쉽지 않을 수 있다. 예컨대, 메모리 공간을 대여하는 경우에 특정 서버컴퓨터의 공간을 보장하는 경우와 분산된 유휴 컴퓨팅자원을 이용하여 정보저장 기능을 제공하는 경우 중 어느 쪽, 여러 지역에 위치한 데이터 센터 중 어느 지역이 우월하다고 말하기 어렵다. 다만, 아직 충분한 연구가 없을 뿐 객관적 판단이 불가능하다고 속단하기는 이르며 서비스제공 실패 확률과 같은 여러 가지 논의가 가능할 것이다.[16)]

4. 평가

클라우드 컴퓨팅에 대해 논의를 시작한 지가 10여년이 되었고 착실한 시장성장을 기록하고 있지만 인터넷 환경이 클라우드 중심으로 재편되었다고 말하기 어려운 것 같다. 아직 기기, 검색엔진 또는 OS를 중심으로 해서 인터넷생태계가 구성되고 있으며 클라우드는 아직 하나의 중요한 가능성으로 남아있을 뿐 인터넷 생태계가 그 방향으로 진화할지는 아직 확정적이지 않다. 국내에서는 클라우드를 내세운 주요 인터넷 기업에서 클라우드 부문이 기업의 중심사업으로 자리 잡지 못하고 있는 실정이다. 상황이 이와 같다면 현 상황에서 클라우드 중립성을 논의하는 것은 실익이 적어 보인다. 규제기관은 당분간 시장의 자연스런 발전을 지켜보는 것이 적절할 것이다.

III. 소셜 네트워크 서비스

1. 시장상황

외국에서는 소셜미디어, 국내에서는 소셜 네트워크 서비스(SNS)로 불리는 온라인상의 사회연결망 서비스는 인터넷상에 프로필, 메시지, 사진, 동영상 등을 올려서 자기를 표현하고 지인 또는 공통의 관심을 가진 사람들과 상호연결을 할 수 있는 기능을 무료 또는 염가로 제공하고 주로 광고유치로 수익을 창

---

16) Kesidis, George. Bhuvan Urgaonkar, Neda Nasiriani, and Cheng Wang. "Neutrality in Future Public Clouds: Implications and Challenges", Conference Paper for 8th USENIX Workshop on Hot Topics in Cloud Computing, 2016.

출한다.[17] 생각보다 오래 전부터 일반인의 생활에 깊숙이 들어온 서비스로서 국내에서는 1999년 론칭된 싸이월드를 효시로 하여 카카오, 네이버 밴드, 국제적으로는 페이스북, 링키드인, 라인 등 다수의 서비스가 있다. 현재는 국제적으로는 페이스북이 60~70%의 시장점유율로 압도적 1위를 지키고 있으며,[18] 국내에서는 페이스북, 카카오스토리, 네이버밴드가 기준에 따라 엎치락 뒤치락하는 가운데[19] 인스타그램의 상승세 또한 높다. 또한 2011년 국내 SNS시장 점유율 59.1%였던 싸이월드가 2015년 2.4%로 미미한 존재로 전락한 것과 최근 전체적으로 시장의 수축 또는 포화 및 전문 서비스별 분화현상을 보인다는 보도와 같이[20] 시장의 미래를 예측하기 어렵다.

소셜 네트워크 서비스에도 개방성과 중립성 차원에서 검토되어야 할 현상이 존재한다. 월드와이드웹의 개발자로 알려진 팀 버너스-리는 이미 2010년 소셜 네트워크 서비스들이 이용자들의 활동에서 축적한 데이터를 자사만이 이용할 수 있도록 하는 것은 개방적인 범세계 네트워크로서 인터넷의 단일성과 보편성을 파괴하고 인터넷의 파편화를 가져올 수 있다고 우려했다.[21]

공정위의 심결례를 검색해보면 카카오에 대한 전자상품권 이용약관 시정(2015.12.)과 하도급거래 공정화에 관한 법률 위반에 관한 약식의결이 각 1건 있을 뿐이다.[22] 공정거래위원회가 아직 이 분야에 대하여 개입이 시급하지 않은 것으로 인식하고 있음을 엿볼 수 있다. 외국에서도 페이스북의 지배력과 경쟁저해 가능성에 대한 이론적 연구는 있으나[23] 아직 공정거래당국의 판정례

---

17) 거래 수수료, 데이터 판매 등이 기타 수익원이다.

18) 저커버그는 페이스북이 2017.6. 20억 회원을 달성했다고 선언했다.

19) 한달에 한번 이상 사용하는 이용자 수(MAU)를 기준으로 하면 밴드가 1위이지만, 매일 사용하는 이용자 수(DAU) 기준은 페이스북이 1위이다. "대한민국 SNS 이용현황 - 2017년 상반기" Mobi Inside, 2017.8.24.http://www.mobiinside.com/kr/2017/08/24/korea-sns-2017-1/

20) 한국경제신문이 닐슨코리안클릭의 자료에 근거하여 주요 SNS 사업자의 월간 이용자수가 전년대비 10% 정도 축소되었다고 보도하였다. http://news.hankyung.com/article/2017061612511.

21) Tim Berners-Lee, "Long Live the Web: A Call for Continued Open Standards and Neutrality", *Scientific American*, December 2010, vol. 303, no. 6, (80).

22) 사건번호 2016건하2428, 사건명 ㈜카카오의 불공정하도급거래행위에 대한 건, 의결(약) 제2017-009호 2017.1.17.

23) Claus-Georg Nolte, Jonas Schwarz, Christian Zimmermann, "Social Network Services: Competition and Privacy", Proceedings der 13. Internationalen Tagung Wirtschaftsinformatik

는 찾기 어렵다. 이는 SNS 시장이 역동성이 커서 시장의 순위가 쉽게 바뀌고, 검색과 게임, 쇼핑기능이 포함되는 등 서비스의 외연도 변화의 와중에 있으며, 이용자들이 멀티호밍하는 상황을 인식한 결과로 보인다. 이와 같이 경쟁당국이 특정 SNS가 시장지배력을 가지고 있는지에 대해서 판단함에 있어서는 현재의 시장점유율 밖에도 다양한 요소에 대한 고려가 필요하다.

2. 페이스북의 무임승차 논쟁

2017년 페이스북은 SK브로드밴드와 LG유플러스 가입자들의 페이스북 접속 경로를 한국서버에서 홍콩 등 제3국 서버로 돌리는 조치를 취했고 이용자는 접속속도가 느려지는 불편을 겪었다. 이는 국내 페이스북 이용자들이 늘자 페이스북이 두 통신사에 캐시서버 구축을 요청했으나 비용부담을 두고 합의점을 찾지 못하자 두 회사 이용자의 국내 페이스북 서버 접속을 차단한 것이다. 페이스북이 KT에만 캐시를 설치한 결과 다른 두 회사의 이용자콜이 KT망을 이용하게 되고 이에 따라 두 회사는 KT에 상호접속료를 지불하게 되며 이에 두 회사가 페이스북에 이에 대한 보전을 요구하자 페이스북이 이를 거절하며 아예 이들 두 회사로부터의 콜을 외국소재 페이스북서버로 돌려버린 것이다. 방통위는 일방적 서비스이용제한으로 4억여원의 과징금을 부과했고 페이스북은 불복하여 소송을 제기했다.[24]

네이버, 카카오 등 국내 플랫폼들이 상당액의 망사용료를 지불하는 것과는 달리 구글, 페이스북등 글로벌 플랫폼들은 미미한 액수만을 지불하는 불평등에 대한 시정의 필요성이 제기되고 있으나[25] 현실적인 이용자 장악력을 기반으로 한 글로벌 기업의 공세에 대응할 힘과 논리를 찾아내지 못하고 있는 실정이다. 글로벌 콘텐츠업체들은 망 중립성이 망을 공짜로 쓸 수 있다는 것은 아니라는 데에 공감하면서도 망 확충비용을 분담하는 데에는 인색한 태도를 보이고 있다. 정부는 사업자들이 협의해서 결정할 문제라고 발을 빼고, 그 과

(WI 2017), St. Gallen, S. 822-836; Waller, Spencer Weber, "Antitrust and Social Networking", 90 *N.C. L. Rev.* 1771, (2011-2012).

24) "페이스북, 방통위 과징금 처분에 불복소송", 법률신문, 2018.5.17.

25) 네이버는 2016년 734억 원의 망사용료를 지불한 것으로 밝혔다. "네이버, 구글 반박에 재반박, '세금 · 고용 · 망사용료 밝혀라'", 한겨레, 2017.11.9.

정에서 국내 플랫폼과 외국 플랫폼간 역차별이 생기는 것이다. 외국 플랫폼도 수긍할 만한 망 확충비용을 부담하는 방안에 대해서 정부차원의 정책개발노력이 필요해 보인다. 국내 사업자 역차별에 대한 여론이 악화되면서 글로벌 플랫폼들의 입장에 약간의 변화가 감지되지만 아직 구체적인 타결책에는 도달하지 못하였다.[26]

3. 지배력 남용과 데이터 이동성

소셜 네트워크가 갖는 지배력의 원천은 고착현상이다. 특정 소셜 서비스를 이용하여 개인 또는 집단이 오랜 기간 많은 활동을 해온 경우 그 소셜 서비스의 광고행태가 성가시고 서비스에 불만이 있다고 하여 쉽게 소셜활동을 다른 사이트로 바꿀 수 있는 것이 아니다. 개인이 그동안 기재한 글이나 사진, 동영상 등을 다른 사이트로 옮기는 것이 사실상 불가능하거나 극도로 번거로울 수 있다. 그동안 이용하던 사이트를 통하여 형성해온 사회관계의 상당 부분을 상실할 우려도 있다. 이와 같이 어떤 데이터들은 특정 사이트에 고착된 고정자산이 되어 이용자가 이를 포기하고 다른 사이트로 옮겨가는 결정을 내리기 쉽지 않다. 그런데 이 자산은 누구의 것인가? 당해 소셜 네트워크의 것이라기보다는 이를 작성한 이용자의 것이 아닌가? 그렇다면 자기의 것에 대한 소유권을 행사하는 것이 좀더 수월하여 이용자가 특정 소셜 네트워크에 종속되는 것이 아니라 쉽게 바꾸거나 동시에 수개의 사이트를 이용할 수 있는 환경을 만드는 것이 좋지 않겠는가?

이와 같은 인식에서 데이터 이동성(data portability)을 보장할 의무를 소셜 서비스에 부과할 필요성이 논의되고 있으며 유럽연합에서는 개인정보에 대하여 이를 법제화한데 이어[27] 비(非)개인정보의 데이터 이동성을 위한 입법을 추진하고 있다.[28] 이용자의 민감한 개인정보이거나 그가 제공한 정보(글, 사진, 동영상 등)인 경우에는 이를 인정하는 것이 상식에 부합할 것이다. 하지만 공개된

---

26) "'망 무임승차' 논란 페이스북 '사용료 문제 해결에 노력'", 연합뉴스, 2018.1.10.

27) Article 20(1) of the Regulation(EU) 2016/679, General Data Protection Regulation.

28) European Commission, "Joint statement by Vice-President Ansip and Commissioner Gabriel on the European Parliament's vote on the new EU rules facilitating the free flow of non-personal data", Strasbourg, 4 October 2018.

개인정보이거나 소셜 사업자가 이용자 행태를 관찰, 분석하여 축적한 정보도 데이터 이동성의 대상이 되어야 하는지에는 의문이 있다. 비식별화조치를 통하여 지속적으로 보유, 사용할 수 있도록 하는 것이 거래 현실에 부합할 것으로 생각된다. 반면에 개인정보가 아니라고 하여 데이터 이동성을 일률적으로 배제할 수 있도록 할지는 사안별로 보다 신중한 검토가 필요하다. 데이터 이동성은 정보주체의 개인정보자기결정권 차원에서 중요할 뿐만아니라 소비자보호 및 시장경쟁 차원에서 시장진입장벽 완화 및 경쟁활성화에도 긍정적인 역할을 할 수 있기 때문이다. 경쟁당국도 경쟁을 활성화하고 시장지배력 남용을 방지하는 정책의 하나로 데이터 이동성을 요구할 수 있을 것으로 생각된다.

정보주체에게 자기가 제공한 정보에 대한 데이터 이동 권한이 인정된다고 하더라도 전문가가 아니고는 스스로 데이터 이동 작업을 하는 것이 쉬운 일은 아닐 것이다. 정보주체의 동의에 의하여 그가 선택한 다른 사업자와 종전에 이용하던 사업자간에 데이터의 직접이전이 가능해야 정보주체의 데이터 이동권한이 실질적으로 행사될 수 있을 것이다. 또한 이와 같은 사업자간 데이터 이동과 상호운용을 위해서는 소셜 네트워크 사업자들의 시스템간 상호연동성을 요한다. 다만 강제되는 상호연동성의 내용범위를 어느 정도까지 설정할 것인가에 있어서는 지나치게 광범위한 상호연동성이 획일적인 기술과 시스템표준 부과에 따라 기술발전과 서비스의 다양성에 부담이 될 우려가 있음도 감안하여 적절하게 한정할 필요가 있다. 밴드 가입자와 페이스북 가입자간에 직접 소통 가능성 보장을 요하는 것은 현실상 필요하지도 적절하지도 않다.[29)]

페이스북이 절대적인 시장지배력에 기대어 이용자정보 사용과 관련한 불공정한 계약을 이용자에게 강요하는가가 독일 연방카르텔청의 조사대상이 되고 있다. 이용자에게 충분한 설명도 없이 옵트아웃의 기회를 사실상 제공하지 않으며 이용자의 온라인 활동 정보를 수집하는 점이 문제의 중심이다. 2017년 연말에 페이스북에 통지한 예비보고서에서 연방카르텔청은 페이스북이 독일 소셜 네트워크 시장에서의 지배적 지위를 남용하였다고 평가하였다.[30)] 특히 이용

29) 데이터 이동성과 상호연동성에 관한 보다 상세한 서술은 본서 제9장 제IV절 참조.

30) Bundeskartellamt, "Preliminary assessment in Facebook proceeding: Facebook's collection and use of data from third-party sources is abusive", 19.12.2017. http://www.bundeskartellamt.de/SharedDocs/Meldung/EN/Pressemitteilungen/2017/19_12_2017_Facebook.html.

자의 동의나 인식 없이 불공정한 이용자계약을 체결하였으며, 다른 사이트를 통하여 수집한 방대한 이용자정보를 페이스북이 자체 수집한 정보와 통합하였다고 비난하였다. 페이스북의 시정조치가 없는 경우 과징금 부과가 예상된다.[31]

독일 경쟁당국의 움직임이 그간 이용자데이터 보호는 개인정보보호당국의 업무라며 개입에 소극적인 입장을 보이던 경쟁당국이 데이터관련 문제를 경쟁사안으로 접근하는 신호가 될지 주목된다. 개인정보보호 위반이 지배적 지위의 남용이 되는 연결성에 대한 입증이 핵심 쟁점이 될 것이다. 2018년 5월 EU의 개인정보보호일반규칙[32]이 발효되어 그간 종이 호랑이였던 개인정보보호당국이 전 세계 매출액 4% 이하의 과징금을 부과할 수 있는 실질적 이빨을 갖게 되었는바 굳이 경쟁당국이 개입할 필요가 없다는 의견도 만만치 않다.[33] 하지만 매출액 10% 이하의 과징금을 부과할 수 있는 경쟁당국의 개입은 사업자들에게 다른 무게감으로 다가올 것이다.

4. 경쟁기업 합병

지배적 지위에 있는 소셜 네트워크 사업자가 경쟁사나 신규 사업자에게 자신의 귀한 사업자산인 이용자데이터에의 접근을 허용할 의무는 앞서 언급한 이용자의 데이터 이동권에 근거한 경우를 제외하고는 일반적으로 인정되지 않는다. 그런데 이미 시장우월적 지위에 있는 사업자가 서비스의 성능 향상이란 통상적인 기업성장 방법을 통하지 않고 경쟁 사업자를 인수합병하여 시장지배력을 공고화하려는 경우는 어찌할 것인가. 경쟁당국은 당해 시장의 경쟁상황에 대한 종합적인 평가를 통하여 합병승인 여부를 결정할 것이다. 일반적으로 합병을 불허하는 것 보다는 시장 참여자의 자발적 결정을 존중한다는 시장주의적 차원에서 조건부 승인을 부여한다. 데이터를 기반으로 경쟁하는 서비스에 있어서 지배적 사업자가 합병을 신청하는 경우 경쟁 사업자에게도 피인수 사업자의 일정 데이터에 대한 접근권보장을 조건으로 부여하는 것이 검토가능한

31) "Germany: Bundeskartellamt prepares sanctions against Facebook", Competition Policy International, January 7, 2018; "German antitrust watchdog eyes steps against Facebook this year", Reuters, October 1, 2018.

32) Regulation(EU) 2016/679, General Data Protection Regulation.

33) "Facebook investigated by Germany's Federal Cartel Office over claims it 'extorts' personal data from users", Independent, 3 July 2017.

경쟁저해 효과 완화 방안이 될 것이다.

Facebook의 WhatsApp 인수 사례는 멀티호밍이 우월적 사업자의 지위남용행위를 억제하는데 한계가 있을 수 있음을 시사한다. 어떤 플랫폼 서비스가 포털, 검색엔진, 쇼핑몰과 같이 개인적 선호에 따른 결정으로 쉽게 탈퇴하고 경쟁사이트로 이동할 수 있는 경우에는 멀티호밍의 남용행위 억지력이 크다고 할 것이다.[34] 하지만 인터넷 단문 서비스와 같이 네트워크 효과가 강력한 서비스의 경우에는 서비스가 마음에 들지 않아도 주요 대화상대자들이 한꺼번에 다른 단문 서비스로 옮길 것을 결의하여 단행하지 않는 이상에는 다른 서비스로의 이동이 발생하지 않을 것이다.

WhatsApp은 과거 Facebook 메신저와는 달리 개인정보보호에 엄격하다는 차별성이 개인정보에 대해 민감한 이용자들의 호감을 받아 빠르게 성장하였다. 그런데 WhatsApp은 Facebook에 인수된 이후에 Facebook 수준으로 개인정보보호 수준을 낮추어서 이용자들의 비난을 샀다. 그럼에도 불구하고 이용자수는 줄어들지 않고 꾸준히 증가하였다. 이는 소셜 네트워크 서비스 같이 강력한 직접네트워크 효과가 있는 서비스의 경우 멀티호밍이 지위남용을 억지하는 효과가 미약함을 보여준다.[35] 소셜 서비스는 일단 시장이 안정된 다음에는 이용자에 대해서 과점시장의 특성을 보이는 것으로 판단된다. 따라서 수 개의 소셜 네트워크 서비스에 멀티호밍하고 있는 경우에도 각 소셜 네트워크 서비스에서 대화하는 상대방은 대체로 고정되어 있으며 이들이 한꺼번에 다른 소셜 네트워크로 이동할 가능성은 대단히 낮다고 할 것이다.

5. 소결

SNS는 다른 플랫폼에 비하여 수직적 통합이 덜 진행된 것으로 보이는 바 지배력 전이 등의 현상은 두드러지지 않는다. 소셜 게임을 경쟁 SNS에 제공하지 못하도록 하는 구속조건부거래가 간혹 발생하는 정도이다. 따라서 플랫폼과

---

34) 그렇기 때문에 포털 등의 권리 남용은 과욕의 표징이라고도 할 수 있다. 이미 우월적 지위에 있는 플랫폼은 자기 관리만 잘하면 정보가공에 있어서의 규모의 경제에 의하여 신규시장참여자에 대하여 지속적으로 서비스 품질의 우위를 확보할 수 있는데 이에 만족하지 않고 이용자나 주변 사업자에 대하여 착취행위를 하는 것은 소탐대실을 불러오기 쉽다.

35) Stucke, Maurice E. & Allen P. Grunes, *Big Data and Competition Policy*, Oxford University Press, 2016, pp. 167-169.

타 사업자 관계(P2B)에서 불공정성 보다는 플랫폼과 이용자 관계(P2C)에서의 불공정성이 문제가 되어 왔다. 그런 이유로 시장지배력을 이용한 중립성 위반에 대해서도 관심을 갖되 소비자보호 차원에서 지배력 남용에 더욱 유의하여야 할 것이다.

IV. 빅데이터

1. 빅데이터의 등장

근년 들어 데이터의 수집이 기하급수적으로 증가하고 이를 처리하는 기법도 발달함에 따라 데이터의 조합에 따라 예전에 드러나지 않던 새로운 사실과 추세, 문제점과 해결책을 발견하는 것이 가능해졌다. 이에 따라 각 기업은 빅데이터의 구축과 분석, 활용이 경쟁력 배가의 열쇠가 될 수 있음을 인식하고 이를 위해 노력하게 되었다.

일반적으로 빅데이터는 단순히 데이터의 양(volume)이 클 뿐만 아니라 데이터의 다양성(variety)이 크고, 처리 속도(velocity)가 빠른 것으로 개념정의 된다. 이와 같이 비정형적으로 팽창하는 데이터를 수집, 관리, 분석, 활용하는 것은 고도의 데이터 처리 설비와 기술을 요한다.

빅데이터 플랫폼은 기업들이 빅데이터를 잘 구축하고 관리, 분석할 수 있도록 하는 하드웨어와 소프트웨어의 집합체라고 할 수 있겠다. 국제적으로는 아마존, 마이크로소프트, IBM 등 클라우드 사업자, 페이스북등 소셜 네트워크 사업자, 오라클과 SAP 등 전통적인 데이터베이스 사업자, 구글 등 인공지능 개발업체, SW 솔루션 업체 등이 이 영역에서 각축을 벌이고 있다.[36] 외국에는 다양한 빅데이터 활용사례가 있으나 국내에서는 소수의 금융, 정보통신 기업을 제외하고 일반 기업은 빅데이터를 구축하기 위해 인프라를 갖추고 분석을 위한 기법을 개발하는 단계이며 아직 본격적인 활용단계에 이르지 못하고 있다. LG CNS, 삼성SDS 등 솔루션 업체들이 빅데이터 분석 플랫폼을 제공하고 있다.[37]

빅데이터는 경제·산업 차원에서뿐만 아니라 법제적 측면에서도 개인정보

---

36) 안춘모, 빅데이터 플랫폼 현황 및 이슈 분석, ETRI Insight Report 2017-33, 2017.12.

37) 한국정보화진흥원, 「2017년 Big data 시장현황 조사」, 2018.

보호, 지적재산권 보호, 인공지능 규제 등과 같은 다양한 이슈를 낳는다.[38] 여기서는 경쟁과 경제규제 측면에 한정하여 고찰한다.[39]

2. 빅데이터와 경쟁

(1) 경쟁유해론

데이터의 양과 질이 경쟁에서 승자를 결정하는 인터넷사업에서 빅데이터는 경쟁을 저해할 가능성이 크므로 경쟁당국이 데이터 합병과 접근거부에 대해 엄격히 심사할 것을 요청한다.

인터넷상 많은 서비스가 경쟁력의 기반을 데이터의 수집과 처리에 두고 있다. 양질의 데이터를 더 빨리 고객의 수요에 맞게 가공하여 제공하는 것이 경쟁력의 핵심이다. 당연히 기업은 데이터, 특히 고객데이터 수집에 관심을 갖게 되며 이를 위해 직접 고객으로부터 데이터를 수집하는 이외에도 다른 기업의 인수, 합병을 통하여 데이터를 이차적으로 습득하는 방식을 취한다. 당연히 경쟁당국은 이와 같은 데이터의 집적이 갖는 의미를 분석하여야 한다.

일방향의 데이터 집적은 힘의 불균형을 초래한다. 사업자가 고객에 대한 데이터를 집적하는 만큼 고객도 사업자의 데이터 집적 및 이용에 대한 통제권을 확보하여야 한다. 기업인수의 경우에는 개인정보의 단순한 제3자 제공과는 달리 피인수기업의 개인정보보호에 관한 권리의무가 인수기업에게 그대로 이전되므로 개인정보남용의 우려가 적다고 할 것이다. 그러나 정보처리자의 변경이 있는 만큼 정보주체에게 옵트아웃의 기회를 부여하는 고지를 함이 적절하겠다.

데이터의 집적은 서비스의 품질을 향상시키는 효율성 향상 효과를 갖는다. 그러나 높은 데이터 수집비용 자체가 진입장벽으로 기능하는 것 또한 사실이다. 구글, 페이스북과 데이터의 양을 놓고 경쟁하는 것이 쉽지 않은 것은 명약관화하다. 틈새시장을 발견하는 것은 지금까지 소홀히 취급된 정보의 유형을 파악하고 이를 확충, 체계적으로 구성하는 것으로 파악할 수 있다.

---

38) 장완규, “초연결사회의 도래와 빅데이터 -법제도적 개선방안을 중심으로-”, 「과학기술법연구」(한남대학교), 제24집 제2호, 2018.

39) 관련 국내연구로는 강정희, “빅데이터 기반의 디지털 경제와 경쟁법의 과제”, 「선진상사법률연구」 통권 제74호, 2016.4.; 최난설헌, “기업결합 심사에 있어서 빅데이터의 경쟁법적 의미 -최근 해외 주요 기업결합 사례를 중심으로-”, 「외법논집」 제41권 제4호, 2017.11.

Microsoft/Yahoo의 합병을 허가하는 결정에는 데이터 통합으로 서비스 효율성이 향상되고 시장 경쟁에 있어서도 Google이라는 업계 선도기업에 대항하는 유효경쟁이 가능할 것이라는 판단이 작용하였다.

(2) 경쟁무해론

데이터의 양과 질이 승자를 결정하는 것이 아니라 승자에게 결과적으로 고객 데이터가 몰린다는 주장이다. 데이터는 쉽게 복제 가능하며, 멀티호밍에 의해 여러 소스로 부터 데이터를 수집할 수 있으며, 빅데이터 자체보다는 이를 분석하는 능력이 중요하며, 데이터의 양보다는 질이 중요하며, 빅데이터가 성공의 전제요건은 아니라는 것이다. 현재 정보 경제에서도 아무런 축적된 데이터도 없지만 고객의 수요를 잘 파악하여 빅데이터로 무장한 거인기업을 무너뜨린 여러 사례를 찾을 수 있다. WhatsApp이 성공할 수 있었던 것도 Facebook이 간과한 고객의 수요를 간파한 때문이지 Facebook이 갖지 않은 데이터나 그보다 더 큰 데이터를 구축하였기 때문이 아니다. 이성교제사이트 Tinder가 기존에 교제사이트가 없었기 때문이 아니라 기존 사이트의 불편함을 해소시켜주었기 때문에 성장한 것이다. 결국 예나 지금이나 기업성공의 열쇠는 고객이 원하는 바를 얼마나 잘 파악하고 충족시켜주는가에 달렸는데, 아직까지는 빅데이터가 여기에 결정적인 역할을 한다는 증거가 충분치 않다. 따라서 경쟁당국은 데이터 독점이나 합병에 대해서 지나치게 간섭적인 정책을 취할 필요가 없다.

전반적으로 유럽이나 미국의 경쟁당국은 멀티호밍의 현황 하에서 고객은 여러 곳에 정보를 제공하므로 기업합병이나 거래거절이 있는 경우에도 경쟁기업은 대상 정보를 달리 구할 수 있는 여지가 있다고 판단하고 있다.[40] 즉, 기업합병이나 거래거절이 정보접근을 차단하는 것이 완전하지 않고, 다른 기업은 스스로 또는 제3의 기업으로부터 정보를 수집하는 것이 가능하므로 경쟁저해성이 크지 않다고 보는 것이다. 다만 유의해야 할 것은 접근이 거절된 정보와 다른 소스로 부터 얻는 정보가 서로 대체가능한 것이 아닐 수 있다는 점이다. 예컨대 데스크탑 인터넷연결을 통해 얻는 고객정보와 모바일 인터넷연결을 통

40) Joint report of French and German Competition Authorities, “Competition Law and Data”, May 2016, pp. 36-42.

해 얻는 고객 정보는 성격이 상당히 달라서 서로 대체적이기 보다는 보완적이라고 판단된다.[41)]

(3) 빅데이터에서 만난 경쟁법과 개인정보보호법

데이터에 대한 법제는 전통적으로 개인정보보호법제와 정보보안법제로 나누어져 있었다. 그런데 빅데이터는 기존의 개인정보보호법제에서 채택했던 개인정보의 개념, 수집과 활용의 조건 등에 대해 근본적인 도전을 제기하였을 뿐만 아니라 개인정보수집을 포함한 빅데이터를 새롭게 경쟁법적 시각에서 바라볼 필요가 있음을 인식하게 하였다. 기업들이 경쟁의 도구로서 데이터를 수집, 관리한다면 그 수집 및 관리가 불공정하지는 않은지 결과적으로 시장의 경쟁을 저해하지는 않는지 점검해야 하는 것은 당연하다.[42)]

종래 시장에서 경쟁수준의 지표가 가격과 품질이었는데 빅데이터 기반의 시장에서 경쟁수준의 평가를 위해서는 사업자의 고객개인정보 처리의 적정성도 고려되어야 한다. 그러나 빅데이터 자체를 시장진입에의 장애요인으로 인정할 수 있는지에 관하여는 이견이 있다. 독점자체 보다는 독점력의 남용을 규제하는 우리 공정거래법의 입장과 일관성을 유지하기 위해서는 빅데이터 자체보다는 그 형성과 활용에 불공정성이 있는 지에서 규제필요성을 찾아야 할 것이다.

3. 경쟁법의 적용

빅데이터 환경에 경쟁법을 적용하는 것은 뭔가 특별한 점이 있는가? 경쟁법이 종래의 경쟁법이 추구하던 공정한 경쟁기회의 확보를 통한 경제적 효율성 달성이란 목표에 역할을 한정하는 한 다를 것이 없다는 입장도 있지만[43)] 빅데이터 시대에는 프라이버시와 같은 비가격적 지표를 경쟁정책에 포함시켜

41) Ibid, pp. 44-47.

42) 동지, 강정희 (2016), pp. 81-111.

43) Lamandrio, Alfonso. & Sam Villiers, “Big Data, Privacy and Competiton Law: Do Competition Authorities Know How to Do It?”, *Antitrust Chronicle*, Competition Policy International, January 2017, pp. 7-10; Kennedy, Joe. “The Myth of Data Monopoly: Why Antitrust Concerns About Data Are Overblown”, Information Technology & Innovation Foundation, March 2017.

야 한다는 입장은 이를 위한 방법론의 개발을 위해 노력하고 있다.[44)]

종래의 경쟁정책이 금전적 거래가 있는 시장에 관심을 집중하였지만 비가격경쟁은 공짜로 제공되는 서비스에서도 발생할 수 있다. 서비스의 향상 이면에 존재하는 프라이버시 침해를 고려하여야 한다. 프라이버시가 비록 주관적인 측면이 있어서 가격만큼 민감하게 반응하지 않더라도 일반적으로 사람들은 프라이버시의 보호를 선호하는 것이 사실이다. 이와 같은 입장에서는 프라이버시보호를 오불관언하는 경쟁정책집행에 대해 다음과 같이 이의를 제기한다.[45)]

첫째, 미국에서 Facebook이 WhatsApp을 인수한 후 WhatsApp의 프라이버시 정책이 변하지 않을 것을 조건으로 한 경쟁당국의 합병심사는 경쟁정책에 프라이버시 정책이란 이물질이 들어오는 것을 막기 위한 방책이었다. 하지만 결과적으로 WhatsApp의 프라이버시 정책은 Facebook 수준으로 하향되었다. 데이터의 통합에서 도출되는 시너지를 목적으로 추진되는 합병을 승인하면서 데이터처리 정책을 통합하지 못하도록 한다는 것이 애당초에 어불성설이 아니었는가? 합병심사당국은 합병이 SNS시장에서 이용자의 프라이버시정책 선택지에 미칠 영향을 합병심사 시 고려했어야 하는 것이 아니었나? 라는 반성이 요구된다.

둘째, 빅데이터 상황에서 경쟁당국이 이용자의 프라이버시정책 선택지에 미칠 영향을 전혀 고려하지 않은 것은 아니다. 하지만 합병기업의 프라이버시 수준 유지 약속을 너무 쉽게 믿은 것이 문제이다. 또한 경쟁당국이 프라이버시를 고려하기 위한 충분히 검증된 과학적 방법론이 아직 개발되지 않았다. Facebook/WhatsApp 사건에서 경쟁당국은 프라이버시 보호수준이 같은 경우에 경쟁관계가 성립하고 프라이버시 보호수준이 다른 경우에는 보완관계가 성립한다고 보았다. 이는 질적 경쟁으로서 프라이버시 경쟁에 대한 오해에서 비롯된 것으로 비판받았다.[46)] 이와 같은 전문성 부족을 극복하기 위하여 우선은 개인정보보호당국과 같은 전문기관에 의견을 의뢰하는 것이 적절할 것이나 장

44) Waehrer, Keith. "Online Services and the Analysis of Competitive Merger Effects in Privacy Protections and Other Quality Dimensions", July 2016.

45) Stucke & Grunes(2016), pp. 4-11.

46) Esayas, Samson. "Competition in Dissimilarity: Lessons in Privacy from the Facebook/WhatsApp Merger", *CPI Antitrust Chronicle*, August 2017.

기적으로는 양 당국의 협업으로 법적용을 위한 가이드라인을 개발하는 것이 바람직하다. 가이드라인은 데이터 통합의 방법과 한계를 정하게 될 것이다. 이견이 있지만 시민사회에서는 데이터통합 그 자체가 개인정보보호적 차원에서 위험성을 증대시키는 것으로 파악하는 입장인데, 거기에 더하여 통합데이터에 대한 관리가 개인정보보호 수준의 하향평준화를 초래하는 것은 경제적 효율성 향상으로는 쉽게 만회하기 어려운 부정적 효과라고 할 것이다.

셋째, 주요국의 현행 프라이버시 법제는 정보주체의 '이해를 전제로 한 동의'(informed consent)를 근간으로 하고 있다. 그런데 현재 개인정보보호 현실에는 '이해'도 '동의'도 없다. 인터넷사이트의 프라이버시정책을 읽어 보지도 않는데 무슨 이해를 한다는 말인가? 물론 각 사업자가 프라이버시정책을 제시하면서 동의를 요청한다. 그런데 이용자들은 이미 경험을 통해서 극히 일부의 선택가능 항목을 제외하고는 프라이버시정책에 모두 동의하여야 서비스의 이용이 가능하다는 것을 알고 있다. 그래서 읽어보지도 않는다. 또한 이와 같이 강제되는 동의는 진정한 동의라고 할 수도 없다. 다른 선택의 여지가 있는 경우에서의 동의여야 진정한 동의가 된다. 이 선택의 여지가 바로 경쟁의 배양토이다. 현재 프라이버시 시장은 담합을 통하여 경쟁을 말살시킨 상태라고 해도 과언이 아니다.

넷째, 시장자율규제가 대안이 될 수 없음은 이미 시장에서 입증되었다고 할 것이다. 빅데이터 이전에도 시장은 프라이버시 보호를 고비용, 저효율의 원인으로 인식하고 있었다. 빅데이터는 시장이 프라이버시 보호와 공식적으로 결별을 선언하는 계기로 작용하고 있을 뿐이다.[47] 따라서 정부는 시장자율규제에 기회를 부여한다는 명목으로 시장에 의한 프라이버시 유린을 방치해서는 아니된다.

그러면 경쟁법적용 과정에서 구체적으로 어떻게 프라이버시에 대한 고려를 할 것인가?

47) "프라이버시는 죽었다. 멋쟁이들은 프라이버시에 신경쓰지 않는다"라는 Facebook 저커버그 발언이전에 Sun Microsystems 의 수장 Scott McNealy와 구글의 Eric Schmidt도 비슷한 견해를 밝혔다. "Privacy is dead on Facebook. Get over it." by Helen A.S. Popkin, msnbc.com, 1/13/2010.

(1) 관련시장

오프라인에서 수집한 정보와 온라인에서 수집한 정보는 정보제공자의 특성, 정보의 구체성, 개별성, 광고 효과성 등의 차원에서 서로 다른 특성을 갖는다. 그 결과 예컨대 의료라는 특정 분야에 관한 소비자 정보라고 하여도 서로 대체가능하다고 보기는 어려울 것이다. 같은 온라인 정보라도 PC를 통해 얻은 정보와 모바일 인터넷을 통해 얻은 정보는 상당한 차이를 보일 수 있다. 요즘 젊은층은 오로지 모바일만 사용하는 경향을 보임에 비하여, 장년층 이상은 아직 PC에의 의존도가 높다. 또한 온라인 미디어의 서비스 간에도 이용자 특성에 있어 차이가 있어서 검색정보, 소셜 네트워크 정보, 전자상거래 정보를 같이 묶어서 하나의 관련정보시장으로 보는 것도 적절하지 않을 수 있다. 이와 같이 인터넷을 통해 수집한 데이터를 기반으로 한 사업체의 시장행위를 경쟁법적으로 분석하기 위해 수집정보의 대체가능성을 검토하는 경우 관련시장을 상당히 구체적으로 설정하는 것이 적절할 수 있다.[48)]

데이터베이스에 대한 접근을 허용하지 않는 거래거절 사건에서 관련 시장이 해당 정보를 추출해 낸 시장과 해당 정보를 이용하는 시장으로 분리될 수 있는 바 양 사업자가 어느 시장에서 경쟁관계에 있는 가를 분별할 필요가 있다. 서로 다른 시장에 있어서 경쟁관계가 성립하지 않으면 경쟁제한성을 인정할 수 없기 때문이다.

SSNIP와 대비하여 SSNDQ(Small but Significant Non-transitory Decrease in Quality)에 의해서 어느 정도의 프라이버시 보호수준 하락이 있을 경우 이용자가 다른 서비스를 택할 것인가를 시장획정의 기준으로 삼자는 논의가 있다. 하지만 프라이버시 보호의 질적 하락을 이용자가 즉각적으로 체감하지 못하는 경우가 많으며, 체감하는 경우에도 전환비용 부담으로 현재 사용하는 서비스를 고수하는 경향이 있는데다가 사업자가 프리이버시 보호의 질적 하락에 대한 시그널을 정직하게 보내지 않을 것이기 때문에 객관적인 시장획정의 기준으로 사용하기에 곤란한 점이 많다.

---

48) EU집행위원회의 심결례. Case COMP/M.5232- WPP/TNS, 23 September 2008; Case COMP/M.2291- VNU/ACNielsen, 12 February 2001; Case COMP/M.6314- Telefonica UK/Vodafone UK/Everything Everywhere/JV, 4 September 2012.

Facebook/WhatsApp 합병건에서 얻은 교훈은 프라이버시정책의 차이가 개별적인 관련시장을 설정할 정도의 핵심적 성질차이를 가져온다고 볼 수는 없으나 경쟁의 주요한 수단이 될 수 있다는 점이다. 두 서비스는 소비자 메시징 앱 시장에서 프라이버시의 차별화로 경쟁하는 중이었다. 합병 후에 WhatsApp이 프라이버시 보호수준을 낮춘 것은 일부 소규모 업체(Telegram, Threema 등)가 높은 수준으로 프라이버시를 보호하는 경쟁 서비스를 제공하고는 있으나 커뮤니케이션 서비스에서 네트워크의 크기가 갖는 절대적인 중요성으로 인해 이들 서비스는 경쟁상대가 되지 못한다고 판단한 것으로 보인다. 행여 일부 프라이버시에 민감한 이용자가 이들 서비스로 빠져나간다 하더라도 개인정보 수집확대로 얻는 수익증대에 비하면 무시할 수 있는 것으로 판단한 것으로 추측된다.

검색엔진, 소셜 네트워크 등 광고유치를 목적으로 온라인에서 무료로 제공하는 서비스는 모두 이용자의 한정된 관심을 놓고 경쟁하는 것이므로 하나의 관련시장에 속하며 그 결과 구글, 페이스북 등 그 어느 것도 지배적 지위에 있다고 할 수 없다는 견해가 있다.[49] 하지만 이는 수익창출 측면만을 고려했을 뿐 서비스성격 측면의 뚜렷한 차이를 고려하지 않은 극단적인 견해라고 할 것이다. 검색을 하려는 사람이 특정 검색엔진이 맘에 안 든다고 SNS로 이전하거나 그 반대로 특정 SNS가 맘에 안 든다고 검색엔진으로 이전하는 비율은 극히 미미할 것이다. 광고주와 관련한 특별한 분쟁이 아닌 이상에는 일반적으로 검색, SNS, 네비게이션 서비스 등 서비스 성격에 따라서 독자적인 시장을 구성함을 인정하는 것이 타당할 것이다.

한편, 지리적 시장은 서비스에 따라서 구체적으로 살펴보아야 한다. 구글과 같은 검색엔진은 글로벌하게 지배적 지위를 점하고 있지만 언어별, 국가별로 그 지배력에 차이가 엄연하다. 한국에서 구글검색이 네이버에 밀리는 것을 보면 확연하다. SNS의 경우도 미국의 인기 서비스와 한국의 인기 서비스는 확연히 다르다. 좀 더 특화된 지도 서비스, 배달 플랫폼 등으로 들어가면 국가보

49) Katsiaryna S. Baran, Kaja J. Fietkiewicz, Wolfgang G. Stock. “Monopolies on Social Network Services (SNS) Markets and Competition Law“, In: F. Pehar/C. Schlogl/C. Wolff (Eds.). Re: inventing Information Science in the Networked Society. Proceedings of the 14th International Symposium on Information Science (ISI 2015), Zadar, Croatia, 19th-21st May 2015. Gluckstadt: Verlag Werner Hulsbusch, pp. 424-436.

다 더 소지역 단위로 지리적 시장이 분화될 수도 있다.

(2) 지위남용

1) 거래거절

미국에서 PeopleBrowsr는 트위터의 트윗정보를 접근, 분석할 수 있는 권한을 갖는 대신에 매년 1백만미화를 지불하였다. 속칭 'Twitter Firehose'라는 시스템을 통해 실시간으로 제공받은 트위터의 원정보를 가공하여 PeopleBrowsr는 상품에 대한 소비자반응 등의 정보를 자신의 고객사에 판매하였다. 트위터는 자신의 트윗정보에 기반을 둔 개방형 생태계를 유지하겠다고 공언하였으며 PeopleBrowsr는 이를 믿고 상당한 투자를 하였다. 그 후 트위터가 PeopleBrowsr의 Twitter Firehose에의 접근을 막자 PeopleBrowsr가 트위터를 부정경쟁방지법(unfair competition law) 위반으로 제소하였다. 사건은 1년간 PeopleBrowsr의 트윗정보에의 직접 접근을 허용하고 그 이후에는 트위터의 재판매상을 통해서 정보를 얻는 것을 조건으로 화해에 의해 종결되었다.[50)]

2016년 마이크로소프트는 자사의 다양한 제품군과 링키드인(LinkedIn)의 광범위한 네트워크간 시너지를 창출하기 위해 후자를 인수합병하였다. 이에 대해 주요국 경쟁당국은 합병 후 마이크로소프트가 링키드인과 경쟁하는 SNS에 대하여 차별적 행위를 하지 않을 것을 조건으로 합병을 승인하였다. 마이크로소프트는 구체적으로 오피스 프로그램에의 접근권을 향후 5년간 보장하고 링키드인 바로가기 선탑재를 제조사에 요구하지 않을 것을 약속했다. 이 과정에서 데이터통합의 봉쇄 효과를 미리 예측하기 어려운 점이 토로되었다.[51)]

또 다른 사건에서 hiQ Labs는 링키드인의 허락 없이 로봇을 이용하여 검색엔진으로 검색 가능한 링키드인 데이터를 분석하여 고객에게 제공하였다. 링키드인은 신생기업 hiQ Labs가 자신의 공개 프로필 데이터에 접근하는 것을 금지하였다가 법원으로부터 데이터분석 분야에서 경쟁 사업자를 제거하려는

---

50) PeopleBrowsr, Inc v Twitter, Inc, Case No C-12-6120 EMC, 2013 WL 843032, p*1 (US Dist Ct (ND Cal), 6 March 2013).

51) "Microsoft closes $26.2 billion deal for LinkedIn", https://www.bizjournals.com/seattle/news/2016/12/08/microsoft-announced-deal-linkedin-satya-nadella.html; EU Commission Decision, Case No COMP/M.8124 - Microsoft/LinkedIn, 6.12.2016.

행위로서 캘리포니아 부정경쟁방지법 위반이라는 판정을 받았다.[52] 링키드인이 항소하여 제9항소법원에 계류 중이다.

2) 소비자착취행위

종래 대다수의 SNS는 서비스이용약관상에 i) 이용자의 저작물에 대한 광범위한 이용허락과 이를 광고에 사용할 수 있는 권한을 받고, 그 권한은 이용자가 계정을 탈퇴하거나, 해당 콘텐츠를 삭제한 후에도 SNS가 지속적으로 보유하며, ii) 사전 고지 없이 이용자 게시물 삭제·서비스내용 변경·이용자 계정을 삭제할 수 있도록 하였으며, iii) 서버관리 및 이용자의 활동과 관련한 사업자의 법률상 책임을 면제하는 조항을 갖고 있었다. 한국 공정거래위원회는 이와 같은 조항을 이용자의 정당한 권리를 저해하고 사회적 책임을 방기하는 불공정약관으로 파악하고 시정조치 하였다.[53]

과도하게 간섭적인 이메일 광고, 기타 이용자 개인정보의 부적절한 사용도 소비자착취행위의 일 유형으로 파악할 수 있다. 각 사항을 규율하는 별도의 입법(정보통신망 이용촉진 및 정보보호 등에 관한 법률, 개인정보보호법)이 있는 것이 경쟁당국이 이를 소비자착취행위로 파악하는 것을 방해하지 않는다.

(3) 합병

1) 데이터를 목적으로 한 경쟁기업간 인수합병

유럽의 선도적 휴대용 네비게이션 업체인 TomTom이 네비용 디지털지도 업계 2위인 Tele Atlas를 인수하는 신청에 대해서 유럽집행위원회는 양 업체가 각각 관련 시장에서 상당한 시장점유율을 가지고 있음에도 불구하고 거래거절 등 지위남용의 가능성이 적다고 보고 인수를 승인하였다.[54] 실제로 합병이후 구글의 모바일지도 서비스 등의 도전에 시장점유율을 잃고 애플, 자율주행자동

52) hiQ Labs v. LinkedIn, U.S. District Court(Northern California), Order Granting Plaintiff's Motion for Preliminary Injunction, August 14, 2017.

53) "소셜 네트워크 서비스(SNS) 글·사진 등 저작물에 대한 이용자의 권리 보호 강화 -카카오스토리, 페이스북, 트위터, 인스타그램의 서비스 이용약관상 불공정 약관 조항 시정", 공정거래위원회 보도자료, 2016.6.24.

54) TomTom/Tele Atlas (Case Comp/M.4854), Commission Decision C(2008) 1859 [2008] OJ C 237/12.

차, 위치기반업체등과의 협력 및 사물 인터넷 기술의 적용으로 활로를 모색하고 있다.

유럽집행위원회는 또한 금융정보시장에서의 강자인 Thomson과 Reuter의 합병을 승인하였다. 다만, 다른 업체가 합병기업의 금융정보 데이터베이스에 접근할 수 있을 것을 조건으로 하고,[55] 이로부터 얻은 데이터를 다른 사업자의 데이터베이스와 결합하여 사용할 수 있도록 기술적 조치(Reuters Instrument Codes)를 행하는 것을 허용할 것을 명령하였다.[56]

Google/DoubleClick의 합병심사 건에서 미국FTC와 EU집행위원회는 절대적 시장지배력을 지닌 기업간 합병임에도 불구하고 구글이 맞춤형 광고를 위해 더블클릭의 이용자 데이터를 사용한다고 할지라도 이들 두 업체의 정보결합이 다른 경쟁 사업자가 수집할 수 없는 독특한 정보가 아니라 Microsoft 등 다른 경쟁 사업자도 원하는 경우 어렵지 않게 습득할 수 있는 정보로 보아 합병을 승인하였다.[57]

Google은 또한 2011년 항공권 비교검색과 온라인 쇼핑 플랫폼 개발업체인 ITA Software를 인수하였는데 미 법무부와 법원은 i) 구글이 ITA시스템에 대하여 공정하고, 합리적이며, 비차별적인 조건으로 이용허락하고, ii) ITA의 연구개발 투자를 줄이지 않으며, iii) ITA가 보유한 타 업체의 영업비밀이 구글에게 전달되지 않도록 안전장치를 만들며, iv) 경쟁 사업자들의 불만처리를 위한 공식적 채널을 만드는 것을 조건으로 인수를 승인하는 동의명령에 합의하였다.[58]

미국과 유럽의 경쟁당국은 데이터를 목적으로 한 경쟁기업간 인수합병에 관한 심사에서 당해 데이터베이스와 유사한 것을 다른 경쟁업체가 구축하기 어려운지 여부를 중요한 기준으로 사용하였으며 온라인 데이터의 비배제성이란 특성상 경쟁 데이터베이스 구축에 어려움이 없다고 보아 승인하는 것이 일반적이다.[59] 관련시장을 획정함에 있어 대체가능성의 인정기준(너무 좁고)과 경

55) Case COMP/M.4726- Thomson Corporation/Reuters Group, 19 February 2008.

56) Case AT.39654-Reuters Instrument Codes, 20 December 2012.

57) US FTC File No. 0710170, December 20, 2007; EU Commission, Case COMP/M.4731-Google/ DoubleClick, 11 March 2008.

58) Final Judgement, US v. Google and ITA, Case 1:11-cv-00688 (RLW), US District Court of Columbia, October 5, 2011.

59) Case COMP/M.6314- Telefonica UK/Vodafone UK/Everything Everywhere/JV, 4 September

쟁저해성을 판단함에 있어서 대체가능성의 인정기준(너무 넓고)이 일관적이지 않은 것이 아니냐는 의구심이 제기되고 있다.

2) 경쟁기관의 소비자 프라이버시권 고려

2014년 미국과 유럽 최대 소셜 네트워크 서비스 업체인 Facebook이 유력한 메신저 서비스업체인 WhatsApp을 인수하겠다는 신청에 대해 미국FTC와 유럽집행위원회가 승인하였다. FTC는 Facebook이 'Facebook Messenger' 서비스를 제공하므로 경쟁축소의 가능성이 있음에도 양사를 별개 업체로 독립운영하며 특히 개인정보 비수집이란 WhatsApp의 개인정보보호정책을 유지하겠다는 Facebook의 약속을 믿고 인수를 승인한 것이다.[60] 유럽경쟁당국은 행여 양사가 통합적으로 운영되더라도 구글이라는 웹상 정보수집에 있어 절대 강자와 다른 경쟁업체의 존재, 경쟁업체에게도 정보수집의 가능성이 열려있는 점을 고려한다면 경쟁저해의 가능성이 크지 않을 것으로 보았으며,[61] 정보집중으로 인한 개인정보침해의 우려가 증대됨은 인식하였으나 이는 경쟁당국이 아니라 개인정보보호 당국의 관할사항이라는 이유로 문제 삼지 않았다.[62] 인수이후 Facebook은 자신의 절대적 위치를 지키는데 성공하였으며, WhatsApp은 일취월장하여 2년 만에 이용자수가 2배(2015년말기준 9억명)로 증가하였다. 문제는 개인정보보호 모범기업으로 칭송받던 WhatsApp이 개인정보보호 수준이 형편없는 기업으로 전락한 것이다.[63] Facebook의 합병절차 진행 중 약속에도 불구하고 결국 WhatsApp의 개인정보정책이 완화된 것이며 이에 대해 2017.5. 유럽집행위원회는 합병심사절차시 부정직한 정보를 제공한 것으로 보고 1.1억 유로의 벌금을 부과하였다. 유럽 각국의 정보보호기관도 개입하여 WhatsApp에 가입한 유럽인의 개인정보가 Facebook으로 넘어가지 않도록 하였으며, 일부는 벌금도 부과하였다.[64] 예컨대, 2017.5.11. 이탈리아 '경쟁 및 소비자보호

2012, paras 539, 543; Case Comp/M.7217 *Facebook/WhatsApp*, 3 October 2014, paras 188-189.

60) Letter from Jessica Rich, Director, Bureau of Consumer Protection to Erin Egan, Chief Privacy Officer, Facebook and Anne Hoge, General Council, WhatsApp, 10 April 2014.

61) Facebook/WhatsApp (Case Comp/M.7217), Commission Decision C(2014) 7239 final, 3 October 2014.

62) Ibid, para 164.

63) Stucke & Grunes(2016), pp. 83-84.

64) "Facebook faces more hurdles after Europe fine", Financial Times, May 19, 2017.

기구'(Autorita Garante della Concorrenza e del Mercator)는 시장선도기업에 의한 기만적이고 강압적인 소비자이익 침해라고 판단하고 3백만 유로의 벌금을 부과하였다.[65]

경쟁당국과 개인정보보호당국의 업무를 분별하여 경쟁당국은 문제의 기업행위가 갖는 개인정보보호법적 문제를 무시해도 좋다는 입장도 이론적으로는 가능하다. 그러나 경쟁당국이 문제 삼지 않은 기업합병에 대해 추후에 개인정보보호당국이 개인정보보호를 이유로 정보통합을 불허하는 경우에는 합병기업의 입장에서는 당혹스러울 것이다. 기업합병 심사과정에서 관련 기관간 협의에 의하여 통합적인 단일 결정이 내려지는 것이 보다 바람직 할 것이다. 경쟁당국이 합병심사결과 취득 데이터를 다른 기업과 공유할 것을 조건으로 명령하는 경우에는 개인정보보호조치를 취할 것을 요구하는 것이 적절할 것이다. 또한 경쟁당국이 지배적 지위남용 여부를 판단함에 있어서 당해기업이 개인정보 정책을 준수하였는지, 정보를 유용하지는 않았는지 여부를 남용여부 판단의 고려요소로 포함할 수 있을 것이다.

3) 경쟁의 싹 보호하기

최근 거대 IT기업의 인수합병을 보면 피인수기업이 기업합병 신고의 대상이 될 정도로 성장하기 이전에 기업을 인수함으로써 합병심사를 회피하는 것이 아닌가 하는 의구심을 갖게 한다.[66] 벤처기업에 성공적 투자회수 기회를 제공한다는 점에서 긍정적인 측면이 없는 것은 아니다. 하지만 잠재적으로 시장의 판도를 바꿀 수 있는 혁신 서비스가 이와 같은 인수합병의 대상이 되어 꽃을 피지 못하고 사장된다면 잠재적 사회후생을 감소시키는 악영향이 우려된다고 할 것이다. 규제자가 선험적으로 이를 판단하기는 쉽지 않다. 시장이 이를 판단하고 가능성이 있는 서비스와 사업모델의 경우에는 결국 어떠한 방해에도 불구하고 다시 꽃필 것을 기대하는 것이 사전적으로 규제하는 것보다는 오류의 가능성이 적어 보인다.

---

65) Zingales, Nicolo. "Between a rock and two hard places: WhatsApp at the crossroad of competition, data protection and consumer law", *Computer Law & Security Review* 33, 2017, PP. 553-558.

66) 데이터 기업의 경우 데이터의 가치를 기업가치 산정에 어떻게 포함시킬 것인가 하는 것도 근본적 과제이다.

4) 더 클수록 더 위험하다는 상식의 회복

인수합병이나 전략적 제휴가 분석데이터의 크기를 늘려서 질적 향상을 가져오려 한다는 것이 합병기업이 제시하는 일반적인 정당화근거이다. 그런데 데이터의 크기가 일정한 규모를 넘어서면 더 이상 분석의 질 제고에 기여하지 못한다는 지적도 있다. 예컨대 Microsoft의 Bing과 Yahoo의 제휴에 대하여 Google이 이와 같은 견해를 제시하였다. 하지만 어느 정도의 규모가 되어야 긍정적 효과가 더 이상 발생하지 않는지에 대하여 아직 신뢰할 만한 연구결과가 없다. 소위 인공지능기술이나 빅데이터 기술은 분석대상의 양적 규모가 클수록 질적으로 향상된 분석결과를 가져올 수 있음을 시사한다. 적어도 현 상황에서는 “The bigger, the better”가 업계를 지배하는 논리이다.

공정거래당국의 기업합병심사도 기업합병이 효율성을 증대시키고 그것이 시장과 고객 전체에도 긍정적인 효과를 미칠 것이라는 막연한 기대에 근거하여 너무나 느슨한 규제를 하고 있는 것이 아닌가 하는 우려가 있다. EU와 미국 규제당국이 합병을 불허하는 비율은 신고 건수 천건에 5건 미만으로 알려진다.[67] 합병 후 영향평가가 일반적으로 행해지고 있지 않은 상황에서 통계의 대표성에 문제가 있기는 하지만 합병 후 영향평가가 이루어진 사건 중에서 75%는 합병 후 상품가격이 상승하였다.[68] 모든 가격 상승이 합병 후 시장지위를 남용한 결과라고 단정할 수는 없지만 전반적으로 심사당국의 개입이 지나치게 자제되고 있다는 느낌은 지울 수 없다. 전통적인 시장에서의 합병심사가 이럴진데 경쟁당국이 덜 익숙한 인터넷 플랫폼시장에서의 합병의 경우 경쟁당국은 더욱 조심스런 자세를 취할 것이며 그 과정에서 소비자잉여의 더 많은 부분이 생산자잉여로 전환될 개연성이 높아진다.

---

67) Almunia, Joaquin. (경쟁 담당 Vice President of the European Commission), “Merger Review: Past Evolution and Future Prospects”, Speech given at Conference on Competition Policy, Law and Economics, 2 November 2012; Stucke & Grunes (2016), pp. 219-220.

68) Kwoka, John E. “Does Merger Control Work? A Retrospective on US Enforcement Actions and Merger Outcomes”, 78 Antitrust LJ (2013) pp. 619-644.

4. 경쟁당국과 프라이버시보호 당국의 협력

먼저 공정거래당국의 조사관들이 데이터경쟁과 그 중에서 특히 프라이버시 보호수준 경쟁에 대한 민감성을 갖출 필요가 있다. 우리가 관여할 바가 아니라는 태도는 빅데이터 시대의 경쟁당국으로서 취할 자세가 아니다. 그렇다고 프라이버시 경쟁에 대한 판단을 독점하라는 얘기는 아니다. 개인정보보호전문기관, 소비자보호전문기관과 공동으로 조사팀을 결성하거나 정형화된 의견조회절차를 개발할 필요가 있다. 그 과정에서 이들 분야별 전문기관의 의견이 존중되며 절차적 공정성에 대한 담보를 공정거래당국이 제공하는 모습이 바람직할 것이다.

구체적인 개인정보의 시장경쟁에의 함의를 분석하기 위해서는 다방면의 분석기법을 향상시킬 필요가 있다. 개인정보에 대한 가치평가가 객관적으로 이루어질 수 있어야 하겠으나 객관적 가치평가가 반드시 수치화를 의미하지는 않을 것이다. 정책대안 중 상대적 우열을 결정할 수 있는 객관적 지표의 개발 정도가 현실적인 방법일 것이다.

소비자가 개인정보제공을 거부하는 경우 서비스 일체에 대한 향유를 포기해야 한다면 실질적으로 소비자에게 선택권이 있다고 볼 수 없다. 개인정보제공 동의 없이도 기본 서비스는 향유할 수 있도록 하여야 할 것이다. 이를 위해서는 광고기반 수익모델 이외의 다양한 수익모델의 개발에 대한 노력이 필요하다.

인터페이스 연동성과 데이터 이동성을 강화하는 것은 간접적으로 개인정보자기결정권을 현실화하는 실천원리라고 할 것이다. 이용자들이 한번 이용한 사이트에 발목 잡히지 않고 보다 좋은 서비스, 보다 프라이버시 친화적 서비스로 이동하는 데에 장애를 제거하는 것은 프라이버시보호 차원에서나 경쟁정책 차원에서 공히 바람직하다.[69]

---

69) Inge, Graef. Mandating Portability and Interoperability in Online Social Networks: Regulatory and Competition Law Issues in the European Union (July 22, 2013). *Telecommunications Policy* 2015, Vol. 39, No. 6, pp. 502-514.

V. 결론

온라인상에 다양한 응용 서비스가 출현하여 그 중의 일부는 크게 성장하여 디지털 경제의 총아가 되고 나머지 다수의 서비스는 소비자의 관심을 받지 못하고 금세 시장에서 사라진다. 이와 같은 시장의 선택에 의한 성공과 실패는 공정한 경쟁의 징표라고 할 것이다. 따라서 전체적으로 보았을 때 응용 플랫폼 시장은 건강한 경쟁이 활발히 일어나고 있는 시장으로 규제당국의 개입필요성이 크지 않다고 할 것이다.

클라우드컴퓨팅의 경우에는 아직 시장이 만개하지 않은 상황이며 사업자들이 새로운 기술을 통한 시장창출 작업에 열중이므로 규제당국의 개입은 자제되어야 할 것이다. 소셜 네트워크 서비스의 경우 국내의 경우에는 시장이 과점상태에 있으며 국제적으로는 페이스북으로의 강력한 쏠림현상을 보이고 있다. 경쟁당국은 불공정한 행위에 의하여 시장구조가 악화되거나 소비자 이익이 침해되지 않도록 시장의 경쟁상황을 주목할 필요가 있다.

플랫폼 경제에서 규모의 경제와 네트워크 효과를 누리기 위해서는 빅데이터의 구축이 필요조건이 될 수 있다. 우리나라도 2013년 '공공데이터의 제공 및 이용 활성화에 관한 법률'을 제정하여 공공데이터 개방정책을 추진하고 있으나 빅데이터가 아직 활성화 되지 못하고 있다. 정부는 개인정보보호의 근간을 지키면서도 비식별화를 통해 빅데이터 산업을 추진할 수 있도록 법적 장애를 제거할 필요가 있으며, 공공데이터의 공개를 더욱 확대하고, 민간데이터의 개방과 데이터의 상호연계도 장려할 필요가 있다.[70)] 아직 경쟁정책적 차원에서 개입의 필요성은 적으나 가능하면 산업조성 단계부터 빅데이터를 몇몇 기업의 전유물이 되도록 하는 것이 아니라 사회적 자본으로서 구축할 필요가 있다. 경쟁당국이 이를 이용하여 경제에 대한 정확한 분석과 예측에 따라 경쟁정책의 실효성을 높이며, 투자자가 신규사업의 성공가능성을 정확하게 판단하고, 벤처기업은 이를 통해 기업의 자체성장을 도모하며 '울며 겨자 먹기'식 매각을 탈피할 수 있도록 하는 공적자산으로서 빅데이터 육성정책이 필요하다.

---

70) 박선우, "빅데이터 시대와 데이터 융합", 「정보통신방송정책」(정보통신정책연구원), 제30권 1호(통권 661호), 2018.1.16.

제 8 장

플랫폼 중립성과 국제통상 · 인권법

Ⅰ. 서론

구글, 페이스북 등 인터넷 플랫폼들은 날로 글로벌화하고 있으며 이는 규제정책 차원에서 여러 문제를 제기한다. 관련된 국가가 많아지면서 이들 업체가 사업하는 모든 국가의 정책에 맞추어 다양한 서비스고객화(customizing)를 운용하는 것은 비용차원에서 적지 않은 어려움을 야기한다. 역으로 주요 국가의 인터넷 규제정책의 영향이 자국에만 한정되지 않고 국제적인 파급을 갖는다. 규제의 글로벌한 조화가 궁극적으로 바람직할 것이나 이는 실현이 요원한 희망에 불과한 것으로 보인다. 플랫폼 중립성에 대한 각국의 입장은 이해당사자들의 입장만큼이나 다양하다. 그러므로 현 단계에서는 각국의 주권과 특수한 상황이 존중되는 이상 그 법제의 다양성을 인정하는 것은 불가피하다. 다만 각국의 법제가 극단적으로 충돌되는 것은 회피하고 공존 및 상호운용이 가능한 상태를 달성하는 것이 차선의 선택이 될 것이다.[1] 그런데, 의식하였건 의식하지 못했건 그간에 채택한 국제협정 중에는 플랫폼 중립성의 근거로 주장될 수

1) Luca Belli and Nathalia Foditsch, “Network Neutrality: An Empirical Approach to Legal Interoperability” in Belli & De Filippi Eds. (2016), pp. 281-298.

있는 규정이 있으며 플랫폼 중립성이 보장되지 않는 경우 이들 협정의 위반으로 비난을 초래될 수도 있다. 여기에 플랫폼 중립성과 관련된 현행 국제법규를 살펴보는 의의가 있다.

먼저 통상협정과 관련하여, 첫째, 세계무역기구(World Trade Organization, WTO) 서비스무역협정(General Agreement on Trade in Services, GATS)의 전기통신 서비스 및 비즈니스 서비스 관련 규정에 주목할 필요가 있다. 둘째, 몇몇 최근에 타결된 자유무역협정(Free Trade Agreements, FTA) 또한 전자상거래 챕터에서 인터넷 플랫폼 중립성과 관련된 내용을 명시적으로 규정하기 시작하였다. 셋째, 아직 진행 중이지만 WTO의 복수국간 협상의 대상으로 전자상거래가 다시 부상하고 있다.

한편, 글로벌 사업자의 경쟁중립성 위반행위는 국제경쟁 환경에 큰 영향을 줄 수 있음에도 불구하고 공정경쟁에 관한 국제적 규범형성은 아직 초보적 수준이며 이제 겨우 자유무역협정에서 국가간 공조에 관한 관심을 갖기 시작한 정도이다. 인터넷 플랫폼과 관련한 경쟁규범이라면 말할 나위도 없지만 그래도 단초가 될 만한 규정을 조사한다.

또한, 인터넷은 소통을 위한 중요한 매체이고 인터넷 플랫폼은 인간의 표현, 통신, 상거래 및 기타 활동에 영향을 미치므로 플랫폼 중립성을 위반하는 것은 이들 인간의 기본적 활동을 수행할 권리보호 차원에서 문제될 수 있다. 인권의 국제적 보호를 위한 국제협정이 체결되어 있으므로 플랫폼 중립성 관련 규정을 탐색한다.

이하에서는 이와 같이 기존의 국제규범 특히, 국제통상과 인권법 중 플랫폼 중립성과 관련된 내용을 분석할 것이다.

II. WTO협정과 플랫폼 중립성

1. 관련 규정

WTO 서비스무역협정의 통신부속서(Annex on Telecommunications)는 회원국이 양허한 서비스를 타 회원국 기업이 제공하는 데에 필요한 공중통신 서비스(public telecommunications transport service)의 합리적이고 비차별적 조건에 의한 제공을 보장할 것을 규정하고 있다. 이 통신부속서의 협상당시에는 인터넷이 대중화되지 못한 시기였기에 통신부속서가 구체적으로 인터넷을 언급하고 있지는 않다.

통신부속서상 "통신"은 모든 전자기적 수단에 의한 신호의 전달 및 수신으로,[2) "공중통신 서비스"는 회원국에 의하여 명시적으로 또는 사실상 일반적으로 공중에게 제공되도록 요구된 모든 통신전송 서비스로서 특히 고객정보의 형태 또는 내용이 한쪽 끝에서 다른 쪽 끝까지 변경됨이 없이 2개 이상의 지점 사이에서 고객이 제공한 정보를 실시간 전송을 수반하는 전신, 전화, 텔렉스 및 데이터 전송이 포함될 수 있다[3)]고 정의하고 있다. 인터넷통신을 포함할 수 있는 폭넓은 개념정의이다.

나아가 서비스무역협정을 기술중립적으로 즉, 양허한 서비스의 전달기술이 무엇인지에 관계없이 동일하게 해석해야 한다는 입장에 의할 때 인터넷이 공중통신 서비스를 제공하는 현재에 있어서는 양허 서비스의 제공을 위하여 인터넷에 합리적이고 비차별적 조건으로 접속하여 이용할 수 있도록 보장할 의무를 모든 WTO회원국이 부담한다고 해석될 수 있을 것이다. 기술중립성(technological neutrality)원칙은 서비스이사회에 의해서 채택되었고[4)] 분쟁패널에 의하여 인정된 바 있다.[5)] 하지만 기술중립성원칙은 통신부속서 성립 이후에 전자상거래나 양허의 해석과 관련하여 인정된 원칙이며 통신부속서를 포함한 WTO협정 전반에 걸쳐 적용된다는 근거는 다소 부족하다.

미국, EU, 한국을 비롯한 WTO 기본통신협상에 참가한 주요한 국가들은 대부분 회선교환(circuit-switched) 통신 서비스와 함께 패킷교환(packet-switched) 통신

2) "Telecommunications" means the transmission and reception of signals by any electromagnetic means. 통신부속서 3(a).

3) "Public telecommunications transport service" means any telecommunications transport service required, explicitly or in effect, by a Member to be offered to the public generally. Such services may include, inter alia, telegraph, telephone, telex, and data transmission typically involving the real-time transmission of customer-supplied information between two or more points without any end-to-end change in the form or content of the customer's information. 통신부속서 3(b).

4) Work Program on Electronic Commerce-Progress Report to the General Council adopted by the Council for Trade in Services on 19 July 1999, S/L/74, para 4.

5) Panel Reports, US-Gambling, para.6.285; China-Publication and Audiovisual Products, para. 7.1248. 아직 상소기구가 확인한 사례는 없다.

서비스를 양허하였으며 이들 서비스에 대하여 참조문서(Reference Paper)를 통하여 회원국이 주요 사업자[6]의 비차별의무, 원가기반 상호접속, 공정경쟁보장 등을 약속하였다.[7] 인터넷 통신방식은 여기서 말하는 패킷교환 방식의 통신에 속한다. 따라서 각국이 국내법으로 망 중립성원칙을 수용하느냐와 무관하게 WTO기본통신협상에서 참조문서를 수용한 국가들은 국제적으로 비차별, 상호접속, 공정경쟁이란 망 중립성의 실질적 세부원리를 보장할 의무를 진다고 말할 수 있다.[8] 하지만 여기에도 몇 가지 유의점이 있다.

2. 적용상의 문제

첫째, WTO 통신부속서 및 기본통신양허상의 의무와 개별 국가의 망 중립성 입법간의 의무범위가 동일하지 않을 수 있다. 비차별의무와 관련하여 WTO법상 동종 서비스가 엄격하게 해석되어 합리적인 가격차별로 인정될 수 있는 것도 회원국의 망 중립성 입법에 의해 금지의 대상이 될 수 있다. 예컨대, 회원국이 특정 서비스에 대해 서비스품질을 보장하는 대신에 높은 비용을 청구하는 프리미엄 서비스의 제공을 금지하는 경우가 있을 수 있는데[9] 이는 앞서 언급한 WTO협정상 통신관련 규정이 요구하는 비차별의무의 범위를 초과하는 의무라고 판단된다.

둘째, 인터넷통신에 대해서 기본통신협상 당시에 정보 서비스(information service)라고 분류하고 기본통신이 아닌 부가통신 서비스로 취급한 경우의 문제이다. 적지 않은 WTO기본통신협상 참여국들이 국내법적으로 망 중립성 의무부담여부와는 무관하게 WTO통신 서비스 양허를 통해서 부가통신 서비스시장을 개방하였다. 그러므로 정부조치에 있어서는 내외국 서비스와 서비스제공자

---

6) 주요 사업자(major supplier)는 필수설비의 통제 또는 시장에서의 지위를 통해 기본통신 서비스시장에서 가격 및 공급조건에 실질적 영향을 미칠 수 있는 사업자로 정의된다.

7) 참조문서 2.2(상호접속 보장)은 주요공급자는 네트워크의 모든 기술적으로 가능한 요청된 곳에의 상호접속을 허용하며, 비차별적 조건하에 신속하고, 필요에 따라 충분히 세분화되고, 합리적이며 투명하게 산정된 원가에 기반하여 제공함이 보장되어야 함을 규정한다.

8) Manner, Jennifer A. & Alejandro Hernandez. "An Overlooked Basis of Jurisdiction for Net Neutrality: The World Trade Organization Agreement on Basic Telecommunications Services", Commlaw Conspectus Vol. 22, 2014; Hartridge, David. Internet Neutrality and WTO Rules", White & Case Client Alert: International Trade, March 2015.

9) 미국 FCC의 2015년 Open Internet Order가 이에 해당한다.

에 대하여 시장진입을 허용하고 사업수행과 관련하여 비차별적 대우를 제공해야 할 의무를 진다. 하지만 부가 서비스제공자 자체는 국내법상 공정거래법에 의해 요구되는 일반적 의무이외에 별도로 국제적인 중립성 의무를 지지 않는다. 따라서 국내법상 망 중립성 의무에 관한 별도의 규정이 없다면 인터넷망 사업자를 포함한 플랫폼이 공중통신 서비스제공에 관한 GATS통신부속서의 국제의무를 부담하는지 여부에 논란이 있을 수 있다. 즉, 애초에 통신부속서가 인터넷을 규율범위에 포함하지 않는다거나 체약국의 후속관행에 의하여 이를 포함하지 않는 것으로 일단락되었다고 주장될 여지가 있는 것이다.[10] 기본통신양허의 해석도 이 문제에서 완전히 자유롭지는 않다.

셋째, WTO협정이 협상되고 채택할 당시에는 인터넷의 상용화가 초기였기 때문에 전자상거래에 대한 구체적 인식이 있었다고 말하기 어렵다. 그 결과 인터넷 플랫폼 서비스에 대한 분류와 관련하여 각국의 의견이 일치하지 않을 수 있다. 특히 망의 상단에 위치하는 플랫폼의 경우에는 전기통신 서비스, 비즈니스 서비스, 컴퓨터 및 관련 서비스 중 어디에 속하는 지에 따라 각국의 양허 내용이 다른 경우가 속출할 것이다. 또한 전자상거래가 서비스 전달 양식 중 '국경 간 공급'(mode 1)에 속하는지 '해외소비'(mode 2)에 속하는지에 대한 결정이 시장개방 수준에 큰 차이를 가져올 수 있다.[11]

넷째, 많은 국가가 WTO협정상의 의무를 기본으로 하고 이에 더하여 자유무역협정상 통신 및 전자상거래 서비스 양허범위를 결정한다. 따라서 이런 경우에는 WTO협정상의 의무를 넘어서 자유무역협정에서 더 엄격한 플랫폼 중립성 의무를 부담하는 경우도 있을 수 있다.

---

10) ① 조약은 조약문의 문맥 및 조약의 대상과 목적으로 보아, 그 조약의 문면에 부여되는 통상적 의미에 따라 성실하게 해석되어야 한다. … ③ 문맥과 함께 다음의 것이 참작되어야 한다 … (b)조약의 해석에 관한 당사국의 합의를 확정하는 그 조약 적용에 있어서의 추후의 관행 (조약법에 관한 비엔나협약 제31조).

11) Kelsey, J. "How a TPP-Style E-commerce Outcome in the WTO would Endanger the Development Dimension of the GATS Acquis (and Potentially the WTO)", *Journal of International Economic Law*, Volume 21, Issue 2, 1 June 2018, pp. 273-295; Sen, N. "Understanding the Role of the WTO in International Data Flows: Taking the Liberalization or the Regulatory Autonomy Path?", *Journal of International Economic Law*, Volume 21, Issue 2, 1 June 2018, pp. 323-348.

3. 문제해결에 관한 사견

생각건대, 언급한 바와 같이 WTO협정 체결당시 인터넷이 맹아기에 불과하였음에 비하여 현재는 "All IP"시대라고 불리울 정도로 모든 네트워크가 인터넷을 중심으로 통합되었다. 따라서 과거에는 인터넷 서비스가 부가통신의 일종으로서 국가의 규제로부터 사업자의 자유를 보장할 뿐 국가가 인터넷 서비스를 다른 서비스의 전송을 위한 기반 서비스로 제공할 의무를 예상하지 않았으며, 인터넷 사업자가 비차별의무를 지지도 않는다는 것이 WTO협정 체결 시 체약국의 공통적 의사였을 것으로 추정될 여지도 있다. 그런데 인터넷 중심으로 변화된 네트워크 환경에서 이러한 법해석을 유지하는 경우 현재의 글로벌 경제가 요구하는 안정적이며 보편적인 인터넷 서비스 제공에 문제가 발생할 수 있다. 사회변화에 따른 법적 수요를 만족시키는 것은 일차적으로는 입법자인 회원국의 임무라고 할 것이나 법해석자 또한 해석의 재량이 허용되는 한도 내에서 이러한 수요에 응답할 임무가 있다고 할 것이다. WTO 상소기구나 패널이 이와 같은 적극적인 입장을 취하기는 현실상 어려울 것으로 이해한다.

문리해석에 의하여 현재의 통신부속서와 기본통신협상 양허가 이미 인터넷을 포함하고 있다고 주장할 수도 있으므로, 필자가 생각키로는 문리해석을 기반으로 하면서도 인터넷 서비스를 단순히 정보 서비스 또는 부가 서비스로 인정하기보다는 WTO 서비스협정의 공중통신 서비스에 부가통신 서비스[12]와 기본통신 서비스를 대척점으로 하여 그 사이에 중간영역이 있으며, 인터넷접속 서비스는 이 중간영역에 속하는 것으로 자리매김한다면 서비스협정 통신부속서의 통신 서비스 보장의무와 서비스양허상의 서비스제공의 자유를 인터넷접속 서비스에 대해서 인정하는 것이 보다 자연스럽게 될 것이다. 즉, 이 중간 영역은 해석의 재량이 인정되는 것으로 해석자가 입법자의 의도를 구현하기 위하여 이들 인터넷접속 서비스업자에게 역할에 상응하는 의무가 부과되는 것으로 해석하는 것이다. 기본통신/부가통신의 구분을 기술적 구분이 아니라 사회 경제적 역할에 따른 구분으로 이해한다면 이러한 해석이 더욱 자연스러워질 것이다.

국제법상 의무의 범위나 정도 보다 국내법상 의무의 범위가 넓거나 정도

---

12) 부가통신 서비스는 일부는 공중통신 서비스에 속하고 일부는 속하지 않을 것이다. 공중통신 서비스가 아닌 사적통신 서비스는 원천적으로 제외된다.

가 중한 것은 국내 입법 재량을 행사한 것으로 국제법상 문제될 것이 없다. 국제조약간 의무의 범위가 다른 것도 최혜국대우 조항의 발동과 같이 적용상의 복잡성이 증가한다는 문제는 있으나 그 자체가 불가한 것은 아니다. 이와 같이 WTO통신부속서, 기본통신 서비스 등 서비스양허, FTA상의 의무범위가 다른 것은 특이한 사항 이라기보다는 기술과 사회의 변화에 법체계가 즉응하지 못하여 통상적으로 발생하는 지체현상이다.

III. 전자상거래챕터와 플랫폼 중립성

1. 양자FTA

한미FTA는 2006년 협상을 시작하여 2007년 타결되었으며 2012년 발효하였다. 다수의 FTA가 전자상거래챕터를 두고 있지만 현재까지는 한미FTA의 아래 규정이 플랫폼 중립성 원칙을 가장 포괄적으로 규정한 것이다.[13]

> 제15.7조 전자상거래를 위한 인터넷 접근 및 이용에 관한 원칙
> 전자상거래의 발전 및 성장을 지원하기 위하여, 각 당사국은 자국 영역의 소비자가 다음을 할 수 있어야 함을 인정한다.
> 가. 그 당사국의 법에 의하여 금지되지 아니하는 한, 자신이 선택한 서비스 및 디지털제품에 대하여 접근하고 사용하는 것
> 나. 법 집행상의 필요를 조건으로, 자신이 선택한 응용프로그램 및 서비스를 실행하는 것
> 다. 네트워크에 위해를 가하지 아니하고 그 당사국의 법에 의하여 금지되지 아니하는 한, 자신이 선택한 장치를 인터넷에 연결하는 것, 그리고
> 라. 네트워크 제공자, 응용프로그램 및 서비스 제공자, 그리고 콘텐츠 제공자간의 경쟁으로부터 혜택을 가지는 것[14]

13) 트럼프행정부와 한미FTA개정협상이 진행되어 2018.9. 타결되었으며 현재 비준동의안이 국회에 제출된 상태이다. 전자상거래 챕터는 개정되지 않았다.

14) (제15.7조 원문) Article 15.7: Principles on Access to and Use of the Internet for Electronic Commerce
To support the development and growth of electronic commerce, each Party recognizes that consumers in its territory should be able to:
(a) access and use services and digital products of their choice, unless prohibited by the

위와 같이 한-미FTA는 '전자상거래를 위한 인터넷 접근 및 이용에 관한 원칙'이라는 제목 하에 이용자가 인터넷 네트워크·서비스·콘텐츠 제공자간의 경쟁에서 혜택을 볼 수 있어야 하며, 원하는 단말기로 인터넷에 접속하여 원하는 콘텐츠 및 서비스를 이용하고 응용 서비스를 운용할 수 있음을 확인하였다. 명시적으로 비차별의무가 포함되지는 않았지만[15] 접근·사용권, 경쟁의 개념으로부터 간접적으로 유추할 여지는 있다.[16] 특히, 라호의 경우 수범자의 범위가 망 사업자를 너머 서비스, 콘텐츠 제공자를 포함함으로써 네트워크 상단의 플랫폼 중립성의 경쟁의무로 확대되고 있는 점이 주목된다.

2. 환태평양동반자협정

'환태평양동반자협정'(Trans-Pacific Partnership, 이하 TPP라 함)은 2008년부터 미국의 주동으로 일본, 호주, 캐나다 등 태평양연안 12개국을 포함하여 추진된 포괄적인 경제협력협정으로, 2015년 10월 타결되고 2016년 2월 4일 서명되었으나 트럼프 당선 후 미국이 탈퇴하면서 2018.3. 나머지 11개국이 '포괄·점진적 환태평양동반자협정'(Comprehensive and Progressive Agreement for Trans-Pacific Partnership, CPTPP)이라고 개명과 부분적 수정을 거쳐[17] 다시 서명하였다. 동 협정은 높은 수준의 무역자유화를 목표로 한 21세기형 무역협정으로 평가되는데, 망 중립성과 관련하여 다음과 같은 규정을 두고 있다.

Party's law;

(b) run applications and services of their choice, subject to the needs of law enforcement;

(c) connect their choice of devices to the Internet, provided that such devices do not harm the network and are not prohibited by the Party's law; and

(d) have the benefit of competition among network providers, application and service providers, and content providers.

15) 제15.3조 제2, 3항이 원산지에 따른 차별을 금지하고 있지만(즉, 내국민대우, 최혜국대우) 원산지와 무관한 차별까지 포섭되지는 않는다.

16) 한미FTA 규정은 미국의 2005년 FCC 망 중립성 4원칙을 그대로 가져온 것이다. 미국은 그 후 2009년 비차별을 명시하고 투명성을 추가하여 6원칙으로 발전시켰다. 본서 제2장 제II절 참조.

17) CPTPP는 TPP에 비해 발효요건을 완화하였으며 신규 회원국의 가입 조항을 단순화하였고 지식재산권 보호 및 투자 분쟁해결절차 등 미국의 주장으로 추가되었던 조항들을 유예시켰다.

제14.10조: 전자상거래를 위한 인터넷 접근 및 이용에 관한 원칙
각국의 정책과 법령을 조건으로, 각 당사국은 자국 영역의 소비자가 다음을 할 수 있어야 함을 인정한다.
가. 합리적 네트워크 관리를 조건으로, 인터넷상 자신이 선택한 서비스와 응용에 대하여 접근하고 사용하는 것 7) *
나. 네트워크에 위해를 가하지 않을 것을 조건으로, 자신이 선택한 이용자장치를 인터넷에 연결하는 것
다. 소비자가 선택한 인터넷 접속 서비스제공자의 네트워크 관리관행에 관한 정보에 접근하는 것

7) * 당사국은 인터넷접속 서비스제공자가 가입회원에게 콘텐츠를 배타적으로 제공하는 것이 이 원칙을 위반하지 않는다는 것을 확인한다.[18]

이와 같이 CPTPP는 한미FTA 규정에서 라호의 경쟁혜택 향유권을 삭제하고 응용 서비스 실행권에 관한 언급을 후순위로 하였으며, 종래 '법집행상 필요'란 조건이 '합리적 네트워크 관리' 조건으로 변경하고, 각주를 통하여 적용예외를 확인하는 등, 의무의 수준을 상당히 약화시키고 있다. 대신에 이용자가 네트워크 사업자의 네트워크 운용관행에 관한 정보에 접근할 수 있어야 함을 추가로 확인하였다. 추가된 의무규정이 투명성 제고 및 이용자 권리 실질화란 측면에서 가져올 긍정적 효과는 부연의 필요가 없으나 삭제되거나 약화된 부분은 한국의 이용자나 개발자 입장에서는 환영할 수 없는 부분이다. 이미 인터넷 각 영역에서 독점적 지위를 구축하고 있는 애플, 구글, 페이스북 등 미국기업의 전횡을 경쟁정책적 견지에서 방지할 수 있는 법적 근거가 약화된 것이다.

18) 제14.10조 원문.
Article 14.10: Principles on Access to and Use of the Internet for Electronic Commerce
Subject to applicable policies, laws and regulations, the Parties recognise the benefits of consumers in their territories having the ability to:
(a) access and use services and applications of a consumer's choice available on the Internet, subject to reasonable network management;7
(b) connect the end-user devices of a consumer's choice to the Internet, provided that such devices do not harm the network; and
(c) access information on the network management practices of a consumer's Internet access service supplier.
7 The Parties recognise that an Internet access service supplier that offers its subscribers certain content on an exclusive basis would not be acting contrary to this principle.

미국의 입장에서 보면 미국 전자상거래 기업의 해외시장 개척이 관건인 시점에서의 FTA전략과 이미 해외시장에서 지배적 지위를 확보한 이후의 FTA전략이 달라진 것이라고 판단된다.

3. TiSA

2013년 이래 미국, EU, 일본 한국을 비롯한 WTO의 50여개(EU를 개별국으로 쳤을 경우) 주요 서방회원국들은 서비스무역에 관한 일반협정을 진전시키는 서비스무역협정(Trade in Services Agreement, TiSA) 협상을 추진하고 있다. 비공개로 추진되지만 Wikileaks(2015.10.1. 버전)에 누출된 협상문건은 다음과 같은 협상 텍스트를 보여준다.

> 제7조: 오픈 네트워크, 네트워크 접근과 이용
>
> 1. 당사국은 자국 영역의 소비자가 자국의 법령을 조건으로 다음을 할 수 있어야 함을 인정한다.
>
> 가. 합리적 네트워크 관리를 조건으로, 인터넷상 자신이 선택한 서비스와 응용에 대하여 접근하고 사용하는 것
>
> 나. 네트워크에 위해를 가하지 않을 것을 조건으로, 자신이 선택한 이용자장치를 인터넷에 연결하는 것
>
> 다. 소비자가 선택한 인터넷 접속 서비스제공자의 네트워크 관리관행에 관한 정보에 접근하는 것
>
> 2. 당사국은 가능하면 관련 규제자를 통하여 소비자가 정당하게 정보에 접근, 공유, 배포하고 응용프로그램을 가동하며 선택한 서비스를 이용할 수 있는 능력을 증진한다. 당사국은 국경간 이동과 기술중립성을 기반으로 하는 것을 포함하여 인터넷상에서 서비스제공 능력을 제한하지 않아야 하며 적절한 경우 서비스와 기술의 상호연동성을 증진하여야 한다.[19)]

---

19) Article 7: Open Networks, Network Access and Use [CH propose: Open Internet]
1. [AU/CA/CL/CO/HK/IL/JP/NZ/NO/PE/CH/US propose; KR considering: Each Party recognizes [AU/HK/NZ propose: the benefits of] [that] consumers in its territory, subject to applicable laws, and regulations, [HK/NZ propose: being] [should be] able to:
(a) access and use services and applications of their choice available on the Internet, subject to reasonable network management;
(b) connect their choice of [NZ propose: end user] devices to the Internet, provided that such devices do not harm the network; and
(c) have access to information on network management practices of their Internet access

위에서 보는 바와 같이 TiSA협상은 TPP협정을 기본협상 텍스트로 하고 거기에 추가하여 인터넷을 통한 국경간 서비스제공의 자유 및 기술중립성을 명시하는 것과 상호연동성 증진에 관한 노력을 추가하는 것을 논의하고 있다.

4. 평가

자유무역협정에 대한 반감은 단지 트럼프에 한정된 특이한 현상이 아니라 정파와 국가를 넘어선 시대적인 조류가 되고 있다. 그런 이유에서인지 아니면 미국의 글로벌콘텐츠기업 보호를 위한 정책변화 때문인지 인터넷 플랫폼 중립성에 관한 자유무역협정의 규정은 네트워크 사업자의 중립성에 대해서는 보편적으로 받아들이고 있으나 그 상위 플랫폼의 중립성으로 확대되지는 않고 있다. 아직까지는 한미FTA에서 상위 계층에서의 경쟁보장을 규정하고 있는 것이 가장 적극적인 규정인 것으로 보인다.

한국은 이미 한미FTA에서 수용한 수준의 인터넷 플랫폼 중립성 국제규범이 확산되는 것에 대해서는 동의하면서도 이를 넘어서는 규범에 대해서는 그것이 이미 업계에서 적절한 원칙으로 널리 인식된 것이며 법적 구속력이 없는 권고규정인 경우에도 국제통상협정에 명시되는 것에 소극적인 입장을 취하고 있다.[20]

과거 오프라인 경제의 기술정책과 관련하여 Wibro 등 국가표준전략을 사용하다가 통상마찰의 대상이 된 기억이 기술중립성을 비롯한 신규범의 명시에 네거티브 반응을 야기하는 것으로 추측된다. 거기에 더하여 멜론DRM 사건에 대한 법원의 판결에서 보듯이[21] 국내에서도 상호연동성에 대해 높은 법적 가치를 부여하지 않은 것도 한 몫 했을 것이다. 그러나 우리는 또한 이런 경험에서 국내시장만을 바라본, 또는 국내시장을 기반으로 해외시장을 진출하겠다는 전략이 성공하기 어렵다는 교훈을 얻을 수 있었다. 인터넷 서비스와 관련해서

---

service suppliers.]

2. [CH propose; KR oppose: Parties, preferably through relevant regulators, should promote the ability of consumers legitimately to access, share and distribute information as well as running applications and using services of their choice. Parties should not restrict the ability to supply services over the Internet including on a cross-border and technologically neutral basis, and should promote the interoperability of services and technologies, where appropriate.]

20) 공개된 TiSA협상에서의 한국제안서 등에 근거한 필자의 개인적 평가이다.

21) 대법원 2011.10.13. 선고 2008두1832 판결. 본서 제7장 각주 13)의 해당 본문 참조.

는 국가의 기술전략이건 기업의 영업전략이건 시작부터 글로벌 시장을 염두에 두고 기획되어야 한다.

IV. FTA 경쟁챕터와 플랫폼 중립성

1. 관련 규정

현재까지 체결된 FTA의 경쟁챕터는 통상 경쟁법 집행의 일반원칙으로 투명성, 비차별대우, 절차적 공정성, 그리고 공기업에 대한 경쟁법 적용, 경쟁당국간 협력 등을 개괄적으로 규정하면서 경쟁관련 분쟁은 분쟁해결규정의 적용범위에서 배제하는 연성법적 접근방식을 취하고 있다. 국경을 넘는 반경쟁행위에 대한 경쟁당국간 협력은 전통적으로 경쟁법의 역외적용을 억지하기 위한 준칙으로 사용되어 역외적용의 대상이 되는 국가의 이익을 고려하도록 한 '소극적 예양'(negative comity) 뿐만 아니라 일국이 상대국 내에서의 적절한 경쟁법 집행을 요청하면 요청받은 국가가 이에 대해 호의적 고려를 하는 '적극적 예양'(positive comity)을 포함하는 방향으로 발전하고 있다. 플랫폼 중립성과 관련하여 주목되는 몇몇 규정을 아래 예시한다.

> 경쟁법과 반경쟁적 영업행위
>
> 1. 각 당사국은 반경쟁적 영업행위를 금지함으로써 자국 시장에서의 경쟁과정을 증진하고 보호하는 경쟁법을 유지하거나 채택한다. 각 당사국은 경제적 효율성 및 소비자 후생을 증진시킬 목적으로 반경쟁적 영업행위에 대하여 적절한 조치를 취한다. (한미FTA 제16.1조)

> 국경간 소비자 보호
>
> 2. 양 당사국은 다음을 포함하여 각 당사국의 소비자 보호법과 관련된 상호 관심 있는 분야에서 한편으로는 미합중국 연방거래위원회와 다른 한편으로는 대한민국 재정 경제부 및 공정거래위원회간 협력을 강화하도록 노력한다.
>
> 나. 소비자에 대한 사기적이고 기만적인 상업적 관행을 발견하고 금지하기 위한 협력 강화
>
> 다. 중대한 국경간 차원의 소비자 보호법 위반을 감소시키기 위한 방안에 대한 협의 (한미FTA 제16.6조)

경쟁법 집행의 독립성
이 장은 자국의 경쟁법 집행 시 각 당사국의 독립성을 침해하여서는 아니될 것이다. (한중FTA 제14.11조)

가격차별
제15.2조 및 제15.3조는 가격차별이 공급 및 수요 조건의 고려와 같이 통상적인 상업적 고려에 기초하여 이루어지는 경우에는 독점 또는 공기업이 다른 시장에서 다른 가격을 매기는 것, 또는 동일한 시장 안에서 다른 가격을 매기는 것을 금지하는 것으로 해석되지 아니한다. (한캐나다FTA 제15.4조)

2. 플랫폼 중립성에의 함의

자유무역협정은 일반적으로 체약국이 사업자의 단독 혹은 공모에 의한 반경쟁적 영업행위, 그리고 사기적이며 기만적인 행위를 금지할 것을 규정한다. 이러한 원론적 차원에서의 합의에 불구하고 각국은 구체적 경쟁법 집행상의 결정이 국가마다 달라질 수 있음을 인정하고 있다. 특히 플랫폼 중립성의 핵심 규제대상인 가격차별이 자체로서 경쟁원리에 반하는 것이 아니라 상업적 합리성으로 정당화되지 못하는 경우에만 반경쟁성이 인정됨이 주목된다. 따라서 플랫폼 중립성이 경쟁친화적인 정책임에는 분명하나 자유무역협정 경쟁챕터에서 자동으로 도출되지는 않는다. 즉, 플랫폼 중립성을 국내법상 규정하지 않았다고 하여 자유무역협정 경쟁챕터 위반이 되지는 않는다. 경쟁법의 구체적 내용이 국가마다 다양한 모습으로 변종이 있을 수 있으며 집행에도 유연성이 인정되는 결과이다.

V. 플랫폼 중립성과 인권협약

인터넷 발전 초창기에는 인터넷이 표현의 자유를 구현하는 혁신적 수단이 될 수 있음이 강조되었으며, 인터넷 발전의 성숙기에 접어들어서는 인터넷이 사회 경제적 생활에 불가결한 서비스임이 인식되고 있는 바 국제인권법상의 규정이 인터넷에도 적용될 수 있는지 검토의 필요성이 있다.

1. 유엔 시민적 · 정치적 권리에 관한 국제규약

1966년 유엔총회에서 채택된 '시민적 · 정치적 권리에 관한 국제규약'(ICCPR)은 B규약 또는 자유권 규약이라고도 부른다.[22] 동 규약 제19조는 다음과 같이 표현의 자유를 규정한다.

> 제19조
> 1. 모든 사람은 간섭받지 아니하고 의견을 가질 권리를 가진다.
> 2. 모든 사람은 표현의 자유에 대한 권리를 가진다. 이 권리는 구두, 서면 또는 인쇄, 예술의 형태 또는 스스로 선택하는 기타의 방법을 통하여 국경에 관계없이 모든 종류의 정보와 사상을 추구하고 접수하며 전달하는 자유를 포함한다.
> 3. 이 조 제2항에 규정된 권리의 행사에는 특별한 의무와 책임이 따른다. 따라서 그러한 권리의 행사는 일정한 제한을 받을 수 있다. 다만, 그 제한은 법률에 의하여 규정되고 또한 다음 사항을 위하여 필요한 경우에만 한정된다.
> (a) 타인의 권리 또는 신용의 존중
> (b) 국가안보 또는 공공질서 또는 공중보건 또는 도덕의 보호

표현의 자유를 포함한 인권이 오프라인뿐만 아니라 온라인에서도 존중되어야 한다는 점이 국제적으로도 인정되기 시작하였다. 2011년 7월 유엔 인권위원회는 ICCPR 제19조에 관한 의견을 통하여[23] 표현의 수단이 신문, 서적, 팸플릿, 포스터, 기타 시청각 형태뿐만 아니라 전자적 그리고 인터넷기반의 표현수단도 포함하며[24] 국가는 이들 뉴미디어의 독립성과 이에 대한 개인의 접근권 보장을 위해 노력해야 한다고 확인했다.[25] 유엔인권이사회는 2012년 7월 '인터넷상의 인권 증진, 보호와 향유'에 관한 만장일치의 결의를 통해[26] 모든

22) International Covenant on Civil and Political Rights. 1976년 발효하였으며 2017.2. 기준으로 대부분의 민주국가를 포함한 171개국이 가입한 국제조약이다.

23) U.N. Human Rights Comm., General Comment No. 34, International Covenant on Civil and Political Rights, U.N. Doc. CCPR/C/GC/34 (Sept. 12, 2011).

24) Ibid. para 12.

25) Ibid. para 15.

26) Human Rights Council Res. 20/8, U.N. Doc. A/HRC/20/L.13, June 29, 2012, at para 1. http://www.ohchr.org/EN/HRBodies/HRC/RegularSessions/Session20/Pages/ResDecStat.aspx [https://perma.cc/BFA4-RQLJ].

인간은 표현의 자유를 포함한 인권을 오프라인뿐만 아니라 온라인에서도 갖고 있음을 선언했다. 표현의 자유가 오프라인뿐만 아니라 온라인에서도 보호되어야 한다는 것은 주요국의 국내 판례로도 확립된 바이다.[27)]

인터넷상의 표현의 자유를 포함한 인권 또한 절대적인 것은 아니며 ICCPR 제19조 제3항의 엄격한 조건에 따라서 제한이 가능하다. 일반적으로 내용중립적인 규제만 허용되며, 특정 사이트나 시스템 전체를 접근제한 하는 것은 허용되지 않는다.[28)]

하지만 인권관련 국내외 공식문건들이 직접 "망 중립성"이나 "플랫폼 중립성"을 언급하고 있는 것은 아니다. 따라서 망 중립성을 비롯한 플랫폼 중립성 의무를 보장하지 않는 것이 ICCPR 위반의 문제를 야기할 수 있다는 주장이[29)] 확립되기 위해서는 몇 가지 장벽을 넘어야 한다.

첫째, 기본권의 대사인적 효력과 관련한 것이다. 기본권을 침해하는 공권력의 행사에 대해서만 위헌심판을 청구할 수 있다는 보수적인 법제에서는 사업자의 행위와 국가의 부작위를 상대로 헌법소송을 제기하기는 어려울 것으로 판단된다. 반면에 표현의 자유 보장을 위해 국가가 적극적으로 제도보장을 할 의무가 있다는 입장에서는 인터넷 플랫폼 중립성에 관한 입법을 해태하여 표현의 자유를 보장하지 못한 것을 기본권 위반이라고 할 수 있을 것이다.

둘째, 표현의 자유의 물적 범위, 즉 플랫폼 중립성이 표현의 자유의 보호범위에 속하느냐의 문제이다. 환언하면, 플랫폼 중립성이 표현의 자유를 보장하기 위한 불가결한 조건이라고 인정할 수 있느냐 여부이다. 상호접속과 관련하여 WTO기본통신양허의 참조문서를 통해 약속한 비차별적이며 합리적 조건하의 접속권을 보장하지 못하는 것은 WTO양허 위반일 뿐만 아니라 현대 정보사회에서 표현의 자유를 행사하기 위한 중요한 수단인 인터넷에의 접근을 제약할 수 있으므로 ICCPR 제19조 위반이 될 수 있다는 주장이 가능하

---

27) 헌재 2002.6.27. 99헌마480, 판례집 14-1, 616 [위헌, 각하] 등; US Supreme Court, 1997. 6.26, Reno v. ACLU, 521 U.S. 844.

28) U.N. Human Rights Comm., General Comment No. 34, op. cit, at para 43.

29) Carrillo, Arturo J. and Dawn C. Nunziato. "The Price of Paid Prioritization: The International and Domestic Consequences of the Failure to Protect Net Neutrality in the United States", 16 *Geogetown Journal of Int'l Affairs* 98, 2015.

다.[30] 하지만 앞서 언급한 바와 같이 인터넷 상호접속도 전통적인 전기통신 상호접속의 범주 내에 포함되어 당연히 표준문서 규정이 적용되는지에 대해서는 이견이 있을 수 있으며 각 회원국의 구체적 양허내용에 따라 결론이 달라질 수 있다. 일단, 망 중립성과 관련해서는 앞서 언급했듯이 WTO 서비스협정 통신부속서를 근거로 비차별적 접속권을 주장할 수 있을 것이나 그 위단의 플랫폼 중립성까지 확대하기는 어려우며, WTO협정이 인권적 고려를 했다는 근거도 희박하다. 다만, 국제인권법상 국가가 인터넷 플랫폼 사업자가 표현의 자유를 보장하기 위한 제도를 운용하도록 감독할 의무를 인정하는 경우에는 이런 의무의 내용과 관련되는 사업자의 범위를 결정함에 있어서 WTO기본통신협상 참조문서가 하나의 참고기준을 제공할 수 있을 것이다.

2. 유엔 경제 · 사회 및 문화적 권리에 관한 국제규약

유엔 경제·사회 및 문화적 권리에 관한 국제규약(ESCR)[31]은 1966년 유엔총회에서 채택된 조약으로 사회권규약 또는 A규약이라고도 한다. 근로권, 노동자의 권리, 사회보장권, 교육권, 생활권, 문화권 등이 규정되어 있다. 권리실현에 있어서는 당사국의 경제현실을 감안할 수밖에 없기에 당사국이 “권리의 완전한 실현을 점진적으로 달성하기 위하여”, “자국의 가용자원이 허용하는 최대한도”까지 필요한 조치를 취할 것이 요구된다. ESCR이 구속력을 갖고 있지는 않으니 이는 각국의 경제적 수준에 따른 현실적 한계와 개발전략의 다양성을 감안한 것으로 생각된다.

인터넷에서 시민·정치적 자유에 비하여 경제·사회·문화적 권리는 덜 주목받아왔지만 이 또한 인터넷 사회의 지속가능한 발전을 위한 핵심적 인권임을 부인하기 어렵다. 유엔인권이사회(UN Human Rights Council, HRC)는 오프라인상의 인권이 온라인상에서도 보호된다는 일반론을 인정할뿐만 아니라[32] 구체적으로 온라인상 인권이 유엔의 지속개발목표의 달성[33] 및 교육권[34]과

30) Carrillo and Nunziato(2015), p. 103.

31) Economic, Social and Cultural Rights.

32) “Affirms that the same rights that people have offline must also be protected online”, 34/7. The right to privacy in the digital age, 56th meeting 23 March 2017, Report of the Human Rights Council, UN General Assembly, A/72/53, p. 36.

33) “Recognizes the global and open nature of the Internet and the rapid advancement in

관련됨을 인정하고 있다.

인도 시민사회단체인 '진보커뮤니케이션연합'(Association for Progressive Communications, APC)이 2016년 발간한 「Global Infornation Society Watch」는 정보인권의 경제, 사회, 문화적 저변 확대를 논의하고 있다. APC는 경제, 사회, 문화적 권리와 인터넷간의 관계를 다음과 같이 파악하였다. 첫째, 인터넷은 경제, 사회, 문화적 권리를 증진시키는 활력소(enabler)이다. 둘째, 인터넷은 경제, 사회, 문화적 권리를 행사하는 새로운 방식을 제공한다. 셋째, 하지만 디지털 경제에서 빈부격차가 더 커지고 소외현상이 악화되듯이 부작용을 경계해야 한다. 넷째, 이와 같은 부작용의 해소를 위한 정부의 조정 역할이 필요하다. 다섯째, 인터넷의 개방성을 유지하는 것이 경제, 사회, 문화적 권리를 보장하는 데에 긍정적으로 기여한다. 여섯째, 네트워크에의 접근뿐만 아니라 콘텐츠에의 접근이 가능하여야 경제, 사회, 문화적 권리가 증진된다. 일곱째, 인터넷의 성장을 민간이 주도하는 만큼 경제, 사회, 문화적 권리의 증진에 있어서도 민간의 역할이 중요하다.[35] 디지털 인권의 신장을 위해서는 정부, 기업, 시민사회, 국제기구와 같은 여러 이해관계자의 공동의 노력이 요구된다.[36]

UNESCO는 오래전부터 인터넷이 경제, 사회, 문화적 권리에 갖고 있는 함의에 대하여 깊은 관심을 갖고 있으며,[37] 현재 인터넷 보편성 지표(Internet Universality Indicators)를 개발하고 있다.[38] 인터넷에의 접근권은 시민적 · 정치적 권리 뿐만아니라 경제 · 사회 · 문화적 권리의 기초이다. 인터넷은 한 국가 경

information and communications technology asa driving force in accelerating progress towards development in its various forms, including in achiving the Sustainable Development Goals", The right to privacy in the digital age, Ibid, p. 36.

34) "Reiterating the contribution that access to new information and communications technology, including the Internet, plays in facilitating the realization of the right to education and in promoting inclusive quality education", The right to education: follow-up to Human Rights Council resolution 8/4, 34th meeting 22 June 2017, Ibid, p. 154.

35) Alan Finlay and Deborah Brown, "Key considerations: Economic, social and cultural rights and the internet", in「Global Infornation Society Watch」, APC & IDRC, 2016, pp. 13-18.

36) Sullivan, D. "Business and Digital Rights: Taking Stock of the UN Guiding Principles for Business and Human Rights in the ICT Sector", APC Issue Papers, June 2016.

37) https://en.unesco.org/unesco-series-on-internet-freedom.

38) Weber, Rolf H. Principles for governing the Internet, UNESCO, 2015, pp. 84-88.

제성장의 충분조건이 되지는 않아도 필요조건임은 분명하다. 경쟁과 혁신을 통해 지속가능한 전자상거래의 진작이 요청되며 플랫폼이 개방적이고 중립적인 정책을 취하는 것은 이에 기여할 것으로 인식되고 있다.[39] 플랫폼의 개방적이고 중립적인 정책은 또한 사회문화적 차원의 다양성 증진에도 기여할 것이 분명하다.

국내에서는 역대 정부가 인터넷 네트워크 포설 및 고도화에 적극적이어서 세계에서 순위를 다투는 초고속 인터넷망이 확충되었으며 인터넷에의 접근권이 보편적 서비스의 범주에 포함되는 것으로 인정됨에 따라 외딴 곳의 국민도 그 혜택을 향유할 수 있게 되었다.[40] 하지만 응용 서비스 차원에서 국민의 생활을 윤택하게 하는데 인터넷이 기여할 수 있는 가능성을 현실화하는 노정은 아직 갈 길이 멀다. 예컨대, 사교육비 걱정 없는 사회를 만들겠다고 공약하고 인터넷이 이에 크게 기여할 것으로 기대되었다. 현실에서, 공공콘텐츠는 상대적 경쟁력 취약으로 수험생들로부터 외면받고 상업적 콘텐츠는 오프라인 강의보다는 저렴하지만 수험생들에게 적지 않은 부담이 되는 비용이 부과되어 기대되었던 품질 높은 교육 서비스의 획기적인 확대에는 미치지 못하고 있다. 공교육과 공공콘텐츠의 고품질화가 병행되어야만 효과를 볼 수 있을 것이다.

런던에 본부를 둔 표현의 자유에 관한 국제적 비정부기관인 'Article 19'는 인터넷상의 표현의 자유에 주목하고 국제 인터넷주소정책기구인 ICANN[41]의 정책형성 절차도 인권감수성을 높일 필요가 있다고 지적했다.[42] ICANN의 '인권을 준수할 기업사회적 책임에 관한 범공동체작업반'은 인터넷주소정책이 시민적·정치적 권리뿐만 아니라 경제·사회·문화적 권리에 대한 준수에도 주목하여야 한다고 권고하며 다음과 같은 이슈에 주목하였다.[43]

---

39) Ibid. pp. 68-71.

40) "정통부, 2005년부터 초고속 인터넷 보편적 서비스로 편입", 아이뉴스, 2003.1.22.

41) Internet Corporation for Assigned Names and Numbers.

42) Article 19, Issue Report for the Cross Community Working Party on ICANN's Corporate and Social Responsibility to Respect Human Rights: Practical recommendations for ICANN, June 2015.

43) CCWP on ICANN's Corporate and Social Responsibility to Respect Human Rights, ICANN Policies and Human Rights, June 2016. https://community.icann.org/display/gnsononcomstake/CCWP+on+ICANN%27s+Corporate+and+Social+Responsibility+to+Respect+Human+Rights.

첫째, ICANN의 신규일반최상위도메인이름 확대와 관련한 형평성 문제이다. 일반인이 2단계나 3단계 도메인이름을 등록하는 것은 비용이 별로 들지 않으나 최상위도메인이름을 등록하기 위해서는 적지 않은 비용이 들어간다. 개당 신청비용이 18만5천 달러, 연간 유지비용이 최소 2만5천 달러에 달하여 중견기업 이상이 아니고서는 엄두를 내기 힘들다. 둘째, 과거 IPv4 주소가 특정 지역에 집중되어 배분된 것이 문제되었으나, 주소의 효율적 활용기술의 발전과 IPv6의 개발에 의해 IP 주소의 희소성이 해소되었다. 셋째, 도메인이름은 종래에는 영문 ASCII(아스키)만 사용할 수 있었다. 10여 년 전부터 2단계도메인 이름에의 자국어 사용이 가능해진데 이어 2011년 이후부터는 '.한국'과 같이 최상위도메인 이름을 포함하여 완전히 자국어로 된 도메인이름도 사용할 수 있게 되었다. 그러나 2018년 현재까지 전자우편주소로 사용하지 못하는 등 불편이 해소되지 못하여서 중국을 제외하고는 자국어도메인 등록율이 저조하다. '.한국'의 경우 2011년 21만여 개가 등록되었으나 2016년 현재 4만여 개로 줄어들었다.

3. 기타 국제인권협약

유럽에서의 논의는 보다 진보적이다. 유럽연합 규칙 2015/2120[44] 제3조는 망 중립성원칙을 명시하였다. 그런데 이 규칙의 전문은 '유럽연합 기본권헌장'(Charter of Fundamental Rights of the European Union)과 '인권과 기본적 자유의 보호에 관한 유럽협약'(European Convention for the Protection of Human Rights and Fundamental Freedoms)의 원칙을 따를 것을 선언하고 있다.[45] 유럽전자통신규제청(Body of European Regulators of Electronic Communications, BEREC)의 규칙 2015/2120 이행가이드라인[46] 또한 망 중립성이 유럽인권협약의 체계내에

---

44) Regulation (EU) 2015/2120 of the European Parliament and of the Council of 25 November 2015 laying down measures concerning open internet access and amending Directive 2002/22/EC on universal service and users' rights relating to electronic communications networks and services and Regulation (EU) No 531/2012 on roaming on public mobile communications networks within the Union [2015] OJ L 310.

45) Ibid. 전문 para 13.

46) BEREC Guidelines on the Implementation by National Regulators of European Net Neutrality Rules, Doc. No. BoR (16) 127 (Aug. 30, 2016).

서 운용되어야 함을 분명히 하고 있다.

국제기구 자체의 승인이 있은 것은 아니지만 국제연합, 미주기구(OAS),[47] 유럽안보협력기구(OSCE),[48] 아프리카인권위원회(ACHPR)[49] 특별보고관들이 개인적으로 참여하여 2011년 발표한 '표현의 자유와 인터넷'에 관한 공동선언은 비차별과 투명성을 내용으로 하는 망 중립성이 표현의 자유의 일부분임을 분명히 하고 있다.[50] 이후 인권기구 특별보고관들의 개별보고서가 이 대열에 합류하고 있다.[51]

4. 소결

기업의 인권의식을 높이기 위한 국내외 노력이 지속되고는 있으나 아직 국제인권협정이 기업을 직접적으로 인권존중의무의 귀속주체로 명시하지는 않고 있다.[52] 국가가 국제인권협정 이행의 의무부담자이기 때문에 설령 플랫폼 중립성이 현대사회에서 인권의 중요부분을 구성한다고 할지라도 그 실효적 집행을 위해서는 국가가 입법, 사법 및 행정을 통해 이행을 담보할 것을 요한다. 따라서 망 중립성을 비롯한 플랫폼 중립성을 보장하는 것이 국제인권협정상 보호의무의 범주에 속할지 여부, 보호의 범주에 속하더라도 이를 강제하는 정부의 조치가 허용될지 여부는 인권협정의 디지털환경에서의 해석과 문제의 정부조치에 대한 적용과정을 거쳐야 한다.

현대 정보사회에서 인터넷이 표현의 자유를 위한 핵심 미디어로 인정되므로 이에 대한 접근을 원천적으로 금지하거나 정부자체가 검열을 통해서 특정

---

47) Orgainzation of American States.

48) Organization for Security and Cooperation in Europe.

49) African Commission on Human and Peoples' Rights.

50) U.N. Special Rapporteur on Freedom of Opinion & Expression, OSCE Representative on Freedom of the Media, OAS Special Rapporteur on Freedom of Expression & ACHPR Special Rapporteur on Freedom of Expression & Access to Information, Joint Declaration on Freedom of Expression on the Internet, OSCE (June 1, 2011), http://www.osce.org/fom/78309. 제5항.

51) Catalina Botero, OAS Special Rapporteur on Freedom of Expression, "Freedom of Expression and the Internet", 2014, http://www.oas.org/en/iachr/expression/docs/ reports/2014_04_08_Internet_ENG%20_WEB.pdf [https://perma.cc/6FSP-R583].

52) UN Human Rights Council, Guiding Principles on Business and Human Rights: Implementing the United Nations 'Protect, Respect and Remedy' Framework, A/HRC/17/31, 2011.

사이트를 차단하는 행위가 표현의 자유를 위반함은 분명하다. 그런데 민간기업이 인터넷 접속 서비스를 제공함에 있어서 그 기업이 이용자를 평등하게 대우하도록 확보할 의무가 정부에 있는지는 해당 인터넷 사업자의 지위와 서비스의 성격에 따라서 정부조치의 합목적성, 필요성, 비례성 충족여부가 달리 판단될 수 있을 것이다. 그런데 합목적성은 별론으로 하더라도 필요성이나 비례성 요건을 충족하는지에 대한 판단에 있어서 현지 사정에 가장 밝은 해당 정부의 결정이 존중될 필요가 있다. 따라서 아주 예외적인 경우를 제외하고는 국제공동체가 어떤 국가의 조치가 망 중립성 원칙을 위반한다는 이유로 비난 내지 제재를 가하는 일은 발생하지 않을 것이다. 보다 발생가능한 것은 서비스제공자와 이용자간에 발생하는 분쟁에서 대부분의 문명국 헌법에 규정된 기본권보장조항이 원용되는 경우일 것이다. 이에 대해서는 본서 제2장에서 상론하였다.

그렇다면 국제인권법은 국내인권법의 입법, 해석, 적용과정을 통해서 간접적으로 민간 사업자의 망 중립성 의무에 영향을 미칠 수는 있으나 현 상황에서 직접적인 영향은 미미하다고 할 것이다. 향후 국제인권법이 망 중립성을 포함할 가능성을 전적으로 배제하는 것은 너무 단정적이라고 할 것이나 망 중립성에 대한 논쟁이 선진국에서조차 현재진행형인 상황에서 그와 같은 국제인권법의 발전은 가시권 밖에 있다고 할 것이다. 플랫폼 중립성에 대한 국제규범의 정립으로 논의를 확장하는 것은 더욱 어려울 것이다.

VI. 결론

WTO 서비스협정의 통신부속서상의 공중전기통신 사업자와 기본통신 서비스 양허에 포함된 참조문서에 언급된 주요 사업자에 해당하는 경우에는 회원국이 망 중립성을 보장해야할 의무를 지는 것으로 해석될 여지가 있다. 다만 인터넷접속 서비스가 공중전기통신 사업자나 양허된 기본통신 서비스에 포함되는 것이 아니라 부가통신 서비스라고 다툴 여지가 있다. 네트워크 상단의 플랫폼 서비스의 경우에는 중립성 의무의 근거를 찾기가 더욱 힘들다. 한미FTA에서 이용자의 경쟁혜택 향유권을 상위 계층 서비스에 대해서도 인정한 것이 가장 근접한 것이나 여기에서 바로 중립성 의무를 추론하기는 어렵다.

국제인권조약의 일부 규정이 플랫폼 중립성 원칙과 친근한 관계에는 있으나 구체적으로 이를 요구하지는 않는 것으로 보는 것이 일반적인 조약해석의 방법에 따른[53] 관련 규정의 적용일 것으로 판단된다. 즉 현행 국제인권법은 플랫폼 중립성 원칙의 채택여부를 국내법에 남겨놓고 있다.

미국의 주도로 형성 중에 있던 망 중립성에 관한 국제규범과 개념형성 중에 있던 플랫폼 중립성 규범은 채 정착하기 전에 트럼프에 의하여 미국의 망 중립성 정책이 폐기됨에 따라 글로벌한 국제규범으로서 확산과 정착의 동력을 상실하고 있다. 그러나 인터넷에 기반을 둔 글로벌 전자상거래는 거스를 수 없는 문명의 흐름임을 생각한다면 향후에 이에 대한 법제화가 다시 탄력을 받을 수 있을 것으로 예상된다. 법제화가 진전을 볼 것으로 기대되는 무대는 국제인권법 분야가 되기보다는 전자상거래와 관련한 국제통상협정이 그 장이 될 가능성이 높아 보인다. 다만 구체적인 시점은 점치기 어렵다.

한국은 플랫폼 규제와 관련한 국가간 마찰을 최소화하면서 세계적인 차원에서 공정한 규제 환경을 조성하는 국제적 노력에 동참할 필요가 있다. 특히 한국은 구글, 페이스북 등과 같은 글로벌 인터넷 플랫폼 기업이 없으므로 망 중립성에 의해 국내 네트워크 사업자를 규율하는 것을 넘어서 인터넷 플랫폼 일반이 준수해야할 비차별원칙의 국제규범화로 글로벌 플랫폼 기업들이 한국의 관련 기업, 응용프로그램, 이용자를 차별하지 못하도록 적극 나서는 것이 이들 글로벌기업의 차별적 행위를 억제하고, 서비스를 제공하여 수익을 취하는 모든 국가에서 상응하는 기여를 해야 한다는 규범을 수립하여 국가적·국제적 이익을 증진하는 길이 될 것이다.

53) 소위 진화론적 해석에 의하면 표현의 자유에 망 중립성 보장이 포함되는 것으로 해석될 수도 있으나 소수 견해라고 생각된다.

제 9 장

플랫폼 중립성의 일반이론과 특수이론

I. 서론

인터넷 플랫폼은 동태적인 성장과정에 있다. 인터넷 네트워크에의 접속이 가장 중요한 전제이고 네트워크 사업자들이 인터넷에서 가장 중요한 사업자이던 시절에 망 중립성이 인터넷 정책논의의 화두가 되었다. 현재는 네트워크 사업자보다 구글, 페이스북, 애플 같은 응용 서비스 사업자가 더 두드러진 역할을 하고 있다. 이러한 상황변화에 맞추어 정책논의 초점도 바뀌어가고 있다. 플랫폼 중립성 논의는 다양한 인터넷 서비스의 등장과 이를 연결해주는 플랫폼의 동태적 성장에 따라 그 논점도 당연히 변화하고 풍성해질 것이다. 본서의 논의는 그 동태적 과정의 현재를 찍은 스냅샷에 불과하다.

본 장에서는 인터넷 플랫폼 규제의 원칙을 일반이론과 특수이론으로 구분하여 고찰한다. 일반이론은 일반균형을 달성하는데 기본이 되는 규범이며 특수이론은 특정 분야에서의 부분균형을 달성하기 위한 규범이다. 일반균형을 달성하지 못한 상태에서의 부분균형은 결코 이상적인 상황이 될 수 없을 뿐만 아니라 현실적으로도 적절한 정책이 아닐 수 있다. 예컨대, 글로벌 사업자인 구글, 페이스북에 대해서는 의무를 부과하지 못하면서 국내 사업자인 네이버에 대하여 데이터 이동성 의무를 부과한다면 국내적으로 보아서는 네이버가 차지하는 포털시장에서의 지배적 지위에 근거하여 의무의 부과가 균형을 달성할 수 있는 정책이라고 할 것이나, 글로벌 시장에서 타국 사업자와의 관계에 있어서 균형을 달성하지 못하므로 오늘날 각국이 상호 의존하여 영향을 주고받는 상황에서는 국내적 균형을 달성하는 정책이 장기적으로는 국내적으로도 최적의 정책이 되지 않을 수 있다.

이하에서는 먼저, 플랫폼 중립성과 관련된 국내외 입법논의를 고찰한다. 그 다음에 플랫폼 중립성의 이슈별 접근을 관통하는 일반원리로 "규제부담과 규제혜택의 형평"을 제시하며, 이를 지역간, 계층간, 온라인과 오프라인, 나아가 신구 서비스간 형평으로 구별하여 논한다. 다만 규제부담은 규제혜택과의 관계에서 상호 비례하여야 하며 그 이면이라고 할 수 있기에 이하에서 '규제부담'만을 언급한 경우에도 '규제혜택'을 내포하고 있음을 먼저 밝힌다. 또한 형평은 산술적 균형이 아니라 규제 효과 분석에 근거하여 규제부담과 혜택을 사회구성원들이 공정하게 나누는가에 대한 합리적인 정책적 판단을 의미한다. 또한, 일반규제원리로 인터넷 플랫폼과 관련한 공정경쟁 확보를 논한다. 이어서, 특수이론으로 상호연동성, 데이터 이동성, 제로 레이팅, 앱 선탑재를 논의한다. 이는 현재 인터넷 플랫폼과 관련한 논쟁의 중심에 있는 이슈들이다.

II. 플랫폼 중립성 입법론

1. 한국의 플랫폼 중립성 고시

망 사업자와 유사하게 응용 서비스 플랫폼 사업자에 대하여도 거래상대방 및 콘텐츠에 대한 차별금지 의무를 부여할 필요가 있는가? 2016.12.30. 방송통신위원회는 전기통신사업법 시행령을 개정하여 아래와 같은 내용을 포함시켰다.

> 전기통신사업법 시행령 [별표 4]
> 5. 이용자의 이익을 해치는 전기통신 서비스의 제공 행위
> 법 제50조 제1항 제5호 중 전기통신 이용자의 이익을 현저히 해치는 방식으로 전기통신 서비스를 제공하는 행위는 다음 각 목의 어느 하나에 해당하는 행위로 한다.
> 사. 다른 전기통신 서비스의 선택 또는 이용의 방해와 관련한 다음의 어느 하나에

해당하는 행위

4) 일정한 전기통신 서비스를 이용하여 다른 서비스를 제공하려는 자에게 불합리하거나 차별적인 조건 또는 제한을 부당하게 부과하는 행위. 이 경우 부당한 행위에 대한 세부기준은 방송통신위원회가 정하여 고시한다.

이에 근거하여 「전기통신 사업자간 불합리하거나 차별적인 조건·제한 부과의 부당한 행위 세부기준」이 제정되었다.[1] 주요 조항은 아래와 같다.

제2조(행위주체 및 상대방) ① 조건 또는 제한을 부과하는 행위의 주체는 「전기통신사업법」(이하 "법"이라 한다) 제2조 제8호에 따른 전기통신 사업자이다.
② 조건 또는 제한을 부과하는 행위의 상대방으로서 "일정한 전기통신 서비스를 이용하여 다른 서비스를 제공하려는 자"는 제1항의 전기통신 사업자가 제공하는 법 제2조 제6호에 따른 전기통신역무[2](이하 "해당 서비스"라 한다)를 이용하여 자신의 전기통신역무(이하 "다른 서비스"라 한다)를 제공하려는 전기통신 사업자이다.

제3조(부당성 판단기준) ① 다른 전기통신 서비스의 선택 또는 이용을 방해하여 전기통신 이용자의 이익을 현저히 해치는 행위가 되는 '불합리하거나 차별적인 조건 또는 제한을 부당하게 부과'하는 것인지 여부는 다음 각 호의 사항을 종합적으로 고려하여 판단한다.
1. 행위주체와 관련한 요소
가. 행위주체가 부과한 조건 또는 제한이 다른 전기통신 서비스 제공을 곤란하게 하여 이용자 선택권 등 이용자 이익을 저해할 수 있다는 점을 인지하고 있었는지 여부
나. 행위주체가 자신이 제공하는 다른 서비스와 동일하거나 유사한 전기통신 서비스를 현저히 유리하게 할 목적으로 다른 서비스를 제공하는 사업자를 제한, 차별하여 이로 인해 이용자의 이익이 저해될 가능성이 상당히 높은지 여부
2. 해당 서비스 시장과 관련한 요소
가. 해당 서비스 시장의 진입장벽 여부

1) 방송통신위원회 고시 제2017-04호, 2017.8.16. 제정.
2) (필자 주)「전기통신사업법」 제2조
6. "전기통신역무"란 전기통신설비를 이용하여 타인의 통신을 매개하거나 전기통신설비를 타인의 통신용으로 제공하는 것을 말한다.
8. "전기통신 사업자"란 이 법에 따른 허가를 받거나 등록 또는 신고(신고가 면제된 경우를 포함한다)를 하고 전기통신역무를 제공하는 자를 말한다.

나. 해당 서비스가 다른 서비스 제공의 필수적인 요소인지 여부
다. 해당 서비스 및 다른 서비스의 대체 가능 여부
3. 행위로 인한 영향과 관련한 요소
가. 이용약관 등을 통한 거래 상대방에 대한 고지 여부 및 해당 행위로 인한 이용자의 선택 또는 이용의 제한 정도
나. 해당 서비스 및 다른 서비스 발전이 저해되어 다른 서비스 이용자의 편익 등이 상당히 저해되는지 여부
다. 다른 서비스를 제공하는 사업자의 잠재적 매출 손실 등 불이익 발생 여부
② 제1항의 규정에도 불구하고, 불합리하거나 차별적인 조건 또는 제한으로 실질적인 이용자의 이익 침해가 발생하지 않은 경우, 전체 이용자의 편익이나 후생증대 효과가 큰 경우, 전기통신 서비스의 안정성 및 보안성 확보를 위한 경우, 행위주체의 정당한 이익을 보호하는 경우, 해당 전기통신 분야의 통상적인 거래관행에 부합하는 경우, 신규 서비스 출시를 위한 불가피한 조건 또는 제한으로 인정되는 경우 등 합리적인 사유가 있다고 인정될 때에는 부당하지 않은 것으로 본다.

인터넷업계에서는 정부가 망 중립성 가이드라인에 이어서 플랫폼 중립성 고시를 제정했다고 비판의 목소리를 높였다. 정부는 아직 플랫폼 중립성에 대한 입장을 정하지 않았으며 업계의 과잉반응이라고 하나,[3] 인터넷 플랫폼 규제에 관한 정부 연구용역의 결과를 반영한 것이기에 궁색한 변명으로 들린다.[4] 오히려 실제로 위 인용한 내용은 경쟁법 적용상의 일반적 고려요소를 제시한 이외에 구체적 기준을 세우는 데에는 실패한 것이어서 아쉬움이 있다. 제3조 제2항의 "신규 서비스 출시" 예외는 남용의 여지가 있어서 그 요소로 '서비스 품질향상'이 내포된 것으로 해석하며, "통상적인 거래관행"도 엄격 해석해야 할 것이다. '소문난 잔치에 먹을 것 없다'라고나 할까.

2. EU의 「플랫폼 공정성 및 투명성 규정(안)」

(1) 배경

구글, 페이스북, 아마존 등 온라인 플랫폼의 대표주자는 대부분이 미국 기

---

3) "방통위 '플랫폼에 '중립성' 개념 잣대 무리'", 디지털타임즈, 2017.9.8.

4) 김현수 외, 「인터넷 플랫폼 사업자 이용자이익저해행위 개선방안 연구」, KCC-2016-39, 방송통신위원회, 2016.12.

업이다. 중국과 같이 인터넷 만리장성을 구축한 통제국가에서는 알리바바와 같은 대항마를 키워냈으나 유럽연합을 비롯한 서방 각국은 이를 따라할 수도 없는 상황에서 자국의 온라인 시장이 미국기업에 의해 접수되는 것을 속수무책으로 바라보고 있다. 이에 지배적 또는 우월적 지위를 획득한 글로벌 플랫폼의 불공정한 행위에 대한 국내 경쟁 사업자와 이용자의 불만이 제기되고 있다.

이런 배경에서 유럽연합은 유럽시장의 토착 기업과 이용자를 보호하기 위하여 이미 존재하는 경쟁법과 소비자보호 관련법을 적용함과 아울러 법적 공백을 발견하는 경우에는 적극적으로 입법적 대응을 모색하고 있다. 2018년 4월 유럽연합 집행위원회가 공표한 「온라인 중개 서비스의 영리 이용자를 위한 공정성과 투명성 제고에 관한 규정(안)」[5]은 온라인 플랫폼에 대한 입법적 대응으로 전 세계적으로도 선도적 조치라고 할 것이다.

한국은 과거 네이버 등 토종기업들이 온라인에서 선전하면서 국내시장을 성공적으로 수성하였다. 그러나 수년 전 부터는 글로벌 플랫폼의 국내시장 점유가 급격히 증대되었으며 이는 국내기업에 대한 규제가 강화된데 비하여 글로벌 기업은 국내 규제로부터 사실상 적용 제외되는 역차별에 기인한바 크다는 지적이 제기된다. 이런 환경에서 상기 유럽연합의 온라인 플랫폼 규정안을 분석하는 것은 한국이 인터넷 플랫폼에 대한 합리적 규제를 개발하는 데에 많은 시사점을 제공할 것이다.

(2) 규정의 목적과 적용범위

이 규정의 목적은 플랫폼이 영리 이용자와의 관계에 있어서 투명성을 제고하고 효과적 구제수단을 제공하도록 하는 데에 있다. 즉, P2B의 관계에 적용되며 일반 이용자와의 관계에는 적용되지 않는다. 후자의 경우에는 기존 전자상거래소비자보호 관련 법령을 적용하는 구조이다.

'플랫폼'을 정의하는 것은 쉽지 않은 문제이다. 이 규정은 온라인 중개 서비스(online intermediation services)와 온라인 검색엔진을 포함하는 것으로 파악하였으며, 사실 법문에서는 '플랫폼'이라는 용어 대신에 이들, 즉, '온라인 중개

---

5) European Commission, "Proposal for a Regulation of the European Parliament and of the Council on promoting fairness and transparency for business users of online intermediation services", COM(2018)238 final, Brussels, 26.4.2018.

서비스'와 '온라인 검색엔진'을 사용하고 있다. 온라인 중개 서비스는 영리 이용자와 소비자 간의 직접 거래를 촉진하며 영리 이용자 및 소비자와 계약관계를 유지하고 있는 정보사회 서비스로 정의된다.[6)]

플랫폼 사업자가 외국에서 설립된 경우에도 유럽연합 역내 소비자에게 상품이나 서비스를 제공하는 경우에는 그 외국 플랫폼에도 적용된다.[7)]

(3) 플랫폼의 의무

1) 서비스 이용약관 관련

플랫폼 서비스 이용약관[8)]은 분명하고 모호성이 없게 작성되어야 하며, 계약 전 단계를 포함하여 거래의 전 단계에서 언제라도 참조 가능해야 한다. 또한 중개 서비스 제공의 정지 또는 종료를 위한 객관적 요건을 약관에 규정하여야 한다.[9)]

약관의 개정은 법령에 의해 부득이한 경우가 아니라면 사전에 통지되어야 하며 통지 후 최소 15일 이상으로 정해지는 합리적 기간이 경과하지 않고는 발효하지 않는다. 다만 이용자는 이 기간의 이익을 명시적인 방법으로 포기할 수 있다.[10)]

2) 서비스의 정지와 종료 관련

플랫폼이 이용자에게 제공하던 서비스의 전부 또는 일부를 정지 또는 종료하는 경우에는 그 결정의 이유를 해당 이용자에게 지체 없이 제공해야 한다. 이유에는 문제된 사실과 결정의 객관적 근거가 포함되어야 한다.[11)]

3) 순위부여 관련

플랫폼은 순위(ranking)를 결정하는 주요지표와 그러한 지표의 선정과 배제 이유를 약관에 제시하여야 한다. 플랫폼에 대한 이용자의 금전 지급이 순위

6) 규정 제2조 제2호.
7) 규정 제1조.
8) 검색엔진의 정책을 포함한다.
9) 규정 제3조 제1항.
10) 동조 제3항 및 제5항.
11) 규정 제4조.

에 변동을 주는 경우 그 가능성과 영향의 상세 내용이 약관에 포함되어야 한다. 관련하여 약관의 내용은 플랫폼을 통해 제공되는 상품과 서비스의 성격과 소비자에의 해당 성격의 관련성, 그리고 검색엔진의 경우 이용자 웹사이트의 디자인적 특성이 순위에 영향을 주는 지 여부와 정도, 방식에 대한 설명을 충분히 제공해야 한다. 그렇다고 영업 비밀까지 공개가 요구되는 것은 아니다.[12)]

4) 차별화된 대우

플랫폼은 그를 통해 제공되는 상품과 서비스의 종류에 따라 또는 영리 이용자의 종류에 따라 차별화된 대우를 할 여지가 있는지, 그 내용은 무엇인지를 약관에 기술하여야 한다. 최소한, 차별이 다음을 포함하는지 여부가 설명되어야 한다. 첫째, 이용자 또는 소비자가 제공하였거나 서비스 과정에서 생성된 플랫폼이 통제하는 개인정보 및 기타 정보에의 접근. 둘째, 순위부여, 셋째, 플랫폼 서비스 사용에 대한 직·간접적인 과금. 넷째, 플랫폼 서비스에 직접 연결되거나 부수적인 서비스에의 접근이나 이용조건.[13)]

5) 데이터에의 접근

영리 이용자 또는 소비자가 제공하였거나 서비스 과정에서 생성된 플랫폼이 통제하는 개인정보 및 기타 데이터에의 접근과 관련해서는 최소한 다음 사항이 고지되어야 한다. 첫째, 플랫폼의 위 데이터에의 접근 가능여부 및 접근 데이터의 종류와 접근 조건. 둘째, 영리 이용자가 자신의 서비스 이용과정에서 제공 또는 생성된 위 데이터에의 접근 가능여부 및 접근 데이터의 종류와 접근 조건. 셋째, 전항의 범위를 넘어서 영리 이용자가 플랫폼이 보유하는 데이터에 접근할 수 있는지 여부 및 허용 데이터의 종류와 접근 조건.[14)]

6) 다른 유통망을 이용한 서비스차별화 제약 관련

플랫폼이 자신의 서비스를 이용하여 상품이나 서비스를 소비자에게 제공하는 사업자가 다른 방법으로 동일한 상품이나 서비스를 다른 조건에 제공하는 것을 제한하는 경우에는 약관에 그 제한의 근거를 포함하여 공지하여야 한

12) 규정 제5조.
13) 규정 제6조.
14) 규정 제7조.

다. 그 근거는 주요한 경제적, 상업적 또는 법적 고려를 포함하여야 한다. 이 규정이 다른 법률의 적용에 영향을 주지는 않는다.[15)]

7) 피해구제 관련

본 규정은 피해구제와 관련해서도 상세한 내용을 포함하고 있지만 요약하면 다음과 같다. 영세기업에 해당하지 않는 플랫폼은 이용자 불만 처리를 위한 효율적인 내부절차를 마련하여야 한다.[16)] 또한 조정(mediation)으로 분쟁을 처리할 수 있도록 조정기관을 지정하고 조정이 신청되는 경우 성실히 임하여야 한다. 전문조정기관의 설립도 권장된다. 사법적 분쟁해결의 가능성은 제약되지 않는다.[17)] 대표기관, 협회나 공공단체를 통한 집단소송도 회원국 국내법에 따라 허용된다.[18)] 마지막으로 집행위원회는 온라인 플랫폼의 다양한 존재형태를 감안하여 사업자들이 자발적으로 이 규정의 적용을 위한 행동지침(codes of conduct)을 개발할 것을 권장하고 있다.[19)]

(4) 평가

1) 타법과의 관계

지배적 지위를 획득한 플랫폼의 불공정한 행위에 대해서는 유럽연합과 한국을 비롯한 대부분의 나라에서 경쟁법상 지배적 지위남용 금지로 규율하는 것이 가능하다. 그러나 이론상 가능성에도 불구하고 실제로는 다면시장이란 특성을 지닌 플랫폼의 시장지배력을 측정하는 문제에 대해서 아직 정립된 실무가 없다. 나아가 시장지배력의 '부당한' 행사에 해당한다는 부당성의 입증에 있어서 필요한 경쟁저해성 등의 입증에 대한 논란이 아직 가시지 않고 있다. 이런 차원에서 경쟁법상 경제분석을 거치지 않고 행위규제를 할 수 있는 근거가 필요함을 알 수 있다. 또한 시장지배적 지위를 행위규제의 조건으로 하지 않는 것도 규제당국이 신속하게 규제에 나설 수 있는 법적 환경이 된다. 즉, 경쟁법

15) 규정 제8조.
16) 규정 제9조.
17) 규정 제10조, 제11조.
18) 규정 제12조.
19) 규정 제13조.

상 시장지배적 지위 남용에 해당하는 경우에는 엄격한 조건하에 무거운 징벌이 내려짐에 비하여 플랫폼 규정(안)의 의무는 넓은 범위의 사업자에 대해서 비교적 가벼운 의무가 부과되는 것이다.

다른 한편, 적용범위를 P2B 거래에 한정하고 P2C를 배제한 것은 전자상거래소비자보호법 등 소비자법과의 중복을 회피하기 위한 적절한 제한으로 판단된다.

2) 유연한 규제

EU법상 '규정'(regulation)이라는 법형식은 법적용의 통일성을 확보하기 위한 엄격한 입법형식이다. 하지만 본 규정은 기본만 지키면 사업자의 다양한 상행위의 행태가 허용될 수 있다는 태도를 견지하고 있다. 여기서 기본은 '투명성'이다. 서비스의 정지나 종료도 원천적으로 금지되는 것이 아니라 공개된 객관적 근거에 의하는 경우 허용된다. 자사, 계열사, 관계사의 상품이나 서비스에 대한 우대도 원칙적으로 금지되는 것이 아니라 그러한 우대가 약관이나 정책에 투명하게 공개될 것을 조건으로 할 뿐이다. 경쟁법 등 다른 법률에 의해서 금지될 여지가 있는 것은 별론으로 하고 적어도 이 법은 차별 자체를 금지하지 않는 것이다. 이는 중립성 확보라는 견지에서 보면 후퇴라고 볼 수 있으나 중립성 의무를 놓고 정치, 경제, 이론적 논란을 겪고 난 현시점에서 재고해 보면 투명성이야말로 중립성 의무의 필수불가결한 전제 조건이며 중립성 반대론자조차도 대부분 수긍하는 의무임에 쉽게 동의할 수 있다.

데이터에의 접근 제한이나 영리 이용자에게 최저가보장 약속을 강요하는 것도 경쟁법 등 다른 법적 차원에서는 사안에 따라 문제시 될 수 있는 쟁점이다. 그러나 본 규정은 이들에 대해서도 결정 요소에 대한 투명한 공개이외에는 선택의 자유를 제한하지 않고 있다.

3) 플랫폼 중립성에의 함의

본 규정이 다른 법률의 적용에 영향을 주지 않는다고 하더라도 이 법이 직접적이든 간접적이든 중립성 의무를 부과하지 않는 상황에서 플랫폼 중립성 입법을 추진하거나 경쟁법 등 다른 법률의 해석과 적용에 의해서 중립성 의무를 부과하는 것과 같은 결과를 만들어 내는 것은 상당한 부담이 따르기에 쉽게 행해지기 어려울 것이다. 이와 같이 경우에 따라서는 이 규정이 엄격한 중립성 입법이나 경쟁법 규정의 플랫폼에의 적극적 적용을 완화할 수 있다는 차원에서 글로벌 플랫폼 사업자도 이 입법안에 대해서 반대하지 않을 것으로 보인다.

4) 큰 그림중의 일부분

본 규정은 유럽연합이 그리고 있는 온라인 플랫폼에 관한 정책 및 규제체계의 일부분임이 유념되어야 할 것이다. 본 규정이 이 그림의 중요한 부분임은 분명하나 이것만으로는 전체 모습을 파악할 수 없기 때문이다. 앞서 언급하였듯이 경쟁과 소비자법규는 앞으로 이 분야에서 집행의 경험을 축적해가며 세련될 것이다.

또한 EU집행위원회는 본 규정(안)을 공개한 같은 날 플랫폼 경제 조사단(Observatory on the Online Platform Economy)을 설립하여 사계의 전문가그룹으로 하여금 플랫폼 경제의 진화를 분석하고 집행위원회의 정책수립을 자문하도록 하였다.[20] 예시된 업무범위는 본 규정이 다룬 투명성 제고뿐만 아니라 수직적 통합에서의 불공정 관행, 온라인 광고, 콘텐츠업체와의 수익배분, 소비자이익에의 영향, 규제체계의 진화 등 광범위하고도 민감한 문제들을 포함한다.[21] 유럽연합 인터넷 플랫폼 정책개발의 산실이 될 것으로 예상된다.

(5) EU 규정(안)의 시사점

한국도「전자상거래 등에서의 소비자보호에 관한 법률」등 전문법의 일부 규정,[22] 전기통신사업법의 포괄규정,[23] 공정거래위원회나 방송통신위원회 등이 제정한 검색엔진 가이드라인 등의 연성 규정과 관련 분쟁 사안에 대한 처리를 살펴보면 기본적으로 EU와 온라인 플랫폼에 대한 정책의 방향을 같이하고 있는 것으로 생각된다. 다만, 한국이 이 정책을 산발적으로 여러 문건과 실행에 담고 있음에 비하여 유럽연합은 본 규정(안)으로 이를 체계화하여 법적 근거를 분명히 하고 적용범위에 공백이 발생하는 것을 방지하고자 한다는 점에

---

20) European Commission, “Commission Decision of 26.4.2018 on setting up the group of experts for the Observatory on the Online Platform Economy”, C(2018) 2393 final, Brussels, 26.4.2018.

21) 결정 제2조.

22) 전자상거래법 제9조의2, 제10조, 제20조 내지 제23조.

23) 제3조, 제28조, 제50조 제1항 및 관련 시행령 규정.

서 법적 의의가 있다고 할 것이다. 「정보통신망 이용촉진 및 정보보호 등에 관한 법률」을 전면 개정하여 본 EU규정과 같은 내용을 담는 방안을 검토할 가치가 있다.

3. 미국의 플랫폼 정책 재검토

미국 연방거래위원회(FTC)는 2018.6. 21세기 플랫폼 경제에서의 경쟁정책에 대한 전반적인 재검토를 선언하였다.[24] 미국기업임에도 불구하고 글로벌 인터넷 플랫폼에 적대감을 갖고 있는 트럼프의 정치적 성향과 맞물려서 미국에서도 플랫폼 규제안이 나올 가능성이 점쳐지고 있다.[25]

III. 일반이론: 형평, 경쟁

1. 형평

(1) 국가간 부담과 혜택의 형평

기업의 입지를 선정하는 데에 있어서 고려요소가 여러가지 있을 것이나 세금과 사업규제의 정도가 중요하다는 데에는 이론의 여지가 없다. 실리콘밸리가 벤처의 요람이 된 데에는 자유로운 기업환경이 기여한 바 크며, 아일랜드에 글로벌 IT기업의 유럽본부가 몰리는 데에는 정부의 세제를 비롯한 전폭적인 지원이 작용하였을 것이다. 하지만 IT기업들이 사업은 범세계적인 차원에서 수행하면서 세금은 한 두 국가에만 내고, 서비스의 고객화도 한 두 국가의 규제에 맞추는 행태는 사업자측에서는 어쩔 수 없는 상황이라고 항변하지만, 조세수익도 실효적 규제도 행사하지 못하고 시장만 제공하는 국가 입장에서는 불만이 쌓이지 않을 수 없다.

먼저 규제일반과 관련하여 각국의 규제 중 사회문화적 차이를 반영한 규

24) FTC. "Press Release, FTC Announces Hearings On Competition and Consumer Protection in the 21st Century", June 20, 2018.

25) 트럼프는 인터넷 플랫폼들이 자신과 보수당에 불리한 뉴스를 확대 재생산하고 있다며 경고했다. "Trump: Facebook, Twitter, Google are 'treading on very, very troubled territory and they have to be careful'", CNBC, 28 Aug 2018.

제격차는 국가의 주권을 존중하는 한 불가피하며 규제의 범세계적 통일은 현실성이 없다. 결국 규제권한을 각국이 분산적으로 유지할 수밖에 없다. 기업입장에서는 비용부담이 되기는 하겠지만 이와 같은 사회문화적 차이에 맞추어서 고객맞춤형 서비스를 제공하여야 한다. 위와 같은 전제하에서 인터넷 플랫폼에 대한 규제정책의 방향을 대외적으로는 국내 사업자와 국외 사업자간 형평을 추진하며 국내적으로는 그간 과도하게 강화된 IT법과 규제를 글로벌기준에 맞추어 합리화하는 것으로 잡아야 할 것이다.[26]

전자상거래 조세와 관련해서는 각국이 체결하고 있는 다수의 조세조약이 우선 적용되기 때문에 일국의 의사에 의해서 일시에 조세정책을 변경하기 어렵다. 디지털콘텐츠의 국제적 교역에 대해서는 잠정적 무관세선언이 1998년 WTO각료회의에서 의결되어 2018년 현재까지 주기적으로 연장되고 있다.[27] 내국세는 직접세와 간접세로 나누어지는데, 전자상거래의 직접세 부과에 대한 과세근거를 확보하기 위하여 우선은 고정사업장의 인정범위를 넓힐 수 있는 근거를 마련한다든지, 소액전자상거래의 형태로 다수의 물품을 판매한 결과 누적액이 큰 경우에는 외국전자상거래 사업자에게도 부가가치세를 부과하는 방법을 추진해 볼만하다.[28] 장기적으로는, 새로운 과세 연계점으로서 원천소득 발생지 내지 소비지를 인정하는 방안, 주요 글로벌기업들의 소득원천을 국가별로 객관적으로 산정하는 서비스를 제공하는 회계기관을 설립하는 방안 등이 고려될 수 있겠다.

(2) 계층간 부담과 혜택의 형평

인터넷의 구조는 계층적으로 파악될 수 있다. 망 중립성 의무에 의해 행동제약을 받게 된 네트워크 계층의 사업자는 그 상단의 구글, 아마존, 페이스북과 같은 플랫폼 계층의 사업자를 가리키며 이들의 경제적 영향력이 이미 자신보다 더 큰데도 불구하고 행동의 자유를 구가하고 있음을 지적한다. 일견 타당

26) 동지, 박상철, “정보 주권과 정보의 위치”, 서울대 법과 경제연구 센터, 「데이터 이코노미」, 한스미디어, 2017, 제9장.

27) WTO, WT/MIN(98)/DEC/2, May 25, 1998. 유의할 점은 이 무관세 선언은 ‘디지털 콘텐츠’에 대해서 적용되는 것이지 인터넷으로 계약이 체결되는 유체물의 거래에는 적용되지 않는다.

28) 김빛마로 · 유현영 · 김민경, 「디지털 경제의 주요 특징과 조세쟁점 연구」, 한국조세재정연구원 세법연구센터, 세법연구 16-01, 2016.12, pp. 102-109.

한 지적이기는하지만 계층간 부담을 평준화하는 것을 어느 선까지 추구할지는 계층의 성격에 대한 검토가 필요하다.

네트워크사업에의 시장진입과 응용 플랫폼 또는 콘텐츠 산업에의 시장진입은 규제적인 측면이나 경제적 비용에서 큰 차이가 난다. 기간통신사업에의 시장진입은 정부의 허가 사항인 경우가 많으며 고정비용도 많이 든다. 반면에 응용 플랫폼이나 콘텐츠사업은 단순 신고면 족한 경우가 대부분이다. 진입장벽에 의해 안정된 입지를 보장받은 하위 계층의 네트워크 산업이 더 무거운 규제를 받고, 혜택 없이 적자생존하는 상위 계층의 응용 서비스나 콘텐츠산업이 약한 규제를 받는 것은 당연한 이치로 보인다. 하지만 다음과 측면에 대한 추가적 고찰이 필요하다.

첫째, 구글, 아마존, 페이스북과 같은 상위 계층의 사업자가 네트워크 사업자 보다 규모가 더 크게 성장한 현실에서 큰 사업자는 내버려두고 작은 사업자에게 중립성 의무를 부과하는 것은 일견 부조리해 보인다. 과거와는 시장상황이 상당히 달라졌다는 지적이다. 그렇다고 하더라도 국내시장에 한정해서 보면 아직 네트워크 사업자가 대부분의 콘텐츠 사업자에 비하여 우월한 지위에 있는 것이 사실이다. 이와 같이 시장상황의 다양성이 많아져서 중립성원칙을 일률적으로 적용할 수 없다면 사전적 규제원칙으로 재단하기보다 사후에 사건별로 규제여부를 판단하는 공정거래법적 접근이 더 적절할 수 있다.

둘째, 네트워크 계층은 계층이론상 하위 계층으로서 상위 계층보다 중립성 상실시 이에 의존하는 서비스에 미치는 영향이 더 크다. 그러므로 비록 글로벌 사업자가 아니라 국가별로 한정된 지역의 사업자라고 할지라도 그 지역 내에서는 지배력이 인정되는 경우가 일반적이기에 망 중립성 규제가 정당화될 수 있는 것이다. 반면에 인터넷 계층상 상위에 있는 구글, 페이스북 등 글로벌 응용 서비스 사업자는 중립성을 지키지 않는 경우에도 이에 의존하는 사업자나 이용자의 경우 대안을 선택할 수 있는 여지가 있다. 일부 국가에서 시장지배력이 절대적인 경우에도 대체 서비스가 없지는 않으며, 시장점유율도 국가에 따라서 달리 나타나서 네트워크 서비스와는 달리 서비스 속성상 지배적 지위를 갖는다는 일반화도 어렵기 때문에 사전적으로 중립성 의무를 부과하기 어렵다는 주장이 가능하다. 다만 검색엔진이나 OS와 같은 특정한 서비스가 범세계적으로 압도적 지위를 차지하고 있는 경우에는 이와 같은 도식적 구분의 타당성이 지탱될 수 없다.

네트워크 계층과는 달리 응용프로그램 계층의 경우 플랫폼으로 성장한 기업의 구력이 짧고 사업모델도 수시로 바뀌는 경우가 많다. 따라서 이들 중 일부인 검색 서비스나 포털에 대해서는 중립성 의무의 구체적 내용을 설정하는 것이 불가능하지는 않다고 할 것이나 이보다 사업이 안정화되지 않은 클라우드나 소셜 네트워크의 경우에는 중립성 의무를 부과하며 위반행위의 유형을 정형화하기보다는 불공정거래행위, 시장지배적 지위 남용행위를 유연하게 해석하여 새로운 유형의 반경쟁행위를 포섭하는 것이 더 효과적일 것으로 생각된다. 이와 같이 본다면 플랫폼 중립성 논의의 일부분은 기존 경쟁법에 의해서 해결할 수 있는 문제임이 분명하다. 그렇지만 다른 일부 행위는 비난 가능성이 있음에도 불구하고 경쟁법원리가 이를 포섭할 수 있는지가 논란의 대상이 될 수 있다. 예컨대, 비지배적 사업자의 차별적 행위, 서비스에 대한 정보제공의 불충분, 서비스 품질의 자의적 변경, 기존 사업자의 신생벤처 사업모델 베끼기 등은 부정적 효과가 압도적임에도 불구하고 전통적인 경쟁법원칙으로 포섭하기 어려운 경우가 있다. 공정거래법상 불공정거래행위 규정의 적극적 활용이나 특별법상 플랫폼 중립성 규정의 필요성이 제기되는 이유이다.

(3) 오프라인/온라인 서비스간 형평

규제합리화에 있어서는 온라인/오프라인간의 형평도 고려하여야 한다. 즉, 전통적인 전기통신, 운송, 금융 등에 대한 규제와 IT와 접목한 인터넷전화, 공유택시, 인터넷전문은행과의 규제평형을 추구하여야 한다. 다만, 그 과정에서 규제의 상향평준화보다는 합리적 하향평준화를 추구할 것이 요청된다.

잠시나마 무규제의 자유를 구가했던 일부 인터넷 업체의 입장에서는 규제의 합리적 하향평준화라는 명제도 달갑지 않을 수 있다. 하지만 어느 한쪽의 절대적 이익과 다른 한쪽의 절대적 희생은 지속될 수 없다. 성에 차지 않을지라도 타협만이 상생과 진보를 위한 유일한 선택지이다. 규제의 샌드박스라고도 불리우는 한시적 규제유예제도는 합리적 규제를 찾기 위한 실험실이라고 할 수 있다. 이와 같은 제도는 전통적 산업에 대한 규제와 이와 경쟁하는 신산업에 대한 무규제간의 규제 균형점에 도달하는 대안을 발견하고 그 대안의 효과에 대해 객관적으로 평가하는 데에 기여할 것이다.

유사한 서비스가 오프라인과 온라인으로 제공될 경우에 서비스제공의 방식에 따라 규제에 차별을 두는 것은 장기적으로 해소되어야 할 것이다. 하지만 서비스제공의 방식이 다른 만큼 규제의 필요성에 있어서 동일하지 않을 수 있으므로 획일적으로 기존의 오프라인 규제와 동일규제를 온라인에 확대하여 적용하는 것 또한 경계해야 할 것이다.

2018.10.16. 속칭 한국형 규제 샌드박스 3법이 공표되어 2019년부터 시행된다. 첫째는 「규제자유특구 및 지역발전특구에 관한 규제특례법」으로 지방자치단체가 각자의 현실에 맞는 규제자유특구 계획을 수립하여 지정을 신청하고(제72조 내지 제75조), 사업자들도 규제를 신속히 확인받고(제85조), 시험·검증을 위한 규제특례를 인정받거나(제86조 내지 제88조) 임시허가를 신청할 수 있다(제90조). 동법에 의해서 특구 내에서 완화되는 개별 법령상 규제에는 사물 인터넷 기반을 통해 수집한 비식별화된 개인정보의 이용 동의에 대한 규제 완화, 통신기기제조업에 대한 과학기술정보통신부장관의 승인제 완화, 무인비행장치의 시험비행을 위한 무인기 비행전용구역 지정 등이 있다(제118조 내지 제123조). 둘째는 「정보통신 진흥 및 융합 활성화 등에 관한 특별법」(속칭, 정보통신융합법) 개정법으로 네거티브 규제원칙을 선언하고(제3조의2), 서비스 실증을 위한 규제 샌드박스를 도입하고(제38조의2), 신속처리(제36조)·임시허가(제37조) 제도를 개선하였으며, 일괄처리제도를 신설하였다(제36조의2). 셋째는 「산업융합촉진법」으로 정보통신융합법이 도입한 네거티브 규제원칙 등 제 규제완화 제도를 다른 융합산업 분야에 확대하고 있다.

2. 경쟁

(1) 경쟁력 결정요소로서 데이터의 집적과 연계

종래 경쟁관계의 존재 범위로서 관련시장을 획정할 때에 대체가능성이 중요한 역할을 하였으며 이를 측정하기 위하여 수요의 가격탄력성에 주목하였다. 그러나 인터넷 환경에서는 다수의 플랫폼이 무료로 서비스를 제공하고, 수치를 통한 측정이 어려운 가치, 예컨대, '이용자의 관심'을 놓고 경쟁하기 때문에 수요의 가격탄력성을 적용하는 것의 유용성이 떨어진다. 나아가 대체가능성이 다른 뉘앙스를 지닌다. 경쟁이라는 것이 우리 제품으로 남의 제품을 대체하기 위한 노력이라는 점에서 종래 경쟁법은 대체가능한 상품시장에서의 경쟁을 유지하는 데에 관심을 집중하였고 대체가능성이 없는 시장으로의 지배력의 확산에 대해서는 혼합결합의 예에서 보는 바와 같이 경쟁법상 별 문제가 없는 것으로 취급하였다. 그러나 데이터를 기반으로 한 경쟁의 양상을 살펴보면 비슷한 데이터를 소유하고 있는 기업과 직접적인 서비스경쟁 관계에 있는 것은 사실이지만, 데이터기반 경쟁력을 보다 강화하려는 기업은 같은 유형의 데이터를 소유한 기업을 인수합병하기보다는 자신이 갖지 못한 데이터를 갖고 있는 기업을 인수합병하려고 한다. 데이터에 있어 규모의 경제 못지않게 범위의 경제가 중요하다는 것을 보여준다. 사실 중복 데이터는 불필요한 것이며 보충적 데이터의 가치가 높은 것이다. 이런 점에 주목한다면 혼합결합이라고 하여 경쟁에의 함의가 적다고 할 수 없을 것이다. 다만 기업차원에서 경쟁력을 높이는 혼합결합이 일반적으로 시장에서의 경쟁을 저해하지는 않는다. 오히려 향상된 고객데이터를 기반으로 더 좋은 서비스를 제공할 것을 기대할 수 있다. 데이터는 완전히 배타적으로 소유하기가 어렵고 고객도 여러 기업에 동일한 데이터를 제공하기 때문에 데이터의 집적과 연계는 개인정보보호 차원에서는 우려가 있을 수는 있으나 그 데이터베이스를 이용한 상품이나 서비스시장에서의 경쟁에 미치는 영향에 한정하여 평가하자면 다양한 고객데이터의 집적과 연계는 일반적으로 시장경쟁을 제고하는 긍정적 효과가 있을 것이다. 상대방 보다 우월하고 대체하기 어려운 경쟁자산으로서 고객 데이터베이스를 구축하려는 것은 개인정보보호의 원칙을 지키는 한 건강한 경쟁의 한 징표로 보아도 무방할 것이다. 경쟁법적 입장에서는 연계가 문제라기보다는 배타적 지배가 문제이다. 특히 집적과 연계를 통해 지배적 지위를 확보한 기업이 비연계 경쟁기업에게 서비스제공에 있어 필수적인 데이터가 제공되지 못하도록 하는 것은 반경쟁적 행위가 될 수 있다. 프랑스와 독일의 경쟁당국은 고객의료정보 시장에서 지배적 지위를 점하는 Cegedim이 주변시장에서 경쟁 사업자인 Euris의 소프트웨어를 이용하는 고객에게 의료정보 데이터베이스의 거래를 거절한 것을 반경쟁적 차별행위로 판단했다.[29] 같은 맥락에서 프랑스 경쟁당국은 민영화된 가스공급업체인 GDF-Suez가 소매경쟁자들에게 고객들의 가스소비경향과 관련한 핵심

29) Joint report of French and German Competition Authorities, op cit, pp. 18-19.

정보(이름, 주소, 소비의 기술적 특색)를 공유하도록 명령했다.[30]

(2) 경쟁법 일반원칙의 유지

인터넷 플랫폼 경제에도 경쟁법 일반원리가 적용된다. 경쟁법 원리와 후술하는 특수이론을 반드시 원칙과 예외간의 관계로만 파악할 바는 아니다. 오히려 일반원리의 적용으로도 통상적으로 동일한 결론을 도출할 수 있으나 경우에 따라서는 이견의 여지가 있어서 일관성을 확보하는 차원에서 구체적이고 명시적으로 다시 규정한 경우가 더 많다고 생각된다. 경쟁법 일반원리를 인터넷 플랫폼에 적용함에 있어서 예상되는 특색은 아래와 같다.

빅데이터가 경쟁의 승패를 좌우하는 요소가 된 경제에서 정보의 수집과 이용이 기업활동의 중심이 되었다. 이들 행위의 경쟁제한성을 판단하는 기준을 정비하는 것도 시급한 과제이다. 가격지표는 종래 경쟁법 적용을 위한 시장획정 및 경쟁 효과의 평가에 있어서 중요한 기준이었다. 플랫폼 경제에서도 이를 무시할 수는 없으나 알고리즘에 의하여 가격결정이 자동적으로 이루어지거나 가격 이외에 유행과 같은 감성적 요소, 개인정보보호수준과 같은 정성적 요소가 차지하는 비중도 증가하게 됨에 따라 이와 같은 비가격 효과를 객관적으로 평가할 수 있는 기준이 필요하게 되었다.

관련시장 획정과 관련하여 무료 서비스시장에서 전통적인 SSNIP 테스트의 한계를 극복하기 위하여 SSNDQ(decrease in quality), SSNIC(increase in cost) 등 다양한 제안이 있으나 어느 하나의 기준으로 모든 상황을 설명할 수 있지는 않다. 양면시장의 경우 각 면을 독립적인 개별시장으로 보느냐 통합된 하나의 시장으로 보느냐와 관련하여 일반적으로 신용카드 플랫폼과 같이 양면을 교차하여 이루어지는 거래를 중재하는 속칭 거래 플랫폼(transaction platform)은 통합된 하나의 시장으로 파악하고,[31]광고주와 구독자가 직접 거래하지 않고 중간의 신문사와만 거래하는 신문사 플랫폼과 같은 비거래 플랫폼은 각각의 시장을 별개로 획정한 후 상호 영향을 감안한다.[32] 결국 모든 디지털 플랫폼에

30) French Competition Authority, Decision 14-MC-02 of 9.9.2014.

31) 각면에 대하여 플랫폼이 제공하는 서비스는 통합시장 서비스의 투입요소(input)로 파악된다. Ohio et al. v. American Express Co. et. al., 585 US___(2018).

32) 독일연방카르텔청은 매칭 플랫폼과 청중제공 플랫폼으로 분류하고 전자를 다시 거래 플랫

공통적으로 적용될 수 있는 단일의 일반적 기준은 아직은 개발되지 않았으며 상황을 가장 잘 설명할 수 있는 기준을 복합적으로 적용하는 것이 차선의 선택이 될 것이다.

사업자간 공동행위에 의한 경쟁제한을 금지하는 규정을 적용함에 있어서, 플랫폼을 통한 정보교류가 종래의 분산된 사업자들의 활동을 효율화하는 효과와 더불어 동조화하는 효과가 있다. 소비자뿐만 아니라 사업자들 간에도 상호 가격과 서비스에 대한 비교로 의식적 동조행위를 야기할 수 있다. 알고리즘에 의한 공동행위는 사업자간 공동의 의사합치가 있었는지의 판단에 새로운 도전을 제시한다. 소위 딥 러닝(deep learning)의 단계에 다다른 경우 기업들이 사용하는 인공지능이 사업가의 지시 없이 스스로 학습하여 관련 기업들의 공동 수익을 극대화하지만 소비자에게는 불리한 가격과 수량을 결정한다면 이는 경쟁법이 금하는 효과를 실질적으로 초래하지만 공동행위 금지의 형식적 요건은 충족하지 않게 된다.

시장지배적 사업자에 위한 경쟁제한적 단독행위의 금지규정을 적용함에 있어서 다면시장, 네트워크 효과, 멀티호밍 등의 경쟁 효과에 이미 주목한 바 있다. 이들의 경쟁 효과는 한 방향으로만 작용하는 것이 아니라 서로 대항하기도 하므로 구체적 사건에서 각 효과의 크기 등을 따져서 종합적으로 그 영향을 판단하여야 하며 시장의 동태성을 고려하여야 한다.

마지막으로, 플랫폼간의 인수합병에 있어서 관련된 플랫폼이 수집한 개인정보의 공유, 통합에 대한 정보주체의 동의가 있었는지 여부와 합병후 피합병 기업의 개인정보처리정책의 변화에 주목할 필요가 있다. 개인정보처리정책의 다양성이 소비자 선택권을 향상시킨다는 관점에서 개인정보처리정책의 하향 통합은 소비자후생의 저하로 판단된다.

(3) 플랫폼의 접근거부

1) 시장지배적 지위남용

거래상대방과 거래조건을 선택할 자유는 시장 경제의 기본이다. 따라서

폼과 비거래 플랫폼으로 분류한다. Bundeskartellamt, “Working Paper: Market Power of Platforms and Networks”, 2016.

원칙적으로 거래거절은 문제되지 않으며 엄격한 요건에 해당하는 경우에만 위법성이 인정된다. 우리 공정거래법은[33] 시장지배적 지위 남용행위의 한 유형인 '다른 사업자의 사업활동을 부당하게 방해하는 행위'에 정당한 이유없이 다른 사업자의 상품 또는 용역의 생산·공급·판매에 필수적인 요소의 사용 또는 접근을 거절·중단하거나 제한하는 행위가 포함되는 것으로 제시하고 있으며 이는 다른 나라의 경쟁법제에서도 인정되는 법리이다. 인터넷 플랫폼의 거래거절에 어떻게 이 규정이 적용될지를 이하에서 살핀다.

첫째, 거래거절 행위가 위법하기 위한 전제 중 하나는 시장지배적 사업자에 의하여 행해졌을 것이다. 이를 위해서는 먼저 관련시장이 획정되어야 하고 시장점유율을 비롯한 시장지배력이 측정되어야 한다. 새롭게 등장한 플랫폼의 경우 시장의 영역이 유동적이어서 그 획정에 어려움이 있을 수 있다. 양면시장의 경우에는 한 면의 지배력과 다른 면의 지배력이 상호 관련되는 것이 일반적이다. 한 면이 무료 서비스인 경우에는 가격지표를 대체하여 데이터에 대한 지표를 개발할 필요가 있다. 데이터가 양적으로 얼마나 방대한지, 질적으로 얼마나 구체적인지, 다른 사업자가 쉽게 구할 수 없는 배타성을 갖는지, 해당 데이터가 서비스제공에 얼마나 필수적인지 등이 평가되어야 한다.

둘째, 데이터의 비배제성은 이중적으로 작용한다. 먼저 필수적 요소인지를 평가함에 있어서 경쟁자도 지배적 사업자와 동일 또는 다른 방법으로 데이터를 구축할 수 있는 방법이 없지 않다는 사실은 과연 그 데이터가 필수적인지에 의문을 표하게 된다. 반면에 일단 필수적 요소에 대한 거래거절임이 인정된 다음에는 지배적 사업자가 그 데이터에의 접근을 다른 사업자에게 허용하는 경우에도 여전히 자신이 그 데이터를 지속해서 사용할 수 있으므로 데이터의 공개가 자신의 사업에 치명적인 지장을 초래한다고 주장하기는 어렵다.

셋째, 플랫폼의 기반이 되는 데이터가 다른 법률에 의한 보호의 대상이 되는 경우가 있을 수 있다. 데이터베이스보호에 관한 저작권법 제91조 내지 제98조의 적용대상이 되거나 영업비밀로 보호될 수 있다. 이들 다른 법제의 보호대상이 된다는 것이 공정거래법의 적용을 동법 제59조에 의거해 전적으로 배제할 수 있느냐에 대해서는 권리남용의 인정가능성과 관련하여 논란의 여지가

---

33) 법 제3조의2 제3호, 시행령 제5조 제3항 제3호, 시장지배적 지위남용행위 기준.

있으나 공정거래법 적용에 신중할 수밖에 없는 요인이 된다.[34]

넷째, 일반론으로 보았을 때 데이터에의 접근 허용이 가져오는 사회적 효용이 지배적 사업자의 사적 이익이나 거래의 자유를 제약하는 것을 정당화할 수 있을 정도로 뚜렷하고 우월해야 한다. 따라서 단순히 경쟁 서비스를 제공하는 것으로는 부족하며 시장에 존재하지 않는 새로운 서비스나 고성능 서비스의 제공이 해당 데이터베이스에의 접근에 달린 경우에나 접근이 강제될 수 있을 것이다. 플랫폼 사업자의 연동성 정보의 경우에는 IV. 1에서 후술하듯이 그 제공거절이 바로 반경쟁성을 충족하지는 않지만 그 표징이 될 수도 있다.

2) 합병심사와 불공정거래행위

공정거래 당국이 합병심사나 불공정거래행위 조사 시에 디지털 경제의 특성에 대한 경각심을 가질 것이 요망된다. 경쟁기업이 빅데이터를 구축하기 전에, 그리고 경쟁당국이 경쟁관계의 존재를 인식하기도 전에 기존에 충분한 빅데이터를 구축한 기업이 이를 이용하여 잠재적인 경쟁자를 시장에 안착하지 못하도록 초기에 성장을 방해하거나 인수해버리는 전략을 구사하는 것에 주목할 필요가 있다. 유럽에서는 종전 매출액을 기준으로 기업결합 심사대상을 선정하였으나 무료 서비스로 시장에서 고객의 충성도를 확보해가는 디지털시장에서는 기업결합 거래가액을 기준으로 심사대상을 선정해야 한다는 논의가 있다.[35]

한국 공정거래법은 지배적 지위 남용금지와는 별도로 불공정거래행위 금지 규정을 두고 있는데 불공정 거래행위의 한 유형으로 거래거절을 인정하고 있는 바[36] 위에서 살펴본 지배적 사업자의 필수요소 제공거절이라는 엄격한 요건을 충족하지 못하는 경우에도 불공정거래행위로는 인정할 수 있는 여지가 있다. 데이터의 비배제성으로 필수요소임을 인정받지 못하여 제3조의2가 적용되지 못하는 경우에도 제23조의 불공정행위가 될 수 있다는 선례가 데이터거래시장에서 나올 수 있을 것으로 본다. 이를 위해서는 시행령에서 그 유형 및

34) 대법원 2014.2.27. 선고 2012두24498 판결은 공정거래법 제59조의 적용에 있어 특허법의 목적과 취지, 당해 특허권의 내용과 아울러 당해 행위가 공정하고 자유로운 경쟁에 미치는 영향 등 제반 사정을 함께 고려하여 판단해야 한다고 판시했다.

35) Ocello, Sjödin and Subočs. "What's up with Merger Control in the Digital Sector? Lessons from the Facebook/WhatsApp EU Merger case", European Commission Competition merger brief, 1/2015.

36) 법 제23조 제1항 제1호.

기준을 선제적으로 명시하는 것이 바람직할 것이다.[37)]

2018년 대법원은 형사처벌과 달리 제재적 처분의 경우에는 원칙적으로 행위자에게 그 임무 해태를 정당화할 사정이 없는 이상 그 처분이 가능하며, '불공정거래행위를 원인으로 한 제재처분을 다투는 행정소송에서는 거래질서 전반에 미치는 영향 등 다양한 사정을 종합적으로 고려하여 부당성 내지 공정거래저해성을 판단할 수 있고, 이를 제재적 처분에 관한 엄격해석 원칙, 책임주의 원칙이나 죄형법정주의에 어긋난다고 볼 수는 없다'고 판시하여 공정거래법 제23조의 적용에 청신호를 보냈다.[38)]

또한 벤처기업이 개발한 새로운 사업모델을 기존 플랫폼이 베끼어 고사시키는 것과 같은 비전형적 불공정거래행위에 대한 공정거래 당국의 보다 민첩한 대응과 아울러 입법적 조치도 필요해 보인다. 중소기업이 새로운 온라인 비즈니스모델을 등록하는 경우 특허보호의 고도성 요건을 갖추지 못하는 경우에도 1년간 타 중소기업의, 2년간 대기업의 진입을 배제할 수 있는 권리를 부여하는 것을 검토할 수 있을 것이다.

3) 접근대가

인터넷 플랫폼이나 그 기반이 되는 빅데이터에 대한 접근이 다른 사업자의 사업을 위한 필수요소에 해당한다고 해서 무료로 제공되어야 하는 것은 아니다. 사업자간 합리적이며 비차별적인 대가의 산정이 가능하다. Microsoft 사건에서 유럽연합 집행위원회는 당 회사 운영체제와 연동성확보를 위한 인터페이스 정보 제공의 대가를 산정함에 있어서 당해 정보가 제공사가 직접 작성한 것인지, 혁신적 정보인지와 유사한 정보에 대한 시장가격을 고려하여야 하며 제공기업의 전략적 가치평가는 고려에서 배제되어야 한다고 설시했다.[39)] 이 견해는 법원에 의해서 인용되었다.[40)] 해당 정보가 공기업 민영화와 경쟁도입 과정에서 과거 국가독점기업이 축적한 것을 상속받은 경우에는 당해 정보를 무상으로 공유하여야 한다는 프랑스 경쟁당국의 결정도 주목할 만하다.[41)]

---

37) 대법원 2008.2.14. 선고 2005두1879 판결.

38) 대법원 2018.7.12. 선고 2017두51365 판결.

39) COMP/C-3/37.792- Microsoft, 27 February 2008, paras 116-118.

40) Judgment of the General Court in Microsoft, T-167/08, ECLI:EU:T:2012, para 100.

41) Decision No. 14-MC-02, 9 September 2014.

이와 같은 원칙은 뒤에서 상술하는 인터넷망 상호접속의 원칙과 같은 맥락에 있는 것으로서 인터넷 플랫폼의 계층을 불문하고 필수요소에의 접근에 대하여 동일한 법리가 적용됨을 알 수 있다.

(4) 포럼쇼핑 차단

시장경쟁에 있어서 정보는 경쟁력을 결정짓는 핵심적인 요소이다. 특히, 고객정보는 마케팅의 효율성을 제고하는 중요수단이면서 개인정보보호의 대상이 된다는 점에서 상충하는 이익을 조정해야하는 문제가 발생한다. 경쟁당국이 비가격적 요소, 특히 개인정보의 침해가 미치는 영향을 평가하는 것은 쉽지 않은 과제이다. 일반적으로 경쟁당국은 이를 정면으로 다루기보다는 우회하는 방식을 취하고 있다. 옵트인(opt-in), 옵트아웃(opt-out)은 개인정보보호법이 정보의 이용과 보호간의 균형을 위하여 사용하는 대표적인 방법이다. 즉, 개인정보의 이용이나 제공 자체를 막기보다는 고객이 사후에 정보사용 동의를 거절할 수 있는 제도가 옵트아웃이다. 미국과 같이 전통적으로 개인정보보호보다 활용을 중시하는 법제에서 일반화되었다. 반면 유럽에서는 전통적으로 옵트인을 채택하여 원칙적으로 사전에 명시적 동의를 받아서 개인정보를 수집·이용하여야 하지만 민감하지 않은 정보인 경우에 예외적으로 옵트아웃을 인정한다. 아마도 같은 쟁점이 유럽의 개인정보보호 당국에 제기되는 경우 개인정보보호를 경쟁의 자유보다 우위에 놓는 그들의 헌정체제를 반영하여 미국보다 엄격하게 다룰 것이나 경쟁당국은 유럽에서조차 개인정보의 완벽한 보호를 위해 경쟁의 활성화를 포기할 수는 없다는 입장을 갖고 있다. 어느 국가, 어느 당국에 사건을 제기하느냐라는 청구인의 전략적 선택에 따라 결과가 달라지는 현상은 바람직하다고 할 수는 없다. 어느 당국에 사건이 제기되건 관계 당국간의 긴밀한 협조체계를 구축하여 서로 모순되지 않는 결과가 나올 수 있도록 하여야 할 것이다.

IV. 특수이론: 상호연동성, 데이터 이동성, 제로 레이팅, 결합판매와 선탑재

1. 상호연동성

(1) 서

1) 개념과 성격

인터넷을 구성하는 물리망, 기기, 서비스, 응용시스템, 데이터가 서로 소통하는 것을 상호연동이라 한다. 같은 계위에서의 상호연동인 수평적 상호연동과 다른 계위의 요소간의 상호연동인 수직적 상호연동은 서로 다른 특성을 가질 수 있다. 상호연동은 또한 0(완전 비호환)과 1(완전 호환) 간의 양자택일이 아니며 그 중간에 부분적 호환의 무수한 선택지가 존재할 수 있다. 따라서 상호연동은 기술적 문제일 뿐만 아니라 법적, 경영전략적 문제이기도 하다.

2) 상호연동의 손익

상호연동성의 혜택은 명약관화하다. 이용자 측면의 효용을 높일 뿐만 아니라 생산자 측면에서도 규모의 경제를 가능하게 한다. 모듈화가 가능해짐에 따라 분업과 전문화의 효과도 거둘 수 있다. 신규 사업자가 보충재의 개발과 성능개선을 통하여 시장에 용이하게 진입할 수 있다. 반면에 상호연동성을 통해 균질화된 산업은 공룡과 같은 비대화와 부지불식간의 퇴화를 겪을 우려도 있다. 기존의 플랫폼 자체에 대한 교체를 가져오는 혁신을 도모하기 보다는 공존과 시장분할에 만족하는 제한된 경쟁에 만족하는 유인이 될 수도 있다. 따라서 상호연동성의 제고가 무조건적으로 선이라는 인식은 비판적으로 성찰될 필요가 있다. 일반적으로는 상호연동성이 친경쟁적이지만 구체적인 시장상황에 따라 반경쟁적인 상황의 표징이 될 수 있다. 예컨대 첫째, 과거 마이크로소프트가 PC 운영체제시장에서 그랬으며 현재 검색시장이 그러하듯이 시장을 독점하는 사업자가 그 독점력을 기반으로 이에 의존하는 사업자의 정보자원을 착취하는 수단으로 상호연동성을 이용할 우려가 있다.[42] 둘째는 복수의 사업자

---

42) 엄밀하게 보면 상호연동성이 문제가 아니라 불공정한 착취가 문제이지만 대기업 생태계에 편입하여 생존하는 중소기업에게 상호연동은 한편으로는 생명줄이자 다른 한편 피를 빨리는

가 표준설정절차를 통하여 단일 표준에 합의하고 이를 유지하는 과정에서 담합체제를 형성하는 것이다. 두 경우 모두 장기적으로 시장의 효율과 혁신을 억제하는 경향이 있다. 즉 상호연동성이 경쟁에 대응하는 수단, 나아가 게임체인저에 대항하는 기존 사업자의 현상유지의 수단이 될 수도 있는 것이다. 그런 경우 상호연동성의 제고 보다는 선택가능성의 제고가 더 중요할 수 있다. 복수의 경쟁표준이 있고 이를 연결하는 컨버터가 있는 것이 단일 표준보다 장기적으로 시장의 역동적 성장을 촉진할 수 있다.

(2) 표준과 상호연동성

상호연동성을 확보하는 가장 대표적인 방식은 표준을 설정하는 것이다. 따라서 각 국가와 업체는 산업정책 또는 기업전략으로 표준을 선점하기 위해 노력한다. 하지만 한번 특정 표준을 채택하게 되면 그것보다 우수한 다른 기술이 등장하는 경우에도 신기술을 채택하지 못하고 예전 표준을 고수하는 오류를 범하기 쉽다. 사실 어느 국가나 기업도 미래를 정확하게 예측하지 못하므로 표준 정책에 있어서도 특정 정책을 고수하기 보다는 시장에서 진행되는 여러 갈래의 표준화작업을 허용하면서, 사후적으로 채택된 표준의 부작용을 제거하는 정책을 취하는 것이 일반적이라고 할 것이다. 예컨대 유럽에서는 종래 관련 업계의 기업들이 집단적으로 투명하고 개방적인 절차에 따라 표준을 제정하는 것이 원칙이었으나 최근에는 이 방식의 번잡성이 시장의 역동적 변화에 빠르게 대응하지 못하는 이유 중의 하나가 아닌가 하는 반성이 있다.[43] 따라서 표준의 채택 방식은 다양하게 열어놓되 표준에 대해 특허를 갖고 있는 기업의 특허권 남용을 막기 위하여 '공정하고 합리적이며 비차별적 조건'(Fair, Reasonable And Non-Discriminatory, FRAND)으로 다른 기업의 표준에의 접근을 허용할 것을 요구하고 있다.[44]

호스가 되는 이중적 성격을 갖는다.

43) European Commission, "Joint Initiative on Standardisation: responding to a changing marketplace", 13/6/2016.

44) ECJ Judgement of 16.7.2015, Case C-170/13 Huawei Technologies; EC Commission Decision of 29.4.2014, Case AT39939 Samsung; Decision of 29.4.2014, Case AT39985 Motorola.

(3) 상호연동과 계층

인터넷이 여러 네트워크간의 연결을 통하여 형성된 거대한 네트워크의 네트워크이듯이 상호연동성은 인터넷을 인터넷답게 하는 핵심요건이다. 네트워크들을 물리적으로만 연결하였다고 정보유통이 전세계적으로 자유롭게 이루어지는 것이 아니다. 소프트웨어간의 연동, 데이터간의 결합이 순조로워야 한다. 즉, 인터넷 플랫폼의 각 계층에서 상호연동성이 문제됨을 알 수 있다. 다만 모든 계층에서 상호연동성의 조건이 동일할 필요는 없다. 또한 상호연동성이 바람직하다고 해도 국가가 법률로서 강제하는 것이 적절한지는 별개의 문제이다. 정부나 의회가 각 분야에서 요구되는 적절한 수준의 상호연동성의 수준과 방법을 찾는데 시장보다 더 잘할지는 검증이 필요할 것이다. 특히나 시장의 자율을 헌법적 가치로 존중하는 사회에서는 비판적 성찰이 요구된다. 그렇다면 네트워크 계층에서는 상호연동이 강제되더라도 소프트웨어 계층에서는 권고, 데이터 계층에서는 선택사항과 같이 상위 계층으로 갈수록 유연한 정책수단을 사용하는 것이 적절해 보인다.

각국의 실행도 이와 상응한다. 전기통신과 인터넷망에서의 상호연동성을 확보하는 수단은 상호접속으로서 대부분의 국가에서 시장지배적 지위를 점한 사업자나 기간통신 사업자에게 다른 사업자의 상호접속 신청에 응할 의무를 부과하고 있다.[45] 한국의 경우 그 구체적인 내용을 상호접속고시를 통해 정하고 있다. 응용 플랫폼에도 상호접속의무를 부과하는 것은 어떨까? 카카오톡과 라인이 서로 통신이 가능하도록 하고 페이스북과 카카오스토리가 서로 연결되도록 한다는 이야기이다. 물리망에서의 상호접속의무에 대한 유추를 그대로 응용 서비스로서의 음성 혹은 텍스트 네트워크 서비스에 적용하는 데에는 유의할 점이 있다. 첫째, 대부분의 경우 물리망 접속 서비스제공자는 특정 지역의 이용자에 대하여 독점 또는 복점 공급자로서의 지위를 가지고 있다. 이에 반하여 응용 플랫폼으로서 커뮤니케이션 서비스의 경우 지역을 불문하고 이용자가

---

45) 한국은 현재 필수설비 보유 사업자와 단위시장에서 전년도 매출액을 기준으로 한 시장점유율이 가장 높은 기간통신 사업자로서 과학기술정보통신부장관이 시장규모, 이용자 수, 경쟁 상황 등을 고려하여 고시로 정하는 사업자에게 상호접속의무를 부과한다. 전기통신사업법 제39조 제3항.

다수의 서비스에 멀티호밍하는 것이 일반적이다. 물리망 접속 서비스 사업자는 지난 수십 년간 한두 개 사업자가 계속해서 서비스를 제공해 왔지만 응용커뮤니케이션 서비스는 서비스가 출시된 것이 몇 년 되지 않는다. 수년 후에 응용커뮤니케이션 시장이 어떻게 바뀔지 예측하기 어렵다. 이러한 상황에서 규제기관이 개입하는 것은 규제실패를 가져오기 십상이다. 사정이 이러하다면 사전적으로 상호접속 의무를 부과하기 보다는 사후적으로 연동거절에 따른 반경쟁적 폐해를 제거하는 접근이 더 적절해 보인다.

(4) 필수설비와 상호연동

시장지배적 사업자라고 해서 무조건 상호연동성을 의무적으로 요구받지는 않는다. 시장지배적 사업자가 대체불가능한 필수적 설비를 소유한 경우에는 이 설비에의 접근을 허용해야 한다는 소위 '필수설비이론'이 논의되기는 하지만 그 요건을 충족하는 것으로 법원이 인정한 사례는 매우 드물다. 미국에서는 Aspen 사건이 유일하며,[46] 전반적으로 필수설비이론에 의한 상호연동의무의 적용이 혁신경쟁을 가격경쟁으로 강등시킬 것을 우려하는 분위기이다. EU는 상대적으로 이를 적극 적용하여 Microsoft 사건에서 PC 운영체제의 인터페이스정보를 제공하지 않은 것은 그에 대한 MS의 지적재산권에도 불구하고 지배적 지위의 남용에 해당하는 것으로 보았다.[47] 상호연동성 의무부과 요건충족은 주장하는 측에서 입증하여야 할 것이고 규제당국이나 법원은 종국적으로 시장의 경쟁과 혁신이 상호연동성의무를 부과하는 경우와 부과하지 않는 경우 중 어느 경우에 더 활성화 될 지에 대한 어려운 판단을 하여야 한다.

일반적인 상호연동의무는 없다고 하더라도 특정한 분야에서 상호연동이 안되어 시장이 분화되고 효율성을 달성하기 어려우며 소비자의 효용이 감소된다고 판단되는 경우 규제기관이 그 부문의 상호연동을 위한 인터페이스 표준을 제정하거나 제정하도록 명령할 수 있을 것이다. 경쟁정책적 차원에서도 시장실패의 상황에서 표준제정이 경쟁을 실질적으로 제고하거나 그렇지 않은 경우에도 생산효율성과 소비자 혜택의 증진을 위하여 정당화될 수 있는 조치라고 할 것이다.

---

46) US 대법원, Aspen Skiing Co. v. Aspen Highlands Skiing Corp., 472 U.S. 585 (1985).

47) EU CFI Judgement of 17.9.2001, Case T-201/04 Microsoft Corp.

적극적인 상호연동의무의 부과는 예외적인데 반하여 경쟁 사업자의 상호 연동을 위한 자구노력을 수인하고 방해하지 않을 소극적 의무는 보다 넓게 인정할 수 있을 것이다. 물리적이건 소프트웨어적이건 소위 컨버팅 과정을 통하여 연동성을 확보하는 것을 시장지배적 사업자가 방해하는 행위는 경쟁저해성이 있는 것으로 파악함이 상당할 것이다. 문제는 지배적 사업자의 잦은 버전업으로 경쟁 사업자가 연동성을 확보하기 어려운 경우에 지배적 사업자가 자신은 경쟁 사업자의 연동성 확보 노력을 방해하려는 것이 아니고 소비자를 위한 제품성능 향상을 위한 버전업을 시행할뿐이라고 방어하는 경우 시비를 가리는 판단의 곤란함이다. 미국은 일단 성능향상이 확인되는 경우에는 면책을 부여하는 자유주의적 입장이 우세함에 비하여, 유럽은 성능향상의 혜택과 반경쟁 효과를 비교형량하여 적법성을 판단한다는 규범주의적 입장이 우세하다.[48]

저작권법상 연동성확보를 위한 컴퓨터프로그램 역분석 과정에서의 복제에 대한 책임면제 규정은 경쟁법적 사고가 반영된 것으로 보여진다. 다만 지배적 지위를 요건으로 하지 않는 점, 적극적으로 연동관련 정보를 제공할 의무가 아니라 역분석을 수인할 의무라는 점이 주목된다.[49]

(5) 인터넷망 상호접속의 실제

전기통신설비의 상호접속기준 제3장이 정하는 인터넷망 상호접속에 관한 규정이 2016년부터 부분 적용을 거쳐 2018년 전면 적용되었다. 이 과정에서 이해 관계자들이 첨예한 의견 대립을 보이고 있다. 통신사는 정당한 망 이용 대가를 받기 위한 첫걸음이라는 입장이지만 케이블TV와 콘텐츠 사업자는 이

---

48) Wolfgang Kerber and Heike Schweitzer, “Interoperability in the digital economy”, MAGKS Joint Discussion Paper Series in Economics, No 12-2017, pp. 25-27.

49) 한국 저작권법 제101조의4(프로그램코드역분석)

① 정당한 권한에 의하여 프로그램을 이용하는 자 또는 그의 허락을 받은 자는 호환에 필요한 정보를 쉽게 얻을 수 없고 그 획득이 불가피한 경우에는 해당 프로그램의 호환에 필요한 부분에 한하여 프로그램의 저작재산권자의 허락을 받지 아니하고 프로그램코드역분석을 할 수 있다.

② 제1항에 따른 프로그램코드역분석을 통하여 얻은 정보는 다음 각 호의 어느 하나에 해당하는 경우에는 이를 이용할 수 없다.

1. 호환 목적 외의 다른 목적을 위하여 이용하거나 제3자에게 제공하는 경우
2. 프로그램코드역분석의 대상이 되는 프로그램과 표현이 실질적으로 유사한 프로그램을 개발·제작·판매하거나 그 밖에 프로그램의 저작권을 침해하는 행위에 이용하는 경우

개정으로 상호 접속료가 폭등할 것을 우려한다.

▌표 9-1 인터넷 상호접속 제도: 2016 개정전후

구분	개정전	개정후
접속조건	사업자별 상이	모든 사업자 동일
정산구조	용량 기준 정산 접속비용 구성요소를 접속용량 하나로 적용	실 트래픽 기준 정산 접속비용 구성요소를 접속통신료, 접속회선료, 국제트래픽으로 분리해 적용
요금규제	-	가격상한제 도입 - 실 트래픽 적용에 따른 상한 접속요율 도입
접속대상	유선 인터넷망	유·무선 인터넷망 상호접속 대상에 이동전화 사업자의 무선 인터넷망까지 확대
우회접속 (비상대책)	2개 이상의 접속경로 유지만을 고시에서 정함	고시 변경없이 표준협정서 내용으로 주회선의 50%이상을 우회접속 용량으로 확보 반영

출처: “[이슈분석] 상호접속이 뭐기에 … 통신판이 ‘핫’”, 전자신문, 2017.11.22.

상호 접속료는 ‘접속통신요율×트래픽’ 공식에 따라 산출되므로 정부가 2년마다 정하는 접속통신요율과 트래픽이 많아질수록 접속료가 증가한다.[50] 정부는 해마다 증가하는 인터넷 트래픽을 고려, 상호 접속료가 급등하지 않도록 이중안전장치를 마련했다. 첫째, 접속통신요율 상한제로 데이터 테라바이트(TB)당 가격 상한을 설정하고 그 이상은 요구하지 못하도록 했다. 둘째, 2015년과 비교해 접속료 오름 폭이 4.4%를 초과하지 않도록 상한을 씌웠다. 상한 이내에서는 사업자 자율 협상으로 접속료를 정한다.

통신사에 상호 접속료를 지불하는 입장인 케이블TV(SO)와 콘텐츠 사업자(CP)는 상한을 낮추는 것은 물론 접속료가 내려가는 구조여야 한다고 주장한다. 기존 제도에선 통신사 경쟁에 따라 해마다 접속료가 내려갔는데 변경된 상호 접속 체계에선 통신사 경쟁이 사라지면서 해마다 오르는 구조가 됐다고 지적한다. 반대로 통신사는 새로운 제도에서 상호 접속료 급등은 없고 오히려 내릴 수도 있다고 전망한다. CP 트래픽이 급증하면 이에 따라 망 사용 대가가 상

50) 고시 제44조.

향 조정될 수도 있지만 이는 지금까지 '헐값'에 이용하던 통신망 이용료를 '정상화'하는 것이라는 것이 통신사의 관점이다.[51] 실제로는 해마다 소폭으로 인하하여 양쪽의 입장을 절충한 모양새이다.

망 규모가 큰 사업자(상위 계위)와 작은 사업자(하위 계위)가 있다면 아쉬운 쪽은 하위 계위이기 때문에 상호접속 시 하위 계위 사업자가 접속료를 지불한다.[52] 그런데 상위 계위에 직접 연결(직접 접속)하지 못하고 중간에 다른 사업자를 통해 연결(중계 접속)하는 경우에는 중계 접속료가 직접 접속료보다 두 배 이상 비싸다.[53] 직접 접속을 하지 못하는 중소 SO 사업자의 부담이 크다. 비싼 중계 접속료의 대부분은 트래픽 최종 기착지의 상위 계위 사업자가 가져가도록 설계되어서 중간에서 중계 접속을 제공하는 사업자는 별 이익이 없다.

CP는 상호접속 대상은 아니지만 변경된 상호접속 체계의 영향권 안에 있다. A통신사가 네이버나 카카오 같은 CP에 전용회선을 제공한다고 가정하면 CP에서 트래픽이 발생, 다른 B통신사로 넘어갈 경우 상호 정산 원칙에 따라 A가 B에 상호접속료를 지불해야 한다. 과거에는 동일계위간 무정산(peering)이었지만 상호정산으로 제도가 바뀐 데 따른 것이다. 트래픽이 많아질수록 A가 부담하는 접속료도 늘고, 이 비용을 결국 CP에 떠넘길 것이라는 게 CP의 주장이다. CP 입장에서는 상호 접속료라는 원가 인상 요소만 생긴 셈이다. CP를 유치해 봐야 상호 접속료 부담만 는다는 판단에 따라 통신사가 CP 유치 경쟁을 하지 않는다는 비판도 나온다.[54]

---

51) "[이슈분석]상호접속이 뭐기에…통신판이 '핫'", 전자신문, 2017.11.22.

52) SO는 상호 접속 시 통신사도 이익을 보는 측면이 있는데 무조건 접속료를 SO가 내는 데에도 불만을 표시한다.

53) 2017년 현재 테라비트 당 차등계위 직접접속료는 1만7416원이지만 중계접속료는 4만4897원이다.

54) CP와 SO는 이를 해결하기 위해 트래픽 발신 측보다는 수신 측 인터넷 사업자가 접속료를 부담하는 방식으로 상호 접속 제도를 개편해야 한다고 주장한다.

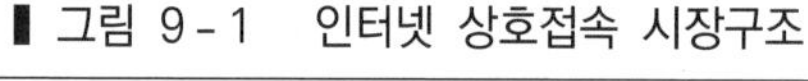

▌그림 9-1 인터넷 상호접속 시장구조

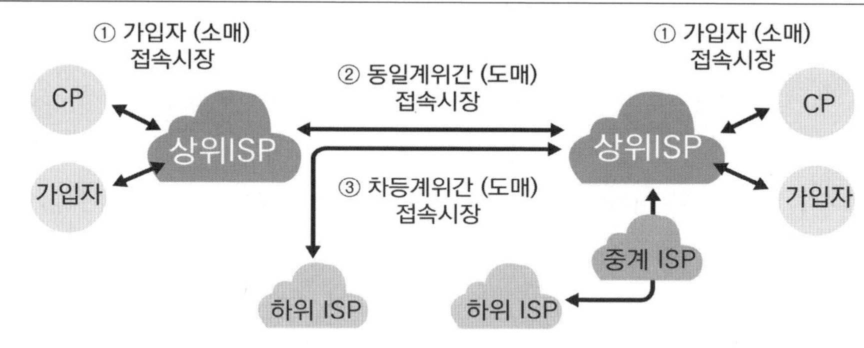

출처: "[이슈분석] 상호접속이 뭐기에…", 전자신문, 2017.11.22.

▌표 9-2 사업자별 인터넷 상호접속 수입 추이 (단위: 억 원, 자료: KISDI, 2017)

구분	2011년	2012년	2013년	2014년	2015년	2016년
KT	451	471	483	522	559	1,304
SK 브로드밴드	166	160	295	248	274	1,055
LGU+	173	173	209	201	145	911
합계	790	804	987	971	978	3,270

2016년 고시제정 이전에 문제된 불공정행위로는 peering 거부, 접속용량 증설 지연, 접속회선과 중계접속 서비스의 끼워팔기와 번들링, 중계접속 제공 시 full routing 제한 및 거부, 상호접속 협정의 투명성 부족, 공동행위 등이 제기되었다. 상호접속고시에 의해 상호접속 협정 체결 의무 부과, peering 정책의 공개에 따른 협정의 투명성 개선, 중계접속 비용절감 등이 이루어졌다. 그럼에도 불구하고 3대 인터넷백본제공자의 과점에 따른 1계위 사업자 지위의 고착화, 접속용량의 증설 지연, peering 정책의 객관적 기준 부재, 상위 ISP의 접속수익 하락을 방지하기 위한 대형 트래픽 유발 CP의 접속회피 유인 증대, 중소 ISP의 접속수지 악화 및 중계 ISP의 역할 부재 등의 이슈가 발생하고 있다.[55]

변경된 상호접속 체계는 통신 시장이 데이터 중심으로 바뀌는 환경을 반영했다. 상호 접속 대상에 이동통신(무선 인터넷)을 포함하였으며, 데이터 트래

55) 정보통신정책연구원, 「통신시장 경쟁상황 평가(2017년도)」, 2017.11, pp. 330-331.

픽을 실측해서 정산하도록 한 것은 개선된 측면이라고 할 것이나, 상호 접속 제도 변경이 긍정적 효과를 거두기 위해서는 후속 과제가 적지 않다. 첫째, 통신사가 중소 SO의 직접 접속을 교묘히 방해하거나 정부가 정한 상한 이상으로 접속료를 받는 행위를 단속해야 한다. 둘째, CP 접속료 부담이 커지는 상황에서 통신사가 자사 서비스 트래픽에만 과금하지 않는 '제로 레이팅'을 한다면 불공정 경쟁 논란이 예상된다. 셋째, 구글, 페이스북 등 글로벌 CP는 망 사용료를 거의 내지 않는 상황에서 국내 CP가 상호 접속료 부담까지 떠안는다면 심각한 경쟁력 저하가 불가피하다. 기울어진 운동장을 평평하게 하는 묘수가 필요하다.[56]

현재 구글은 국제회선을 자체적으로 구축하는 대신 국내 서비스에서는 통신 3사에 설치된 캐시서버로 동영상 등 고용량 트래픽을 상당부분 소화하고 있다. 이에 따라 국내 통신사와는 '무정산', 즉 어떤 비용도 주고받지 않는 상태다. 구글은 국내에서는 검색과 콘텐츠 등을 서비스하는 '인터넷포털' 사업자로 분류되지만 미국에서는 통신사와 같이 '통신망'을 구축하는 ISP의 지위를 갖고 있다. 국제회선 등도 구축한다. 그런데 급기야는 구글이 트래픽 양의 증가를 이유로 국내 통신사들에게 국제회선 증설에 대한 비용 분담을 요구하고 있어 분란이 되었다.[57]

프랑스에서도 유사한 일이 벌어져 법적 분쟁으로까지 번진 사례가 있었다. 구글 측은 관계사 코젠트를 통해 2005년 프랑스 제1 통신 사업자인 프랑스텔레콤(자회사 오픈 트랜짓) 측과 인터넷망 상호접속 협정을 맺고 양사 트래픽 교환 비율이 1대 2.5를 넘지 않는 범위 내에서 서로 비용을 청구하지 않기로 협의했다. 이후 이용자가 몰리면서 구글의 트래픽이 급속도로 늘어나자 프랑스텔레콤은 협정 범위를 벗어나는 트래픽에 대해 '상호접속 협약'에 따라 '추가 망 사용료' 정산을 요구했다. 구글 측은 이에 반발했고 2011년 5월, 프랑스텔레콤이 망에 대한 지배력을 남용하고 있다며 프랑스 공정거래위원회에 제소했다. 프랑스 공정위는 통신규제당국인 ARCEP[58]와 협의해 구글 측의 의견을 기각했다. 당시 ARCEP는 "프랑스텔레콤과 구글의 트래픽 교환비율이 비대칭적으로

56) "[이슈분석] 상호접속이 뭐기에… ", 전자신문, 2017.11.22.

57) "국내 망댓가 귀 닫더니 …'국제망 사용료 나눠 내자' 뻔뻔 제안", 디지털타임스, 2017.10.25.

58) Autorité de Régulation des Communications Électroniques et des Postes.

크게 뒤바뀐 상황에서 프랑스텔레콤이 대가 지급을 요구한 것은 법 위반이 아니다"라고 밝혔다. ARCEP 측은 또 "인터넷 업계에서 트래픽 교환비율 격차가 클 때는 (통상 1대 2.5를 초과할 경우) 트래픽을 많이 유발하는 사업자가 대가를 지급하는 인터넷업계의 관행에도 부합한다"고 부연했다. 이에 프랑스 공정위는 2012년 9월 구글 측의 제소를 기각했고 대가지급 요구 자체가 망 중립성을 위반하지 않은 것으로 판단했다. 구글은 프랑스의 고등법원과 대법원에 잇따라 항소를 제기했지만, 상급법원도 모두 구글의 제소를 기각하고 프랑스텔레콤의 손을 들어줬다. 이에 구글은 2013년 1월부터 프랑스텔레콤에 초과 트래픽 비율에 해당하는 금액을 망 이용대가로 내고 있다. 현재 국내에서는 글로벌 인터넷시장에서 관행처럼 여겨지는 1대 2.5의 트래픽 비율이 넘어선 지 오래지만, 추가 비용 정산은 이뤄진 적이 없다.[59]

(6) 소결

전기통신사업법상 기간통신 사업자에게 상호접속의무가 있는 것과 같이[60] 인터넷 플랫폼 사업자에게 상호연동성의무를 부과하는 것을 생각할 수 있다.[61] 실제로 한국에서는 인터넷접속 사업자는 기간통신 사업자로 인정되므로 상호접속의무를 지게 된다.[62] 하지만 그 위단에 있는 인터넷 플랫폼, 예컨대 소셜 네트워크 사업자에게 상호연동성의무를 부과하는 것은 신생 사업자에게는 쉽게 시장을 개척할 수 있는 발판이 될 수 있을지는 모르나 기존 사업자의 창의와 노력에 따른 과실을 무임승차할 수 있는 가능성만큼이나 기존 사업자의 신규투자 의욕을 저해할 우려가 있다. 또한 응용 플랫폼의 경우에는 고정투자비가 그렇게 많이 들지 않으며 시장의 동태성이 네트워크보다 더 높으므로 아직 상호연동성 의무부과에 대한 필요성이나 예상 효과에 대한 공감대가

---

59) "국내 망댓가 귀 닫더니…", 디지털타임스, 2017.10.25.

60) 전기통신사업법시행령 제39조 제1항은 다른 전기통신 사업자가 요청하면 전기통신설비 등의 제공 및 상호접속의 허용 등을 하여야 하는 기간통신 사업자의 기준을 시장점유율이 가장 높은 기간통신 사업자로서 미래창조과학부장관이 고시로 정하는 사업자로 하고 있다(2017.5.8. 개정).

61) Graef, Inge. "Mandating portability and interoperability in online social networks: regulatory and competition law issues in the European Union", *Telecommunications Policy* 2015, Vol. 39, No. 6, pp. 502-514.

62) 따라서 상호접속고시에 따른 비용정산이 요구될 수도 있다.

충분치 않다고 할 것이다. 물론 분야별로 상호연동성을 위한 다양한 작업이 자발적으로 이루어지고 있으며 이는 더욱 촉진되어야 할 것이다.

요컨대, 네트워크 사업자에게는 상호연동 내지 상호접속의 의무화 필요성이 크지만, 클라우드 사업자나 빅데이터 관련 사업자를 포함한 응용 플랫폼에는 상호연동성 자체를 의무화하는 것은 삼가고, 경쟁법상 지위남용 여부에 주목하되 비지배적 사업자의 경우에도 상호연동성을 제고하도록 시장의 자발적인 노력을 지지할 필요가 있어 보인다.

2. 데이터 이동성

유럽연합에서는 종전 '정보보호지침 95/46/EC'[63]을 대체하는 일반정보보호규정(GDPR)[64]이 2018년 5월 25일 발효하였다. 그 제20조[65]는 정보주체가

63) Directive 95/46/EC of the European Parliament and of the Council of 24 October 1995 on the protection of individuals with regard to the processing of personal data and on the free movement of such data, 1995.

64) Regulation (EU) 2016/679 of the European Parliament and of the Council of 27 April 2016 on the protection of natural persons with regard to the processing of personal data and on the free movement of such data, and repealing Directive 95/46/EC (General Data Protection Regulation) (Text with EEA relevance), OJ L 119, 4.5.2016, pp. 1-88.

65) Art. 20 Right to data portability

1. The data subject shall have the right to receive the personal data concerning him or her, which he or she has provided to a controller, in a structured, commonly used and machine-readable format and have the right to transmit those data to another controller without hindrance from the controller to which the personal data have been provided, where:

(a) the processing is based on consent pursuant to point (a) of Article 6(1) or point (a) of Article 9(2) or on a contract pursuant to point (b) of Article 6(1); and

(b) the processing is carried out by automated means.

2. In exercising his or her right to data portability pursuant to paragraph 1, the data subject shall have the right to have the personal data transmitted directly from one controller to another, where technically feasible.

3. The exercise of the right referred to in paragraph 1 of this Article shall be without prejudice to Article 17. That right shall not apply to processing necessary for the performance of a task carried out in the public interest or in the exercise of official authority vested in the controller.

4. The right referred to in paragraph 1 shall not adversely affect the rights and freedoms of others.

정보처리자[66]에게 제공한 개인정보를 구조화되고, 일반적으로 이용되며, 기계가 읽을 수 있는 형식으로 돌려받고 이를 다른 정보처리자에게 방해 없이 이전할 수 있는 권리를 도입하였다.[67] 이를 “데이터 이동성에 대한 권리”, 약칭하여 “데이터 이동권”이라 한다. 나아가 2017년 유럽연합 집행위원회는 ‘비개인정보 자유유통을 위한 골격규칙’을 제안하였다.[68] 이하 그 내용을 일별한다.[69]

(1) 개인정보 데이터 이동성

1) 정보처리의 근거 관련 요건

정보처리자에 의한 데이터 이동 요청의 근거가 되는 정보처리는 정보주체의 동의 또는 기타 정당한 권원에 근거한 정보처리이어야 한다. 요청의 대상이 되는 데이터는 정보주체의 동의나 계약에 근거한 정보처리의 결과 수집된 데이터이어야 한다. 온라인 서점의 구매이력, 온라인 음악구매 또는 스트리밍 청취이력 등이 대표적인 예가 될 것이다. 동의나 계약과 관계없이 축적된 모든 데이터에 대해서 일반적으로 정보이동성이 적용되는 것은 아니다. 즉, 법적 의무에 의한 정보처리로 축적된 데이터에 대해 데이터 이동을 요청할 수는 없다. 나아가 데이터 이동을 거부할 수 있는 정보처리자의 정당한 이익을 어느 정도 인정할 것인가는 아직 사례를 통해 구체화되어야 할 부분이다.

2) 대상 개인정보

데이터 이동권의 대상이 되는 정보는 i) 요청자 자신의 개인정보이며, ii) 자신이 정보처리자에 제공한 것이어야 하며, iii) 제3자의 권리와 자유를 제한

---

66) 유럽연합법은 정보통제자(data controller)와 정보프로세서(data processor)를 구분하며 정보통제자란 개인정보의 처리 목적 및 수단을 단독 또는 제3자와 공동으로 결정하는 자를 의미하고 정보프로세서는 정보통제자를 대신하여 개인정보를 처리하는 자를 말한다. 한국법상 ‘개인정보처리자’는 이 양자를 모두 포함한 개념이다. 이하에서는 특별히 구별의 실익이 있는 경우를 제외하고는 정보처리자로 통칭한다.

67) 제20조 제1항.

68) Proposal for a Regulation of the European Parliament and of the Council on a framework for the free flow of non-personal data in the European Union (COM(2017) 495), 10. 10. 2017.

69) 졸고, “데이터 이동성을 위한 유럽연합의 입법동향과 쟁점”, 「과학기술법연구」(한남대학교) 24(3), 2018.10.31.에서 발췌하였다.

하지 않아야 한다.

첫째, 익명처리된 데이터이거나 정보주체와 무관한 데이터는 데이터 이동권의 대상이 되지 않는다. 하지만 가명(pseudonym) 데이터는 대상이 된다. 데이터가 요청자뿐만 아니라 제3자와 관련된다고 해서 당연히 배제되는 것으로 해석되지는 않는다. 이는 데이터 이동권의 대상이 되며 제공받은 정보처리자는 관련된 제3자의 권리와 자유를 해하는 방식으로 정보를 처리하지 않을 의무를 진다.[70]

둘째, 정보주체가 의식적으로 제공한 것(예, 이름, 나이, 주소 등)이거나 정보주체의 활동을 관찰하여 얻을 수 있는 원자료를 포함한다(예, 접속로그정보, 검색이력, 위치정보, 스마트워치에 의한 심장박동 등). 정보처리자의 추가적 노력과 가공에 의하여 작성된 데이터는 포함하지 않는다(예, 이용자분석, 신용평가정보). 후자의 경우 데이터 이동권의 대상은 되지 않으나 접근권 등 정보 주체의 다른 권리의 대상이 될 수 있다.

셋째, 충돌하는 제3자의 권리와 자유 중 대표적인 예는 타인의 정보결정권이다. 제3자의 개인정보가 데이터 이동을 요청한 자의 개인정보와 혼합되어서 함께 전달될 수밖에 없는 경우에는 데이터 이동이 불가능할 수 있으며, 데이터의 이동 자체는 가능할지라도 이동받은 데이터의 활용은 원래의 수집 목적에 한정되어야 할 것이다. 예컨대, 지적재산권이나 계약상의 권리도 관련될 수 있으며 그런 경우에도 데이터 이동 자체가 금지되지 않는 경우에도 데이터 이동에 따른 증가된 위험부담은 이동을 신청한 자가 지게 된다.

3) 정보주체의 다른 권리와 데이터 이동권

정보처리자는 정보주체로부터 정보를 취득할 시에는 그때에, 정보주체 이외의 자로부터 정보를 취득할 시에는 1개월 이내에 정보주체에게 기존의 다른 권리와는 별도로 데이터 이동권이 있음을 고지할 것이 요구된다.[71] 정보주체가 이용자계정을 폐쇄하는 경우 정보처리자는 정보주체에게 데이터 이동권이 있음을 상기시킬 것이 권고된다. 데이터를 이전받는 정보처리자는 정보처리의 목적과 그를 위해 필요한 범위로 보유정보를 한정할 것이 권고된다.

70) Guidelines, p. 9.

71) GDPR 제14(3)조.

정보주체의 데이터 이동 요청에 대하여 정보처리자는 요청자가 정보주체 본인이 맞는지 신원을 확인할 수 있다. 데이터 이동성이 데이터의 보안성을 해쳐서는 안 된다. 데이터가 전송중 또는 전송된 이후에 높은 보안성을 유지하도록 조치를 취해야 한다. 특히 정보주체인 일반 이용자가 데이터를 받게 되는 경우 정보처리자가 이를 보관하는 경우보다 보안이 취약할 우려가 있는바 이전하는 정보처리자는 이용자에게 적절한 정보보안조치를 취할 것을 권고하는 것이 바람직하다.

데이터 이동 요청에 대응하여 정보처리자는 통상 1개월 이내에 그 이행에 관해 요청자에게 답신해야 한다. 그 이행이 과도하게 부담이 되는 경우가 아닌 통상의 경우에 데이터 이동은 무료로 제공되어야 한다. 데이터 이동 거절결정에 대해서는 감독관청에 이의를 신청하고 사법적 구제를 신청할 수 있다.[72)]

4) 데이터 이동의 실행방법

데이터 이동을 수동으로 하는 경우 적지 않은 인력과 노력이 요구될 것이므로 가능하면 자동으로 시행될 수 있는 방법이 개발되어야 할 것이다. 데이터가 혼합되어 있는 경우 요구된 데이터만 추출할 수 있는 기술, 이전에 필요한 상호연동성을 충족할 수 있는 포맷의 개발과 이용 등이 요구된다. 유럽연합은 연동성을 위한 특정 기술을 요구하지는 않으나 데이터가 "구조화되고, 통상적으로 이용되고, 기계적으로 읽을 수 있는 형태"(in a structured, commonly used and machine-readable format)로 제공될 것을 요구한다.[73)] 분야에 따라 이 요건을 충족하는 파일 포맷의 형태가 다를 수 있을 것이다. 해당 분야에 특화된 포맷이 없는 경우 일반적으로 XML, JSON, CSV 등이 메타데이터와 함께 제공되면 적절할 것이나, PDF는 재활용이 어려우므로 적절치 않은 포맷이다.

(2) 비개인정보 데이터 이동성

1) 이동신청권자

비개인정보에 대한 데이터 이동권을 갖는 것은 데이터 서비스제공자와 거래관계에 있는 '업무적 이용자'이며 모든 개인에게 인정되는 권리가 아니다. 개

72) GDPR 제12조.

73) GDPR 제20(1)조.

인은 자신의 '개인정보'에 대해서 GDPR에 근거한 이동권을 갖지만 비개인정보에 대해서는 이와 같은 권리가 없다. 양 규칙사이에서 규제의 범위를 벗어나는 '비개인정보에 대해서 비업무적 이용자에게' 이동권을 부여하는 문제는 시장의 선택에 맡겨 놓았다고 볼 수 있다.

2) 연동성확보 의무의 범위

데이터 이동성의 실질화를 위해서는 기술적 연동성을 확보하는 것이 중요한데, GDPR 제20조가 요청하는 연동성 의무의 범위와 「비개인정보 자유유통골격규칙(안)」 제6조가 요구하는 의무의 범위가 동일한지는 분명하지 않다. 업계에서는 통일성 확보라는 명목으로 GDPR의 엄격한 기술요건을 사실상 확대적용하는 것은 이 규칙상의 자율규제 정신을 손상할 것으로 우려한다.[74] 이미 집행위원회의 격려로 클라우드 사업자와 이용자 그룹이 공동으로 작업반을 구성하여 행동규칙을 작성하기 위한 준비에 들어갔다.[75]

3) 공공이익에 기한 데이터 접근권

이 규정(안)은 자신이 제공한 데이터가 아닌 경우에도 공공이익에 의하여 요구되는 경우 데이터 이동권의 대상이 될 수 있음을 시사하고 있으나 그 범위를 어느 정도로 인정할지는 분명하지 않다. 이전에도 타인이 보유한 정보의 이전과 공유가 요구된 사례가 없는 것은 아니다. 예컨대, 결제 서비스시장에 새롭게 진입하기 위해서는 기존의 금융결제공동망에 가입해서 정보를 공유하는 것이 불가피하다는 것이 일반적으로 인정되었다.[76] 또한 예컨대 버스노선을 신설하려는 운수업자는 지하철 역사별 이동 인구에 대한 데이터를 지하철공사에 요청할 수 있을 것이다. 사물 인터넷(Internet of Things)으로 가전, 자동차, 휴대기기 등이 서로 연결된 사회에서는 이와 같은 정보의 이전과 공유 필요성이 전방위적으로 확대되고 있다. 하지만 현행법, 학설, 판례상 의무적 데이터 공유의 요건에 대한 합의된 기준이 있다고 말하기 힘들다.

---

74) European Telecommunications Network Operators' Association "ETNOs views on the Proposed Regulation on a Framework for the Free Flow of Non-Personal Data in the European Union", November 2017.

75) switching과 porting을 결합해서 "SWIPO WG"이라고 불린다.

76) 단, 정보공유를 거절하는 것이 부당한 거래거절에 해당하는 지는 구체적인 사실관계에 따라 달라질 수 있다. 서울고등법원 2003.10.23. 선고 2002누1641 판결.

4) 실행방법의 구체화

집행위원회는 서비스제공자 교체를 원활히 하는 최선의 관행에 관한 가이드라인을 정의하고 데이터 저장, 처리 계약의 체결 이전에 “(a) 서비스제공자가 업무적 이용자에게 업무적 이용자가 서비스제공자를 교체하거나 자신의 정보시스템으로 데이터를 돌려받기를 원하는 경우에 적용하는 절차, 기술적 요건,[77] 일정, 비용 (b) 이용자에게 데이터 교체 및 이동을 위한 충분한 시간을 허용하는, 구조화되고 일반적으로 이용되며 기계가 가독 가능한 형식으로 된 데이터 교체 및 이동을 위한 요건”에 대하여 상세한 정보를 제공하도록 유럽연합 차원의 자율적 행동규약(codes of conduct)의 개발을 장려, 촉진하여야 한다.[78]

서비스제공자는 이 규칙의 발효 1년 이내에 행동규약의 이행에 착수할 것이 기대된다. 집행위원회는 발효 2년 이내에 서비스제공자들이 행동규약과 정보제공을 실질적으로 이행하는지 평가하여야 한다.[79]

(3) 시사점

GDPR 제20조나 「비개인정보의 자유유통을 위한 골격규칙(안)」은 그 적용범위가 대부분 EU역내로 한정되므로 우리나라나 EU와 사업관계가 없는 기업에는 직접적으로 영향을 미치지 않는다고 할 것이다. 그러나 세계적으로 개인정보보호법 발전을 주도하는 EU가 데이터 이동권을 시행하였으므로 한국에서도 그 도입을 적극적으로 검토할 필요가 있다. 개인정보보호법이 종래 데이터 산업발전에 장애가 되는 규제적 성격이 강했는데 데이터 이동권은 클라우드 및 소셜 네트워크 서비스 등 플랫폼산업에서의 경쟁 확대와 산업 발전에 촉진 효과가 기대되는 것이 사실이다. 다만 구체적인 영향이 어떻게 나타날지는 데이터 이동권의 적용대상, 적용요건, 정보처리자 및 제3자의 권리와의 조화 등을 어떻게 규정하고 해석하느냐에 따라 달라질 수 있을 것이다. 그런 측면에서 EU의 GDPR뿐만 아니라 「비개인정보 자유유통을 위한 골격규칙(안)」의 입법 진행과 각 규칙의 적용 및 그 효과도 관심 있게 지켜볼 필요가 있다.

77) 데이터 백업의 절차와 장소, 가용한 데이터 형식과 지원, 요구되는 IT 컨피규레이션과 최소 네트워크 대역 등.

78) 제6조 제1항.

79) 제6조 제2항, 제3항.

3. 제로 레이팅

(1) 개념과 유형

이동통신이 음성통화나 문자교환에서 데이터를 기반으로 한 인터넷통신과 정보검색, 동영상 전송 등으로 빠르게 변화하면서 요금체계도 데이터 중심으로 변화하고 있다. 음성통화나 문자는 무료로 제공하고 데이터사용에 따른 종량제 과금이 장기적 추세가 되고 있는 것이다. 그 결과 무제한 요금제나 대용량 요금제에 가입한 이용자는 응용 서비스의 데이터 소모에 민감하지 않지만 그렇지 않은 경우에는 데이터 소모량이 이용자의 응용 서비스 선택과 사용에 중요한 고려요소로 작용한다. 이에 이통사와 콘텐츠 또는 응용프로그램업체가 제휴하여 이용자의 특정 콘텐츠 또는 서비스 이용에 대한 데이터비용을 사업자가 대신 부담하는 마케팅 전략이 시행되고 있다. 소비자 입장에서는 무료 서비스가 되기 때문에 이를 속칭 “제로 레이팅”(zero rating)이라고 한다. 넓은 범위의 제로 레이팅 서비스를 다음과 같이 유형 분류할 수 있다.

▌표 9-3 제로 레이팅의 유형

유형	내용
통신사 전략 서비스	망 사업자가 자사 또는 관계사의 고객을 위해 전략 서비스를 제공하면서 네트워크 비용을 추가로 부과하지 않는 경우. 예) SK텔레콤의 11번가 및 band플레이팩(옥수수), Telco TV 등
무료 서비스/콘텐츠	인터넷 콘텐츠 또는 응용 서비스 업체가 비용부담을 하고 고객들에게 무료로 제공하는 서비스나 콘텐츠. 예) 페이스북의 Facebook zero, Free Basics; 구글의 Free zone; Wikipedia Zero; 카카오 택시앱 등
정액제 상품	네트워크 비용과 서비스요금이 번들링되어 제공되는 정액제 상품. 예) 다음카카오팩, 멜론 정액형 상품 등
지원 시스템형 무과금	시스템 서비스 또는 고객지원형 서비스를 무과금으로 제공. 예) 해당 사업자의 고객 서비스

자료: 이금노, “제로 레이팅 서비스로 살펴본 망 중립성과 소비자후생”, 「소비자정책동향」 제75호, 한국소비자원, 2016.11.30, p. 5.

(2) 검토

제로 레이팅을 실시하는 경우 당연히 이용자는 그런 서비스를 선호하고 이와 경쟁하는 서비스는 고객을 잃게 된다. 결국 이통사와 제로 레이팅에 관한 제휴를 체결한 콘텐츠 또는 응용 서비스 업체가 경쟁상 우위를 차지하게 되는데 이것이 망 중립성 원칙 중 비차별의무에 반하는 것이 아닌지 문제가 될 수 있다. 망 중립성 원칙에 의할 때 인터넷망에서 전송되는 모든 비트는 그 내용과 유형, 단말기의 종류, 수신 또는 발신자를 구별하지 않고 비차별적으로 취급되어야 한다. 앞에서 설명하였듯이 한국은 이 원칙을 2011년 '망 중립성 및 망 관리 가이드라인', 2013년 '통신망의 합리적 트래픽 관리기준' 제정으로 구체화하였다.

제로 레이팅에 대해서 각국의 대응이 일치하지 않으며 국내에서도 망 중립성에 위반된다는 입장과 서비스의 다양화와 가격인하를 통한 접근성 향상으로 소비자 후생에 기여하므로 허용되어야 한다는 입장이 대립하고 있다. 결국은 구체적인 제로 레이팅 사안별로 판단하여야 할 것이다.

주로 제3세계의 이야기이나 무료 와이파이 존이 없는 상황에서 데이터저용량 요금제에도 가입할 수 없어서 사실상 인터넷을 거의 사용하지 못하였던 이용자에게는 제로 레이팅이 제한된 서비스나마 인터넷을 이용할 수 있는 기회를 제공하는 긍정적인 역할을 할 수 있다. 페이스북은 "internet.org"라는 이름으로 페이스북, 위키피디아, BBC뉴스, Bing검색 등을 구글은 "Free zone"이라는 이름으로 구글검색, 지메일 등을 무료로 쓸 수 있도록 개도국에서 망 사업자, 단말기업체 등과 함께 공동프로젝트를 수행하고 있다. 이에 대해서 인도주의의 가면을 쓰고 신규시장에 자사 서비스를 퍼뜨리려는 상업주의에 불과하다고 곱지 않게 보는 시선도 있다.[80]

한국의 경우 제로 레이팅을 통하여 국민에게 인터넷 사용경험을 제공해야 할 상황은 아니므로 응용 서비스 사업자간의 공정경쟁을 확보하는 차원에서 제로 레이팅을 엄격하게 다루는 것이 적합할 것이다. 관리형(managed) 서비스 또는 전문(specialized) 서비스가 기술적, 사회적으로 대용량과 안정성을 요구하

---

80) Rajat Agrawal, "Why India rejected Facebook's 'free' version of the Internet", Feb 10, 2016. https://mashable.com/.

는 서비스를 위한 비트의 전송에 우선권을 부여할 수 있도록 하는 것과는 달리 제로 레이팅은 단지 상업적 결합관계에 의해서 이용요금의 전가가 이루어지는 것이다. 서비스 다양성이나 신규 서비스 확산 차원에서 긍정적 효과가 없는 것은 아니나 이보다는 오직 아이디어와 품질에만 의존하는 중소 사업자의 시장 진입을 어렵게 하는 부작용이 클 것으로 우려된다. 경제적 차별을 정당화시킬 수 있는 기술적, 사회적 사유가 존재하지 않고 차별의 자의성이 두드러진 점 또한 제로 레이팅에 대해 경계를 주문한다.

제로 레이팅이 단기간에 이를 이용하는 소비자의 후생은 높일 수 있으나 장기적으로 사업자부담은 결국 소비자에게 전가되게 되고 제로 레이팅 이용자의 비용을 다른 소비자가 부담하는 현상이 발생할 수 있다. 서비스다양성 측면에서도 제로 레이팅이 이통 서비스 요금제의 다양성을 가져올 수는 있으나 콘텐츠나 응용 서비스의 다양성에 주는 효과는 미미하며, 자본력이 있는 사업자만이 제로 레이팅을 제공할 수 있는 결과 서비스의 다양성이 오히려 감소할 수도 있다. 이와 같이 소비자의 통신부담 경감 차원에서도 제로 레이팅은 일부 소비자에게만 불균형적으로 혜택을 줄 뿐이다. 이보다는 공공와이파이의 확대, 공공 서비스에 대한 정부의 요금대납 등과 같이 데이터 요금인하 효과가 전 국민에게 보편적으로 나타나며 사업자간의 경쟁적 지위에 변화를 가져오지 않는 방식의 정책을 개발할 필요가 있다.

제로 레이팅의 차별성에 따른 부정적 효과에도 불구하고, 앞서 언급한 서비스 다양성이나 신규 서비스 확산 차원에서 기대되는 긍정적 효과와 아울러 인터넷생태계의 경쟁상황이 동태적으로 변화하고 규제기관이 이에 즉응하기 어려운 점, 현재 생태계내 경쟁보다 생태계간 경쟁이 활발한 점, 생태계내 공정한 수익배분을 달성하는 생태계내의 자발적인 협력으로 볼 수 있는 점 등을 고려한다면 이를 전면적으로 금지하기 보다는 심사를 거쳐서 허용될 수 있는 여지를 남겨놓는 것이 적절해 보인다. 이러한 경우 규제기관은 제로 레이팅을 계약을 체결할 수 있는 권한을 모든 콘텐츠 사업자에게 열어놓는 것과 같은 부정적 효과를 억제하기 위한 보장을 요구하여야 할 것이다. 제로 레이팅은 다음 단락에서 설명하는 결합판매의 일 유형으로도 파악할 수 있다.

(3) 최근정책동향

사안별로 제로 레이팅의 부당성여부를 판단하겠다는 입장이 정부의 정책 문서에서 감지된다. 2017.8. 방송통신위원회가 발표한 '전기통신 사업자의 부당한 행위에 대한 세부기준'은 실질적인 사용자의 이익침해가 발생하지 않고 전체 사용자의 편익이나 후생 증대 효과가 큰 경우에는 허용될 수 있는 여지를 남겨두고 있다. 행정의 예측가능성을 위해서는 현재까지 제시된 것 보다는 정형화된 허용기준이 필요할 것이다.

2018년 초 방송통신위원회는 공공 서비스에 대한 제로 레이팅을 확대하겠다는 입장을 밝혔으며,[81] 이동통신사들은 5세대[82] 이동통신 시대를 앞두고 투자비용을 조달하기 위하여 제로 레이팅을 활성화할 것을 과학기술정보통신부에 건의하고 있다.[83] 전자는 시장에서의 경쟁왜곡 효과가 없으므로 적극적으로 검토될 수 있지만, 후자의 경우에는 중소 인터넷업체의 경쟁력을 약화시킬 수 있으므로 신중하게 검토되어야 할 것이다.

'관리형 서비스의 실행방법 중 하나' 또는 '완화된 형태의 제로 레이팅'으로 볼 수 있는 것이 '네트워크 슬라이싱'이다. 물리적으로 한 개 네트워크를 논리적으로 분리된 여러 개의 가상화된 네트워크로 만든 뒤 다양한 서비스에 특화된 전용 인터넷접속 서비스를 제공하는 것이다. 통신비원가에 대한 분석을 전제로[84] 네트워크 슬라이싱 방법을 통한 3단계 인터넷접속 서비스 차별화를 인정하는 것이 소비자이익과 공정경쟁에의 우려를 덜면서도 시장의 수요에 대응하는 방법이 되지 않을까 생각된다. 즉, 최상위 레인은 공공적 차원에서 초고속 전송이 요구되는 서비스에 대하여 국가와 수혜업계가 추가 비용을 부담하며, 차상위 레인의 경우에는 상업적 프리미엄 서비스에 대하여 수혜업계가 추가비용을 부담하며, 마지막으로 일반 레인에서는 최선의 서비스에 대하여 지속적인 성능향상이 이루어질 것을 네트워크 사업자가 보장하는 정도로 구분할

---

81) "이효성 '공공부문 제로 레이팅 필요'", 아이뉴스24, 2018.2.7.

82) 국제전기통신연합에 따르면 LTE의 20배 초고속, 10배 초연결, 10분의 1의 초저지연 서비스가 5세대 서비스이다.

83) "이통사 제로 레이팅 주장에 인터넷 업계 곤혹", 파이낸셜뉴스, 2018.1.9.

84) 대법원은 2018.4.12. 선고 2014두5477 판결에서 이동통신사가 정부에 보고한 원가보고서의 자료가 정보공개법상 비공개대상정보인 비밀정보에 해당하지 않는다고 판시했다.

수 있을 것이다.

4. 결합판매와 선탑재

(1) 배경

산업구조가 고도화하는 경우 가치사슬이 세분화하는 것과 같이 인터넷산업이 성숙함에 따라 인터넷 계층도 세분화의 양상을 보이고 있다. 초기에는 데이터통신기능을 수행하는 단순도관(dumb pipe)에 불과하였으나 전송되는 데이터의 종류가 문자, 숫자에서 그림, 동영상으로 다양화되면서 각종 응용 서비스가 등장하고, 이어 이를 일목요연하게 이용자에게 제시해주는 검색엔진이나 포털 등의 서비스가 등장하였다. 현재의 인터넷을 몇 개의 계층으로 볼 것인가는 분석의 목적에 따라 달라질 수 있을 것이지만 세분화의 양상이 분명하다. 다른 한편 각 계층별 시장집중도를 고려한 모습은 아래 성배그림과 같이 표현될 수 있지 않을까 한다. 즉 물리망의 경우는 각국의 전통적인 통신 사업자를 중심으로 지역적 독점 내지 복점적 지위를 차지하고 있는 시장구조가 장기간 유지되고 있다. 논리망부터는 국경에 구애받지 않고 표준통신규약에 의하여 연결되어 있다. TCP/IP, WWW 등을 그 창안자가 무료로 공개하였기 때문에 상업화되지 않고 공공재로서 기능하고 있다. 이에 반해 OS의 경우에는 공개(리눅스, 안드로이드)와 비공개(MSOS, iOS)를 불문하고 산업화되었으며 종종 브라우저와 결합하여 그 윗단의 인터넷 데이터중개사업(검색엔진, 포털 등)과 각종 응용 서비스 및 콘텐츠 산업을 뒷받침하고 있다.

이와 같은 '인터넷 산업구조의 세분화·다 계층화'라는 일반적 추세와 상반되는 흐름이 있으니 수평적·수직적으로 통합하려는 기업의 노력이다. MS가 운영체제와 브라우저 또는 미디어시스템을 통합하려고한 것이 대표적인 사례이다. 사업자가 이를 기술의 진화 또는 서비스의 진화에 따른 자연스러운 서비스 통합이라고 주장하였음에 비하여 규제당국은 이를 개별적 서비스의 끼워팔기로 파악하였다. 근년에 들어서는 이를 개별적 상품의 결합판매의 한 유형으로 파악하고 있는 바[85] 이하에서는 인터넷 서비스 결합판매에 대한 규범적 평

85) 정찬모, "정보통신부문에서 끼워팔기·결합판매의 법적 고찰", 「법학연구」(인하대 법학연구소) 14(1), 2011.3, pp. 229-264.

가를 기초로 앱 선탑재의 문제를 검토하겠다.

▌그림 9-2 인터넷 산업구조의 형상화

(2) 결합판매의 자유와 한계

판매상품의 단위를 어떻게 구성할지는 원칙적으로 판매자의 자발적 판단 영역에 속하는 사항이다. 부품판매, 단독판매, 묶음판매, 결합판매 여부를 시장의 수요란 제약하에 자유롭게 결정할 수 있다. 대부분의 경우 시장의 수요를 최대한 충족하는 것이 판매자의 이익이 된다. 하지만 일정한 경우, 즉 수요기반이 확고한 상품에 대한 독점력을 가지고 있는 판매자는 시장이 원하는 바와는 달리 자신의 이익을 극대화하는 판매방식을 사용할 수 있다. 시장이 상품의 수리를 위한 부품판매를 원해도 부품판매를 거절할 수 있으며, 시장이 원하지 않는 재고상품을 수요기반이 확고한 상품에 결합판매 할 수 있다. 다만 결합판매의 외형을 갖추고 있는 경우에도 모든 경우에 소비자에게 불이익이 되는 것은 아니다. 개별구입의 여지가 남아있는 경우, 개별구입이 불가능하더라도 결합판매가 짧은 기간 동안의 신상품 홍보를 위한 것이며 본상품의 가격과 결합상품가격에 큰 차이가 없는 경우 등은 결합판매가 소비자의 이익과 부합한다. 이와 같은 사정이라면 결합판매는 사전적인 금지의 대상이 되기보다는 사후적으로 반경쟁적인 효과가 분명한 경우에만 규제의 대상으로 함이 적절하다고 할 것이며 이는 인터넷비즈니스 환경에서도 다를 바 없다.

(3) 결합판매로서 제로 레이팅과 선탑재의 문제점

전기통신사업법 시행령 별표4는 금지행위의 유형 및 기준을 정하면서 5호 이용자의 이익을 해치는 전기통신 서비스의 제공 행위중 하나로 바목에 "결합판매하여 특정 구성상품의 과도한 할인 등 이용자의 이익을 해치거나 해칠 우려가 있는 행위"를 포함시키면서 이 경우 이용자의 이익을 해치거나 해칠 우려가 있는지를 판단할 때에는 결합판매로 인한 비용절감, 이용자 편익 증대 효과 및 시장지배력 전이(轉移) 등 공정경쟁 저해 효과를 고려할 것을 규정하였다. "특정 구성상품의 과도한 할인"을 이용자의 이익침해 행위의 대표 사례로 제시한 것이 의아하기는 하지만 이익 침해의 판단에 있어 공정경쟁 저해 효과를 고려하도록 한 기본구조는 타당한 것으로 판단된다.

제로 레이팅도 결합판매의 특수한 형태로 파악할 수 있다. 다만 제로 레이팅은 망 사업자나 모바일 서비스 사업자의 주도로 시행하고 이들은 경쟁행위의 일 유형으로 이를 시행한다. 신제품의 홍보를 위한 경우보다는 시장에서 인기를 끌고 있는 상품의 데이터비용을 무료로 해주는 경우가 많다. 종된 상품시장에서 제로 레이팅되는 상품과 경쟁하는 사업자는 생존하기 어려울 것이다. 결국 신제품 시장에서의 경쟁이 고객을 향한 서비스와 비용 경쟁이 되기보다는 우월적 지위에 있는 망 사업자나 모바일 사업자에게 잘 보이기 위한 경쟁 속에서 제 살 깎아먹기를 하는 처지가 될 가능성이 많아 보인다.

현재 스마트폰 앱중에서 실제로 이용자가 사용하는 앱은 10여개에 불과한데 50여개 이상의 앱이 선탑재 되어있다. 이들 중에는 삭제가 불가하거나 쉽지 않은 경우도 많다. 대표적으로 구글이 안드로이드OS에 대한 지배력을 바탕으로 제조사에 구글앱의 선탑재를 요구한다. 이용자입장에서는 위 10여개의 앱에 대해서는 선탑재에 따른 편리함을 누리지만 나머지 40여개의 선탑재 앱에 의해서 메모리 제한, 데이터 소진, 배터리 소진, 삭제의 수고로움을 겪으며 장기적으로 제조사가 앱비용을 요구받게 되는 경우에는 제조사는 이를 기기비용에 전가하게 될 것이다.[86] 경쟁앱을 만드는 업체의 입장에서는 스마트폰 플랫폼에 발붙일 기회를 잡기가 어려워진다. 불공정경쟁임이 분명하다. 따라서 선탑재는 시스템의 안정성을 위해서 필요한 경우, 신제품에 대한 단기간의 선탑재를 제외하고는 원칙적으로 금지하며, 예외적으로 한정된 개수 내에서 선탑재하는 경우에는 유력한 경쟁제품도 같이 선탑재 하여야 하며, 선탑재 앱의 제거가 용이하게 하여야 할 것이다.

스마트폰 앱 선탑재에 대해, 2014년 당시 미래부가 「스마트폰 앱 선탑재에 관한 가이드라인」을 마련한 바 있으나 정부의 대응이 너무 안이한 것이 아닌지 우려된다. 안드로이드폰에의 구글검색 선탑재에 대한 대응도 지체되고 있으며[87] 오히려 '정부3.0'앱을 선탑재할 궁리나 하고 있으니 말이다.[88]

V. 플랫폼 규제의 실천이론

1. 불확실한 상황하에서 최선의 선택

인터넷 경제는 종전의 오프라인 경제에 비하여 국민 경제간 독립성이 약화되고 상호의존성이 강화되었다. 많은 인터넷기업들이 창업시부터 글로벌 시장을 염두에 두고 사업을 기획한다. O2O(Online to Offline) 서비스의 성장은 온라인 경제와 오프라인 경제가 별개가 아니라는 것을 보여준다. 온라인상 정보혁명은 상품 및 서비스의 대체가능성도 증대시켰다. 패키지여행 상품이 불만족스러운 경우에는 큰 어려움 없이 자유여행으로 상품선택을 변경할 수 있다. 이와 같이 국민 경제와 국제 경제간, 온라인 경제와 오프라인 경제간, 한 상품(서비스)과 다른 상품(서비스)간 상호연관성이 높아져서 한 시장에서 발생한 교란요인이 다른 시장에 바로 영향을 미치는 인터넷 경제에서는 일반균형 달성이 더욱 어려워진다.

이와 같은 디지털 경제에서의 상호의존성 증대가 규제이론에 미치는 영향을 고려한다면 공정거래법 적용에 있어서 종래보다 관련시장의 범위가 크게 확대되고 있다. 지역시장이 글로벌시장으로 확대되고 있으며 상품 및 서비스 시장이 주변시장까지 확대되고 있는 것이다. 이는 규제의 필요성에 대한 판단 또는

86) 최재홍, "스마트폰 앱의 선탑재에 대한 문제와 대응", slownews, 2016.10.20.
87) "공정위 '근거 불충분' 타령만 … 미적대는 '구글앱 선탑재' 재조사", 디지털타임스, 2017.10.10.
88) "갤럭시에 '정부3.0' 선탑재, 꼭 해야하나?", 미디어스, 2016.8.9.

규제수단의 선택과 규제영향평가를 수행함에 있어 보다 광범위한 원인과 영향에 주목해야함을 의미한다. 보다 일반화하면 인터넷 경제에서는 일반균형을 달성하는 규제가 아니고서는 특정 상품이나 서비스의 제공과 관련하여 부분적으로 적용되는 특수한 규제가 결코 바람직한 규제가 아닐 수 있다는 이야기이다.

그런데 현실은 어떠한가? 유감스럽게도 일반균형은 현실과는 먼 이야기이다. 오히려 현재는 일반균형을 도달 불가능한 이상향으로 간주하고 차선책을 위해 각자도생하는 상황이라고 할 것이다. 회원국의 숫자나 논의대상 거래의 포괄성으로 보았을 때 WTO같은 국제기구 차원에서 전자상거래 규제에 관한 합의가 이루어질 수 있다면 일반균형에 근접할 것이다. 그러나 앞선 장에서 고찰한 바와 같이 WTO 전자상거래 논의는 20여년간 답보상태에 머물러 있다. 글로벌 전자상거래는 알리바바와 같은 거대 B2B기업, 인터넷 직구시장의 진전으로 눈부신 성장을 보이고 있음에도 불구하고 규제의 글로벌화는 전자상거래 무관세원칙을 제외하고는 진전이 더디다. OECD 차원에서 주목되는 전자상거래 원칙이 채택되었으나 규범력에는 한계가 있다. 지역무역협정(RTA) 차원에서 한미FTA는 좋은 전범을 제공하였으나 양자조약이란 한계가 있으며 환태평양동반자협정(TPP)은 아직 발효하지 못하고 있다.[89]

결국 일반균형이 이루어지지 않은 상태에서 각국은 부분균형을 달성해야 하는 위치에 있으므로 정책 효과의 예측가능성이 현저히 떨어진다. 하지만 손 놓고 있을 수도 없는 일이니 예측가능한 선에서 최선의 노력을 다하는 수밖에 없다. 이와 같은 상황에서는 가능한 한 국제적 조류에 부합하는 정책으로 외부환경 변화에 따른 충격을 최소화하면서도 국내적으로 경제 효율성과 소비자 잉여를 극대화하는 정책을 추진하여야 한다.

2. 개방적 정책형성에 능동적 기여

먼저 국제적 규범이 국내정책과 규제에 영향을 주는 상황을 고찰한다. 한국의 작은 내수시장이라는 제약은 전자상거래라고 하여 쉽게 상황이 달라지지 않고 있다. 당연히 WTO, OECD와 같은 범세계적 국제기구가 제정한 규범이 있는 경우라든가 한미FTA와 같이 거대한 시장을 가지고 있는 무역강대국이 주

89) 본서 제8장 참조.

창하는 규범의 경우에는 한국으로서는 수용에 대한 선택의 여지가 별로 없는 것이 사실이다. 역사적 경험에 의하면 이와 같은 글로벌 추세에 거스리기 보다는 신속하게 발맞추어 이에 적응하는 것이 국내 기업들이 이중적 규제를 받지 않고 글로벌 경쟁에서 그나마 세컨드 러너(second runner)로서의 이점을 누릴 수 있는 기회를 제공하였다. 이는 오프라인 경제에만 해당하는 것이 아니다. 피처폰에서 스마트폰으로 이전하는 과정에서 한국은 외국의 대세에 합류하기 보다는 독자적 표준을 개발하여 승부를 보고자 하였으나 결과는 처절한 패배로 끝났다. 인터넷 경제에서 한국이 나 홀로 노선을 걷는다는 것은 더 이상 정책 옵션이 될 수 없다.

둘째, 국제적 규범이나 글로벌 추세가 없는 상태에서 각자 도생하는 경우에 한국은 어떤 규범적 접근을 할 것인가의 문제이다. 외국보다 앞서서 퍼스트 러너(first runner)의 지위에서 신산업을 창출하는 경우에는 가능하면 규제유예의 상태를 유지하는 것이 좋을 것이다. 국내 오프라인과의 경쟁이나 신산업 자체의 부작용으로 인해 규제가 불가피한 경우에도 가능하면 유연한 규제수단을 사용하는 것이 바람직하다. 법에 의한 규제보다는 가이드라인, 가이드라인 보다는 사업자의 자율규제가 더 유연하다. 규제의 형식적 정당성이라는 차원에서 보면 민의를 대표하는 의회에서 제정한 법률이 우위이고, 행정지도적 성격의 가이드라인은 법치행정의 원리하에서 결코 선호해서는 아니 될 것이며, 사업자 자율규제는 신뢰성도 없이 사업자간의 담합만 촉진하는 하책중의 하책이라고 할 것이다. 하지만 정치 경제적 현실을 생각한다면 다르다. 한번 제정된 법률은 현실과 괴리되는 경우에도 오랫동안 개폐되지 않고 남아서 산업 진화의 발목을 잡는 속성을 갖고 있다. 따라서 형식적 정당성을 갖춘 규제체제를 개발하는 것은 산업이 성숙한 다음에 착수하여야 할 일이며 신산업 창출 초기에 서두를 일이 아니다. 과거 한국에서 새로운 사업아이템을 가지고 있는 자들은 흔히 근거 법령이 없어서 사업을 할 수 없다고 하였다. 하지만 이는 과거 관치 경제적 사고로 스스로를 옭아맨 측면이 없지 않다. 과거의 인허가 사업과 유사성이 있으나 비즈니스 효율화의 혁신을 구현하는 사업에 대해서는 공급혁신이 수요를 창출할 수 있으므로 경제적 수요 심사가 부적당할 뿐만 아니라 과거 인허가 요건 중에서 온라인 환경에서 더 이상 필요하지 않은 것은 과감히 면제시킨다는 태도로 접근하여야 할 것이다.

셋째, 인터넷 서비스의 네트워크 효과는 글로벌 서비스로 성장하지 않는 기업은 곧 한계에 봉착하게 될 것을 시사한다. 과거 싸이월드의 사회연결망 서비스나 도토리 등이 한국 이용자의 환대를 받았으나 지금은 페이스북이나 비트코인과 같은 글로벌 상품을 질시의 눈으로 바라보는 신세가 되었다. 규제환경은 각국의 정부나 국제기구가 확보해야 하는 것이고 기업은 규제체계가 갖추어진 이후에 시장에 진입한다는 수동적 태도로 임한다면 인터넷 서비스의 글로벌 선도기업이 되기는 기대하기 어렵다. 기업이 상품과 서비스뿐만 아니라 규제환경도 만들어간다는 태도로 최적 규제모델을 찾아가는 작업에 정부 및 시민사회와 함께 능동적으로 참여해야 할 것이다.

3. 플랫폼은 중립성논의를 방패와 창으로 이용해야

전통적으로 플랫폼 중립성에서 규제의 주체는 정부이고 플랫폼 사업자는 수범자의 지위에 있는 것으로 인식되어왔다. 즉, 플랫폼 중립성은 플랫폼에 중립성 의무를 부과하는 것으로 개념정의 되어 왔으나 이제는 국내 플랫폼이 정부규제에 있어 외국기업에 대비하여 역차별을 당하지 않을 권리, 국내 기업간에도 차별적 규제의 대상이 되지 않을 권리, 과도한 규제로부터 자유로울 수 있는 권리를 내포하는 것으로 이해함이 바람직하다. 요컨대, 플랫폼 중립성은 양면적 성격을 갖고 있다고 할 것이니 다른 경쟁기업이나 이용자를 상대로 중립성을 지킬 의무가 그 하나요, 정부의 차별적이며 비합리적인 규제로부터 자유로울 수 있는 권리가 다른 하나의 측면이라고 할 것이다. 이는 글로벌 플랫폼의 국내 사업을 규율하지 못하면서 토종 플랫폼을 규제하지는 말라는 이야기이다. 또한 중복되는 요건이 있을 경우 그 중 하나의 (통상 최소의) 요건을 충족하는 경우 경합하는 모든 의무를 충족하는 것으로 추정되고 그것이 불충분하다는 입증은 규제자가 부담한다는 원칙을 수립할 필요가 있다.

플랫폼은 중립성 의무에 반대만 할 것이 아니라 자신이 직접 규율을 창출한다는 태도로 전환할 필요가 있다. 민간자율 우선의 원칙은 새로운 서비스에 의하여 규제공백이 드러나고 새로운 규제필요성이 등장하는 경우에 적용하는 원칙이다. 앞서 언급한 연성규제의 내용을 민간이 선도하여 만들어가자는 것이다. 예컨대, 상호연동성 확보의 기술적, 산업적 필요성에도 불구하고 법적 의무로 일반적 상호연동성의무를 부과하는 것은 신중해야 한다. 특수한 상황(예컨대, 기간통신 사업자간 물리망의 상호접속)에서는 적극적으로 상호연동성을 제공할 의무부과가 필요할 수 있으나 상호연동성의무를 일반적 의무로 규정하는 경우 혁신과 투자의욕을 저해하는 부작용도 우려되기 때문이다. 따라서 정부는 서비스간 상호연동을 위한 표준이 필요한 경우에도 표준설정을 시장에 맡기도록 하며, 시장이 자발적으로 연동성을 확보하는 과정(예컨대 표준특허 공개, 지배적 플랫폼의 인터페이스 정보 공개, 컨버터의 개발, 프로그램역분석)을 방해 행위로부터 보호하는 간접적인 접근을 우선해야 할 것이다.

VI. 결론

온라인 플랫폼은 기존의 오프라인 경제에 적용되던 규제를 기초에서부터 흔들고 있다. 그 결과 온·오프라인 간, 국가 간, 신구산업 간 규제의 균형이 깨지고 과도규제와 규제공백의 혼재 현상을 보이고 있다. 따라서 인터넷 플랫폼 규제체계의 재건에 있어 우선시 되어야 할 일반원칙은 규제의 영역간 형평성을 확보하는 것이다.

산업 내에서는 공정경쟁을 통하여 신 경제로의 전이를 신속하면서도 사회적 마찰을 합리적으로 해결하며 진행할 필요가 있다. 플랫폼시장에는 규모의 경제와 범위의 경제, 다면시장, 비가격 경쟁, 네트워크 효과 등이 강하게 나타나기 때문에 다른 시장환경에서 개발된 공정경쟁원칙을 플랫폼에 그대로 적용하는 경우 흡족하지 않은 결과를 가져오게 된다. 예컨대, 프라이버시정책의 질과 다양성은 소비자효용의 중요한 부분을 구성한다는 것을 부인하기는 어려울 것이다. 지배적 사업자가 개인정보보호수준의 약화와 같은 은밀한 비가격적 요소의 남용전략을 구사하는 경우 해당 서비스에 고착된 이용자의 경우에는 그와 같은 비가격적 서비스품질 악화에 불만이 있음에도 불구하고 대부분의 이용자는 해당 서비스를 포기하지 못하는 점을 고려한다면 보다 엄격한 정성적 심사기준이 개발되어야 할 것이다.

응용 플랫폼의 경우 공정거래법을 적용하는 데에 특이한 고려점이 있음에도 불구하고 아직 이 시장이 구조적으로나 행태적으로 반경쟁성이 만연하다기보다는 경쟁이 활발히 이루어지는 시장으로 평가하는 것이 정당하다고 할 것이며, 공정거래법 역시 이 시장에 적용하는 것에 본질적인 결함이 있다기 보다는 새로운 환경에 적응하여 진화하는 과정에서 시차를 겪는 것으로 평가할 수 있을 것이다. 그렇다면 응용 플랫폼 시장에서 공정거래법보다 더 경직적인 의무를 부과하는 것은 신중해야 하며 공정거래법과 보충적 관계에 있는 있으면서 법적 공백을 메울 수 있는 일반원칙으로서 '투명성'의무를 플랫폼에 부과하고, 법적용에 있어서 '형평'을 명시적 규정으로 도입할 것을 제안한다.

온라인에서 새롭게 등장하거나 더욱 중요성을 갖게 된 불공정행위의 유형에 상호연동의 거부, 데이터 독점, 제로 레이팅 및 앱 선탑재가 있다. 오프라인 규제당국의 시각에서 보면 비전형적인 탈법행위도 온라인 규제당국으로 거듭나서 관찰하면 경쟁제한 및 불공정의 패턴과 적용 법리를 발견할 수 있을 것이다.

제 10 장

블록체인과 플랫폼 혁명

I. 블록체인의 등장

1. 배경

인간사회는 신뢰에 의존하는 측면이 강하다. 강한 신뢰관계에 있는 사람 간에는, 예컨대 가족 간에는 계약서 없이도 돈을 빌려 준다. 친척 간에는 그보다는 신뢰가 옅으니 계약서를 쓴다. 그 범위를 넘어서면 보증인을 세우고 담보를 잡지 않고는 돈을 빌려주지 않는다. 계약의 내용에 대해서 공증을 받고, 담보물임을 등기부에 표시한다. 그럼에도 불구하고 상대방이 계약을 이행하지 않을 경우에는 행정, 사법기관을 통해서 내 권리를 구제받을 수 있을 것이라는 확신이 들어야 계약이 진행된다. 신뢰체계 구축의 한계가 사회공동체의 외적한계가 되는 것이다.

그런데 생면부지의 사람이어서 신뢰가 없는 사람과 거래를 하면서도 나중에 딴소리 하지 못하도록 하기 위해 보증인을 세우고 담보를 잡는 번거로움을 줄일 수 있는 방법은 없을까? 평생 가까이 하고 싶은 생각이 없는 경찰서나 법원에 가지 않고도 내 권리를 구제받을 수는 없을까? 만약 그럴 수만 있다면 사회관계와 거래의 범위는 괄목하게 확대될 수 있을 것이다. 계약이 이행되는 한 상대방이 사람이 아니라 원숭이거나 로봇이라도 상관없을 것이다.

온라인상의 거래는 비대면성으로 더욱 신뢰가 취약해서 은행이 개입하고, 본인인증, 비밀번호, 공인인증서 등 겹겹으로 보안조치를 하고, 에스크로(escrow)라는 구매대금 예치 서비스를 이용한다. 그러다 보니 거래가 불편해진다. 큰 거래라면 불편을 감내하겠으나 얼마 되지도 않는 거래나 송금을 위해서 이와 같은 복잡한 절차를 거쳐야 하는 것은 뭔가 잘못되었고 해소되어야 한다.

2. 개념 및 의의

블록체인은 이런 문제가 해결된 사회를 꿈꾸는 자들이 개발한 개념으로서 공개적으로 열람 가능한 분산원장(distributed ledger)을 유지하는 P2P네트워크이다. 중개자 없이 노드 스스로가 거래의 신뢰성을 검증할 수가 있어서 중개비용절감을 가능케 하는 인터넷 신기술이다. 원리를 살펴보면, 각 거래의 정보를 공개키와 해시(hash)함수로 암호화하고 시간을 기록하여 저장한 단위인 블록을 네트워크의 모든 노드에 전달한다. 각 노드는 거래의 진정성을 확인하고 작업증명(proof-of-work)[1]을 수행하며 가장 먼저 수행한 노드는 이를 전체 노드에 전송한다. 그에게 보상으로 가상화폐가 지급된다. 거래 내용에 대해 이견이 발생하는 경우에는 컴퓨팅파워(CPU)기준 과반수(51%)를 차지하는 노드의 지지를 받는 정보가 진정한 것으로 간주된다. 검증된 블록은 이전의 거래에서 생성된 일련의 블록에 더하여 연결됨으로써 체인과 같은 구조가 된다.

블록체인에서 완료된 거래 정보를 변경하려면 그 블록 이후에 연결된 모든 블록의 정보를 변경해야 하는데 이는 많은 시간이 소요되고 그 사이에도 새로운 블록이 계속 연결되므로[2] 완료된 거래 정보의 변경이 사실상 불가능하다.[3] 또한 계약의 이행에 있어서도 계약의 조건이 달성되면 당사자나 제3자의 개입 없이도 자동적으로 가치의 변경이 계약의 내용과 같이 이행되도록 하는 스마트계약(smart contract)이 가능하다.

1) 소위 채굴이라고 불리는 과정이며 포함된 정보가 거짓이 아니라 진실임을 컴퓨터 연산 작업으로 증명하는 것이다.

2) 비트코인의 경우 매 10분마다 새로운 블록으로 체인을 연장시킨다.

3) 향후 양자컴퓨터 기술의 발전으로 조작이 가능할 수 있다는 견해가 있다.

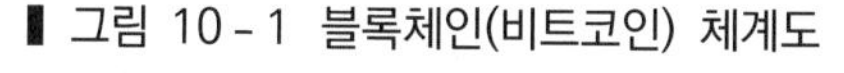

그림 10 - 1 블록체인(비트코인) 체계도

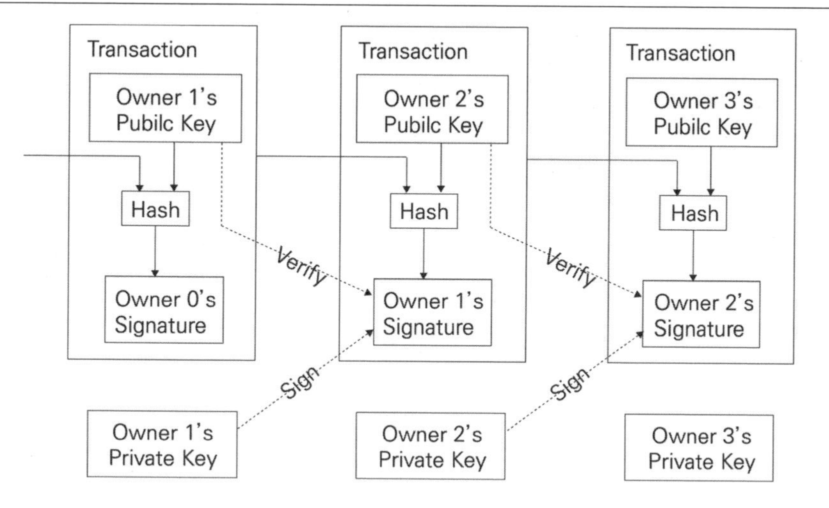

출처: Satoshi Nakamoto, "Bitcoin: A Peer-to-Peer Electronic Cash System", https://bitcoin.org/bitcoin.pdf. p. 2.

월드 와이드 웹이 인터넷을 기반으로 그 상용화에 크게 기여한 것과 같이 블록체인도 인터넷을 기반으로 신뢰성이 높으면서도 저비용의 다양한 서비스를 가능하게 할 것으로 기대된다. 일부 논자는 웹이 개인 간 커뮤니케이션, 출판, 상거래 등에서 아날로그 방식의 근간을 붕괴시켰는데 블록체인이 다시 웹 기반 서비스를 뒤엎을 뿐만 아니라 암호화폐의 사례에서 보듯이 인류사회시스템 전체에 큰 반향을 가져올 수 있는 것으로 예측한다.[4)]

종래 대부분의 전산시스템은 중앙서버와 데이터베이스를 중앙관리자가 통제하는 방식이었다. 높은 개발 및 유지보수 비용이 들었음에도 확장성이 부족하고 외부 시스템과 연동이 쉽지 않았다. 또한 데이터의 위변조가 없음을 확인하기 위한 감사체계의 구축도 필요하였다.

블록체인은 전산시스템의 구성 및 운용방식에 큰 변화를 가져올 수 있다. 당사자간의 거래정보가 중앙시스템을 경유하지 않고 분산된 데이터베이스에 기입되는데 그 공개성으로 인해 누구라도 참조 가능하며, 체인구조로 인해 위조

---

4) 윌리엄 무가야(박지훈·류희원 역), 「비즈니스 블록체인」, (William Mougayar, The Business Blockchain) 한빛미디어, 2017, pp. 62-65.

가 불가능하다. 분산네트워크에 따라 비용이 낮으며, 노드를 끌어드릴 인센티브만 유지하면 반영구적 지속이 가능하며, 오픈소스를 이용하여 높은 확장성을 갖고 있다. 이와 같은 블록체인 기반에서는 정보시스템의 민주화가 구현되어서 플랫폼의 중심에 결정권이 주어지는 것이 아니라 블록체인을 구성하는 각 노드가 결정권을 가지고 계약의 체결 및 이행을 스스로 수행할 것이 예견된다.[5)]

블록체인이 플랫폼 혁명을 일으키면 현재 존재하는 일부 플랫폼은 그 자리를 잃을 수도 있지만 더 많은 플랫폼은 신기술을 수용하여 진화할 것이다. 나아가 블록체인이 내세우는 신뢰의 탈중앙화와 투명성 확보는 플랫폼 중립성의 이념적 목표에 기여하는 측면이 있는 것이 분명하다. 이에 이 장에서는 블록체인이 가져오는 플랫폼 혁명의 구체적 모습과 플랫폼 중립성에의 함의를 검토하고자 한다.

3. 진화

블록체인에 대해서 몇 가지 의문이 제기될 수 있다. P2P기반의 서비스에서 노드가 증가하는데 모든 노드의 장부를 10분마다 갱신하려면 어마어마한 네트워크 부하가 걸릴 것이란 점이다. 네트워크 회사들이 이를 수인해야 할 의무가 있는가? 망 중립성 차원에서 숙고가 필요한 문제이다.

또한 블록체인이 길어질수록 고용량의 컴퓨터 처리능력과 보관공간이 필요하지 않겠느냐는 의문이 가능하다. 사토시 나카모토도 이미 오래된 거래정보에 대한 가지치기를 권고했다.[6)] 그러나 그는 비트코인만을 고려했지 현재와 같은 블록체인 열풍을 예상하지는 않은 것 같다. 해결책으로는 모든 정보를 블록체인상에 기록하는 것이 아니고 참조정보와 해시값만 기록하고 나머지 전체 정보는 따로 클라우드 등에 보관하는 방법, 거래의 진실성을 확인하는 데에 충분한 정도로 블록체인의 길이를 제한하는 방법을 생각할 수 있다. 하지만 여전히 거래의 전체 정보가 필요한 경우를 대비하여 큰 묶음별로 원자료를 보관할 필요는 있을 것이다.

---

5) De Filippi, Primavera. & Samer Hassan, "Blockchain Technology as a Regulatory Technology: From Code is Law to Law is Code", *First Monday* Volume 21, Number 12, University of Illinois at Chicago Library, December 2016.

6) Nakamoto, S. "Bitcoin: A Peer-to-Peer Electronic Cash System", 2008, p. 4.

이와 같은 도전에 직면하여 블록체인은 다양한 유형으로 진화하였다. 즉, 누구라도 노드가 될 수 있는 공개형(public) 블록체인과 노드의 숫자를 제한하는 사적(private) 블록체인, 그 중간 형태인 하이브리드형 블록체인이 있다. 가상화폐는 공개형 블록체인에 기반을 두었지만 대기업이나 증권거래소는 내부 정보처리를 위해 사적 블록체인을 구축하고 있으며, 은행 등 금융권에서는 컨소시움을 구성하여 공동으로 이용하는 하이브리드형 블록체인 구축을 추진하고 있다. 각 유형의 필요에 따라 운영방식이 다르며 한 유형안에서도 기술진화는 계속되어서 블록의 크기가 커지고 생성속도가 빨라지고 있다.

프라이빗 블록체인은 퍼블릭 블록체인이 인터넷 공공망에만 의존하는 경우 불안전성을 인식하고 회원사간에 전용회선을 설치하겠다는 의도로 판단된다. 블록체인의 이점을 유지하면서도 퍼블릭 블록체인의 네트워크 부담 등 비효율을 제거하여 정보처리 속도를 훨씬 감소시킬 수 있다는 점에서 신속, 빈번한 거래에 대한 처리가 요구되는 경우에는 이와 같은 것이 더 적합하리라고 생각된다. 실제로 공개형 블록체인이 갖는 개인정보보호의 취약성,[7] 거래활성화에 따른 처리속도의 지연, 사회적으로 무익한 작업증명에 드는 전산자원 및 전력의 낭비 등의 문제를 해결하기 위하여 최근 출시되는 블록체인은 컨소시움 형태로 노드의 수를 제한하거나 지분증명(proof of stake)을 채택하는 등 새로운 시도를 하고 있다.[8]

II. 인터넷 지급결제 플랫폼: 핀테크와 가상화폐

1. 전자상거래 지급결제

지급결제 개관

금전의 지급수단에는 현금, 어음, 수표, 계좌이체, 카드 및 전자화폐 등 다양한 방식

---

7) 시스템은 안전하다고 해도 노드에서 유출되는 것은 막을 길이 없다. 암호화처리 하였으므로 직접적인 개인 식별력은 없으나 한 번이라도 식별되는 경우 그 파급 효과를 수습하기 어렵다. 이론적으로는 정보주체의 정정권, 삭제권이 블록체인의 수정불가능성이란 기술적 특성과 어떻게 조화가능할지가 문제된다.

8) “비트코인·이더리움 가고 ‘3세대 블록체인’ 뜬다”, 머니투데이, 2018.2.24.

이 있다. 이중 계좌이체에는 지로, 인터넷 뱅킹, 온라인 송금 등이 있으며, 카드에는 선불카드, 직불카드, 신용카드 등이 있다. 전자화폐는 협의로는 몬덱스카드처럼 IC 카드에 화폐가치를 저장하는 것과 이캐시처럼 컴퓨터단말에 저장하는 방식을 지칭하는 것으로 이해되지만 광의로는 계좌이체, 카드결제부터 간편결제, 가상화폐 등을 모두 포함한다.

결제시스템은 거액결제시스템, 소액결제시스템, 증권결제시스템으로 구분할 수 있다. 각종 은행, 증권, 보험회사가 참가하여 한국은행에 개설되어 있는 당좌예금계정 간의 자금이체를 통하여 상호 주고 받을 자금을 결제하는 한국은행금융결제망이 한국의 유일한 거액결제시스템이다. 소액결제시스템에는 금융결제원이 운영하는 어음교환시스템, 지로시스템, 현금자동인출기공동망 등 11개의 시스템과 신용카드사가 운영하는 신용카드결제시스템, 이동통신사가 운영하는 모바일결제시스템 등 다수가 존재한다. 증권결제시스템은 증권거래소의 위탁을 받아 증권예탁원이 운용하고 있다.

지급결제는 경상거래의 뒤처리라고도 볼 수 있지만 모든 거래의 화룡정점이며 거래를 완결짓는 활동이다. 무릇 모든 금융기관이 이에 관심을 가지고 있을 뿐만 아니라 애플, 구글, 삼성 등 거대 제조·서비스업체들도 이 시장에 눈독을 들이고 있다. 막대한 투자가 요구되는 시장임에도 경쟁이 활발하게 일어나고 있다. 일단 지급결제 시장에서 지배적 플랫폼이 되면 생산자, 소비자, 유통업자의 활동을 한 눈에 볼 수 있는 만화경을 갖게 되기 때문이다.

전자상거래 초기에 거의 유일한 지급수단이었으며 현재도 가장 중요한 지급수단은 신용카드이다. 은행을 통한 계좌이체도 있었으나 인증절차의 복잡함이나 글로벌 결제의 어려움으로 차츰 시장에서 퇴출되었다. 신용카드거래 또한 절차나 수수료 차원에서 소액결제에는 불편한 것으로 지적되면서 다양한 간편결제 수단이 등장하였으며 페이팔(Paypal)과 알리페이(Alipay)가 이 움직임을 선도하였다. 인터넷 쇼핑을 비롯한 전자상거래의 확산은 간편결제 제도의 등장에 힘입은 바가 크다.

미국에서 1998년 개발된 페이팔은 결제시에 신용카드 번호를 입력하지 않고 이메일과 비밀번호만 기입하면 결제가 이루어진다. 매매에 따른 결제뿐만 아니라 환전이나 송금도 가능하다. 페이팔은 평소 이용자의 구매 패턴을 기록하고 분석해 패턴과 동떨어진 구매 행위가 발생하는 경우 추가인증을 받게하는 사기방지시스템(Fraud Detection System, FDS)을 구축하고 있다. 중국에서

2004년 출시된 알리페이는 중국 전자상거래시장과 성장을 같이하여 현재 세계 최대의 결제 서비스가 되었다.

국내 간편결제 시장이 개화한 2015년 이후 다수의 업체가 간편결제 시장에 진입하며 수십여 개의 시스템이 등장했다. 하지만 앞으로는 상위 4사인 네이버페이, 카카오페이, 페이코, 삼성페이를 중심으로 관련 업체간 합종연횡을 통한 시장의 확대와 공고화가 동시에 진행될 것으로 예상된다. 신용카드가 확고하게 자리 잡은 국내시장에서 간편결제가 차지하고 있는 비중은 2017년 2분기 현재 카드시장 대비 약 3% 수준에 불과하지만 이용건수 대비 매 분기 40%, 거래액 대비 매 분기 25% 이상의 높은 성장세를 지속하고 있다.[9] ICT업체들이 간편결제 사업에 집중하는 이유는 크게 두 가지다. 첫째, 결제 시스템의 플랫폼 내재화는 이용자들이 자사 서비스를 편하게, 오래 이용할 수 있게 하는 동인으로 작용한다. 둘째, 이용자들의 구매 데이터를 최대한 확보해서 활용할 수 있으므로 타깃 광고 플랫폼과의 연계를 통해 광고 매출을 증대할 수 있다.

이와 같은 성장에도 불구하고 간편결제시스템은 계좌에 선납된 금액의 한도 내에서 결제가 이루어지며, 민간기관이 갖는 신뢰성의 문제로 소액결제에 한정되어 사용되고 있는 점, 오프라인 가맹점 확보가 느린 점, 신용카드사(또는 은행)-PG[10]-VAN[11] 사의 계단식 수수료 배분구조에서 열세에 있는 점 등이 과제로 남아있다.[12]

2. 핀테크

전자금융거래법이 2006년 제정되었으니 금융분야가 정보통신기술의 발전에 의해 큰 변화를 경험할 것이라는 인식은 이미 10여년 이전부터 존재했다고 할 것이다. 다만 근년 들어 비트코인 등 가상화폐, 블록체인을 이용한 스마트

---

9) 한국은행에 따르면 2016년 11조7800억 원에서 2017년 39조9900억 원의 시장으로 성장했다.

10) Payment Gateway. 신용카드사와 직접 가맹점 계약을 체결하는 것이 어려운 중소쇼핑몰을 대신해 카드사와 대표 가맹점 계약을 맺고 신용카드 결제 및 지불을 대행한 뒤 수수료를 받는다.

11) value added networks. 다양한 부가가치통신망 사업자가 있으나 여기서는 각종 전자적 금융거래에 대해 POS(Point of Sales)시스템이나 가맹점조회기, 전화ARS를 통하여 거래승인 또는 불량여부를 체크하고 전표수거 등의 서비스를 제공하는 기관을 말한다. 우리나라 VAN사에는 한국신용정보(KISS), 금융결제원(KFTC), 조선무역(KSVAN), 한국모바일페이먼트 서비스(KMPS), KIS, 나이스정보통신(NICE) 등이 있다.

12) 이준희, “페이 전쟁의 시대”, 서울대 법과 경제연구센터, 「데이터이코노미」, 2017, p. 122.

계약, 기타 핀테크(Financial Technology, FinTech)의 현실화와 인터넷전문은행의 등장 이전에는 전자금융은 금융산업에 구조적 혁명을 가져올만한 충격이라기보다는 금융기관이 신기술을 기존의 업무에 적용하여 효율성을 향상하는 정도로 이해되었다.

핀테크가 처리하는 데이터는 금융정보이며, 그 대부분은 개인정보이므로 개인정보보호체계와의 조화가 요구된다. 현행 법제에서 동의를 받지 않고도 한정적으로 허용되는 개인정보처리의 범위를 넘어서 비식별화 등의 방식으로 개인금융정보의 활용가능성을 넓혀주지 않고는 핀테크기술이 산업에 영향을 주기 어렵다.

핀테크 분야에 대한 투자 동향을 살펴보면 이전에는 벤처캐피탈의 투자가 높은 비중을 차지하였으나 최근에는 그 비중이 다소 줄어들고 금융기관의 투자가 증가하였다는 점이 주목된다. 즉, 과거에는 금융산업의 판을 바꾸겠다는 핀테크 벤처가 많았으나[13] 이제는 기존의 금융기관이 업무혁신의 수단으로 핀테크를 수용하는 비중이 커지고 있다.[14] 국내 금융투자컨소시움은 지금까지 금융거래에 필요악으로 인식되었던 공인인증시스템을 대체하는 블록체인 인증시스템을 출시하였다.[15]

핀테크업체를 기존 금융기관의 비효율 개선에 기여하려는 Enabler, 기존 금융산업의 판을 바꾸려는 Disruptor, 고객접점의 편의성을 극대화하려는 Platform으로 구분하여 주요 업체를 아래와 같이 분류할 수 있으나 실은 한 업체가 복수의 지향점을 갖거나 지향점이 이동하는 유동적인 상황이라고 할 것이다.

인터넷이 국경과 시간을 초월하여 거의 비용을 들이지 않고도 정보를 전송할 수 있는 세상을 만듦으로써 세상을 변화시키고 있지만 아직 가치, 즉 돈의 전달은 이와 같이 자유롭지 않다. 물론 위에서 설명한 각종 핀테크 기술이 금융 서비스를 날로 편리하게 바꾸고 있는 것은 사실이지만 아직은 꿈과 현실

---

13) Zopa, Square, Kreditech, Number26, Moven, Fidor, Wealthfront 등

14) 해외 사례로 뱅크오브아메리카는 고객의 소비와 저축 행동의 개선을 돕는 인공지능 챗봇을 개발하였으며, HSBC는 계좌개설시 신원확인을 위한 안면인식기술을 개발하였고, RBS는 이더리움의 스마트 컨트랙트 기반 청산결제 메커니즘을 개발하였고, BNP Paribas는 블록체인 플랫폼을 활용한 비상장사 미니본드를 발행하였으며, 2015년 설립된 베트남의 Timo는 모바일뱅킹 전문 서비스를 확대하고 있다.

15) "은행권 '뱅크사인'으로 블록체인 인증서 출시, 공인인증서 사라질까?", blockinpress, 2018. 8.30.

의 격차가 적지 않다. 왜 아직도 국제송금은 복잡하고 수수료가 그리도 높은가? 한해에 수차례 해외로 나가는 것이 일상화된 세상에 왜 매번 환전을 해야 하고 수수료는 왜 그리 높은가? 이와 같은 부조리를 개혁하고자 하는 사람들은 국가가 발행하는 화폐시스템을 뛰어넘는 새로운 가치교환시스템을 블록체인에 기반을 둔 가상화폐기술이 구현할 수 있지 않을까 꿈꾸고 있다.[16)]

▌그림 10-2 핀테크 업체의 유형화

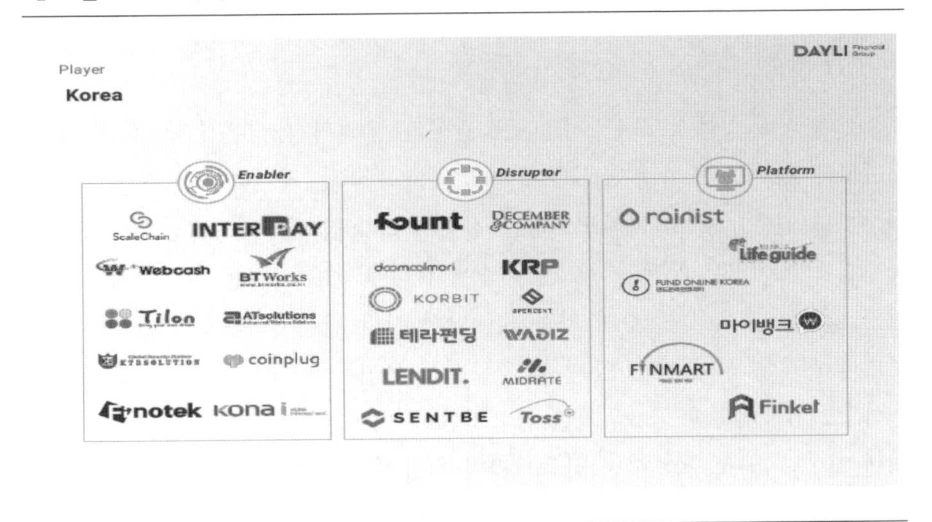

자료: 신승현, "글로벌 핀테크 동향과 전략", 한국핀테크산업협회 컨퍼런스 발표자료, 2017.6.13.

핀테크가 금융혁신의 미래를 기약하며 수면 아래에서 힘을 모으고 있다면 인터넷전문은행은 이미 수면 위로 올라왔다. 2017년 4월 K뱅크에 이에 7월 카카오뱅크가 영업을 개시하였으며 특히 카카오뱅크의 경우 영업개시 후 5일 동안 3,440억 원의 수신고와 3,230억 원의 여신고를 올리면서 기염을 토했다. 오랫동안 지체되었던 한국금융 혁신의 계기가 될 것으로 기대되었지만 은산분리와 관련한 투자 제한이 인터넷전문은행의 규모 확대를 막았다. 재벌의 은행업 진출제한 같은 은산분리의 틀은 유지하더라도 금융혁신의 모멘텀이 결실을 맺기 위해서는 인터넷전문은행에 더 큰 재원과 운신의 폭이 허용되어야 한다는 지적이 이어졌다. 글로벌 전자상거래의 비중이 증가하는데 금융이 언제까지 국

16) 미국 벤처 빔(VEEM)은 블록체인을 활용하여 저렴한 수수료의 국제 송금 서비스를 제공하고 있다.

가별로 분리된 시장으로 머물 수 없다. 글로벌 지급결제시장의 패권을 잡기 위해서는 인적, 재정적, 정보적 차원에서 큰 투자가 필요하며 이를 위해 외부수혈은 불가피하다. 다행히 2018.9.20. 「인터넷전문은행 설립 및 운영에 관한 특례법」[17]이 국회를 통과하여 비재벌 산업자본의 지분율 한도가 34%로 상향되고 ICT기업의 추가적 투자를 허용할 수 있는 근거가 마련되었다.

3. 가상화폐

(1) 개관

전자금융 중에서 최근 가장 큰 관심과 우려의 대상은 '가상화폐'(virtual currency) 또는 '암호화폐'(crypto-currency)라고 불리는 것이다. 최초의 가상화폐인 비트코인은 사토시 나카모토라는 사람이 2008년 쓴 "비트코인: P2P전자화폐시스템"[18]이라는 논문과 시스템구축에서 시작되었다. 이는 미국에서 금융위기가 발생한 직후이다. 종래 사람들은 낯선 사람 간에도 금융거래를 가능하게 하기 위해서는 신뢰할 수 있는 제3자로서 금융기관의 개입이 필요하다고 생각했다. 그런데 미국발 금융위기는 금융기관이 전혀 신뢰할 수 없는 집단임을 드러낸 것이다. 사토시는 이런 금융기관의 개입 없이도 안전하게 거래할 수 있는 전자금융시스템으로서 비트코인 거래를 제안한 것이다.

나카모토가 스스로 작성한 위 논문의 요약문은 비트코인의 원리를 잘 제시한다.

> 순수한 P2P 전자화폐는 금융기관을 통하지 않고 사람들이 직접 온라인으로 금전을 지급할 수 있게 해준다. 디지털서명이 솔루션으로 이용된다. 하지만 제3자의 간섭을 막아야 중복지급을 막을 수 있다. P2P가 중복지급에 대한 해결방법이다. 이 네트워크는 거래를 해쉬함수로 암호화하여 기존의 확인된 거래기록의 체인에 연결함으로써 거래의 시점을 인증한다. 하나의 블록은 그에 연결된 체인을 구성하는 블록을 모두 변경하지 않고는 변경할 수 없다. 가장 긴 체인은 거래의 이력에 대한 증거일 뿐 아니라 가장 많은 컴퓨팅파워로부터 승인받았다는 증거이다. 과반의 컴퓨팅파워가

---

17) 법률 제15856호, 2019-01-17 시행.

18) Nakamoto, S. "Bitcoin: A Peer-to-Peer Electronic Cash System", 2008.

> 네트워크에 대한 공격에 협조하지 않는 노드에 의해 통제된다면 이들이 가장 긴 체인을 생성할 것이고 공격자를 능가할 것이다. 이 네트워크는 최소한의 구조를 요한다. 메시지는 최선의 노력 원칙에 의해 전파되며 노드는 네트워크를 임의로 떠나거나 재가입할 수 있다. 재가입시에는 가장 긴 블록체인을 그동안 발생한 일에 대한 증거로 받아들여야 한다.[19]

즉, 블록체인을 이용한 계약은 참여하는 모든 컴퓨터에 분산된 장부에 계약 내용이 기재되기 때문에 기존의 어떤 계약방식보다 위변조가 어려우므로 계약의 진정성이 보장된다. 인터넷이 무한복제 기기임에도 불구하고 비트코인 송금자가 특정 코인을 송금한 이후에 그 코인을 여전히 자기가 보유하거나 제3자에게 중복해서 송금하는 문제를 가상화폐는 송금과 동시에 이전 소유자의 지갑에서 자동적으로 해당 액수가 삭감되도록 하여 기술적으로 해결하였다.

가상화폐의 경우 발행인이 특정되지 않고 새로운 거래를 가장 먼저 검증하는 자에 통화가 지급되는 것이 일반적이다. 이는 달리 보면 화폐의 안정성에 대해 종국적으로 책임질 주체가 없다는 말이다. 가상화폐는 공식적으로는 환금성이 없어서 다른 공식화폐로 교환이 보장되지 않음에도 불구하고 실제로는 이를 상품과 서비스거래의 결제수단으로 인정하는 사이트가 증가하고 있으며, 공식화폐로 교환하는 거래소도 등장하였다. 국내에도 빗썸, 코빗, 코인원 등 다수의 거래소가 존재한다. 물론 개인간 직접거래도 가능하지만 불편할 것이다. 이에 따라 일반인들이 가상화폐를 또 다른 화폐로 인식하기보다는 상품 또는 주식과 같은 투자의 대상으로 인식하는 경향도 보이고 있다. 현재는 벤처기업들이 자금조달의 방법으로 가상화폐를 발행하는 것이 새로운 조류이다.

국경없는 인터넷상 거래에서 가상화폐를 사용하는 경우 환전이 필요없어 편리하게 결제할 수 있다는 장점이 있지만 가상화폐거래소가 해킹된다던가, 마약거래 등 불법 활동의 수익을 자금세탁하는 데에 사용된다던가,[20] 사기의 수단이 된다던가 하는 부작용이 발생하면서 정부차원에서 이를 적절히 규제하여야 한다는 목소리가 등장하고 있다.

블록체인을 이용한 가상화폐의 이상은 은행없는 금융거래, 글로벌 거래에

---

19) Ibid. p. 1.

20) 랜섬웨어에 감염시킨 후 그 복구대가로 비트코인을 요구하는 것이 이와 같은 위험성을 말해준다.

도 환전이 필요없는 편리성, 실물거래와 화폐거래가 분리되지 않고 일치된 스마트거래를 구현하는 것이다. 그러나 아래 운용실태에서 보듯이 현재 가상화폐는 투기의 대상인 재화로서의 성격이 강하다.

(2) 운용실태

1) 비트코인

비트코인은 중앙기관 없이 참여자간 네트워크로 거래를 검증하고 기록하는 시스템을 유지하기 위하여 참여자들 중에서 가장 먼저 거래검증에 성공한 참여자에게 12.5BTC의 가상화폐를 발행하고 거래수수료[21]를 수취할 수 있게 한다. 향후 비트코인 총 발행한도인 2,100만 BTC에 도달하면 가상화폐 발행은 없고 거래 수수료만 수취하게 된다. 2017.10. 이미 총 발행량의 90% 가량이 발행되어 신규 발행되는 통화는 극히 제한적이다. 이와 같이 제한된 발행으로 비트코인의 교환가치가 폭등하여 2017.12.17.에는 1BTC 당 1만9310달러에 교환되었으나 2018.11.24. 현재 4,332달러로 다시 급락했다.

주요국의 규제동향이 가치변동에 영향을 주고 있다.[22] 규제당국은 가상화폐를 통화가 아니라 투자의 대상인 상품이나 주식으로 파악하는 것이 더 적합하다는 견해가 주류이며 후술하듯이 미국 뉴욕주는 그렇게 취급하여 과세하고 있다. 비트코인의 채굴량이 줄어들면서 투자자들은 다른 가상화폐의 발행, 즉 신규 코인공개에 관심을 갖게 된다. 가상화폐를 발행하는 것을 ICO(Initial Coin Offering)라고 한다. 단순히 디지털 코인을 발행하기도 하지만 가상화폐관련 투자수익에 대하여 일정한 권리·배당을 약속하는 방식으로 투자금을 모은다. 이리하여 우후죽순처럼 신규 코인이 탄생하였으며 그 와중에서 개발자가 투자금을 횡령하는 등 사기극이 벌어지고 있다. 또한 가상화폐 거래 자체는 블록체인 방식에 의한 보안으로 안전하다고 하더라도 가상화폐거래소는 해킹에 취약해서 다수의 피해사례가 발생하고 있다.[23]

21) 아이러니하게도 기대와는 달리 비트코인 거래수수료는 변동이 심하고 일반 금융거래 수수료보다 더 높은 것이 현실이다. “비트코인 거래수수료, 왜 끊임없이 변하는가”, 블록미디어, 2018.2.28.

22) 2017.9.에는 중국이 가상화폐 거래소에 대해 폐쇄조치를 내리자 비트코인 가격이 40% 폭락하기도 하였다.

2) 이더리움 등 기타 가상화폐

2018.11.23. 현재 전 세계 가상화폐의 종류는 2,071종에 이른다.[24] 금액기준 시장크기는 비트코인의 뒤를 리플(Ripple, XRP), 이더리움(Ethereum), 비트코인 캐시(Bitcoin Cash), 라이트코인(Litecoin), 카르다노(Cardano), 네오(NEO), 스텔라(Stella), 이오스(EOS) 등이 잇고 있다.

언급하였듯이 이더리움은 스마트계약이라는 조건을 만족하는 계약의 자동이행시스템을 구현하였다. 이를 기반으로 탈 중앙화된 자율조직(Decentralized Autonomous Organization, DAO)을 만드려고 시도하였으나 해킹을 당해서 큰 손해를 보고 실패하였다.

신규 가상화폐들은 가상화폐의 총량을 한정하지 않고 지속적으로 추가 발행한다든지, 장기보유하면 화폐가치를 삭감하여 사용을 촉진한다든지 등의 방법으로 비트코인의 단점을 보완하고 있다. 하지만 여전히 비트코인의 시장크기는 2위 사업자의 5배에 가깝다.[25]

(3) 규제동향

1) 외국

가) 일반동향

미국 금융범죄단속반(FinCEN)은 가상화폐거래소에 자금세탁 방지의무를 부과하였으며 뉴욕주는 2015.6. 가상화폐거래소에 영업인가를 받도록 의무화하였다. 가상화폐를 통화가 아닌 상품으로 취급한다. 그 거래는 상품선물거래위원회(CFTC)와 국세청의 과세대상이 된다. 상품선물거래위원회는 이미 가상화폐거래소 몇몇이 거짓 정보를 공시하고 피라미드 사기 행각을 벌였다고 고소하였다.[26] 증권거래위원회(SEC)는 화상화폐 취급업자의 토큰 발행을 증권법

23) 각국의 거래소가 적게는 100만달러에서 많게는 수억달러의 피해를 보았다. 가장 큰 건은 2014.2 일본 Mt.Gox 거래소가 4억5천만달러의 피해를 본 것이다.

24) https://coinmarketcap.com/

25) 2018.11.24. 기준 비트코인 $75,335,290,348. 리플 $16,471,844,081. 그래서 비트코인 이외의 가상화폐를 알트코인(Altcoin)이라 총칭하기도 한다.

26) "CFTC Files Charges in Bitcoin Ponzi Scheme", Derivatives & Repo Report, September 21, 2017.

상 증권 발행으로 보고 증권법 규제를 적용하고 있다. 시카고 상품거래소(CME)와 옵션거래소(CBOE)는 2017.12. 비트코인 선물거래를 시작하였다.[27]

싱가포르, 홍콩도 2017년 하반기 증권발행 형식의 ICO의 경우 증권법에 따른 규제를 적용하기로 하였다. 일본은 가상화폐를 법정화폐로 인정하지는 않았지만 결제수단으로 이용할 수 있도록 2016.5. 「자금결제법(資金決濟法)」에 가상화폐 개념을 정의하고 가상화폐거래소의 등록을 의무화하였다.

한때 중국은 가상화폐시장의 견인차 역할을 하였으나 2017.9. 정부가 가상화폐거래소에 대해서 영업을 정지하고 소비자에 대한 환불과 폐업절차를 밟을 것을 명령하여[28] 시장이 얼어붙었다. 러시아와 베트남도 비트코인거래를 불법으로 간주한다.

한편, 스위스는 취리히 인근에 가상화폐 밸리를 조성하는 등 가상화폐와 블록체인에 대해 우호적인 정책을 시행하고 있다. 관련 사업자들은 가상화폐밸리협회(Crypto Valley Association)를 조직하여 스위스를 가상화폐 허브로 발전시키고 있으며 자율규제안(Code of Conduct, ICO)도 제정하고 있다.[29] 스위스 연방금융감독청은 2018.2.에 발표한 가상화폐 규제 가이드라인에서 가상화폐의 기능이 지불수단, 디지털 서비스에 접근하는 기능수단, 자산 중 어디에 해당하느냐에 따라 다른 규제방식을 채택하였다.[30]

나) 미국주법통일회의 가상화폐영업법 통일규칙

미국주법통일회의(National Conference of Commissioners on Uniform State Laws)는 2017.7.19. 「가상화폐영업법 통일규칙」(Uniform Regulation of Virtual Currency Business Act)을 채택하였다.[31] 동 통일규칙은 가상화폐의 정의, 가상

---

27) Edward Murphy, Maureen Murphy & Michael Seitzinger, "Bitcoin: Questions, Answers, and Analysis of Legal Issues", Congressional Research Service, October 13, 2015; 배승욱, "미국의 가상통화 규제 및 시사점", 「외법논집」 제42권 제2호, 2018.5.

28) "Beijing-Based Cryptocurrency Trading Exchanges Told to Announce Trading Halt", Virtual Currency Report, September 20, 2017.

29) https://cryptovalley.swiss/

30) "스위스 금융감독청 '가상화폐 규제, 투명성이 핵심'", 연합뉴스, 2018.2.18.

31) UNIFORM REGULATION OF VIRTUAL-CURRENCY BUSINESSES ACT drafted by the NATIONAL CONFERENCE OF COMMISSIONERS ON UNIFORM STATE LAWS and by it APPROVED AND RECOMMENDED FOR ENACTMENT IN ALL THE STATES at its ANNUAL CONFERENCE MEETING IN ITS ONE-HUNDRED-AND-TWENTY-SIXTH YEAR

화폐영업의 인가·등록제, 인가요건으로서 인적·물적 기준, 보증금 예치요건, 인가갱신, 보유금요건, 금융관련법상 각종 보고의무의 준용, 성실한 영업수행과 고객의 이익을 보호하기 위한 각종의무, 규제기관의 고시제정권, 심사절차, 규제기관의 조사권한, 금지명령 및 벌칙 등을 상세히 규정할 것을 제안하였다. 현재까지 가상화폐와 관련한 법적 경험을 가장 잘 집적하고 있는 결과물로 우리의 입법적 대응에 좋은 준거가 될 것으로 판단된다.

다) 중앙은행의 가상화폐 발행

윌리엄 더들리 뉴욕연방준비은행 총재는 미국 중앙은행이 디지털화폐발행을 검토하고 있음을 시사했다. 크리스틴 라가르드 IMF총재는 법정화폐는 가상화폐로 가야한다고 주장했다. 국제결제은행(BIS) 또한 각국 중앙은행이 가상화폐 발행을 검토할 것을 권고했다. 이에 각국 중앙은행이 움직이기 시작했으며 스웨덴, 에스토니아, 중국 등이 적극적인 것으로 알려졌다.[32] 하지만 첫 삽을 뜬 것은 재정난에 허덕이는 베네수엘라이다. 베네수엘라 정부는 2018.2. 가상화폐 “petro”를 발행하여 첫날에 735백만 달러를 벌었다고 한다.[33] 제세공과금을 이 가상화폐로 납부할 수 있다. 인도, 두바이, 덴마크에 이어 중국도 중앙은행의 가상화폐 발행을 검토 중인 것으로 알려진다.[34] 전반적으로 중앙은행들은 국가별 가상화폐 발행도 조심스러워 하는 상황이라고 할 것이며 국제공용 가상화폐의 출현은 각국의 통화정책 주권이 유지되는 한 요원한 것으로 보인다.

2) 국내

2017.9.29. 금융위원회가 ‘가상통화 관계기관 합동 태스크포스’회의를 열어 가상화폐에 대한 투자금모집 및 대출을 전면 금지하였다.[35] 일반인이 가상화폐를 취급하는 업자로부터 거래자금을 가상화폐로 빌리는 ‘코인 마진거래’도 금지하기로 했다. 현재 금융위는 가상화폐를 유사수신행위로 간주하는 것으로 보인다.

SAN DIEGO, CALIFORNIA JULY 14 - JULY 20, 2017, WITH PREFATORY NOTE AND COMMENTS, October 9, 2017.

32) “블록체인에 푹 빠진 세계의 중앙은행들”, 한경Business, 2018.2.5.-18, pp. 32-33.

33) “베네수엘라, 가상화폐 ‘페트로’ 발행 첫날 7.35억달러 거둬들여”, chosun.com, 2018.2.21.

34) “중앙은행이 가상화폐 발행까지 … 실험 나선 각국 정부” 한국경제, 2018.10.15.

35) “정부 가상화폐 규제 본격화 ‘모든 가상화폐 ICO 금지’”, 전자신문, 2017.9.29.

반면 현행법상 가상화폐거래소는 통신판매 사업자로 신고만하면 영업이 가능한 상황이다. 국회에는 가상화폐거래소가 5억 원 이상의 자기자본과 인력, 전산설비 등을 갖추고 금융위 인가를 받도록 하는 전자금융거래법 개정안이 발의되었다.[36] 가상화폐 관련업계는 이와 같은 인가제가 가상화폐 산업활성화에 필요한 공신력을 부여할 것으로 기대하고 환영하는 분위기이지만 정부는 현재 가상화폐를 금융상품이 아닌 것으로 보고 금지하는 공식입장과 배치되는 점, 가상화폐를 이용한 불법행위에 정부가 기여하는 꼴이 될 우려, 인가제로 일부 가상화폐거래소의 독과점을 조성할 수 있다는 우려 등으로 부정적인 입장이다.[37]

법무부는 2017.12.14. 다단계·유사수신 방식의 가상통화 투자금 모집, 가상통화 채굴을 빙자한 투자사기, 가상통화 거래자금 환치기 등 외국환거래법 위반, 가상통화를 이용한 마약 등 불법거래, 가상통화 거래를 통한 불법 자금세탁 등 범죄수익은닉, 거래소 해킹을 통한 개인정보 유출 등 다양한 유형의 가상통화 관련 범죄에 대해 철저히 수사하고 엄정하게 대처할 것을 검찰에 지시하였다.[38]

이에 한국블록체인협회는 익일 다음과 같은 암호화폐 거래소 자율규제안을 내놓았다.[39]

첫째, 강력한 투자자 예치자산 보호장치 마련(금전 예치의 경우 100% 금융기관 예치, 암호화폐 예치의 경우, 콜드월렛[40] 70% 이상 의무화)

둘째, 신규 코인 상장 프로세스 강화 및 투명성 제고

셋째, 본인계좌 확인 강화 및 1인 1계좌 입·출금 관리

넷째, 오프라인 민원센터 운영 의무화

다섯째, 거래소 회원 요건 강화

여섯째, 불공정 거래의 규제를 통한 임직원 윤리 강화

일곱째, 독립적인 자율규제위원회 구성

---

36) 박용진의원 대표발의, 2017.7.31, 의안번호 2008288.

37) "가상화폐 거래소 인가제 왜 무산됐나: 잘못된 시그널에 따른 부작용·진입규제 장벽 우려", 더벨(www.thebell.co.kr), 2017.9.6.

38) 법무부 보도자료, "가상통화 관련 범죄 엄정 대처 지시", 2017.12.14.

39) "가상화폐 자율규제안 나왔다..보안 강화된 가상계좌 의무화", 이데일리, 2017.12.15.

40) 강화된 보안기준이 적용되는 암호화폐 지갑.

한편, 대법원은 피고인이 음란물유포 인터넷사이트를 운영하면서 정보통신망법상 음란물유포와 형법상 도박개장방조에 의하여 비트코인을 취득한 사안에서, 동법상 음란물유포죄와 도박개장방조죄는 「범죄수익은닉의 규제 및 처벌 등에 관한 법률」에 정한 중대범죄에 해당하며, 비트코인은 재산적 가치가 있는 무형의 재산이라고 보아야 하고, 몰수할 수 있다고 본 원심판단이 정당하다고 판시했다.[41]

3) 대응방향

전자금융거래법에 관련 규정을 신설하여 금융규제당국의 적절한 규제를 받도록 하는 것을 생각해 볼 수 있다. 구체적 규제내용에 대해서는 보다 논의가 필요하겠으나 다음과 같은 것을 고려할 수 있겠다.[42]

첫째, 가상화폐가 현행 전자금융거래법상 전자지급수단에 포함되는지 논란이 될 수 있는 바 가상화폐, 가상화폐거래소 등에 대한 정의를 분명히 할 필요가 있다. 둘째, 국제자금세탁방지기구(FATF)가 2015.6. 가상화폐거래소에 대해 자금세탁 및 테러자금 제공에 대한 규제를 가하도록 하는 지침을 발표하였는바[43] 이 지침을 수용하여 거래소에 예금계좌개설시 본인확인 의무, 본인확인 기록 및 거래기록의 작성·보존의무, 의심스러운 거래의 신고의무, 불법거래 방지를 위한 사내 체제정비 의무 등을 부과한다. 셋째, 가상화폐거래소에 대해서도 전자금융거래법상 전자금융업자에게 적용되는 규제에 준하여 허가 또는 등록제, 일정한 자본금 또는 기본재산 보유요건, 전문인력 및 물적 설비 요건, 이용자 보호를 위한 정보제공 및 설명의무, 개인정보보호 및 보안을 위한 내부관리의무 등을 부과하고 금융감독 당국의 감독, 검사 및 시정조치권을 부여한다. 넷째, 가상화폐 이용자보호를 위해서 가상화폐거래소에 자신의 재산과 이용자의 재산을 분리하여 관리하도록 하고 파산 등에 대비하여 보험에 가입하게 한다. 다섯째, 가상화폐거래소에도 자본시장법상 투자자보호를 위한 신의성실의무, 설명의무, 공시의무, 이해상충 관리의무, 부당권유의 금지 등과 같

---

41) 대법원 2018.5.30. 선고 2018도3619 판결.

42) 맹수석, “블록체인방식의 가상화폐에 대한 합리적 규제 방안-비트코인을 중심으로-”, 「상사법연구」 제35권 제4호, 2017, pp. 154-160.

43) Financial Action Task Force, Guidance for a Risk-Based Approach to Virtual Currencies, June 2015.

은 규정이 준용되도록 한다. 여섯째, 가상화폐 거래에 대한 과세 및 가상화폐 거래소에 대해 원천징수 의무를 부과함이 적절하겠다.

블록체인 플랫폼이 성공하여 적용영역이 확대되어 발생될 수 있는 문제에 대하여 매번 신법을 제정하기보다 현행 일반법의 해석과 적용으로 법적 수요에 대응하는 것이 현실적인 접근이 될 것이다.[44] 예컨대, 블록체인은 분산된 여러 노드가 블록을 승인하여야 위조되지 않은 블록으로 인정되어서 체인에 연결되는 구조인데 그렇다면 거래의 성립시점을 언제로 보는가의 문제도 제기된다. 첫 번째 승인시점, 체인에의 연결 시점, 당사자들이 정하는 개수의 노드가 승인하는 시점으로 보는 방법 등이 가능할 것이다. 어느 경우에도 당사자의 의사 이외에 제3의 요인에 의해 거래성립 시점이 확정된다는 불안전성이 있는바, 거래가 확정되면 성립시점은 블록에 기록된 계약 체결 시로 소급하는 것이 합리적일 것이다.

지금까지 제안되는 규제는 가상화폐의 발행과 거래에 집중되고 있다. 가상화폐가 교환기능을 하지 않고 자산으로서 투자의 대상이 되는 현 상황에서는 이해되는 바이다. 그러나 앞에서 고찰하였듯이 가상화폐의 본질은 분산형지급결제시스템인 블록체인에 있다고 파악하면 문제는 달라진다. 전자금융거래법을 비롯한 현행 금융법제는 중앙통제형지급결제시스템을 전제로 은행을 비롯한 금융기관, 금융결제원, 한국예탁결제원의 운영을 규제의 대상으로 삼았다. 그런데 블록체인기반 지급결제시스템은 이들이 없어지거나 적어도 역할이 크게 축소되고 노드에 해당하는 이용자의 역할이 커지는 세상을 꿈꾸고 있다. 이 꿈이 현실화되는 경우 현행 금융법제는 상당부분 의미를 상실하게 되는 것이다.

노드들의 역할이 증대되었다고 해서 중앙통제시스템에 적용될 것으로 제정된 규정을 이들에게도 적용하기 위해 적용대상을 확대하는 것은 문제가 있다. 노드들은 숫자가 무수할 뿐만 아니라 입출입이 자유로워서 특정하기 어렵기 때문이다. 극단적으로 기존 금융법령의 규제대상이 시장에서 사라지고 이용자들이 새로운 형태로 금융수요를 향유하고 있는 것이다. 이런 상황전개를 기존 법을 들이대서 가로막기보다는 금융법제가 달성하려고 하는 금융시장의 건

---

44) 정경영·백명훈, 「디지털사회 법제연구(II) - 블록체인 기반의 스마크계약 관련 법제 연구」, 한국법제연구원 글로벌법제전략 연구 17-18, 2018.8.

전성이 무엇이고 변화된 환경에서 어떻게 이것이 지켜질 수 있는지 처음부터 다시 검토해야 하는 것이다.

4. 블록체인 기반 자산 · 자금거래

채권이나 주식의 거래는 이미 실물증권은 예치된 상태에서 전자적인 명의 변경만 청산기관을 통해 이루어지고 있다. 그러므로 증권거래는 블록체인 기술을 사용하기에 적합한 거래로 판단된다. 블록체인을 이용하는 경우 이용자 및 증권회사가 직접 자신이 구입한 증권이 자신의 명의로 변경되었는지 확인할 수 있으므로 청산기관에의 의존도가 줄어들어 비용절감이 예상된다.

증권거래도 종국에는 자금결제를 수반하여야 완료되므로 증권결제뿐만 아니라 자금결제도 블록체인기반 가상화폐로 이루어진다면 거래가 가장 간결하게 될 것이지만 자금결제의 블록체인화에는 상당한 시일을 요할 것으로 보인다. 금융분야는 어느 분야보다도 안정성이 중시되는 분야이다. 은행이 고속 대용량 거래에 대한 처리를 퍼블릭 블록체인에 맡기는 날이 곧 올 것 같지는 않다. 하지만 제2금융권이나 상품권을 유통하는 회사의 경우에는 이를 이용하는 것이 어려운 결단이 아닐 것이다. 또한 에스크로 계좌를 이용하여 자금결제를 우회하면서 증권거래의 블록체인화가 진행될 것으로 예상된다.[45]

현금거래의 블록체인 기반 결제가 아직 부담스러운 경우에는 사은포인트에서 시작하여 신용카드거래에 블록체인을 이용하는 것이 제안된다. 은행 내 송금에서 시작하여 은행간 송금으로 나아가는 것도 방법이다. 위험을 생각하면 전자에서 시작하는 것이 바람직하나 후자까지 나아가는 경우 국제적인 카드사나 금융결제원에 지급하는 막대한 비용절감을 누릴 수 있는 기회가 기다린다.

언급한대로 다수의 중앙은행이 법정통화로 가상화폐를 발행하는 것을 검토하고 있다. 국제공용 가상통화가 발행된다면 가장 이상적일 것이지만 국가별 가상통화만 실현되어도 현재보다는 국제 송금이나 환전이 훨씬 간편하고 수수료는 인하될 것이다.

45) 고토 아츠시, "금융 서비스에 응용", 비트뱅크㈜ & 편집위원회 저/김응수·이두원 역, 「블록체인의 충격」, BookStar, 2017 pp. 175-182.

5. 소결

일부 분야에서는 블록체인이 기존의 온라인, 오프라인 플랫폼을 개인 대 개인 거래로 대체할 수도 있을 것이나 이는 예외적인 상황일 것이다. 앞서 언급한 바와 같이 공개형 블록체인의 프로토타입은 실제로는 구현하기가 쉽지 않을 것이기 때문이다. 결국 노드 수를 한정한 블록체인 플랫폼이 종전의 중앙집중형 플랫폼을 대체하는 것이 일반적인 현상일 것이다. 그리고 이와 같은 변화는 아래에서부터의 혁명이라기보다는 위로부터의 진화라는 형식을 갖고 추진될 것이다. 가상화폐에 대한 일확천금 기대는 꺼질 것이지만 블록체인은 기존 금융기관들의 업무프로세스를 혁신할 것이다.

핀테크 가운데에서 가상화폐와 다른 블록체인기반 플랫폼은 구별할 필요가 있다. 이념적으로 화폐를 국가권력에서 해방시키고, 국제거래를 달러로부터 독립시킬 수 있다는 메시지는 민중의 환호를 받을만하다. 그러나 실현가능성은 극히 낮다고 할 것이다. 나아가 교환의 매개기능이 지극히 한정적인 것을 일반적인 것처럼 말하거나, 본래적 가치가 전무한데 언제라도 환금이 가능한 것처럼 말하는 것은 사기라고 할 것이다. 이와 같은 사기적 수법 이외에는 정상적인 비즈니스 모델이 없는 가상화폐의 거래와 발권이 만연한다면 당국에서는 소비자주의경보를 발령할 뿐만 아니라 범법행위를 조기에 근절할 수 있도록 예방적 조치를 취해야 할 것이다.

가상화폐에 이용자들이 열광하는 이유는 대부분 한탕주의이지만 일부는 현 금융결제시스템의 문제점에서 기인한다. 무엇보다도 외환지급결제의 불편함이다. 엄격한 외환거래규제와 높은 수수료에 대해 이용자들의 불만이 쌓여가고 있다. 간편결제를 넘어서 무역금융, 국제송금, 증권거래 등의 분야에서 블록체인기술의 활용은 킬러 앱을 탄생시킬 것으로 기대된다. 물론 현실은 혁명적인 판갈이가 일어나지는 않은 가능성이 더 크다. 금융기관은 예전같이 절대적인 지위는 아니더라도 블록체인의 운영자로서 다른 비금융출신 지급이체블록체인과 경쟁하며 명맥을 유지할 것이고 다른 수익원을 찾기 위해 바삐 움직여야 할 것이다.

가상화폐는 일반인이 블록체인 신기술에 기반을 둔 창업에 투자하는 방법이 될 수도 있지만, 과열된 분위기 속에서 '묻지 마 투자'와 이를 이용하려는 사기행각과 구분하기 위해서는 '화폐'라는 용어를 사용하지 말 것을 권한다.

III. 블록체인을 이용한 플랫폼 혁명

1. 블록체인의 진화와 확산

블록체인이 처음 등장한 것이 비트코인의 기반기술 형태였기 때문에 블록체인은 금융분야에서 먼저 그 활용 서비스가 개발되고 있다. 가상화폐뿐만 아니라 각국의 중앙은행이나 시중은행도 관심을 갖고 참여하여 은행간 결제, 증권거래, 환전 및 송금에 있어서 기존 절차를 간소화하여 비용을 절감하는 효과를 거둘 것으로 기대되고 있다. 가상화폐를 금지한 국가들도 블록체인 기술개발과 산업화는 적극적으로 지원하고 있다.[46]

블록체인은 분산형 원장 기술을 사용하기 때문에 중앙 원장이 해킹되어 시스템 전체가 마비되는 사태가 발생하지 않으므로 보안성이 뛰어나다는 평가이다. 또한 종래 중앙매개자에 집중되던 정보, 권한과 이익을 참여 노드 간에 균등하게 나누어 향유할 수 있으므로 민주성이 뛰어나다. 이러한 블록체인의 장점 때문에 블록체인의 활용은 민간뿐만 아니라 공공부문에서도 활용될 수 있는 것으로 예견된다. 에스토니아는 블록체인을 적용한 e-residency 서비스로 국경에 구애받지 않고 가상국가인 비트네이션(bitnation)의 시민권을 발급한다고 한다.[47]

이더리움부터는 블록체인 기술에 의해 교환되는 거래정보의 높은 신뢰성에 기초한 자동적인 계약완성 기능인 스마트 계약이 추가되었다. 스마트계약은 당사자간 이견이 없으면 그대로 실행되게 된다. 여기에 로봇과 드론에 의하여 계약의 이행이 이루어진다면 당사자간의 접촉 없는 물류·유통을 촉진시킬 수 있으며 소규모의 반복적 거래, 장비의 유지보수, 부품교체 등을 보다 효율적으로 처리하는 블록체인 플랫폼도 상상할 수 있다.

비트코인 블록체인은 장점과 함께 단점도 갖는 것으로 앞에서 언급되었

46) "가상화폐 강력 규제하는 중국… 블록체인 관련 창업은 '열풍'", 조선비즈, 2018.7.19.

47) "최근 가장 핫한 나라, 블록체인 혁명의 선두주자 에스토니아", http://yujinpung.com/2018/5/29/

다. 요약하자면, 거래확인과 블록화에 걸리는 시간의 지체와 에너지 과다사용, 거래와 노드가 다수가 되는 경우 네트워크에 주는 부담 등이다. 블록체인 업계는 이와 같은 단점을 극복하기 위하여 지속적인 기술고도화에 노력하고 있다. 최근에는 오픈소스 블록체인인 '하이퍼레저 패브릭'(Hyperledger Fabric)이 리눅스, IBM의 지지를 받으며 개발자간에 각광받는 기술이 되었다. 삼성SDS는 실시간 대량거래의 처리가 가능하고 스마트계약 및 관리 모니터링기능을 갖춘 기업용 블록체인 플랫폼 넥스레저(Nexledger)를 출시하였다.[48]

2. 무역관련 플랫폼

전통적인 무역금융은 다음과 같은 문제점을 노출하였다. 수출자 및 수입자은행의 직원이 일일이 무역서류를 검토하고 금융서류를 송부하였다. 수출자들은 송장(invoice)를 가지고 단기금융을 융통하였는데 이것은 물품미인도시의 위험을 증가시킨다. 선적과 하역과정에서 여러 관계기관의 검사로 물품인도절차가 지체된다. 선하증권이 중복적으로 사용되는 경우가 발생한다. 관계자가 이용하는 플랫폼이 통일되지 않아서 소통에 문제가 발생하고 이와 같은 복잡성 때문에 물품대금지급이 지연되곤 한다.

블록체인 무역금융 플랫폼 하에서는, 수출입서류를 수출입업자, 관계은행이 실시간으로 동시에 네트워크상에서 확인할 수 있다. 은행간 무역금융서류 작성도 네트워크상에서 진행된다. 투명한 절차는 송장, 선하증권의 중복사용과 같은 사기적 행각의 여지를 없앤다. 스마트계약을 이용하며 각종 확인은 디지털서명으로 시행한다. 이로서 물품의 인도와 대금지급이 지체 없이 진행되며 중계은행의 수수료를 절감할 수 있다. 수출되는 물건의 순정성, 소유권 등에 대한 공적 서류가 디지털화되어 블록체인에 올라오는 경우 더욱 안전한 거래가 가능하다.

무역금융뿐만 아니라 무역과 관련된 다른 활동에도 블록체인을 활용할 수 있어서 상사, 해운사, 항공사 등에서 관심을 갖고 시스템을 개발하고 있다.[49]

48) "삼성SDS, IT혁신 이끌 융복합 플랫폼 개발", 매일경제, 2018.1.31.

49) 해상물류기업 머스크(Maersk)는 IBM과 함께 컨테이너 화물추적시스템에 블록체인을 적용중이다.

3. 기타 사례

블록체인기술은 게임머니, 아이템 거래 등에 실험되고 있다. 종래 게임아이템의 현금화가 금지되었으나 이는 더 이상 유지될 수 없는 정책이 될 것이다. 블록체인을 통하여 안전한 아이템거래 시대가 열릴 것이며, 게임머니가 발전하여 여러 게임에서 통용될 수 있고 나아가 인터넷상에서 일반적으로 사용가능한 가상통화가 될 수도 있을 것이다.

그 밖에도 블록체인은 전력 등 에너지 수급의 효율적 조정 및 거래, 개인간 저작물 등의 거래, 병원간 그리고 보험회사와의 의료기록 공유, 부동산 거래장부 등 공적 문서 및 민간에서의 문서관리, 자동차 사고이력 관리 및 중고차 거래, 다이아몬드 등 귀금속과 양주, 미술품[50] 등 고가상품의 감별, 이력관리 및 거래, 전자투표, 자율주행차, 사물 인터넷(IoT) 등 활용 분야가 무궁무진할 것으로 기대된다.[51]

제공하려고하는 서비스의 특성에 따라서 사용하는 블록체인의 유형은 달라질 수 있다. 예컨대, 공공 서비스를 퍼블릭 블록체인으로 구축하여 기존보다 대폭 인하된 가격으로 제공하는 것을 생각해 볼 수 있을 것이지만 기존의 서비스보다 지체된 서비스를 국민이 수용하지 않을 것이며, 공공기관이 무책임하게 네트워크 부담을 증가시킨다는 비난가능성을 고려한다면 기존의 공공 서비스 시스템이 큰 문제없이 운영되는 영역에는 블록체인의 도입은 급하지 않은 일이다. 반면에 국제조세와 같이 기존의 시스템이 작동하지 않는 분야에서는 조세 당국간 블록체인기반 시스템의 도입이 큰 성과를 볼 것으로 기대된다.[52]

과학기술정보통신부는 2018.6. 「블록체인 기술 발전전략」을 발표하였으며, SNS, 통신사, 케이블회사 등은 블록체인이 자신들의 사업에 미칠 영향을 예의 주시하고 연구개발 투자를 진행하고 있다. 넥슨, 카카오, 라인, SKT와 적지 않은 ICT 벤처기업이 블록체인 사업에 뛰어들어 해외에서 가상화폐를 출시

---

50) 정종구, "블록체인 활용방안에 대한 규범적 고찰 -국내 미술품 유통시장을 중심으로-", 정보법학 제22권 제1호, 2018.5.

51) 유성민, 「블록체인으로 인한 서비스 플랫폼의 변화」, NIA 지능화 연구시리즈, 한국정보화진흥원, 2017.

52) WU/NET, "Blockchain: Taxation and Regulatory Challenges and Opportunities", March, 2017. 국내조세의 경우에도 세금 탈루가 많은 국가에서는 도입이 적극 검토될 수 있을 것이다.

하고, 거래소를 인수하고, 블록체인의 운영체제 역할을 하는 플랫폼인 메인넷(main network)을 구축하겠다고 선언하였다.[53] KT도 2018.7. 자사의 상용망에 블록체인을 적용하여 퍼블릭 블록체인보다 더 빠르고 프라이빗 블록체인보다 더 투명하고 신뢰성 높은 블록체인 노드를 구축하겠다고 발표했다.[54]

IV. 블록체인과 플랫폼 중립성

1. 블록체인 기반 조직의 특성

블록체인 이전에도 P2P 서비스는 있었다. 소리바다, EDonkey, Kazaa, Torrent 등이 그 예이다. 그렇다면 블록체인이 P2P라는 것은 특성이라고 말할 것도 못된다. peer의 역할이 증대되었다는 점 정도가 주목되기는 하지만 그 것을 본질적 특성이라고 할 수 있을지 모르겠다. 오히려 전송되는 비트가 종전에는 음악, 영화 같은 콘텐츠를 구성하는 것이었음에 비하여 현재 블록체인으로 전송되는 비트는 가치(화폐, 자산, 주식 등) 자체인 것이다. 예전에도 P2P 금융과 같은 가치전달이 있었으므로 이것도 본질적인 차이가 아니라고 말한다면 그 비중에 괄목할만한 변화가 있다고 할 것이다.

거시적으로 보자면, 종래의 일반적인 조직은 관리자가 중앙에서 종업원에게 과업을 지시하고 감독한다. 자동화된 조직은 대부분의 업무를 기계가 인간을 대신하여 처리하고 소수의 인간이 이들 기계를 컴퓨터로 관리한다. 블록체인에 기반을 둔 '분산자율형 조직'(distributed autonomous organization)에서는 조직의 중심에 프로토콜이 있고 중앙관리자는 존재하지 않는다. 인간이 이 프로토콜을 둘러싸고 활동하면서 프로토콜이 잘 지켜지는지 서로 감시하는 것이다.[55]

---

53) "SKT, 블록체인 플랫폼 만든다.. 국내 대기업 블록체인 도입 가속화", 블록인프레스, 2018. 4.25.; "IT 3인방 '블록체인이 미래 먹거리' 불꽃경쟁", 조선일보 2018.10.31.

54) "KT, 세계 처음으로 '블록체인 상용망' 공개", 지디넷코리아, 2018.7.24; "블록체인 생태계 구축, 이통3사 주도권 싸움 치열", 데일리안, 2018.7.24.

55) 오이시 테츠유키. "비트코인과 개인·사회·국가", 비트뱅크㈜ & 편집위원회 저/김응수·이두원 역, 「블록체인의 충격」, BookStar, 2017, pp. 65-69.

▌표 10-1 블록체인 사회의 조직적 특성

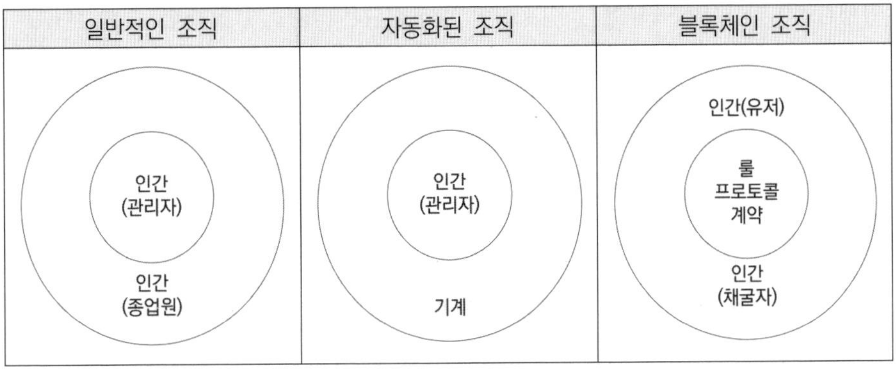

일반적인 조직	자동화된 조직	블록체인 조직
인간(관리자) 인간(종업원)	인간(관리자) 기계	인간(유저) 룰 프로토콜 계약 인간(채굴자)

출처: 오이시 테츠유키(2017) 기반으로 재작성.

블록체인의 시조를 소리바다 서비스나 그 유사라고 하지 않고 비트코인이라고 하는 것도 분산시스템 보다는 '블록'을 만들어서 '체인'으로 연결하는 방식으로 사인뿐만 아니라 국가도 조작 불가능한 진정성 확인시스템을 집단적 노드의 힘으로 구축하는 점에 블록체인의 본질이 있는 것으로 생각된다.

이와 같은 블록체인의 문명사적 중요성이 반드시 현실화 되리라고 확신하기는 아직 이르다. 인터넷 초기에도 가상공간의 자유를 외치며 국가로부터 자유로운 세상을 꿈꾸는 사람들이 있었지만 이제는 더 이상 이들의 목소리를 듣기 힘들고 각국은 제각기 인터넷의 경제, 사회, 문화적 측면을 규율하고 있다. 마찬가지로 초기의 블록체인의 이상형은 공개형, 분산형 블록체인이었지만 장기적으로 상업적으로 성공하는 블록체인은 비공개 또는 하이브리드, 즉 어느 정도의 중앙통제가 존속하는 블록체인이 될지도 모른다.

블록체인의 미래 모습이 분명하지 않으므로 현시점에서 블록체인기반 플랫폼과 경쟁정책과의 관계를 논하는 것도 다소 시기상조이다. 알고리즘에 기반한 기업단합을 우려하는 목소리가 있는 반면에[56] 노드 중 하나가 리니언스 프로그램에 의해 경쟁당국에 협력하는 경우에는 경쟁당국이 관련 산업과 거래에 관한 상세한 사항에 접할 수 있으므로 경쟁법 집행상 시장조사와 당사자의 반경쟁적 의도를 입증하는 것이 훨씬 수월할 것이며 스마트 계약을 이용하여 프

---

56) Cong, Lin William and Zhiguo He, "Blockchain Disruption and Smart Contracts," September 2018. Available at SSRN.

로그램을 정교하게 설계하는 경우 기업의 경쟁법 준수와 경쟁당국의 동의의결 이행감독이라는 양 측면에서 실효성이 향상될 것이라는 기대 또한 존재한다.[57]

2. 플랫폼 중립성에의 함의

(1) 망 중립성과 블록체인 생태계

망 중립성은 블록체인 비즈니스 성공의 전제조건이다. 망 사업자가 블록체인과 관련한 사이트나 비트에 대해 반감을 갖고 전송을 지체하거나 차단한다면 블록체인 비즈니스는 성립할 수 없다. 망 사업자 스스로가 블록체인 비즈니스를 개시하여 자사 블록체인과 타사 블록체인을 차별하여 전송 서비스를 제공한다면 타사 블록체인이 살아남기 힘들다. 따라서 망 중립성 원칙의 유지가 블록체인 비즈니스의 전제라고 아니할 수 없다.[58]

만약 망 중립성 원칙이 폐지된다면 블록체인이 망 사업자의 지위남용을 방지할 수 있는 방안은 무엇인가? 첫째, 콘텐츠 배분의 효율화로 콘텐츠 사업자들의 망 사업자에의 의존을 줄이는 방안이다. 블록의 경량화와 전송구조의 합리화가 이에 기여할 것이다. 둘째, 블록체인 사업자들이 기존의 독점적 망 사업자에 대항하여 대안 네트워크를 구성하기 위해서 힘을 합치는 것을 생각할 수 있을 것이다. 물론 전력선 등 기존의 대안네트워크와의 연합도 가능할 것이다. 다만 다수의 블록체인 사업자나 그보다 더 무수할 노드들이 합심하는 것이 쉽지는 않을 것이다. 정치적 영향력을 발휘하여 정부의 정책을 움직이는 것이 더 실현가능성이 높아 보인다.

이더리움, 네오 등 일부 블록체인은 단순히 네트워크나 특정 서비스 제공을 너머서 자신의 블록체인 위에 비즈니스 생태계를 조성하려는 꿈을 꾸고 있다. 이를 위해 블록체인 위의 앱(Decentralized Application, DApp) 저작 툴을 제공한다. 이와 같은 꿈이 현실화되는 시점에서는 블록체인 플랫폼의 중립성 이슈가 부상하게 될 것이다.

---

57) Tulpule, A. M. "Enforcement and Compliance in a Blockchain(ed) World", *Antitrust Chronicle*, Competition Policy International, Winter 2017.

58) Schoening, F. "What blockchain can learn from the net neutrality debate: antitrust and regulatory aspects of 'paid prioritization' for a nascent technology", Hogan Lovells Focus on Regulation, November 7th, 2017.

(2) 블록체인 플랫폼에 대한 중립성규제?

블록체인의 원형은 중앙통제센터를 관리하는 중계자가 없다. 따라서 전송되는 비트에 대한 중계자에 의한 자의적인 차단, 차별이 있을 수 없다. 다만 네트워크 설계에 의한 차별의 가능성은 잔존한다. 블록체인 방식으로 구성된 플랫폼도 하나 또는 다수의 설계자와 관리자에 의하여 유지되고 이 플랫폼은 그들 사업의 일부인 것이 통상이다. 그렇다면 이들이 설계단계에서부터 또는 설계변경을 통하여 그들의 연관 콘텐츠에 유리하게 시스템을 만들 여지가 있다. 다만 퍼블릭 블록체인의 경우 노드들의 비협조 또는 저항에 의해 유지하기 어려운 경우가 많을 것이다.

프라이빗 또는 하이브리드형 블록체인의 경우, 기획에서부터 내부용으로 의도되거나 회원사간의 거래에 한정하여 사용하도록 기획된 것이므로 배제를 문제삼기 어렵다. 컨소시움형 블록체인의 경우 컨소시움에의 가입조건의 적용을 놓고 불합리한 차별의 발생 가능성이 있으나 이도 시장의 경쟁저해성이 압도적인 상황이 아니라면 참여자의 자율적 결정의 영역에 속하는 사항으로 보아야 할 것이다.

스마트계약도 같은 시각에서 볼 수 있다. 계약의 조건에 따라 자동적으로 이행되므로 이행 단계에서 차별은 있을 수 없지만 계약 조건의 설계가 공정한지 여부는 별개의 문제인 것이다.

블록체인 플랫폼이 플랫폼운영상에 있어서 우발적으로 중립성을 위반할 가능성은 노드의 다수결에 플랫폼의 운영을 맡기는 경우에 발생할 수 있다. 플랫폼에 일단 기록된 거래는 나중에 고칠 수 없다는 불가역성 원칙이나 가상통화의 발행총량을 제한하는 원칙이 다수 노드의 이익에 반하는 경우 이들 다수가 원칙의 변경을 요구할 수 있다. 단기적으로는 이들 다수의 요구를 수용하는 것이 편리할 수 있으나 장기적으로 플랫폼의 중립성에 대한 신뢰를 해하게 된다.[59]

망 중립성에서 제로 레이팅이나 프리미엄 서비스와 같은 이름으로 비트에 대해 차별적인 대우를 제공하는 행위의 적법성이 논란이 되는 것에 비하면 블록체인 네트워크에서 채굴(인증블록화)에 대해 많은 보상을 지급하는 거래를 우

---

59) McMullen, G. "Constitutional Code & Blockchain Neutrality: Lessons in governance from the DAO attack", IPDB Blog-Medium, June 20, 2016.

선 채굴하여 결과적으로 프리미엄 서비스를 제공하는 것은 크게 문제시되지 않고 있다. 이는 인터넷망접속제공 사업자의 경우 독점 또는 복점의 시장구조로 고착되었음에 비하여 블록체인네트워크는 이제 새롭게 개화하는 시장이고 왕성하게 경쟁 사업자의 진입이 이루어지기 때문에 가격차별의 반경쟁 효과가 크지 않은 데에 있을 것이다. 해당 플랫폼의 공개된 원칙이 선입선출을 채택하고 있다면 원칙에 반하는 이와 같은 행위를 용인하는 것이 시장지위와는 무관하게 불공정행위가 될 수 있을 것이다.

다수 노드의 원칙 변경을 허용하지 않는 경우 다수 노드들은 일종의 공모를 통하여 특정 이용자나 거래의 처리를 늦추는 행위를 할 수 있다. 노드들이 분산되어 있는 경우에는 이와 같은 행위가 불가능할 것이나 가상화폐 채굴의 효율성을 위하여 노드들이 풀을 형성하는 경향이 강해질수록 이와 같은 위험이 현실화될 수 있다.

따라서 블록체인기반 플랫폼에 적용되는 중립성원칙 제정을 논의하기에는 아직 시기상조이며 향후 시장이 안정기에 들어서는 경우에야 필요성을 검토할 필요가 있을 것이다. 하지만 불공정행위에 대한 논란과 블록체인간 부당한 공동행위의 발생가능성은 상대적으로 더 커 보인다. 컨소시움형 블록체인의 회원으로 관련업계의 경쟁 사업자가 참여하여 정보를 교류하는 상황은 특히 공모가 발생하기 쉬운 상황을 제공한다. 다만 이와 같은 불공정한 행위도 아직은 구체적인 유형이 드러나지 않았으므로 가이드라인을 제시할 정도는 아니며 당국의 경쟁원칙 확인과 주의가 요구되는 정도라고 할 것이다.

V. 소결

인터넷 경제는 네트워크 효과, 빅데이터, 쏠림현상, 고착 효과 등의 속성으로 인해 독점화의 경향을 갖고 있다고 인식되고 있다. 이와 같은 경향에 의해 지배적 지위를 차지한 플랫폼에 중립성 의무를 부과하여 이들의 차별적 행위로 인한 경쟁 사업자 및 소비자 이익 침해를 방지하자는 것이 플랫폼 중립성의 취지이다. 그런데 최근에 논의되고 있는 분산원장기술, 속칭 블록체인은 인터넷 생태계에 있어 권력을 중앙이 아닌 지방으로 분산시킬 기회를 제공하고 있다. 기술적 속성에 따라 발생하는 부작용을 법과 규제가 아닌 다른 기술에 의해 해결할 수 있다는 새로운 대안에 대한 기대가 생긴 것이다. 아직은 가능성에 불과한 측면도 많지만 블록체인의 정치·경제·사회적 함의를 생각하게 한다.

인터넷 지급결제시장에 절대적 강자가 없으며 새로운 서비스가 등장하고 있는 현실을 본다면 이 시장은 아직 생성 초기에 있는 시장이며 경쟁이 활발히 일어나고 있다고 평가된다. 오히려 연계된 다른 시장에서 지배적 지위를 점하고 있는 사업자가 그 지위를 이용하여 그 시장에서의 거래에 대해서는 특정 지급결제 서비스를 이용하도록 강제한다면 이는 경쟁제한성의 소지가 있다고 할 것이다. 가상화폐는 사회적 기여에 비하여 과열 현상을 보이고 있으니 당국은 무규제와 일체금지의 양극단을 극복하고 합리적 규제의 틀을 마련하여야 할 것이다.

블록체인은 단대단 원칙을 구조설계방식으로 했던 인터넷의 원래 정신을 다시 살린 것으로 볼 수 있다. 그간 알게 모르게 등장하여 날로 역할을 증대해 왔던 인터넷 서비스매개자를 우회하고 분산형 구조로 재편할 수 있는 기회를 제공한다. 블록체인이 기존의 플랫폼 경제를 붕괴시키거나 단대단 경제로 복귀시키지는 않을 것이나 '분산구조 플랫폼'이라는 새로운 유형의 플랫폼을 등장시켜, 집중화하는 플랫폼 경제에 혁신과 경쟁을 불러올 것으로 예상된다.

블록체인 기술을 적용하는 산업을 활성화하기 위해서 현 단계에서 관련 법령을 모두 개정하는 것은 가능하지도 않고 필요하지도 않은 작업으로 보인다. 단독법으로 블록체인 육성법도 논의되고 있으나 공감대가 형성될지는 미지수이다.[60] 필자의 생각으로는 「정보통신 진흥 및 융합 활성화 등에 관한 특별법」과 「산업융합촉진법」의 네거티브 규제원칙, 서비스 실증을 위한 규제 샌드박스, 신속처리·임시허가·일괄처리 등을 적극적으로 활용하려는 민관의 의지만 있으면 충분하다.

---

60) "블록체인과 암호화폐 분리대응법 추진 … 평가는 반반", 이데일리, 2018.11.8.

제 11 장

맺음말

1969년 미국에서 ARPANET이 구축된 지 50여년, 한국에서 1986년 PC통신 '천리안'이 개시되고, 1991년 www(월드 와이드 웹)이 개발된 지 30여년이 되었으니 인터넷은 이제 짧지 않은 역사를 갖게 되었다. 인터넷은 개발 당시부터 계층구조(layer)를 상정하고 설계되었지만 초기 인터넷 계층 중에서 플랫폼이라고 불릴만한 것은 네트워크, 즉 망이 유일하였으며 실제로 망을 구성하는 요소를 여러 겹(물리망, 링크, 논리망)으로 파악하였다. 그러나 현재의 인터넷은 차츰 복수 플랫폼 계층의 모습을 갖추어 가고 있다. 네트워크 플랫폼 위에 운영체제, 브라우저, 포털, 검색엔진, 쇼핑몰 등 전문 플랫폼이 등장하게 되었다. 또한 상위 계층으로 올라갈수록 한 계층 위에 몇 개의 경쟁 플랫폼이 공존하는 현상이 발생하고 있다.

인터넷을 초기에 설계한 엔지지어들은 인터넷이 end-to-end 원리에 입각하여 정보의 처리는 단말에서 하고 네트워크는 정보의 내용은 관여하지 않고 그 최소 단위인 비트를 무차별하게 전송하는 것으로 상정하였다. 인터넷이 상용화되고 전자상거래가 발달하면서 인터넷접속 사업자들은 비트의 차별적 전송을 수행할 트래픽관리 기술을 갖추었을 뿐만 아니라 이를 통해서 수익을 높일 수 있음을 발견하고 때로는 은밀하고 때로는 노골적으로 이와 같은 차별적 전송정책을 채택하기 시작하였다. 2000년대 들어 Tim Wu는 망 중립성론을 통하여 이와 같은 경향을 비판하고 end-to-end 기본원칙으로 돌아갈 것을 호소하였으며 많은 사람들이 이에 동참하였다. 오바마대통령에 의해 시행된 인터넷 서비스의 기간통신(통신법 제2편 적용)으로의 재분류가 트럼프대통령에 의해서 정보 서비스(통신법 제1편 적용)로 원상 복구되는 등 엎치락뒤치락이 계속되고 있지만 장기적으로 보면 네트워크 플랫폼 사업자의 비차별 의무는 망 중립성 원칙으로 정착할 것으로 보인다.

운영체제, 브라우저를 포함한 그 상단의 플랫폼은 네트워크와는 약간 다른 특성을 가지고 있다. 우선 end-to-end 원칙은 네트워크의 구성 원리일 뿐 운영체제, 브라우저 등과는 별 관련이 없다. 투명성, 차단금지, 비차별 원칙 중에서 차단금지가 네트워크의 특성을 포함하고 있는 것은 사실이지만 이는 극단적 차별의 한 형태로 고의적 거래거절 내지 배타적 운용을 금지하는 것으로 본다면 다른 플랫폼에도 적용가능하다고 할 것이다. 다만 애플의 'walled garden' 형태의 폐쇄적 운영체제를 용인한 역사적 사례에서 본 바와 같이 배타적 운용이 모두 금지되는 것은 아니다. 폐쇄적 모델로 혁신을 이룬 기업에게 공개를 명하는 것은 혁신에 대한 부인이 될 것이다. 반대로 관련 사업자와 시스템 간 협력과 연동의 관례가 정착하여 연동에 대한 기대가 존재하는 상태에서 일방적으로 이를 중단하는 것은 문제된다. 이미 시장이 한 두 지배적 사업자 중심으로 공고화된 운영체제 계층에서 차별금지 원칙의 적용은 더욱 주의를 요한다. 객관적 기준에 근거한 일관된 구별과 그에 따른 상이한 대우냐 아니면 자의적이거나 아무런 기준도 없는 상이한 대우냐에 따라 구별이 가능할 것이다. 후자의 경우에 비난 가능성이 있으며 일반적으로 시장에서의 경쟁을 해치는 효과가 있는지 여부에 따라 공정거래법 적용이 좌우된다.

포털이나 검색엔진의 경우에는 그들이 표방하는 정책에 따라 특정 유형의 정보에 대한 차별정책을 분명히 밝힌다면 일반적으로는 이를 문제 삼을 수 없을 것이다. 하지만 겉으로는 동등한 취급을 하는 척하면서 남몰래 차별을 시행하는 것은 경쟁저해 또는 사기적 관행으로서 금지될 것이다. 검색엔진, 포털 등 안정화된 계층에서 플랫폼 기업이 시장지배적 지위를 점한 경우에는 더 엄격한 규제가 가해질 수 있다. 합리적인 이유가 없이 다른 사업자의 영업활동을 방해한다든지 인접시장으로 독점력을 전이하는 경우에는 시장경쟁을 저해하는 행위로 금지된다.

쇼핑몰, 소셜미디어, 각종 앱 등 응용 플랫폼은 현재 시장점유율이 높은 경우에도 잠재적 경쟁이 활발하고 소비자의 멀티호밍이 일반적이어서 시장지배적 지위를 인정하지 않을 수도 있다. 그렇다고 아무 규제도 없는 것은 아니다. 공정거래법상 불공정거래행위 금지규정이나 소비자보호관련 법규가 여전히 적용될 것이다.

이와 같은 검토를 통해서, 네트워크 등 인터넷 하부 계층의 플랫폼에서 각종 앱 등 상부 계층의 플랫폼으로 올라갈수록 중립성 규제의 방식이 특별법을 동원한 엄격한 규제에서 일반법에 의존하는 유연한 규제로 변화함을 발견할 수 있다.

인터넷관련 규제를 함에 있어서는 국내외 업체, 온/오프라인 업체 간의 규제의 형평성에 유의할 필요가 있다. 국내외 업체 간에 있어서는 관할권의 한계로 인한 규제의 실효적 집행력의 차이가 실질적 불평등을 야기하지는 않는지, 온/오프라인 업체 간에 있어서는 전통적으로 오프라인에 적용되어 오던 규제를 온라인에 적용하는 것이 여전히 합리적인지 여부를 검토하여 규제수준을 조정하여야 한다.

빅데이터, 인공지능의 사례에서 보듯이 데이터 처리기술이 경쟁의 핵심요소로 부상하면서 종래의 경쟁법상 개념인 관련시장, 공동행위, 경쟁제한성 등의 개념을 적용하는 데에 어려움을 겪고 있다. 시장획정 및 경쟁저해성과 같은 기본적 개념이 전통적 단면시장에 대응한 다면시장, 전통적 상품·서비스시장에 대응한 정보시장, 전통적 가격·물량지표에 대응한 개인정보보호와 같은 질적 지표를 포섭할 수 있느냐가 경쟁법이 디지털 경제에 적응할 수 있는지 여부를 좌우할 것이다. 성공적 진화를 위해서는 상당한 시일이 걸릴지 모른다. 잠정적으로는 그 요건이 엄격히 적용되는 경쟁제한 규정보다는 상대적으로 유연한 불공정거래행위 규정을 적용하는 것이 대안이 될 수 있다.

빅데이터 분석에 기반을 둔 인공지능 발전이 고도로 진전되어 개발자나 운영자의 명령과는 독자적으로 결정하고 행동할 수 있는 단계에 이른다면 인공지능의 경영판단에 따른 자동적 행위에 대한 법적 책임을 어디에 귀속할 수 있느냐가 문제될 수 있다. 적어도 현 수준에서 인공지능은 인간이 사용하는 도구이거나 보조적 지위를 갖는 데 불과하기에 경영진에 책임을 묻는 데에 전혀 문제가 없으며 향후 인공지능이 독립적 결정을 하는 단계에도 결국은 인공지능 사용을 결정한 경영진에 관리책임을 물어야 하는 것이 아닌가 생각된다.

유발 하라리는 역저 「호모 데우스」에서 지구의 역사는 데이터 처리의 효율화라는 방향성을 가지고 발전하여 왔으며 인간이 모든 피조물 중에 최고의 지위를 차지하게 된 것은 데이터처리의 효율성에 있어 우월했기 때문임을 설파한다. 그는 인간이 이런 역사적 소명을 달성하기 위한 실천원리는 첫째, 정보유통의 자유를 보장하는 것이요, 둘째는 접속을 보장하는 것이라고 주장한다.[1] 하지만 그는 인간의 유일한 존재이유를 데이터처리로 파악하고 모든 인간과 사물이 연결된 초연결 사회에서 인간보다 더 데이터 처리를 유능하게 하는 인공지능에 의해서 인간이 현재의 지위에서 쫓겨날 것이라고 전망한다. 그의 분석은 일반화의 오류와 지나친 비관주의에도 불구하고 고도정보사회에서 인간소외에 대한 우려와 이를 예방하는 방책중 하나로서 인터넷 망 중립성을 포함한 플랫폼 중립성의 유용성을 생각하게 한다. 즉, 플랫폼 중립성은 인간과 사회의 진로에 관한 최종결정권을 인간에 남겨놓기 위한 안전판으로서, 인터넷이라는 정보처리시스템은 그 아무리 고도화되더라도 인간의 소통을 촉진하고 합리적 결정을 지원하는 역할을 할 뿐 이를 기계적 판단으로 대체하지 않는 것을 보장하는 하나의 방책이 될 것이다.[2] 즉 플랫폼 중립성은 기계적 획일성이 아니라 개인의 선택과 기업의 경쟁 기회 보장에 본질이 있는 것이다.

플랫폼 중립성의 구체적 내용과 한계는 아직 형성중이다. 블록체인은 인터넷 플랫폼의 지형을 또다시 변화시킬 가능성을 제기한다. 하지만 블록체인 역시 인터넷기반 데이터사회의 고도화라는 여정의 한 이정표이지 이를 후퇴시키는 기술은 아니다. 인간의 생활이 인터넷에 의존하는 비중이 증가함에 따라 인터넷기반 사회의 안전성을 확보하기 위하여 새로운 규제가 증가하는 것은 불가피한 일이며 망 중립성, 상호연동성, 데이터 이동성 등은 그 실례이다. 다만 새로운 규제를 도입함에 있어서는 인터넷기반 사회가 아직 동태적 성장을 거듭하는 와중에 있으며 규제자의 미래예측력이 시장참여자의 예측력보다 우위에 있지 않음을 감안하여 시장의 자율성을 존중하는 소프트한 규제를 우선해서 고려하여야 할 것이다.

IT기술이 서비스를 제공하는 새로운 수단을 제공하고, IT매체 간에도 융합이 급속도로 진행됨에 따라 수단과 매체별로 다른 규제를 적용하는 수직적 규

---

1) Yuval Noah Harari. *Homo Deus: A Brief History of Tomorrow*, Vintage Penguin, 2016, pp. 428-458.

2) 유감스럽게도 인간의 최종결정권도 포기한다면 인공지능의 존재이유는 인간의 존엄성을 지키는 것이라는 명제를 고도데이터사회에서 사물 인터넷의 지능을 규율하는 최고원리로 프로그램화 되어야 할 것이다.

제방식은 더 이상 합리성을 가질 수 없다는 반성에 따라 수평적 규제체계로 진화해야 한다는 공감대가 형성되고 있다. 원칙적으로 동의하면서도 수평적 규제의 명목 하에 기존 규제의 새로운 매체에의 무비판적 적용, 성급한 적용을 초래하는 것은 피해야 할 것이다. 수평적 규제의 법리는 기존매체간의 융합에 의하여 양 매체에 의해서 서로 상대방의 전통적 서비스를 제공하는 상황에서 동일 서비스에 대한 규제의 차별을 피하고 공통된 규제를 적용할 필요가 있을 때에는 쉽게 채택할 수 있을 것이다. 그러나 인터넷산업의 경우에는 그 공간의 성격이 기존의 매체와는 달리 양방향적 대화에 의한 자기교정능력이 뛰어난 것으로 인정되고 있음을 감안해야 한다. 인터넷을 기반으로 한 매체통합에 의해서 종전과는 다른 새로운 서비스가 개발, 제공되는 상황이라면 기존의 서비스에 대해 적용되던 규제를 그대로 인터넷기반 서비스에 유추 적용하는 수평적 규제는 자칫 과잉규제, 산업진화의 씨를 말리는 규제가 될 수 있음을 유의해야 할 것이다.

예컨대, 제4차 산업 혁명의 와중에서 전자금융이 금융산업을 혼란에 빠뜨리지 않고 안정적 진화의 매개체가 되는 것이 중요하다. 이를 위해서는 새로운 금융기법이 기술적으로도 안전해야할 뿐만 아니라 사회적 남용의 가능성에도 대비해야한다. 하지만 새로운 금융기법에 대해서 기존의 규제적 시각이 아니라 경쟁금융 서비스의 확대라는 시각으로 접근하지 않고는 과거의 실패를 반복하기 쉽다고 할 것이다. 따라서 구체적으로 금지되지 않은 금융기법의 활용은 허용된다는 소위 네거티브 규제원칙이 금융관련 법제 전반에 걸쳐 수용될 필요가 있으며 2018년 인터넷전문은행과 관련한 규제완화가 그 디딤돌이 될 것을 기대한다.

나아가 수평적 규제원칙의 배경이 된 계층분리의 원칙, 최소규제의 원칙 등에 대한 이해를 염두에 두면서도, 수평적 규제가 수직적 규제를 완전히 대체하기 보다는 수직적 규제를 합리적으로 개선하는 이념적 틀로 활용하는 것이 현실적인 접근법이 될 것이다. 특히 인터넷 규제에 있어서는 규제완화의 이상이나 자율규제를 발전시켜온 인터넷공동체의 역사적 경험 등을 존중하여 오프라인 규제에 대비하여 낮은 규제를 선택하는 것이 바람직하다고 할 것이다.

부록 1

망 중립성 및 인터넷 트래픽 관리에 관한 가이드라인 (2011.12.26.)

I. 목적

1. 이 가이드라인은 망 중립성 및 인터넷 트래픽 관리에 관한 기본원칙을 정함으로써, 개방적이고 공정한 인터넷 이용 환경을 조성하고 ICT(Information and Communication Technology, 이하 'ICT'라 한다) 생태계의 건전하고 지속가능한 발전을 도모함을 목적으로 한다.

II. 기본원칙

이용자의 권리

2. 인터넷 이용자는 합법적인 콘텐츠, 애플리케이션, 서비스 및 망에 위해가 되지 않는 기기 또는 장치를 자유롭게 이용할 권리를 가지며, 관련 사업자로부터 인터넷 트래픽 관리에 관한 정보를 제공받을 권리를 갖는다.

※ 인터넷 이용자는 '최종 이용자'(end user)를 말한다.

인터넷 트래픽 관리의 투명성

3. 인터넷접속 서비스제공 사업자는 인터넷 트래픽 관리의 목적, 범위, 조건, 절차 및 방법 등을 명시한 트래픽 관리방침을 공개하고, 트래픽 관리에 필요한 조치를 하는 경우 그 사실과 영향 등을 해당 이용자에게 고지하여야 한다(다만, 해당 이용자에게 고지하기 어려운 부득이한 사유가 있는 경우에는 공지로 갈음할 수 있다). 방송통신위원회는 필요한 경우 공개 및 고지 또는 공지 대상 정보의 범위 및 방식 등을 별도로 정할 수 있다.

※ 인터넷접속 서비스제공 사업자는 전기통신사업법의 규정에 따라 유무선 인터넷

접속 서비스를 제공하는 전기통신 사업자를 말한다.

차단 금지

4. 인터넷접속 서비스제공 사업자는 합법적인 콘텐츠, 애플리케이션, 서비스 또는 망에 위해가 되지 않는 기기 또는 장치를 차단해서는 안 된다. 다만, 합리적인 트래픽 관리의 필요성이 인정되는 경우에는 그러하지 아니하다.

불합리한 차별 금지

5. 인터넷접속 서비스제공 사업자는 콘텐츠·애플리케이션·서비스의 유형 또는 제공자 등에 따라 합법적인 트래픽을 불합리하게 차별해서는 안 된다. 다만, 합리적인 트래픽 관리의 필요성이 인정되는 경우에는 그러하지 아니하다.

합리적인 트래픽 관리

6. 합리적인 트래픽 관리의 필요성이 인정되는 경우는 아래의 경우를 포함하며, 이에 한하지 않는다. 그 밖에 합리적인 트래픽 관리의 범위, 조건, 절차, 방법 및 트래픽 관리의 합리성 여부에 대한 판단 기준 등은 방송통신위원회가 별도로 정한다. 이 경우 해당 망의 유형(유무선 등)과 기술 특성에 따라 다르게 정할 수 있다.

① 망의 보안성 및 안정성 확보를 위해 필요한 경우
② 일시적 과부하 등에 따른 망 혼잡으로부터 다수 이용자의 이익을 보호하기 위해 필요한 경우
③ 국가기관의 법령에 따른 요청이 있거나 타 법의 집행을 위해 필요한 경우 등

Ⅲ. 관리형 서비스

7. 인터넷접속 서비스제공 사업자는 최선형 인터넷의 품질이 적정 수준이하로 저하되지 않는 범위 내에서 관리형 서비스(managed service)를 제공할 수 있다. 관리형 서비스의 제공이 최선형 인터넷(best effort Internet)의 품질과 시장에 미치는 영향 등에 대해서는 방송통신위원회가 별도로 모니터링한다.

※ 관리형 서비스(managed service)는 인터넷접속 서비스제공 사업자가 일반적으로 통용되는 최선형 인터넷의 제공 방식과 다른 트래픽 관리기술 등을 통해 전송대역폭 등 트래픽 전송 품질을 보장하는 서비스를 말한다.

Ⅳ. 상호 협력

8. 인터넷접속 서비스제공 사업자와 콘텐츠·애플리케이션·서비스 제공자 등은 ICT 생태계의 건전하고 지속가능한 발전을 위하여 서로 협력하여야 하며, 특히 콘텐츠·애플리케이션·서비스의 제공 및 망의 안정적 운용 등을 위해 필요한 경우 정보를 제공하는 등 신의성실의 원칙에 따라 협조하여야 한다. 또한, 망 중립성 및 인터넷 트래픽 관리에 관한 시장 자율적 기준 마련 등을 위해 필요한 경우 협의체를 구성할 수 있다.

Ⅴ. 정책자문기구의 구성·운영

9. 방송통신위원회는 인터넷 트래픽 관리의 투명성 제고, 합리적인 트래픽 관리의 범위, 조건, 절차, 방법 및 트래픽 관리의 합리성 여부에 대한 판단 기준의 마련 등 이 가이드라인의 시행에 필요한 조치, mVoIP 등 새로운 서비스 확산에 대한 정책방향의 논의, ICT 생태계의 변화에 따른 새로운 시장질서의 모색등을 위해 이해관계자·전문가 등이 참여하는 별도의 정책 자문기구를 구성·운영한다. 그 구성 및 운영 등과 관련하여 필요한 사항은 방송통신위원회가 별도로 정한다.

부록 2

통신망의 합리적 관리 · 이용과 트래픽 관리의 투명성에 관한 기준 (2013.12.4.)

I. 목적

1. 이 기준은 「망 중립성 및 인터넷 트래픽 관리에 관한 가이드라인」('11.12.26. 제정, '12.1.1. 시행)에 근거하여 합리적인 트래픽 관리 및 트래픽 관리의 투명성에 관한 세부사항을 정함으로써 인터넷접속 서비스제공 사업자의 투명하고 합리적인 트래픽 관리를 유도하고 망 자원의 합리적이고 효율적인 이용환경을 조성하여 ICT 생태계의 건전하고 지속가능한 발전을 도모함을 목적으로 한다.

II. 적용 대상

2. 이 기준은 일반적인 인터넷접속 서비스에 적용되며 관리형 서비스에 대하여는 적용되지 아니한다.

III. 트래픽 관리의 기본 원칙

3. 인터넷접속 서비스제공 사업자는 트래픽 증가에 대응함에 있어서 지속적인 망 고도화를 통해 이를 해결하도록 노력하여야 한다.

인터넷접속 서비스제공 사업자는 원칙적으로 합법적인 콘텐츠, 애플리케이션, 서비스(이하 '콘텐츠 등'이라 한다) 또는 망에 위해가 되지 않는 기기 또는 장치를 차단하거나 콘텐츠 등의 유형 또는 제공자 등에 따라 합법적인 트래픽을 불합리하게 차별해서는 안 된다.

인터넷접속 서비스제공 사업자는 이 기준이 정하는 바에 따라 합리적인 범위 내에서 제한적으로 트래픽 관리를 시행할 수 있으나, 이 경우 해당 트래픽 관리의 목적에 부합하고, 트래픽 관리가 이용자에게 미치는 영향이 최소화될 수 있는 방안을 강구하여야 한다.

인터넷접속 서비스제공 사업자는 트래픽 관리에 있어 유무선 등 망의 유형이나 구조, 서비스 제공방식, 주파수 자원의 제약 등 기술적 특성을 고려할 수 있다.

인터넷접속 서비스제공 사업자는 서비스의 품질, 용량 등에 비례하여 요금 수준을 다르게 하거나 요금 수준에 따른 제공 서비스의 용량을 초과하는 트래픽을 관리하는 경우 이용자의 실질적 선택권 보장 등 이용자의 이익과 공정한 경쟁을 해쳐서는 안 된다. 이와 관련하여서는 관련 법령 및 요금제도에 따른다.

Ⅳ. 합리적 트래픽 관리

트래픽 관리의 합리성 판단 기준

4. 미래창조과학부는 인터넷접속 서비스제공 사업자의 트래픽 관리의합리성 여부를 판단하는 경우 다음의 사항을 고려하여야 한다.

① (투명성) 인터넷접속 서비스제공 사업자가 트래픽 관리에 관한 정보를 사전에 충분히 공개하였는지 여부와 구체적인 트래픽 관리 조치를 시행하는 경우 트래픽 관리로부터 직접적인 영향을 받는 이용자 또는 그 밖의 자에게 트래픽 관리에 관한 정보를 사전에 또는 부득이한 경우 사후에 충분히 고지하였는지 여부

② (비례성) 인터넷접속 서비스제공 사업자의 트래픽 관리 행위가 트래픽 관리의 목적·동기와 부합하는지 여부 및 당해 트래픽 관리의 영향을 최소화하는 방법을 강구하였는지 여부

※ 혼잡을 유발하는 콘텐츠가 특정될 수 있는 경우, 혼잡관리를 위해 당해 콘텐츠가 아닌 다른 콘텐츠를 제한하거나, 기기의 망에 대한 접근을 차단하는 행위는 합리적인 트래픽 관리로 보기 어려움

※ 혼잡관리를 위해 요구되는 최소한의 트래픽 관리의 수준을 넘어 필요이상으로 전송속도를 저하시키거나 트래픽을 전면차단하는 행위는 합리적인 트래픽 관리로 보기 어려움

③ (비차별성) 유사한 형태의 콘텐츠 등, 기기 또는 장치에 대하여 불합리

하게 차별하여 취급하지 않았는지 여부

※ 트래픽 관리의 필요성에 비추어 동일한 트래픽 관리가 적용되어야 할 것으로 보이는 유사한 서비스 A와 B에 대해, A 서비스는 제한하고 B 서비스는 허용하는 것은 합리적인 트래픽 관리로 보기 어려움

④ (기술적 특성) 유무선 망의 유형 및 구조, 서비스 제공방식, 주파수 자원의 제약 등 기술적 특성

합리적 트래픽 관리의 유형

5. 인터넷접속 서비스제공 사업자의 트래픽 관리가 합리적인 것으로 인정될 수 있는 경우는 다음과 같다. 다만, 향후 기술의 발전과 새로운 서비스의 등장, 인터넷 이용형태의 변화 등에 의해 나타날 수 있는 트래픽 관리행위에 대해서는 미래창조과학부가 사안별로 그 합리성 여부를 판단할 수 있다.

① DDoS, 악성코드, 해킹 또는 이와 유사한 수준의 사이버 공격 및 통신장애에 대응하기 위한 트래픽 관리 등 망의 보안성 및 안정성 확보를 위해 필요한 경우

〈예시1〉 DDoS 공격 시 미래창조과학부 및 한국 인터넷진흥원의 요청에 따라 DDoS 공격의 원인이 되는 좀비PC를 망에서 차단하는 경우

〈예시2〉 망에 위해를 주는 악성코드, 바이러스 등에 대응하기 위한 경우

〈예시3〉 망의 장애 상황 또는 장애가 명백하게 예상되는 상황에서 그 원인이 되는 트래픽을 긴급히 제한할 필요성이 있는 경우

* 〈예시3〉의 상황에서 무선망의 경우 미래창조과학부의 인가를 받는 등 공신력 있는 표준화기구가 Keep Alive 신호 등에 따른 이동통신 장애에 대비하여 마련한 표준을 준수하지 않은 애플리케이션을 우선 제한 가능

② 일시적 과부하 등에 따른 망 혼잡으로부터 다수 이용자의 이익을 보호하고, 전체 이용자의 공평한 인터넷 이용환경을 보장하기 위하여, 불가피하게 제한적으로 트래픽 관리를 시행하는 경우

〈예시4〉 유선 인터넷에서 과도한 트래픽이 발생해 트래픽의 전송지연이나 패킷 손실, 새로운 접속 연결 수용 곤란 등으로 통신망의 품질 수준 저하 또는 망 장애 등이 일어나거나 발생 가능성이 객관적으로 명백한 때 트래픽을 과도하게 유발하는 소수의 초다량 이용자(heavy user)들에 한해 일시적으로 전송속도를 일정 속도이하로 제한하는 경우

〈예시5〉 무선 인터넷에서 특정지역 내에서의 일시적인 호 폭주 등 망 혼잡이 발

> 생하였거나, 망 운영 상황, 트래픽 추세 변화, 자체 관리 기준 등에 근거하여 망 혼잡 발생 가능성이 객관적으로 명백한 때 동영상 서비스(VOD 등) 등 대용량 서비스의 사용을 일시적으로 제한하는 경우
>
> * 〈예시4〉와 〈예시5〉의 트래픽 관리를 시행하는 경우에도 인터넷 검색, 이메일 등 대용량의 트래픽을 유발하지 않는 서비스는 이용할 수 있도록 하여야 함

③ 관련 법령의 집행을 위해 필요하거나 법령이나 이용약관 등에 근거한 이용자의 요청이 있는 경우

6. 인터넷접속 서비스제공 사업자는 미래창조과학부의 요청이 있는 경우 당해 트래픽 관리 행위의 합리성을 입증할 수 있는 객관적인 자료를 제출하여야 한다.

Ⅴ. 트래픽 관리정보의 투명한 공개

공개 대상 정보

7. 인터넷접속 서비스제공 사업자는 이용자의 선택권 보장을 위해, 트래픽 관리의 범위와 트래픽 관리가 적용되기 위한 조건, 절차, 방법 및 이에 따른 영향 등 자신의 트래픽 관리에 관한 정보를 이용자에게 공개하여야 하며 제공 서비스의 종류 또는 상품에 따라 차이가 있는 경우에는 이를 구분하여 표시하여야 한다.

인터넷접속 서비스제공 사업자는 이용자에게 실질적인 트래픽 관리정보가 제공될 수 있도록 공개되는 정보의 내용을 지속적으로 현행화하여야 한다.

공개 방법

8. 미래창조과학부는 인터넷접속 서비스제공 사업자에 대하여 이용자가 이해하기 쉽고, 타 인터넷접속 서비스제공 사업자와 비교할 수 있도록 트래픽 관리정보 공개에 관한 공통양식(별지 참조)을 정하여 공개할 것을 권고할 수 있으며 인터넷접속 서비스제공 사업자는 공통양식에 따르거나 또는 자율적으로 양식을 정하여 사용할 수 있다. 다만, 인터넷접속 서비스제공 사업자가 자율적 양식을 사용하는 경우에도 공통양식에 명시된 사항에 관한 정보는 반드시 포함하여야 한다.

Ⅵ. 이용자 보호

이용자에 대한 고지

9. 인터넷접속 서비스제공 사업자는 트래픽 관리정보에 관한 사항을 이용약관에 규정하는 외에도 인터넷 홈페이지 등 이용자의 접근이 용이한 방식을 통해 안내하여야 한다.

10. 인터넷접속 서비스제공 사업자가 트래픽 관리에 필요한 조치를 하는 경우에는 그 사실을 해당 이용자에게 전자우편(e-mail), 단문메시지 서비스(SMS) 등을 통하여 고지하여야 하며, 개별적인 고지가 어려운 경우에는 인터넷접속 서비스제공 사업자의 인터넷 홈페이지 등 다양한 수단을 통해 해당 사실을 이용자에게 널리 알리기 위하여 노력하여야 한다.

11. 인터넷접속 서비스제공 사업자는 개별 이용자의 자기 통제권 보장과 합리적 인터넷 이용을 위해 기술적으로 가능한 범위 내에서 이용자가 자신의 트래픽 사용현황을 확인할 수 있도록 하여야 한다.

민원처리기구의 운영

12. 인터넷접속 서비스제공 사업자는 트래픽 관리와 관련된 문의, 트래픽 관리에 대한 사실확인 및 이의제기 등 이용자의 민원사항을 처리할 수 있는 전담기구를 설치·운영하여야 한다.

Ⅶ. 통신망 자원의 조화로운 이용을 위한 노력

13. 통신망을 이용하는 콘텐츠 등의 제공 사업자와 기기 및 장비 제조사는 인터넷접속 서비스제공 사업자가 합리적 트래픽 관리의 필요성에 따라 트래픽에 관한 정보를 요청하는 경우 특별한 사유가 없는 한 이를 제공하여야 하며, 신규 서비스 등을 개발하는 경우 망에 대한 부하를 최소화하는 기술을 적용하는 등 망의 공평하고 효율적인 관리와 활용을 위하여 노력하여야 한다.

14. 인터넷접속 서비스제공 사업자는 통신망을 기반으로 하는 콘텐츠 등의 제공 사업자 또는 기기 및 장비 제조사가 신규 서비스 개발 등을 위해 필요한 망의 관리에 관한 정보를 요청하는 경우 특별한 사유가 없는 한 이를 제공

하여야 한다.

15. 인터넷접속 서비스제공 사업자, 콘텐츠 등의 제공 사업자와 기기 및 장비 제조사는 정보의 제공 등에 대해 사업자간 협의가 이루어지지 않는 경우 미래창조과학부에 조정을 요청하거나 또는 전기통신사업법 제45조에 따라 방송통신위원회에 재정을 신청할 수 있다.

Ⅷ. 관련 법령의 준수

16. 인터넷접속 서비스제공 사업자가 이 기준에 따라 트래픽 관리를 시행하고자 하는 경우에는 전기통신사업 관련 법령이 정하는 바에 따라 이용약관을 개정한 후 시행하여야 한다. 다만, 기존 이용약관에 포함되어 있거나 콘텐츠제공 사업자와 인터넷접속 서비스제공 사업자 간 협의를 통하여 정하는 사항 등 내용상 이용약관에 포함되는 사항이 아닌 경우는 제외한다.

17. 인터넷접속 서비스제공 사업자는 트래픽 관리를 시행함에 있어 전기통신사업법, 통신비밀보호법, 정보통신망 이용촉진 및 정보보호 등에 관한 법률 등 관련 법령을 준수하여야 하며, 미래창조과학부 등 관련 중앙행정기관의 장은 인터넷접속 서비스제공 사업자가 이를 위반하는 경우 관련 법령에 따라 필요한 조치를 취한다.

Ⅸ. 후속 조치

18. 인터넷접속 서비스제공 사업자는 미래창조과학부가 이 기준을 시행한 날('14.1.1)로부터 6개월 이내에 트래픽 관리정보를 자사의 인터넷 홈페이지 등에 공개하여야 한다.

부록 3

인터넷검색 서비스 발전을 위한 권고안 (2013.10.4.)

I. 목적

인터넷검색 서비스의 공정성과 투명성을 높여 인터넷검색 서비스 이용자의 권익을 증진하고 인터넷 생태계의 건전하고 지속 가능한 발전에 이바지함을 목적으로 한다.

II. 정의

(인터넷검색 서비스의 정의) 인터넷검색 서비스는 홈페이지 등 인터넷 사이트를 운영하는 자가 정보통신망을 통해 다양한 분야의 정보를 종합적으로 수집한 후, 다수의 인터넷 이용자가 기호·단어·문장·음성 등을 정보통신망에 입력하는 방식으로 특정 정보를 요청했을 때 그와 관련된 글·그림·동영상 등의 정보 또는 정보통신망 상에 있는 해당 정보의 위치를 정보통신망을 통해 이용자에게 제공하는 서비스를 말한다.

(인터넷검색 서비스제공 사업자의 정의) 인터넷검색 서비스제공 사업자란 인터넷검색 서비스를 주된 서비스의 하나로 제공하는 사업자를 말한다.

III. 인터넷검색 서비스 제공기준

(인터넷검색 서비스제공 사업자의 책임) 인터넷검색 서비스제공 사업자는 공정하고 투명한 인터넷검색 서비스를 제공하여야 한다.

(검색원칙의 공개) 인터넷검색 서비스제공 사업자는 다음과 같은 검색원칙을 매 회계연도 종료 후 3개월 이내에 홈페이지 게시 등 이용자가 쉽게 알 수

있는 방식으로 공개하되, 중요한 변경 사항이 발생하면 즉시 공개하여야 한다.

① 검색결과 및 그 순위를 결정하는 주요 원칙
② 자사 서비스, 제휴 서비스 및 다른 사업자가 제공하는 유사 서비스를 처리하는 원칙
③ 기타 중요 검색 원칙

(부당한 차별금지) 인터넷검색 서비스제공 사업자는 자신이 공개한 원칙과는 달리 다른 사업자의 서비스를 부당하게 차별하지 말아야 한다.

(이용자 권익증진) 인터넷검색 서비스제공 사업자는 인터넷검색 서비스 이용자의 권익증진을 위하여 다음과 같은 사항을 준수하여야 한다.

① (광고의 구분) 인터넷검색 서비스제공 사업자는 이용자가 광고와 그 외 검색결과를 명확하게 구분할 수 있도록 하여야 한다.
② (자사 서비스의 구분) 인터넷검색 서비스제공 사업자는 자신이 제공하는 서비스를 검색결과에 우선으로 보여줄 경우, 자사 서비스 표기 등을 통하여 자사 서비스임을 이용자가 분명하게 인지할 수 있도록 하여야 한다.
③ (원본의 처리) 인터넷검색 서비스제공 사업자는 인터넷콘텐츠의 원본을 우선으로 보여주기 위해 노력하여야 한다.

Ⅳ. 검색 관련 민원의 처리

(전담민원처리) 인터넷검색 서비스제공 사업자는 인터넷검색 서비스와 관련된 이용자 및 다른 사업자들의 민원을 처리하기 위해 전담민원 처리창구를 운영하여야 한다.

(민원처리 원칙) 전담민원처리창구는 제기된 민원을 성실하게 처리한 후, 그 처리 결과와 사유를 즉시 민원인에게 알려야 한다.

(담당자의 공개) 인터넷검색 서비스제공 사업자는 인터넷검색 서비스 관련 민원처리 담당자 및 담당자의 연락처 등을 이용자 및 다른 사업자가 쉽게 찾을 수 있도록 공개하여야 한다.

V. 상생협력

(인터넷 상생협력) 인터넷검색 서비스제공 사업자는 인터넷 생태계의 지속 가능한 발전을 위하여 관련 사업자들과 상생·협력하여야 한다.

(상생협력 방안 마련) 대기업에 해당하는 인터넷검색 서비스제공 사업자는 인터넷 생태계의 지속 가능한 발전을 위하여 다음과 같은 사항에 관한 상생협력방안을 마련하고 이를 성실히 이행하여야 한다.

① 중소 사업자의 지식재산권과 아이디어의 보호 및 그 이용 촉진에 관련된 사항
② 중소 사업자를 위한 기술 및 서비스 협력과 시장 개척 및 경영 지원 등과 관련된 사항

VI. 정책자문기구의 구성 및 운영

(정책자문기구의 운영) 미래창조과학부와 인터넷검색 서비스제공 사업자는 본 권고안의 이행 및 개선, 인터넷검색 서비스의 발전 및 상생협력 방안, 이용자 권익증진 방안의 연구 등을 위하여 이해관계자, 전문가 등이 참여하는 정책자문기구를 구성하여 운영한다.

부록 4

스마트폰 앱 선탑재에 관한 가이드라인 (2014.1.23.)

I. 목적

스마트폰에 선탑재(先搭載)된 애플리케이션(이하 '앱')에 대한 이용자의 선택권을 보장하고, 이용자가 실제 이용할 수 있는 스마트폰의 내부저장소에 대한 정보를 정확하게 전달하여 스마트폰 이용자의 편익을 증진하는 데 목적이 있다.

II. 정의

(선탑재앱의 정의) '선탑재앱'은 스마트폰을 한 번도 기동하지 않은 상태에서 운영체제 소프트웨어와 함께 스마트폰에 미리 설치된 앱을 말한다.

(필수앱의 정의) '필수앱'은 선탑재앱 중에서 해당 스마트폰 하드웨어의 고유한 기능과 기술을 구현하는 데 필요하거나 운영체제 소프트웨어의 설치 및 운용에 요구되는 앱을 말하며, 필수앱 이외에 스마트폰에 선탑재되는 앱은 '선택앱'이라고 정의한다.

※ 스마트폰 하드웨어의 고유한 기능이란 전화, 문자메시지 송수신, 카메라 기능 등 스마트폰이 갖추고 있는 하드웨어상의 특징을 의미함

※ 운영체제 소프트웨어 설치 및 운영이란 개별 스마트폰을 위한 앱을 내려받을 수 있는 앱거래소 진입 및 관리를 위한 사항, 운영체제 소프트웨어에서 정하는 스마트폰의 기본적인 기능과 관련된 사항 등을 의미함

(선탑재앱제공자의 정의) '선탑재앱제공자'란 스마트폰에 앱을 선탑재할 수 있는 다음과 같은 사업자들을 말한다.

① 스마트폰을 생산하는 사업자(기기 제조업자)

② 스마트폰 구동을 위한 운영체제 소프트웨어를 제공하는 사업자(운영체

제공급업자)

③ 스마트폰을 통해 이동통신 서비스를 제공하는 사업자(이동통신 사업자)

Ⅲ. 이용자 편익 제고

(이용자 선택권 보장) 이용자가 원할 경우 선탑재앱제공자는 자신이 제공한 선택앱을 스마트폰의 내부저장소(메모리)에서 삭제할 수 있도록 해야 한다.

(이용자 불편 최소화) 선탑재앱제공자는 스마트폰에 과다한 선탑재앱이 설치되지 않도록 해야 하며, 선탑재앱으로 인해 이용자에게 불편이 초래되지 않도록 하여야 한다.

Ⅳ. 이용자에 대한 정보 제공

(정보공개의 내용) 선탑재앱제공자는 선탑재앱의 종류 및 수량과 이용자가 실제 이용할 수 있는 스마트폰 내부저장소의 크기를 이용자가 쉽게 알 수 있는 방식으로 공지해야 한다.

※ 관련 정보의 전부 혹은 일부가 공개된 경우 이용자가 이를 좀 더 쉽게 파악할 수 있도록 하고 미비한 정보는 보완하여 공개한다.

Ⅴ. 이행 시기

(이용자 편익 제고) 선택앱에 대한 삭제 기능 구현의 경우 가이드라인 공표 이후 출시될 모델에 대해서 우선적으로 적용하고, 기존 출시 기기에 대해서는 기기의 기술적 특성 및 기기에 탑재된 운영체제 소프트웨어의 기술적 세부사항이 허용하는 범위에서 최대한 적용하도록 한다.

(정보공개) 정보공개는 현재 판매 중인 기기와 출시 예정인 기기를 대상으로 하여 조속한 시일 내에 시행한다.

참고문헌

[국내문헌]

강정희, "빅데이터 기반의 디지털 경제와 경쟁법의 과제", 「선진상사법률연구」 통권 제74호, 2016.4.

공정거래위원회, 인터넷포털산업의 특성과 경쟁정책적 시사점, 2008.

공정거래위원회, (2016년판) 「공정거래백서」, 2016.10.

곽주원, "검색 중립성에 대한 논의", 「경쟁법연구」 제29권, 2013.11.

곽주원, "군집상품으로서의 인터넷 포털 시장 획정", 「정보통신정책연구」, 제22권 제3호, 2015.9.

곽주원 · 허준석 · 송용택, 「검색의 중립성이 인터넷 생태계에 미치는 영향」, 정보통신정책연구원(기본연구 13-06), 2013.11.

권남훈, "경쟁법과 통신정책의 관점에서 본 망 중립성 쟁점 검토와 시사점", 「Telecommunications Review」(SK Telecom), 제22권 1호, 2012.

권영성, 「헌법학원론」, 법문사, 2008.

권오승, 「경제법」(제6판), 법문사, 2008.

김문현, 「기본권 영역별 위헌심사의 기준과 방법」, 헌법재판연구(헌법재판소), 제19권, 2008.

김병희 · 심재철, 「뉴스 어뷰징과 검색알고리즘」, 커뮤니케이션북스, 2016.4.

김보라미 · 박건철 · 이봉규, "이동통신사에 의한 mVoIP 서비스 차단의 법적 문제: 전기통신사업법과 공정거래법을 중심으로", 「정보법학」 제16권 제1호, 2012.

김빛마로 · 유현영 · 김민경, 「디지털 경제의 주요 특징과 조세쟁점 연구」, 한국조세재정연구원 세법연구센터, 세법연구 16-01, 2016.12.

김성곤, "인터넷 규제와 서비스 플랫폼의 중립성", 서울대 기술과법센터 워크숍 자료집, 2009.5.

김성곤, "인터넷 규제와 서비스 플랫폼의 중립성: 규제, 플랫폼 신뢰의 추락, 그리고 이용자 이탈의 딜레마", 「Law & Technology」 제5권 제4호, 2009.7.

김성환, "망 중립성 원칙의 경제적 효율성과 이용자 부담", 「Telecommunications Review」(SK Telecom), 제22권 1호, 2012.

김용규, “우리나라의 망 중립성 규제와 인터넷 트래픽 관리: 이슈와 평가”, 「경제규제와 법」 제7권 제1호, 2014.5.
김용규·안형택, “망 중립성에 관한 문헌연구”, 「Telecommunications Review」(SK Telecom), 제22권 1호, 2012.
김윤정, “새로운 통신환경 하에서 플랫폼 중립성의 함의와 규제방법”, 「경제규제와 법」 제6권 제1호, 2013.5.
김인성·김빛내리, 「두 얼굴의 네이버」, 에코포인트, 2012.
김정중, “오픈마켓(Open Market) 서비스의 관련 시장 획정과 시장지배적 지위의 남용행위로서 배타조건부 거래행위의 부당성”, 「대법원판례해설」 87호, 2011.
김정환, “인터넷상 표현의 자유와 전략적 봉쇄소송(SLAPP)”, 「안암법학」 통권 43호, 2014.1.
김차동, “단독거래거절에 의한 불공정거래행위의 규제원리”, 권오승 편, 「공정거래와 법치」, 법문사, 2004.
김천수, “망 중립성에 대한 공법적 고찰”, 박사학위논문(한국외국어대학교 대학원 법학과), 2012.
김철수, 「헌법학신론」, 박영사, 2013.
김학성, 「기본권의 주체」, 헌법재판연구(헌법재판소) 제20권, 2009.
김현귀, “액세스권의 기본권적 의의”, 「언론과 법」 제12권 제1호, 2013.
김현수, “인터넷 서비스 플랫폼과 경쟁정책: 애플과 구글의 사례를 중심으로”, 「상사법연구」, 제32권 제2호 통권 제79호, 2013.
김현수 외, 「인터넷 플랫폼 사업자 이용자이익저해행위 개선방안 연구」, KCC-2016.3.9, 방송통신위원회, 2016.12.
나성현, “망 중립성과 인터넷 트래픽 관리에 관한 가이드라인(안)”, 방송통신위원회 「망 중립성 정책방향 마련을 위한 토론회」 자료집, 2011.12.5.
나성현·곽주원·강유리·강인규·이소영, 「ICT 생태계의 지속가능한 성장을 위한 망 중립성 및 인터넷 트래픽 관리방안 연구」, 방송통신위원회·정보통신정책연구원, 2012.11.
나영숙, “인터넷쇼핑몰 사업자의 배타조건부 거래행위에 대한 경쟁법적 평가”, 「법률신문」, 2012.5.21.
노동일·정완, “헌법상 표현의 자유와 망 중립성원칙: 새로운 개념정립을 위한 논의를 중심으로”, 「경희법학」 제47권 제4호, 2012.
망 중립성 이용자포럼, 「망 중립성을 말한다」, 블로터앤미디어, 2013.
맹수석, “블록체인방식의 가상화폐에 대한 합리적 규제 방안 - 비트코인을 중심으로 -”, 「상사법연구」 제35권 제4호, 2017.

문상일, “온 · 오프라인 융복합시장(O2O) 소비자보호를 위한 법제정비 필요성에 관한 소고: 부동산중개앱 서비스시장을 중심으로”, 「경제법연구」 15(1), 2016.4.

미래창조과학부 보도자료, “미래부, ‘통신망의 합리적 트래픽 관리 · 이용과 트래픽 관리의 투명성에 관한 기준’ 마련”, 2013.12.5.

미래창조과학부 보도자료, “미래부, 인터넷 검색 서비스 발전을 위한 권고안 발표”, 2013.10.4.

박민성, “일본, ‘정보통신법(가칭)’ 무산 원인과 통신 · 방송 관련법 주요 개정 내용”, 「방송통신정책」(정보통신정책연구원), 2011.2.1.

박상철, “정보 주권과 정보의 위치”, 서울대 법과 경제연구 센터, 「데이터 이코노미」, 한스미디어, 2017, 제9장.

박선우, “빅데이터 시대와 데이터 융합”, 「정보통신방송정책」(정보통신정책연구원), 제30권 1호(통권 661호), 2018.1.16.

박아란, “유럽의 뉴스저작권 보호 동향”, 「미디어 이슈」 2권 12호(한국언론진흥재단), 2016.12.

박준석, 「인터넷 서비스제공자의 책임: 저작권자와 디지털 복제기술공급자의 충돌과 조화」, 박영사, 2006.

배승욱, “미국의 가상통화 규제 및 시사점”, 「외법논집」 제42권 제2호, 2018.5.

배진한, 「망 중립성」, 커뮤니케이션북스, 2014.

비트뱅크㈜ & 편집위원회 저, 김응수 · 이두원 역, 「블록체인의 충격」, BookStar, 2017.

서 정, “배타조건부거래의 위법성 판단에 관한 검토 -최근의 판례를 중심으로-”, 「경쟁법연구」 제30권, 2014.

성낙인, 「헌법학」, 법문사, 2018.

안수현, “배달앱 서비스산업을 둘러싼 법적 이슈와 과제”, 「경제법연구」 15(2), 2016.8.

안정민, “미국 FCC 망 중립성 규제의 허와 실”, 「경제규제와 법」, 제2권 제2호, 2009.

안춘모, “빅데이터 플랫폼 현황 및 이슈 분석”, ETRI Insight Report 2017-33, 2017.12.

오이시 테츠유키, “비트코인과 개인 · 사회 · 국가”, 비트뱅크㈜ & 편집위원회 저/김응수 · 이두원 역, 「블록체인의 충격」, BookStar, 2017.

윌리엄 무가야, 박지훈 · 류희원 역, 「비즈니스 블록체인」, (William Mougayar, The Business Blockchain) 한빛미디어, 2017.

유성민, 「블록체인으로 인한 서비스 플랫폼의 변화」, NIA 지능화 연구시리즈, 한국정보화진흥원, 2017.

유지혜, “망 중립성의 의미와 인터넷 접속 서비스제공자의 트래픽 관리범위에 관한 소고”, 「법학논집」(이화여자대학교) 제20권 2호, 2015.12.

윤성주, “인터넷 기반 서비스사업에 대한 경쟁법적 규제 (사례 분석)”, 「LAW & TECHNOLOGY」 제9권 제6호, 2013.
윤종수, “ICT 환경의 고도화와 중립성 이슈”, 「저스티스」 통권 146-2호, 2015.2.
윤주희, “주요 스마트폰 애플리케이션 마켓(모바일 오픈마켓)의 이용약관 현황 및 약관규제법의 해석과 적용”, 「법학연구」(경상대학교 법학연구소), 제21권 제1호, 2013.
이규정, “인터넷 서비스의 활성화를 위한 법적 과제”, 한국 인터넷법학회 학술대회 자료집, 2009.3.6.
이금노, “양면시장의 정보비대칭에 관한 연구: 오픈마켓을 중심으로”, 경희대학교 박사학위논문, 2016.2.
이명호 · 강유리, “망 중립성 정책 논의의 일고찰”, 「Telecommunications Review」(SK Telecom), 제22권 1호, 2012.
이봉의, “불공정거래행위의 위법성”, 권오승 편, 「공정거래와 법치」, 법문사, 2004.
이상우 · 황준호 · 김성환 · 정은옥 · 신호철 · 오수민 · 송정석 · 김원식, 「통신방송 융합환경하의 수평적 규제체계 정립방안에 관한 연구」, 정보통신정책연구원 연구보고서 07-06, 2007.12.
이성엽, “망 중립성 논의에 공법원리의 적용가능성에 관한 검토”, 「언론과 법」 제11권 제2호(2012), 279-318.
이윤호, “헌법적 관점에서의 망 중립성 논의”, 「세계헌법연구」 제17권 제2호, 2011.
이준희, “페이 전쟁의 시대”, 서울대 법과 경제연구센터, 「데이터이코노미」, 2017.
이 황, “포스코 판결 이후 시장지배적 지위 남용행위 판결에서 ‘부당성’ 판단의 경향과 전망”, 「행정판례연구」 17(2), 2012.
이희정, “네트워크 동등접근에 관한 일고: 도로법제로부터의 시사점”, 「경제규제와 법」 제4권 제1호, 2011.
이희정, “망 중립성: 새로운 사회기반시설, 인터넷에 관한 질서정립의 과제”, 「경제규제와 법」 제5권 제1호, 2012.
임영덕, “미국 미디어 규제와 망 중립성에 관한 고찰”, 「미국헌법연구」 제21권 제3호, 2010.12.
장완규, “초연결사회의 도래와 빅데이터 -법제도적 개선방안을 중심으로-”, 「과학기술법연구」(한남대학교), 제24집 제2호, 2018.
정경영 · 백명훈, 「디지털사회 법제연구(II) - 블록체인 기반의 스마트계약 관련 법제 연구」, 한국법제연구원 글로벌법제전략 연구 17-18, 2018.8.
정보통신정책연구원 편, 「2011~2013년 망 중립성 정책방향 수립 논의자료」, 2013.12.
정보통신정책연구원, 「통신시장 경쟁상황 평가(2017년도)」, 2017.11.

정영진, “미국에서 방송과 통신 융합 서비스에 대한 규제: Brand X 판결”, 「공정경쟁」, 2006.
정영철, “인터넷접속 서비스와 망 중립성: 사업자권한과 국가권력간 균형을 중심으로”, 「정보법학」 제14권 제2호, 2010.
정종구, “블록체인 활용방안에 대한 규범적 고찰 -국내 미술품 유통시장을 중심으로-”, 「정보법학」 제22권 제1호, 2018.5.
정종섭, 「헌법학원론」, 박영사, 2018.
정찬모, “2000년대 정보화 관련법의 주요 이슈와 전망”, 제2회 한국법률가대회 논문집, 2000.10.
정찬모, “정보통신부문에서 끼워팔기 · 결합판매의 법적 고찰”, 「법학연구」(인하대 법학연구소) 14(1), 2011.3.
정찬모, “인터넷 규제에 있어 수평적 규제체계론”, 「안암법학」 통권 제38호, 2012.5.
정찬모, “망 중립성 규제의 기본권적 고찰”, 「안암법학」 통권 43호, 2014.1.
정찬모, “미국에서 검색중립성과 표현의 자유에 관한 법적 논쟁”, 「IT와 법연구」, 제10권 제1호, 2015.
정찬모, “데이터 이동성을 위한 유럽연합의 입법동향과 쟁점”, 「과학기술법연구」(한남대학교) 24(3), 2018.10.31.
정하명, “미국 연방통신위원회(FCC)의 인터넷 서비스 규제 현황”, 「인터넷법률」 통권 42호, 2008.
정해상, “오픈마켓의 당사자관계와 사업자의 책임”, 「법학논총」(단국대), 제39권 제4호, 2015.
정호열, 「경제법」(제4판), 박영사, 2012.
조성국 · 이호영, “인터넷 검색 사업자의 경쟁법적 규제에 관한 연구 -검색중립성 논의와 규제사례 및 그 시사점을 중심으로-”, 「경쟁법연구」 31권, 2015.
주진열, “이베이지마켓(온라인 거래중개 서비스 사업자)의 배타조건부거래 사건에 대한 비판적 고찰”, 「법 경제학연구」, 제13권 제3호, 2016.
최나진, “개정 전자상거래소비자보호법상의 통신판매중개자의 지위와 책임”, 「외법논집」, 제40권 제3호, 2016.8.
최난설헌, “기업결합 심사에 있어서 빅데이터의 경쟁법적 의미 -최근 해외 주요 기업결합 사례를 중심으로-”, 「외법논집」 제41권 제4호, 2017.11.
최승재, “통신산업에서의 네트워크 중립성논의와 적용에 대한 연구: ‘광대역 인터넷 망’을 중심으로”, (서울대학교)「법학」 제49권 제2호 통권 제147호, 2008.
최승재, “디지털 컨버전스시대의 경쟁법의 제문제: 망 중립성과 플랫폼 중립성”, 「스마트 · 컨버전스를 위한 인터넷 법제 세미나」 자료집, 2011.11.

최요섭, "유럽에서의 망 중립성 및 검색 중립성 규제에 관한 연구: 유럽연합과 영국의 관련 규제, 사례 및 이론을 중심으로",「EU연구」제37호, 2014.

최재홍, "스마트폰 앱의 선탑재에 대한 문제와 대응" KISA리포트, 2016-10-20. http://slownews.kr/59019.

한국정보화진흥원,「2017년 Big data 시장현황 조사」, 2018.

허 영,「한국헌법론」, 박영사, 2018.

허진성, "헌법적 쟁점으로서의 망 중립성",「언론과 법」제10권 제2호, 2011.

홍대식, "모바일 생태계에서의 플랫폼 중립성 확보를 위한 경쟁규제 방안",「방송통신연구」통권 제81호, 2012년 겨울.

황태희, "모바일 OS 사업자의 제3자 앱마켓 등록 제한행위에 대한 공정거래법 적용방안 연구",「경쟁법연구」제30권, 2014.11.

황태희, "배타조건부 거래의 위법성 판단기준 - 오픈마켓을 중심으로",「IT와 법 연구」제5집, 2011.2.

[국외문헌]

Almunia, Joaquin. "Merger Review: Past Evolution and Future Prospects", Speech given at Conference on Competition Policy, Law and Economics, 2 November 2012.

Ammori, Marvin & Pelican, Luke. "Competitors' Proposed Remedies for Search Bias: Search 'Neutrality' and Other Proposals", 15 *Journal of Internet Law* 1, 2012.

Anderson, Chris. *The Long Tail: Why the Future of Business is Selling Less of More*, New York, NY: Hyperion, 2006.

Application Developers Alliance. "Competition in the Mobile App Ecosystem: Global Survey of 673 Mobile App Publishers and Developers", September 2016.

Article 19, Issue Report for the Cross Community Working Party on ICANN's Corporate and Social Responsibility to Respect Human Rights: Practical recommendations for ICANN, June 2015.

Article 29 Data Protection Working Party. "Guidelines on the right to data portability", WP 242 rev.01, As last revised and adopted on 5 April 2017.

Baker, C. Edwin. *Human Liberty and Freedom of Speech*, Oxford University Press, 1989.

Balkin, Jack M. "Old-School/New-School Speech Regulation", 127 *Harvard Law Review* 2296, 2014.

Bambauer, Jane. "Is Data Speech?", 66 *Stanford Law Review* 57, 2014.

Belli, Luca. & De Filippi, Primavera (Eds.) *Net Neutrality Compendium*, Springer, 2015.

Benjamin, Stuart M. "Algorithms and Speech", 161 *University of Pennsylvania Law Review*, 1445, 2013.

BEREC Guidelines on the Implementation by National Regulators of European Net Neutrality Rules, Doc. No. BoR (16) 127 (Aug. 30, 2016).

Blackman, Josh. "What Happens if Data Is Speech?", 16 *Journal of Constitutional Law Heightened Scrutiny* 25, 2014.

Botero, Catalina. OAS Special Rapporteur on Freedom of Expression, "Freedom of Expression and the Internet", 2014.

Bracha & Pasquale. "Federal Search Commission? Access, Fairness, and Accountability in the Law of Search", 93 *Cornell Law Review* 1149, September 2008.

Bundeskartellamt. "Working Paper: Market Power of Platforms and Networks", 2016.

Bundeskartellamt. "Preliminary assessment in Facebook proceeding: Facebook's collection and use of data from third-party sources is abusive", 19.12.2017.

Carrillo, Arturo J. and Dawn C. Nunziato. "The Price of Paid Prioritization: The International and Domestic Consequences of the Failure to Protect Net Neutrality in the United States", 16 *Geogetown Journal of Int'l Affairs* 98, 2015.

Chung, Chan-Mo. "Data Localization: The Causes, Evolving International Regimes and Korean Practices", *Journal of World Trade* 52:2, April 2018.

Cong, Lin William and Zhiguo He. "Blockchain Disruption and Smart Contracts," September 2018.

Cotter, Thomas F. "Some Observations on the Law and Economics of Intermediaries", 2006 *Michigan State Law Review* 67, 2006.

Crane, Daniel A. "After Search Neutrality: Drawing a Line between Promotion and Demotion", *I/S: A Journal of Law and Policy for the Information Society* 9(3), 2014.

de Filippi, Primavera & Samer Hassan. "Blockchain Technology as a Regulatory Technology: From Code is Law to Law is Code", *First Monday* Volume 21, Number 12, University of Illinois at Chicago Library, December 2016.

de Pablo, Alfonso Lamadrid. "The double duality of two-sided markets", *Comp Law*, 2015.

Epstein, Richard. "The Irrelevance of the First Amendment to the Modern Regulation of the Internet", *ICARUS*, Fall 2013.

Esayas, Samson. "Competition in Dissimilarity: Lessons in Privacy from the Facebook/WhatsApp Merger", *CPI Antitrust Chronicle*, August 2017.

European Commission. "Antitrust: Commission obtains from Google comparable display of specialised search rivals", Press release, Brussels, 5 February 2014.

European Commission. "Antitrust: Commission sends Statement of Objections to Google on comparison shopping service", Press release database, Brussels, 15 April 2015.

European Commission. "Antitrust: Commission opens formal investigation against Google in relation to Android mobile operating system", Press release database, Brussels, 15 April 2015.

European Commission. "Communication from the Commission to the European Parliament, the Council, the European Economic and Social Committee and the Committee of the Regions, COM(2015) 192 final, Brussels, 6.5.2015.

European Commission. Press release, "Antitrust: Commission sends Statement of Objections to Google on Android operating system and applications", Brussels, 20 April 2016.

European Commission. Final Report on the E-commerce Sector Inquiry, SWD(2017) 154 final, 2017.5.10.

European Commission. "Proposal for a Regulation of the European Parliament and of the Council on promoting fairness and transparency for business users of online intermediation services", COM(2018)238 final, Brussels, 26.4.2018.

European Commission. "Commission Decision of 26.4.2018 on setting up the group of experts for the Observatory on the Online Platform Economy", C(2018) 2393 final, Brussels, 26.4.2018.

European Commission. "Joint statement by Vice-President Ansip and Commissioner Gabriel on the European Parliament's vote on the new EU rules facilitating the free flow of non-personal data", Strasbourg, 4 October 2018.

European Telecommunications Network Operators' Association, "ETNOs Views on the Proposed Regulation on a Framework for the Free Flow of Non-Personal Data in the European Union", November 2017.

European Union. Directive 2000/31/EC of the European Parliament and of the Council of 8 June 2000 on certain legal aspects of information society services, in particular electronic commerce, in the Internal Market ('Directive on electronic commerce') OJ L 178, 17.7.2000.

European Union. Directive 2007/65/EC of the European Parliament and of the Council of 11 December 2007 amending Council Directive 89/552/EEC on the coordination of certain provisions laid down by law, regulation or administrative action in Member States concerning the pursuit of television broadcasting activities. OJ L 332/27, 18.12.2007.

Evans, David S. "The Antitrust Economics of Multi-Sided Platform Markets," *Yale Journal on Regulation*: Vol. 20: Iss. 2, 2003.

Federal Communications Commission. In re Appropriate Framework for Broadband Access to the Internet over Wireline Facilities, 20 F.C.C.R. 14853, 2005.

Federal Communications Commission. In the matter of the Open Internet Broadband Industry Practices. Preserving the Open Internet, FCC 10-201 Report and Order, December 23, 2010.

Federal Communications Commission. Brief in the US Court of Appeals for the District of Columbia Circuit, Case No. 11-1355 (Verizon v. FCC), 2012.

Federal Communications Commission. Report and Order on Remand, Declaratory Ruling, and Order in the Matter of Protecting and Promoting the Open Internet, FCC 15-24, Adopted Feb. 26, 2015, Released March 12, 2015.

Finlay, A. and Deborah Brown. "Key considerations: Economic, social and cultural rights and the internet", in *Global Infornation Society Watch*, APC& IDRC, 2016.

French Digital Council. "Platform Neutrality: Building an open and sustainable digital environment", Opinion no. 2014-2, May 2014.

French and German Competition Authorities, "Competition Law and Data", May 2016.

Frieden, Rob. "Adjusting the Horizontal and Vertical in Telecommunications Regulation: A Comparison of the Traditional and a New Layered Approach", Federal Communications Law Journal 55(2), 2003.

FTC. "Statement of the Federal Trade Commission Regarding Google's Search Practices - In the Matter of Google Inc.", January 3, 2013.

FTC. "FTC Consumer Protection Staff Updates Agency's Guidance to Search Engine Industry on the Need to Distinguish Between Advertisements and Search Results", June 25, 2013.

FTC. "Press Release: FTC Announces Hearings On Competition and Consumer Protection in the 21st Century", June 20, 2018.

Genachowski, J. "The Third Way: a Narrowly Tailored Broadband Framework", Federal Communications Commission. May 6, 2010.

Goldman, Eric. "Search Engine Bias and the Demise of Search Engine Utopianism", 8 *Yale Journal of Law & Technology* 188, 2006.

Graef, Inge. Mandating Portability and Interoperability in Online Social Networks: Regulatory and Competition Law Issues in the European Union (July 22, 2013). *Telecommunications Policy* 2015, Vol. 39, No. 6.

Grimmelmann, James. "The Structure of Search Engine Law", 93 *Iowa Law Review* 1, 2007.

Grimmelmann, James. "Speech Engines", *University of Maryland Francis King Carey School of Law Legal Studies Research Paper* No. 2014-11.

Hanrahan H. E. "Modelling Convergence: Technology Layering for Horizontal Regulation", SATNAC Conference Proceedings, 2004.

Harari, Y. Noah, *Homo Deus: A Brief History of Tomorrow*, Vintage Penguin, 2016.

Hartridge, David. "Internet Neutrality and WTO Rules", White & Case Client Alert: International Trade, March 2015.

Hazlett, Thomas W. *The Fallacy of Net Neutrality*, Encounter Books, 2011.

Hoffman, Sára Gabriella. *Regulation of Cloud Services under US and EU Antitrust, Competition and Privacy Laws*, Peter Lang, 2016.

Hon, W. K. and Christopher Millard. "Cloud Technologies and Services", in Christopher Millard (ed.), *Cloud Computing Law*, Oxford University Press, 2013.

Katsiaryna S. Baran, Kaja J. Fietkiewicz & Wolfgang G. Stock. "Monopolies on Social Network Services (SNS) Markets and Competition Law", In: F. Pehar/C. Schlogl/C. Wolff (Eds.). Re: inventing Information Science in the Networked Society. Proceedings of the 14th International Symposium on Information Science (ISI 2015), Zadar, Croatia, 19th-21st May 2015. Gluckstadt: Verlag Werner Hulsbusch.

Kelsey, J. "How a TPP-Style E-commerce Outcome in the WTO would Endanger the Development Dimension of the GATS Acquis (and Potentially the WTO)", *Journal of International Economic Law*, Vol. 21, Issue 2, 1 June 2018.

Kennedy, Joe. "The Myth of Data Monopoly: Why Antitrust Concerns About Data Are Overblown", Information Technology & Innovation Foundation, March 2017.

Kerber, Wolfgang and Heike Schweitzer. "Interoperability in the digital economy", MAGKS Joint Discussion Paper Series in Economics, No 12-2017.

Kesidis, George. Bhuvan Urgaonkar, Neda Nasiriani, and Cheng Wang. "Neutrality in Future Public Clouds: Implications and Challenges", Conference Paper for 8th USENIX Workshop on Hot Topics in Cloud Computing, 2016.

Kwoka, John E. "Does Merger Control Work? A Retrospective on US Enforcement Actions and Merger Outcomes", 78 *Antitrust LJ*, 2013.

Laidlaw, Emily B. "Private Power, Public Interest: An Examination of Search Engine Accountability", 17 *International Journal of Law and Information Technology* 113, 2008.

Lamandrio, Alfonso & Sam Villiers, "Big Data, Privacy and Competiton Law: Do Competition Authorities Know How to Do It?", *Antitrust Chronicle, Competition Policy International*, January 2017.

Lessig, Lawrence and Robert W. McChesney. "No Tolls on The Internet". Columns. 8 June 2006.

Lyons, Daniel A. "Virtual Takings: The Coming Fifth Amendment Challenge to Net Neutrality Regulation", Legal Studies Research Paper Series (Boston College Law School) 192, 2011.

Manner, Jennifer A. & Alejandro Hernandez. "An Overlooked Basis of Jurisdiction for Net Neutrality: The World Trade Organization Agreement on Basic Telecommunications Services", *Commlaw Conspectus* Vol. 22, 2014.

Marshall, William P. "In Defence of the Search for Truth as a First Amendment Justification", 30 *Georgia Law Review* 1, 1995.

McMullen, G. "Constitutional Code & Blockchain Neutrality: Lessons in governance from the DAO attack", IPDB Blog-Medium, June 20, 2016.

Murphy, E., Maureen Murphy & Michael Seitzinger. "Bitcoin: Questions, Answers, and Analysis of Legal Issues", Congressional Research Service, October 13, 2015.

Nakamoto, S. "Bitcoin: A Peer-to-Peer Electronic Cash System", 2008. https://bitcoin.org/bitcoin.pdf.

National digital Council (Conseil National du Numérique), "Platform Neutrality: Building an open and sustainable digital environment" Opinion No. 2014-2.

New Millennium Research Council, Free Ride: Deficiencies of the MCI 'Layers' Policy Model and the Need for Principles That Encourage Competition in the New IP World, July 2004.

Nolte, Claus-Georg. Jonas Schwarz & Christian Zimmermann. "Social Network Services: Competition and Privacy", Proceedings der 13. Internationalen Tagung Wirtschaftsinformatik (WI 2017), St. Gallen, S. 822-836.

Nuechterlein, Jonathan E. & Weiser, Philip J. *Digital Crossroads: American Telecommunications Policy in the Internet Age*, The MIT Press, 2005.

Nunziato, Dawn C. *Virtual Freedom: Net Neutrality and Free Speech in the Internet Age*, Stanford University Press, 2009.

Ocello, Sjödin and Subočs. "What's up with Merger Control in the Digital Sector? Lessons from the Facebook/WhatsApp EU Merger case", European Commission Competition merger brief, 1/2015.

OECD, *Shaping Policies for the Future of the Internet Economy*, Annex E OECD Policy Guidance for Digital content. http://www.oecd.org/dataoecd/1/28/40821729.pdf.

Parker G, van Alstyne M. and Choudary S. *Platform Revolution*, Norton & Company, 2016.

Post, Robert. "Encryption Source Code and the First Amendment", 15 Berkeley *Technology Law Journal* 713, 2000.

Raz, Joseph. "Free Expression and Personal Identification", 11 *Oxford Journal of Legal Studies* 303, 1991.

Renda, Andrea. "Competition, Neutrality and Diversity in the Cloud", *Digiworld Economic Journal*, no. 83, 2012.

Renda, Andrea. "Antitrust, Regulation and the Neutrality Trap: A plea for a smart, evidence-based internet policy", Center for European Policy Studies Special Report No. 104, April 2015.

Rochet, Jean-Charles and Tirole, Jean. "Platform Competition in Two-Sided Markets", *Journal of the European Economic Association*, vol. 1, n. 4, June 2003.

Rowman & Littlefield. *Regulating the Web: Network Neutrality and the Fate of the Open Internet*, Lexington Books, 2012.

Schoening, F. "What blockchain can learn from the net neutrality debate: antitrust and regulatory aspects of 'paid prioritization' for a nascent technology", Hogan Lovells Focus on Regulation, November 7th, 2017.

Sebastian, Wismer. Christian Bongrad and Arno Rasek, "Multi-Sided Market Economics in Competition Law Enforcement", *Journal of European Competition Law & Practice*, Vol. 8, No. 4. 2017.

Sen, N. "Understanding the Role of the WTO in International Data Flows: Taking the Liberalization or the Regulatory Autonomy Path?", *Journal of International Economic Law*, Vol. 21, Issue 2, 1 June 2018.

Shelanski H. "Competing legal approaches to network Neutrality regulation", *Communications & Convergence Review* 3(1) 2011.

Solum L. B. and M. Chung, "The Layers Principle: Internet Architecture and the Law", *Public Law and Legal Theory Research Paper* 55: University of San Diego School of Law, June 2003.

Song, Sylvia. "Competition law and interoperability in cloud computing", *Computer Law & Security Review*, 2017.5.

Stucke, Maurice E. & Allen P. Grunes, *Big Data and Competition Policy*, Oxford University Press, 2016.

Sullivan, D. "Business and Digital Rights: Taking Stock of the UN Guiding Principles for Business and Human Rights in the ICT Sector", APC Issue Papers, June 2016.

Sunstein, Cass R. *Democracy and the Problem of Free Speech*, The Free Press, 1993.

Tulpule, A. M. "Enforcement and Compliance in a Blockchain(ed) World", *Antitrust Chronicle*, Competition Policy International, Winter 2017.

U.N. Human Rights Comm., General Comment No. 34, International Covenant on Civil and Political Rights, U.N. Doc. CCPR/C/GC/34, Sept. 12, 2011.

U.N. Special Rapporteur on Freedom of Opinion & Expression, OSCE Representative on Freedom of the Media, OAS Special Rapporteur on Freedom of Expression & ACHPR Special Rapporteur on Freedom of Expression & Access to Information, Joint Declaration on Freedom of Expression on the Internet, OSCE, June 1, 2011.

van Schewick, B. *Internet Architecture and Innovation*, The MIT Press, 2010.

Verizon and MetroPCS, Joint Brief in the US Court of Appeals for the District of Columbia Circuit, Case No. 11-1355 (Verizon v. FCC), July 2, 2012.

Volokh, Eugene & Falk, Donald M. "Google: First Amendment Protection for Search Engine Search Results", *UCLA School of Law Research Paper* No. 12-22, 2012.

Waehrer, Keith. "Online Services and the Analysis of Competitive Merger Effects in Privacy Protections and Other Quality Dimensions", July 2016.

Walden, Ian & Laise Da Correggio Luciano. "Ensuring Competition in the Clouds: The Role of Competition Law?", 2011.7.

Waller, Spencer Weber. "Antitrust and Social Networking", 90 *N.C. L. Rev.* 1771, 2011-2012.

Weber, Rolf H. Principles for governing the Internet, UNESCO, 2015.

Whitt, Richard S. "A horizontal leap forward: formulating a new communications public policy framework based on the network layers model", *Federal Communications Law Journal*, May 2004.

Wolitz, David. "Open Access and the First Amendment: A Critique of Comcast Cablevision of Broward County", Inc. v. Broward County, *4 Yale Symp. L. & Tech.* 6, 2001.

Wu, Tim. "Network Neutrality, Broadband Discrimination", *Journal of Telecommunications and High Technology Law*, vol. 2, p. 141, 2003.

Wu, Tim. "Machine Speech", 161 *University of Pennsylvania Law Review* 1495, 2013.

WU/NET, "Blockchain: Taxation and Regulatory Challenges and Opportunities", March, 2017.

Yoo, Christopher S. "Beyond network neutrality", 19 *Harvard Journal of Law and Technology*, 2005.

Yoo, Christopher. S. "Free Speech and the Myth of the Internet as an Unintermediated Experience", 78 *George Washington Law Review* 697, 2010.

Zingales, Nicolo. "Between a rock and two hard places: WhatsApp at the crossroad of competition, data protection and consumer law", *Computer Law & Security Review* 33, 2017.

日本 総務省 情報通信審議会　情報通信政策部会　通信·放送の総合的な法体系に関する検討委員会, 通信·放送の総合的な法体系に関する検討アジェンダ, 2008.12.

日本 総務省 情報通信審議会　情報通信政策部会　通信·放送の総合的な法体系に関する検討委員会,「通信·放送の総合的な法体系の在り方」, 2009. http://www.soumu.go.jp/main_content/000026870.pdf.

저자약력

서울대학교 문학사

고려대학교 법학석사

옥스퍼드대학교 법학박사

정보통신정책연구원 연구위원

Yale Information Society Project, 國立清華大 科技法律研究所 등 방문교수

인터넷주소분쟁조정위원회, ADNDRC, WTO 패널리스트

現 인하대학교 법학전문대학원 교수

인터넷 플랫폼 중립성 규제론

초판발행 2019년 2월 20일

지은이 정찬모
펴낸이 안종만

편 집 조보나
기획/마케팅 손준호
표지디자인 조아라
제 작 우인도 · 고철민

펴낸곳 (주) 박영사
서울특별시 종로구 새문안로3길 36, 1601
등록 1959. 3. 11. 제300-1959-1호(倫)
전 화 02)733-6771
f a x 02)736-4818
e-mail pys@pybook.co.kr
homepage www.pybook.co.kr
ISBN 979-11-303-3323-6 93360

정 가 25,000원